Dieter Klein

Daten importieren und organisieren mit Excel-VBA

Verlag:
BILDNER Verlag GmbH
Bahnhofstraße 8
94032 Passau

http://www.bildner-verlag.de
info@bildner-verlag.de

Tel.: +49 851-6700
Fax: +49 851-6624

ISBN: 978-3-8328-0318-6

Bestellnummer: RP-339

Covergestaltung:
Christian Dadlhuber

Autor:
Dieter Klein

Bildquelle Cover: ©FotolEdhar - stock.adobe.com
Kapitelbild: ©Rainer Claus - Fotolia.com

Herausgeber:
Christian Bildner

© 2019 BILDNER Verlag GmbH Passau

Die Informationen in diesem Buch werden ohne Rücksicht auf einen eventuellen Patentschutz veröffentlicht. Warennamen werden ohne Gewährleistung der freien Verwendbarkeit benutzt. Bei der Zusammenstellung von Texten und Abbildungen wurde mit größter Sorgfalt vorgegangen. Trotzdem können Fehler nicht vollständig ausgeschlossen werden. Verlag, Herausgeber und Autoren können für fehlerhafte Angaben und deren Folgen weder eine juristische Verantwortung noch irgendeine Haftung übernehmen. Für Verbesserungsvorschläge und Hinweise auf Fehler sind Verlag und Herausgeber dankbar.

Fast alle Hard- und Softwarebezeichnungen und Markennamen der jeweiligen Firmen, die in diesem Buch erwähnt werden, können auch ohne besondere Kennzeichnung warenzeichen-, marken- oder patentrechtlichem Schutz unterliegen.

Die Namen, Adressen und sonstigen Daten der verwendeten Beispiele sind frei erfunden, Ähnlichkeiten mit Personen oder Produkten sind rein zufällig und keinesfalls beabsichtigt.

Das Werk einschließlich aller Teile ist urheberrechtlich geschützt. Es gelten die Lizenzbestimmungen der BILDNER Verlag GmbH Passau.

Einleitung

Häufig müssen im täglichen Alltag größere Datenmengen in Excel-Arbeitsmappen importiert, verschoben und auf die eine oder andere Weise organisiert werden. Sind solche Aufgaben regelmäßig auszuführen oder sollen auch von ungeübten Nutzern erledigt werden, dann lohnt es sich durchaus, diese sozusagen auf Knopfdruck über Makros ausführen zu lassen.

Makros sind gespeicherte Befehlsfolgen bzw. Computerprogramme, die mit Hilfe eines Makrorecorders aufgezeichnet werden, ihr Vorteil: es sind keinerlei Programmierkenntnisse erforderlich und der dazugehörige Makrorecorder ist in alle Excel-Versionen integriert. Wesentlich mehr Möglichkeiten erhalten Sie, wenn Sie die Programmanweisungen in der Office-internen Programmiersprache VBA (Visual Basic for Applications) selbst schreiben. Die dafür notwendigen Kenntnisse vermittelt Ihnen dieses Buch. Auch VBA und die dazugehörige Entwicklungsumgebung sind in Excel vollständig integriert.

Dieses Buch wendet sich nicht an Excel-Neulinge, Sie sollten also bereits über erste Kenntnisse im Umgang mit Excel-Tabellen verfügen. Programmierkenntnisse sind hingegen nicht unbedingt erforderlich, die Kapitel zwei und drei vermitteln Ihnen das erforderliche Rüstzeug. Falls Sie bereits die Grundlagen der Makroprogrammierung beherrschen, können Sie diese Kapitel einfach überspringen.

Dieses Buch zeigt Ihnen anhand zahlreicher und einfach nachvollziehbarer Übungsbeispiele, wie Sie mit Hilfe von VBA Ordner nach bestimmten Dateitypen durchsuchen und diese auflisten, wie Sie die Datenauswahl organisieren, bestimmte Spalten oder beliebige Zellbereiche aus verschiedenen Dateitypen einlesen, neu zusammenstellen und wieder speichern oder exportieren. Dabei werden auch unterschiedliche Dateitypen, z. B. Excel-Arbeitsmappen mit unterschiedlichem Aufbau sowie Textdateien (.txt, .csv) und ihre verschiedenen Trennzeichen berücksichtigt. Außerdem werden Sie die Vorteile benutzerdefinierter Formulare als flexible Oberflächen zur Datenauswahl kennen und schätzen lernen.

Der Schwerpunkt liegt auf der praktischen Anwendung zum Bewältigen von Alltagsaufgaben. Um den Programmieraufwand in Grenzen zu halten, stellen wir Ihnen daher kurz auch Lösungen vor, die zum Teil ganz ohne VBA funktionieren wie z. B. Power-Query, das seit Excel 2013 verfügbar ist. Außerdem zeigen wir Ihnen, wie Sie aufgezeichnete Makros um überflüssige Befehle bereinigen oder Ihre geschriebenen Makros um aufgezeichnete Anweisungen ergänzen.

Wir möchten Ihnen keinen trockenen Lehrstoff präsentieren. Ein bewusst kurz gehaltener und zielgerichteter Überblick macht Sie mit den wichtigsten Grundbegriffen und Vorgehensweisen vertraut, anschließend folgen zahlreiche Übungen zur Vertiefung der Programmierpraxis. Ergänzende Hinweise sowie die Lösungen gehören ebenfalls dazu.

Download Übungsdateien und Lösungen

Sämtliche verwendeten Beispieldateien und die Lösungen der Übungsaufgaben erhalten Sie auf unserer Homepage kostenlos zum Download.

- Der Ordner **Übungsdateien_Pool** enthält alle verwendeten Beispieldateien.
- Im Ordner **Sicherungsdateien** finden Sie, nach Kapiteln geordnet, die Lösungen zu den einzelnen Übungen.

Rufen Sie zum Download die folgende Seite auf:

www.bildner-verlag.de/00339

Viel Spaß und Erfolg mit dem Buch wünschen Ihnen
BILDNER Verlag und Autor

Inhalt

1 Datenübernahme ohne VBA 11

1.1 Fernbezüge zu Excel-Arbeitsmappen 13
Fernbezüge erstellen 13
Verknüpfungen aktualisieren 16
Beispiel Daten aus mehreren Arbeitsmappen zusammenfassen 18

1.2 Daten mit Power Query importieren 20
Daten aus Tabellen im Internet übernehmen 23
Daten aus Dateien in Ordnern übernehmen 27

2 Grundlagen der VBA Programmierung 35

2.1 Zum grundlegenden Verständnis von Makros und VBA 36
Wozu Makros und VBA? 36
Wichtige Begriffe 36

2.2 Grundeinstellungen vornehmen 38
Entwicklertools im Menüband einbinden 38
Einstellungen im Excel-Sicherheitscenter (Trustcenter) 39

2.3 Speichern von Arbeitsmappen mit Makros 40
Dateityp wählen 40
Arbeitsmappe mit Makros öffnen 41

2.4 Die VBA Entwicklungsumgebung (VBA-Editor) 42

2.5 Einstellungen im VBA-Editor 44
Symbolleisten einblenden 44
Editier-Optionen 44

2.6 Die VBA-Objekte 47
Die VBA-Basiselemente (Objekthierarchie) 47
Methoden, Eigenschaften und Ereignisse 49
Objektkatalog und Online-Hilfe 50
Variablen, Datentypen und Gültigkeitsbereiche 51
Konstanten 55
Namenskonventionen 56

2.7	**Sonstige Elemente und Techniken** **56**
	Operatoren 56
	Kommentare 57
	Fehlermeldungen 59

3 Einstieg in die Programmierung von Makros 61

3.1	**Module und Prozeduren** **62**
	Modul einfügen 62
	Modul umbenennen 64
	Makrobefehle – geballte Programmpower 64
3.2	**Zelladressierung (Range, Cells) allgemein** **65**
	A1-Bezüge 65
	Z1S1-Bezüge 66
	Markieren von Zellen und Zellbereichen 68
	Weitere Markierungsaufgaben 69
	Der Makrorecorder 71
	Zugriff auf Zellinhalte 74
	Formeln in Zellen schreiben 80
	Wichtige Eigenschaften von Zellen 81
3.3	**Wiederholungen (Schleifen)** **85**
	Die For-Next-Schleife 85
	Verschachtelte For-Next-Schleifen 87
	Weitere Schleifen-Optionen 88
3.4	**Abfragen** **90**
	If ... Then - Anweisung 90
	Weitere Verzweigungsmöglichkeiten 93
	Select Case – Anweisung 94
3.5	**Formeleingabe mit Schleifen und Abfragen** **96**
	Formel in einen Zellbereich eintragen (statt Kopieren) 96
	Bedingungen in Formeln 97
	Formeln in Werte umwandeln 99
	VBA statt SVERWEIS 100
3.6	**Methoden** **104**
	Was sind Methoden? 104
	Bereiche löschen 104
	Zellbereiche kopieren 106
	Übungsbeispiel aus der Praxis 108
	Zusammenfassende Übung (Schleife, Abfrage, Kopieren) 112

3.7	**Funktionen**	**115**
	Zählen mit der CountIf-Methode	115
	Die CountIfs–Methode	117
	Die CountBlank-Methode	117
	Extremwerte bestimmen	118
	Zeilen finden	119
	Programmausführung zur Kontrolle von Zwischenergebnissen unterbrechen	120
3.8	**Verweise auf Objekte**	**122**
3.9	**Dynamisches Arbeiten in Tabellen**	**123**
	Den Umfang einer Tabelle ermitteln	124
	Dynamische Schleife mit Abfragen	127
3.10	**Arbeitsblätter**	**128**
	Arbeitsblatt hinzufügen	128
	Arbeitsblatt aktivieren/auswählen	129
	Arbeitsblattnamen anzeigen	129
	Arbeitsblatt umbenennen	130
	Arbeitsblatt löschen	130
	Arbeitsblatt leeren	130
	Arbeitsblatt verbergen/ausblenden	131
	Arbeitsblatt schützen	131
	Arbeitsblatt-Ereignisse	131
3.11	**Arbeitsmappen**	**132**
	Arbeitsmappen-Ereignisse	133
	Arbeitsmappe identifizieren	134
	Arbeitsmappe anlegen	134
	Arbeitsmappe speichern	134
	Arbeitsmappe öffnen	135
	Zusammenfassende Übung	135
3.12	**Ordnerinhalte anzeigen**	**137**
3.13	**Zeichenketten zerlegen**	**139**
	Position eines bestimmten Zeichens mit der InStr-Funktion ermitteln	139
	Eine bestimmte Anzahl ermitteln	140
	Die Split-Funktion	141
	Leerzeichen entfernen	141

4 Dateiauswahl und einfacher Datenimport 143

4.1 Dateiauswahl per Dialogfeld 144
Das Standarddialogfeld einbinden 144
Dateitypen 145
Mehrfachauswahl zulassen 146
Ausgangsordner vorgeben 148
Nur bestimmte Dateien anzeigen (FileDialog) 148

4.2 Import aus Excel-Tabellenblättern (Copy-Methode) 152
Kopiermöglichkeiten 152
Zusammenfassende Übung 157

4.3 Import aus Text- und CSV-Dateien 162
Mit Semikolon getrennte Daten 162
Durch andere Zeichen getrennte Daten (Komma, Tabstopp, Leerzeichen) ... 167
Der Excel Textkonvertierungs-Assistent 169

4.4 Vorgabewerte für Systemtrennzeichen 173
Systemtrennzeichen anzeigen und anpassen 173

4.5 Mehrere Textdateien zusammenführen 176
Verwendung des Makrorecorders 176
Den Programmcode um weitere Dateien erweitern 180

5 Zugriff auf Excel-Arbeitsmappen 183

5.1 Mehr Übersicht durch eine Eingabemaske (UserForm) 184
Eingabemaske erstellen oder importieren 185
Das Formular Eingabemaske aufrufen 186
Verzeichnispfad vorgeben und anzeigen 187
Dateien auflisten 188
Nur bestimmte Dateitypen anzeigen 190
Importdatei auswählen und anzeigen 191
Umfang der ausgewählten Tabelle ermitteln 192
Spaltenüberschriften anzeigen 195

5.2 Eine Spalte auswählen und Inhalte einlesen 197

5.3 Mehrere Spalten auswählen und einlesen 200
Anzeige ausgewählter Spalten 200
Inhalte der ausgewählten Spalten übernehmen 202

5.4	**Ausgewählte Spalten in eine neue Arbeitsmappe kopieren**	**212**
5.5	**Sicherheitsabfragen**	**214**
	Die MsgBox als Methode (ohne Rückgabewert)	214
	Die MsgBox als Funktion	215
	Abfragen einbauen	216
5.6	**Zugriff auf mehrere Excel-Arbeitsmappen**	**218**
	Dateien gleicher Spaltenstruktur zusammenstellen	218
	Identische Spalten in eine neue Datei exportieren	231
5.7	**Zellbereiche auswählen und zeilenweise sammeln**	**236**
	Die Lösung mit Eingabemaske	237
	Die Lösung ohne Eingabemaske	239
5.8	**Datenquellen mit unterschiedlichem Umfang**	**249**
	Die Suche nach Schlüsselwörtern	250
	Angaben zum Datenumfang suchen	255

6 Performance steigern und auf Fehler reagieren 259

6.1	**Voreinstellungen ändern**	**260**
6.2	**Optimierungen im Programmcode**	**261**
	Kopieren	261
	Eigenschaften ändern	262
	Variablendeklaration	262
6.3	**Geschwindigkeitsmessung**	**262**
	Kopiervorgänge	263
	Ändern von Eigenschaften	264
	Zeitmessungen mit der Timer-Funktion	264
6.4	**Datenfelder zur Bearbeitung großer Datentabellen**	**265**
	Ausgangsproblem: Zahlen werden beim Import nicht erkannt	265
	Normale Kopiervorgänge	267
	Kopiervorgang unter Verwendung eines Datenfelds (Array)	268
6.5	**Fehlerbehandlung**	**271**
	Variable nicht deklariert	271
	Syntaxfehler	271
	Laufzeitfehler	272

7 Automatische Abläufe 275

- **7.1** Ordner mit Unterordnern anlegen 276
- **7.2** Dateien in Ordnern anzeigen 277
- **7.3** Arbeitsmappen mit benannten Tabellen anlegen 279
- **7.4** Arbeitsmappen als Arbeitsblätter importieren 281
  - Arbeitsblätter in die aktuelle Arbeitsmappe übertragen 281
  - Aktuelle Mappe unter neuem Namen speichern 284
  - Speichern in einer separaten Arbeitsmappe 286
- **7.5** Arbeitsblätter als Arbeitsmappen speichern 288
- **7.6** Makros starten 289
  - Schaltflächen 289
  - Makros im Schnellzugriff 291
- **7.7** Ereignisprozeduren (beim Öffnen der Arbeitsmappe) 293
  - Ereignisprozedur erstellen 293
  - Beispiel Sicherungsdatei erstellen 294
  - Zugriffsdaten erfassen und speichern 295

8 Textdateien einlesen 297

- **8.1** Übersicht Zugriffsmethoden 298
- **8.2** Der sequentielle Zugriff 298
- **8.3** Daten in eine Textdatei schreiben 299
- **8.4** Daten aus Textdateien einlesen 300

Anhang 305

- Nachwort 305
- Hilfreiche Tastenkombinationen 306

Stichwortverzeichnis 309

1 Datenübernahme ohne VBA

Übersicht

1.1 Fernbezüge zu Excel-Arbeitsmappen 13
1.2 Daten mit Power Query importieren 20

1 Datenübernahme ohne VBA

Standardmäßig bietet Excel einige Möglichkeiten, um Daten aus unterschiedlichen Quellen zu importieren. Seit der Version Excel 2013 steht Ihnen neben dem „klassischen" Verfahren zum Abrufen von Daten über eine Verbindung unter der Bezeichnung *Power Query* (Excel 2013), bzw. *Abrufen und transformieren* (Excel 2016), eine besonders leistungsstarke Methode zum Datenimport zur Verfügung. Mittels individuell gestalteter Abfragen lassen sich Daten aus dem Internet, aus Datenbanken oder unterschiedlichen Dateistrukturen nicht nur übernehmen und per Knopfdruck aktualisieren sondern auch aufbereiten. Da sich auf diesem Weg viele Aufgaben vereinfachen lassen und eine VBA-Programmierung möglicherweise überflüssig oder zumindest weniger aufwendig machen, wird diese Methode anhand von einfachen Beispielen kurz dargestellt.

> Diesem Thema widmet der Bildner Verlag ein eigenes Buch mit dem Titel „Excel- Pivot-Tabellen und -diagramme in der Praxis. Mit Power Query und Power Pivot"
>
> ISBN:978-3-8328-0270-7

Wegen der umfangreichen Möglichkeiten der Importwege sowie Filterung und Aufbereitung der Daten bleibt es der Eigeninitiative des Anwenders überlassen, sich weiter in Power Query zu vertiefen.

Werfen wir zunächst einen Blick auf die „klassischen" Übernahmemöglichkeiten von externen Daten:

▸ **Externe Daten abrufen**
Über die Registerkarte *Daten* ▸ *Externe Daten abrufen* bietet Excel standardmäßig vorgezeichnete Importwege an. In Kapitel 5 greifen wir über diese Vorgehensweise auf Textdateien zu, um den Ablauf als VBA-Code aufzuzeichnen.

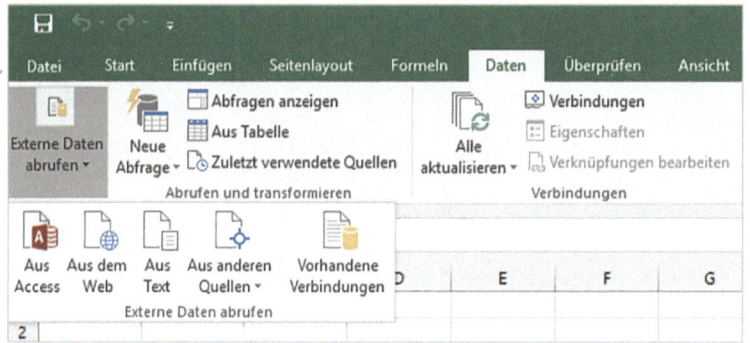

Bild 1.1 Externe Daten über einfache Verbindung abrufen

> **Achtung Office 365:** Hier steht nur noch *Abrufen und transformieren* bzw. Power Query zur Verfügung!

▸ **Fernbezüge/Externe Bezüge**
Eine weitere Möglichkeit, auf externe Excel-Daten zuzugreifen, ist die – möglicherweise leicht in den Hintergrund geratene Methode – die sich besonders dann anbietet, wenn wiederholt auf gleichbleibende Datenstrukturen zugegriffen werden muss: Die Fernbezüge, auch als Externe Bezüge bezeichnet.

1.1 Fernbezüge zu Excel-Arbeitsmappen

Eine sehr einfache Lösung, um externe Datenquellen in eine Tabelle einzubinden, sind Fernbezüge in Formeln – auch externe Bezüge genannt. Sie funktionieren wie Bezüge auf unterschiedliche Tabellen derselben Arbeitsmappe. Mit der Ausnahme, dass außer Tabellenname und Zelladresse vorweg die Quelldatei und deren Pfadangabe (automatisch) gesetzt wird, wenn die Quelldatei nicht gleichzeitig geöffnet ist.

Zum Anlegen der externen Bezüge öffnet man zusätzlich zur gerade aktuellen Zieldatei zunächst die Quelldatei. In der Zieltabelle bzw. Zielzelle beginnen Sie, wie bei der Formeleingabe, mit einem Gleichheitszeichen (=) die Eingabe und wechseln in die Quelltabelle, um durch Anklicken der von dort benötigten Zelle den Bezug herzustellen. Danach kann die Quelldatei wieder geschlossen werden. Die allgemeine Syntax:

Quelldatei geöffnet:	=[Quelldatei.xlsx]Tabelle1!$A$1
Quelldatei geschlossen:	='Pfadangabe[Quelldatei.xlsx]Tabelle1'!$A$1

- **Vorteil**
  Der Vorteil solcher Verbindungen besteht darin, dass Sie die extern vorliegenden aktuellen Daten in ihre Tabelle automatisch übernehmen können, sobald Sie Ihre Arbeitsdatei öffnen, komplexe Berechnungen mit Teilmengen der Daten im neuen Arbeitsblatt vornehmen oder in Diagrammen Sachverhalte darstellen.

- **Nachteil**
  Der Nachteil: Die Dateien müssen die gleichen vorgegebenen Bezeichnungen und Strukturen besitzen sowie am selben Speicherort (Pfad) abgelegt sein.

Zu Veranschaulichung sollen zunächst das grundsätzliche Vorgehen erläutert und die Risiken der Methode aufgezeigt werden.

Fernbezüge erstellen

Ziel und Quelle gleichzeitig geöffnet

Sie haben eine neue Excel-Arbeitsmappe erstellt und darin eine Tabelle vorbereitet, in die bestimmte Inhalte aus einer anderen Tabelle eingefügt werden sollen. In unserem Beispiel sollen die Fachbereiche einer Universität eingefügt werden. Die Bezeichnungen sind in *Tabelle1* der Arbeitsmappe *Fachbereiche.xlsx* aufgelistet.

Ordner Übungsdateien_Pool

Sie befinden sich in Ihrer neuen Tabelle und öffnen zusätzlich die Datei mit den benötigten Daten. Der Fernbezug beginnt in der ersten Zelle der Zieldatei mit Eingabe des Gleichheitszeichens =, anschließend wird die gewünschten Zelle in der geöffneten Quelldatei einfach angeklickt. Der Dateiname der Quelldatei in eckigen Klammern und die absolute Adresse der ausgewählten Zelle erscheinen in der Bearbeitungsleiste. Mit Drücken der Enter-Taste wird der Zellinhalt in die neue Tabelle übernommen und der Fernbezug abgeschlossen.

1 Datenübernahme ohne VBA

Bild 1.2 Quelldatei und Zelle auswählen

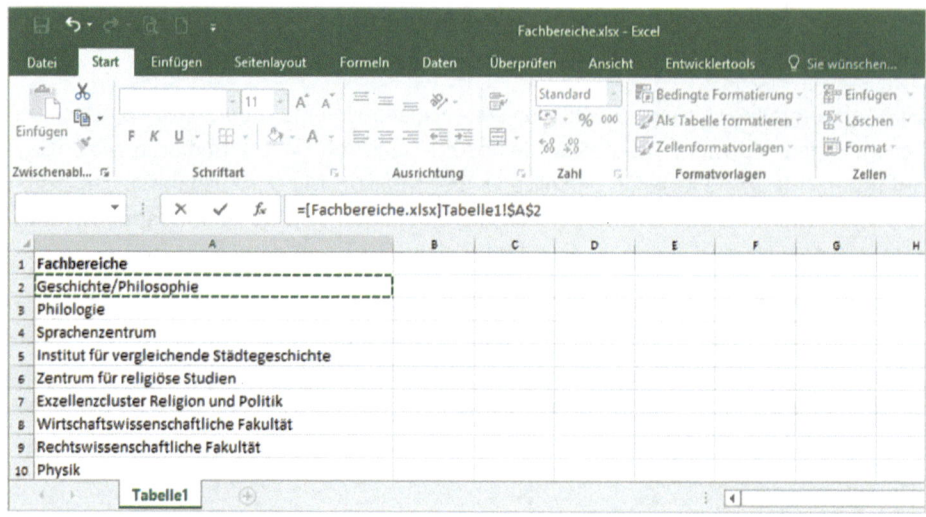

Auf diese Weise lassen sich einzelne Zellen – auch aus unterschiedlichen Arbeitsmappen (Excel-Dateien) – einbinden. Möchte man allerdings gleich mehrere Zellinhalte, beispielsweise aus der gleichen Spalte einlesen, muss die Quelladresse relativ angegeben werden: entweder indem Sie die $-Zeichen vor Spalte und/oder Zeile löschen oder die Zelladresse markieren und durch mehrmaliges Betätigen der Funktionstaste F4 die gewünschte Adressierung herstellen.

Bild 1.3 Zelladresse in relativen Bezug umwandeln

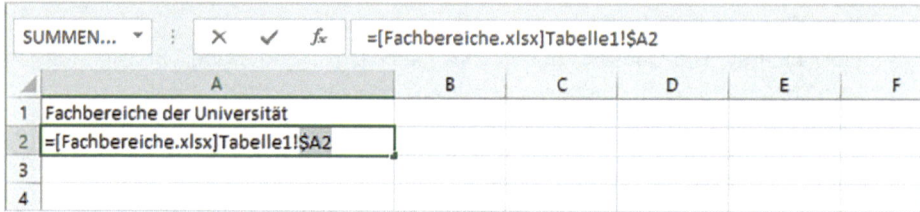

Diese Formel mit dem gemischten Fernbezug (z.B. $A2 … $A29) kann nun mittels *AutoAusfüllen* bzw. das Kästchen in der rechten unteren Ecke der markierten Zelle über die Tabelle – soweit wie benötigt – kopiert werden, in unserem Beispiel nach unten. Die in der Quelldatei (zurzeit noch) leeren Zellen erscheinen mit dem Wert 0, weisen aber einen gültigen Fernbezug auf.

Bild 1.4 Fernbezüge kopieren

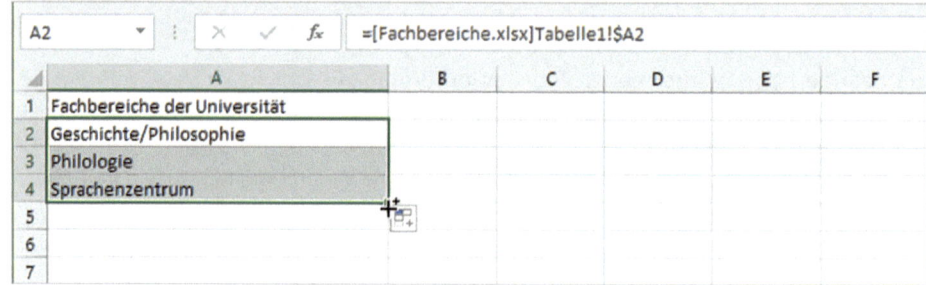

Fernbezüge zu Excel-Arbeitsmappen

Bild 1.5 Fernbezüge über Formeln anzeigen

Bild 1.6 Die übernommenen Inhalte

Hierzu ein Hinweis von Microsoft:

> „Wichtig. Verbindungen mit externen Daten sind auf dem Computer möglicherweise deaktiviert. Wenn beim Öffnen einer Arbeitsmappe eine Verbindung mit Daten hergestellt werden soll, müssen Sie Datenverbindungen aktivieren, indem Sie die Sicherheitscenter-Leiste verwenden oder die Arbeitsmappe in einem vertrauenswürdigen Verzeichnis speichern."

Siehe Bild 1.9 auf Seite 16.

Ziel geöffnet und Quelle geschlossen

Beim Schließen der Quelldatei ändert sich automatisch der Eintrag bzw. die Formel in der Bearbeitungsleiste und gibt deren Pfad mit aus:

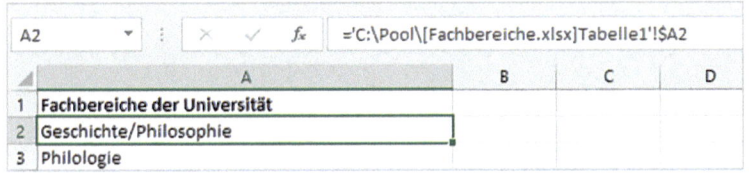

Bild 1.7 Pfadangabe zur Quelldatei

1 Datenübernahme ohne VBA

Sind die Speicherorte der Quelldateien bekannt, lassen sich solche Fernbezüge per Hand oder alles zusammen per VBA-Programmierung in die Zellen der Zieldatei einbauen. Doch ist dies auch in der Praxis sinnvoll?

Bild 1.8 Dateipfad per VBA einfügen

```
Sub Fernbezug_in_Zelle_schreiben()

    Worksheets("Tabelle2").Activate
    'Erster Eintrag, der dann per Anfasser nach unten erweitert werden kann
    Range("A1").Value = "='C:\Pool\[Fachbereiche.xlsx]Tabelle1'!A1"

End Sub

Sub Fernbezuege_in_Zelle_schreiben()
Dim zeile As Integer

    Worksheets("Tabelle2").Activate
    'Übernahme einer Liste
    For zeile = 2 To 25
        Range("A" & zeile).Value = "='C:\Pool\[Fachbereiche.xlsx]Tabelle1'!A" & zeile
    Next zeile

End Sub
```

Verknüpfungen aktualisieren

Nach dem Schließen und erneutem (erstmaligen) Öffnen der Zieldatei erfolgt eine Sicherheitswarnung und der Hinweis, dass die automatische Aktualisierung der Datenverknüpfungen (Links) zunächst deaktiviert wurde.

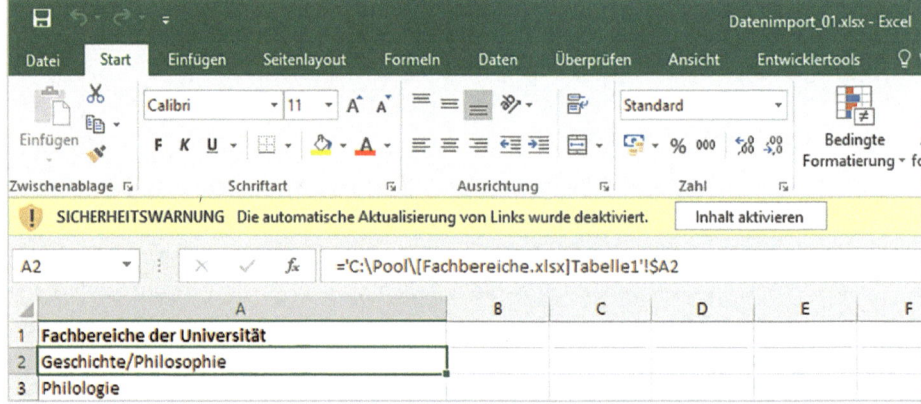

Bild 1.9 Sicherheitswarnung

Befindet sich die Quelldatei auf einem Netzlaufwerk, so erhalten Sie stattdessen die unten abgebildete Meldung.

Bild 1.10 Hinweis auf Dateiverknüpfungen

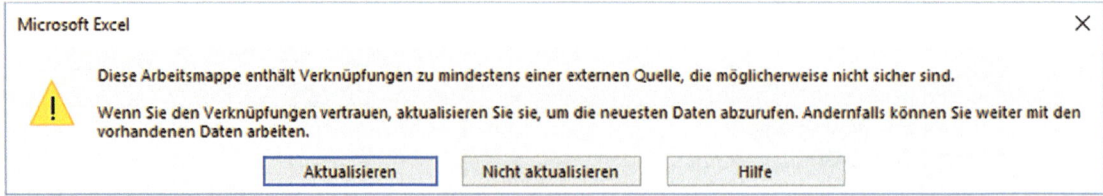

Sollten nicht alle Fremdbezüge aktualisierbar sein, erscheint ein entsprechender Hinweis mit der Möglichkeit, die Verknüpfungen zu bearbeiten oder ggf. zu entfernen.

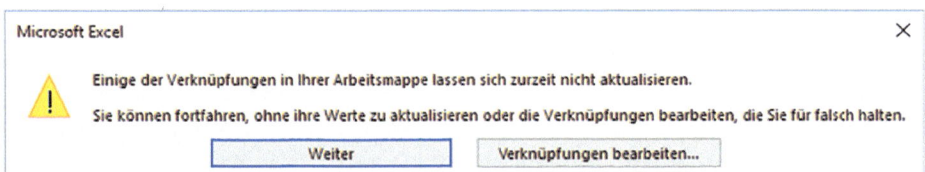

Bild 1.11 Verknüpfungen beim Öffnen der Mappe bearbeiten

Das Bearbeiten der Verknüpfungen ist auch aus dem Arbeitsblatt heraus möglich: Register *Daten* ▶ *Verknüpfungen bearbeiten*.

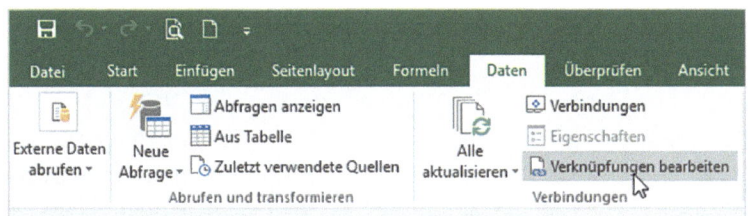

Bild 1.12 Verknüpfungen bearbeiten

Das Bild unten zeigt die Verknüpfungen zum nachfolgenden Beispiel auf Seite 18.

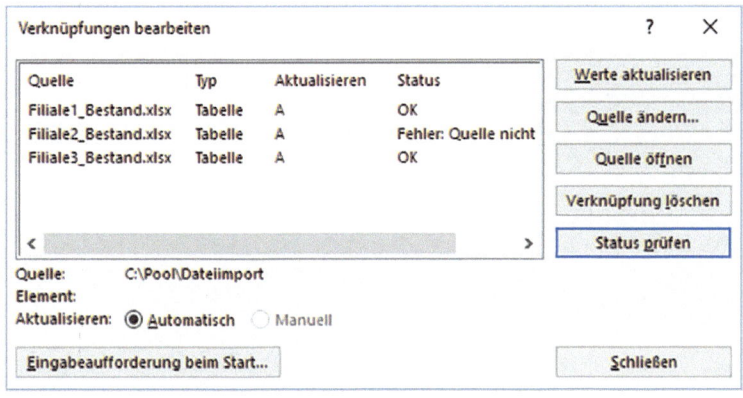

Bild 1.13 Verküpfungen bearbeiten

Mögliche Probleme beim Aktualisieren

Was passiert nach dem Aktualisieren, wenn sich die Daten in der Quelldatei verändert haben – wenn sie erweitert oder reduziert wurden?

In unserem Beispiel waren Fernbezüge bis Zelle A29 vorhanden. Zum Testen können beide Arbeitsmappen gleichzeitig geöffnet werden und die Quelldatei wie unten beschrieben geändert werden. Der Effekt zeigt sich beim Wechsel zurück in die Zieldatei.

Datei: Datenimport_01.xlsm

- **Fall 1:** Die Daten in der Quelldatei wurden um einige Angaben ergänzt (mehr als vorgesehen). Folglich werden nicht alle Einträge aus der Quelldatei übernommen.

- **Fall 2**: Die Datenzeilen in der Quelldatei wurden verringert. Folglich werden insgesamt weniger Daten angezeigt, die 0-Ergebnisse werden häufiger.

1 Datenübernahme ohne VBA

- Wurde die Quelldatei in einen anderen Ordner verschoben, helfen Excel-Abfragen, die Fernbezüge zu korrigieren. Die 0-Problematik bei reduzierten Einträgen jedoch bleibt.

> **Fazit**: Die Verwendung von Fernbezügen ist ein relativ starres Datenmanagement. Fernbezüge eignen sich in erster Linie dann, wenn mehrfach und wiederholt auf konstante Datenstrukturen zugegriffen werden muss. Die Inhalte der Quelldaten können sich durch Aktualisierung der Werte ändern, müssen aber ihre Dateibezeichnung und Datenstruktur in den Tabellen beibehalten.

Beispiel Daten aus mehreren Arbeitsmappen zusammenfassen

Übungsdateien_Pool\Dateien_aus_Ordner_Filialen

Sie erhalten wöchentlich Daten aus mehreren Filialen (*Filiale1_Bestand.xlsx* usw.) in Form von Excel-Arbeitsmappen. Daraus wollen Sie nur bestimmte Lagerbestände (die ersten 10 Artikel) in einer Tabelle zusammenfassen und als Diagramm darstellen.

Vorgehensweise

Bild 1.14 Spaltenüberschriften anlegen

1. Neue Arbeitsmappe öffnen und die Spaltenüberschriften anlegen:

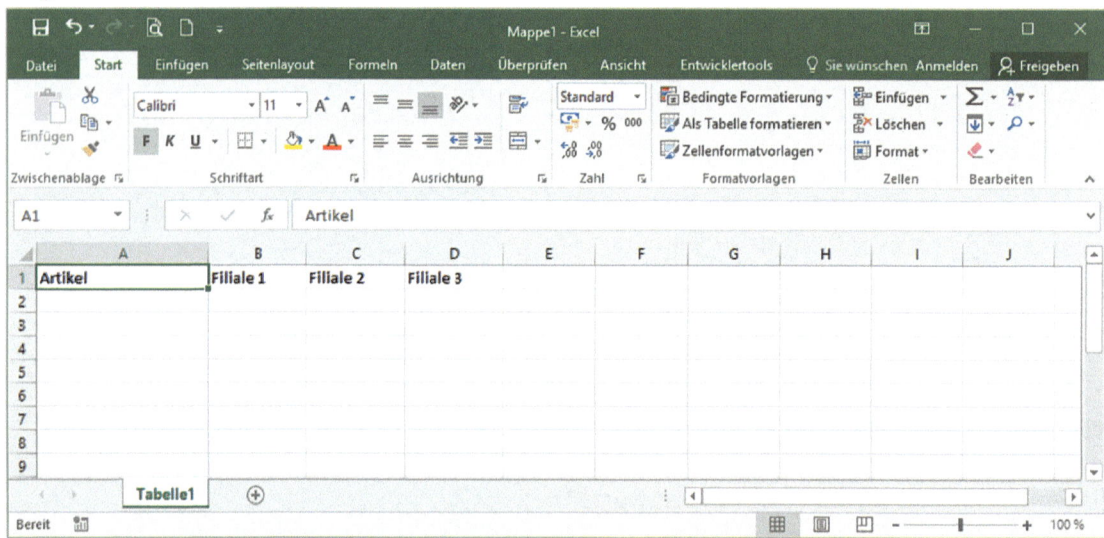

2. Datei *Filiale1_Bestand.xlsx* öffnen.

3. In Zeile 2 der neuen Arbeitsmappe Fernbezüge für Zellen A2 und B2 herstellen, siehe Bild, Adressen relativieren und für 10 Artikel durch Kopieren erweitern.

Bild 1.15 Fernbezüge eingeben

	A	B
1	Artikel	Filiale1
2	=[Filiale1_Bestand.xlsx]Tabelle1!A2	=[Filiale1_Bestand.xlsx]Tabelle1!C2
3	=[Filiale1_Bestand.xlsx]Tabelle1!A3	=[Filiale1_Bestand.xlsx]Tabelle1!C3
4	=[Filiale1_Bestand.xlsx]Tabelle1!A4	=[Filiale1_Bestand.xlsx]Tabelle1!C4

Fernbezüge zu Excel-Arbeitsmappen

4 Nach dem Schließen der Quelldatei werden die Pfadangaben ergänzt.

	A	B
1	Artikel	Filiale1
2	='C:\Pool\Dateiimport\[Filiale1.xlsx]Tabelle1'!$A2	='C:\Pool\Dateiimport\[Filiale1.xlsx]Tabelle1'!$C2
3	='C:\Pool\Dateiimport\[Filiale1.xlsx]Tabelle1'!$A3	='C:\Pool\Dateiimport\[Filiale1.xlsx]Tabelle1'!$C3
4	='C:\Pool\Dateiimport\[Filiale1.xlsx]Tabelle1'!$A4	='C:\Pool\Dateiimport\[Filiale1.xlsx]Tabelle1'!$C4

Bild 1.16 Fernbezüge mit Pfadangaben

5 Fernbezug von B2 nach C2 und D2 kopieren und entsprechend der Dateien der anderen Filialen anpassen *Filiale2_Bestand.xlsx* und *Filiale3_Bestand.xlsx*. Für alle 10 Artikel anschließend kopieren.

	A	B	C	D
1	Artikel	Filiale1	Filiale2	Filiale3
2	Teebeutel Minze	152	184	98
3	Teebeutel Darjeeling	119	256	108
4	Teebeutel Kräutermix	17	233	161
5	Olive Öl	60	101	116
6	Raps Öl	159	172	161
7	Pirsiche	136	236	87
8	Curry Sauce	86	251	117
9	Nussmix	99	95	163
10	Frucht Cocktail	70	233	46
11	Chocolate Biscuits Mix	86	74	84

Bild 1.17 Die fertige Tabelle

Aus dieser Tabelle mit Fernbezügen lässt sich auf einfache Weise ein Balkendiagramm quasi als Vorlage erstellen:

Bild 1.18 Balkendiagramm erstellen

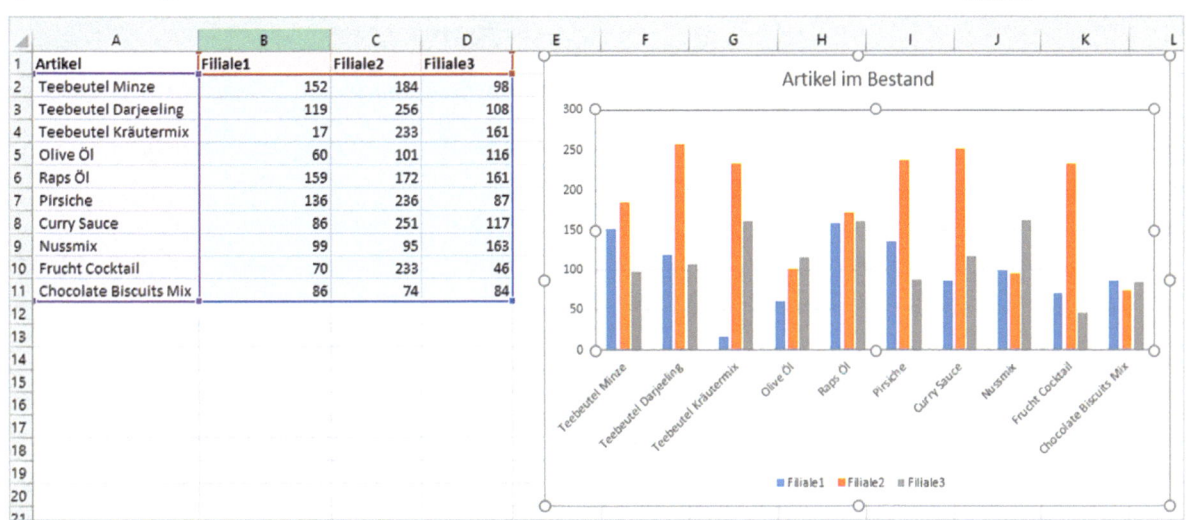

Zukünftig wird automatisch auf die aktualisierten Listen im angegeben Verzeichnis zugegriffen; Vorausgesetzt, dass sich an ihrer Bezeichnung und Struktur nichts ändert.

Datei: Datenimport_02.xlsm

1 Datenübernahme ohne VBA

Ein weiteres Praxisbeispiel

Bei messtechnischen Aufgaben werden Daten registriert und tabellarisch in einer Excel-Arbeitsmappe gespeichert. Jede Messreihe liefert unterschiedliche Werte, jedoch mit gleicher Datenstruktur. In Ihrer Auswertungs-Arbeitsmappe warten vorbereitete Tabellen, Berechnungen und Diagramme geradezu auf externe Verknüpfungen, um die aktuellen Messergebnisse einzulesen.

1.2 Daten mit Power Query importieren

Die übliche Methode, Daten über eine einfache Verbindung zu importieren, dürfte Ihnen hinlänglich bekannt sein und wird daher an dieser Stelle nicht weiter besprochen.

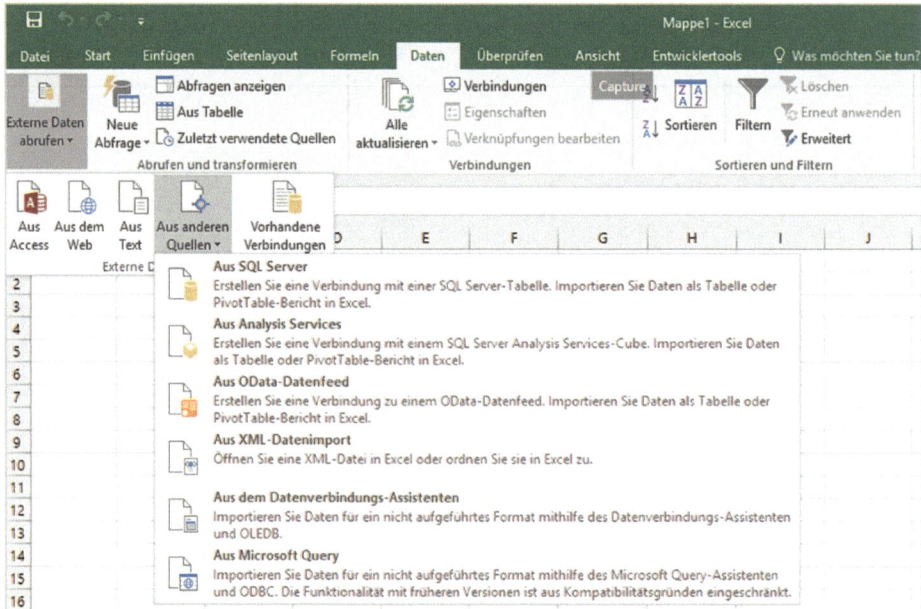

Bild 1.19 Einfache Verbindung zu externen Daten

In diesem Kapitel richten wir unser Augenmerk auf eine leistungsstarke Erweiterung, die ab der Excel Version 2013 insbesondere beim Abrufen und Transformieren von Daten aus Internetseiten und Datenbanken erhebliche Vorteile bringt: *Microsoft Power Query* bzw. *Abrufen und transformieren*.

Hinweis: Der Einfachheit halber verwendet dieses Buch, unabhängig von der Excel-Version, den Begriff Power Query.

Arbeiten Sie mit Excel 2016, dann ist Power Query unter der Bezeichnung *Abrufen und transformieren* vollständig in Excel 2016 integriert. Wenn Sie dagegen Excel 2013 verwenden, dann können Sie Power Query als Add-In kostenlos auf der Webseite von Microsoft herunterladen.

Excel 2013: Power Query herunterladen und als Add-In aktivieren

Zum Herunterladen rufen Sie im Browser die Webseite von Microsoft, www.microsoft.de auf und geben auf der Startseite einfach den Suchbegriff *Power Query* ein. Klicken

Daten mit Power Query importieren

Sie dann unter *Downloads* auf *Microsoft Power Query für Excel* und wählen Sie in den nächsten Schritten die Sprache und die passende Version (32 Bit oder 64 Bit). Im Anschluss an den Download starten Sie die Installation mit Doppelklick auf die heruntergeladene Datei. **Achtung**: Excel muss vor der Installation beendet werden!

Nach dem Starten von Excel ist im Menüband das neue Register *Power Query* verfügbar. Sollte dies nicht der Fall sein, dann muss das Add-In noch in den Excel-Optionen aktiviert werden, siehe unten.

Bild 1.20 Das Register Power Query (Excel 2013)

Das Add-In in den Excel-Optionen aktivieren.

Bild 1.21 Klicken Sie in den Excel-Optionen auf Add-Ins und wählen Sie COM-Add-Ins aus

Excel 2016: Abrufen und transformieren

In Excel 2016 steht Power Query im Register *Daten*, Gruppe *Abrufen und transformieren zur Verfügung*.

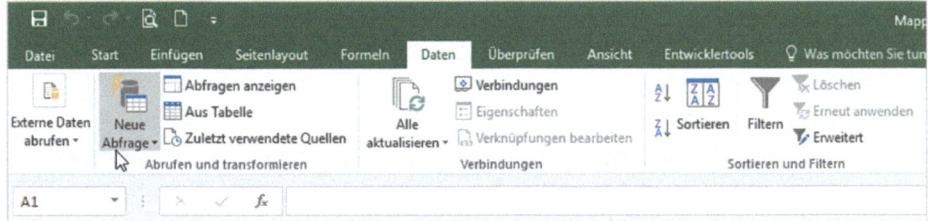

Bild 1.22 Excel 2016: Abrufen und transformieren

Damit lassen sich Daten über Abfragen gezielt importieren, aufbereiten und auswerten. Die in das Arbeitsblatt übernommenen Daten können auch mit den externen

Quelldaten synchronisiert werden. Mit Klick auf *Neue Abfrage* erstellen Sie eine Datenabfrage. Der Zugriff unter anderem auf folgende Quellen ist möglich, im Bild unten weitere Beispiele:

- Microsoft Office Access
- Microsoft SQL Server / OLAP Services
- Microsoft Office Excel-Arbeitsmappen
- Microsoft FoxPro
- dBASE, Oracle, Paradox
- Textdateien

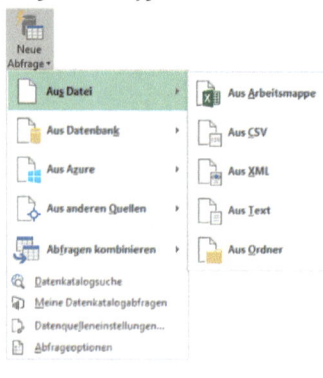

Bild 1.23 Neue Abfrage: Beispiele Datentypen

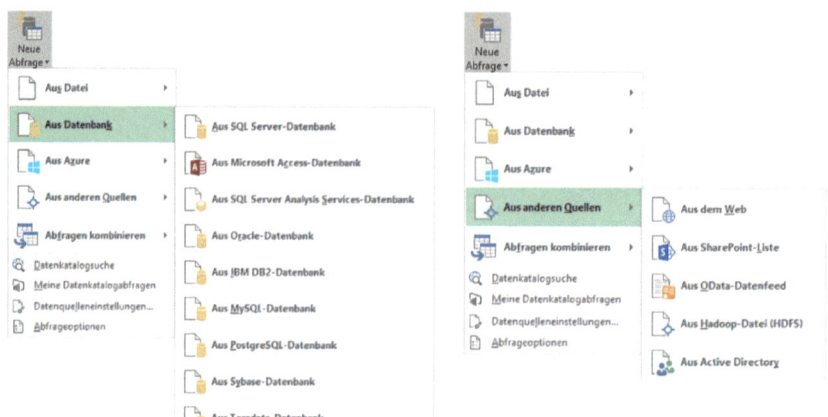

Mit Hilfe von Power Query können bestimmte Tabellen und Felder/Spalten ausgewählt, sortiert und gefiltert werden. Nach dem Erstellen einer Abfrage können die Daten in ein Excel-Arbeitsblatt übernommen und weiter analysiert werden, z. B. mit Pivot-Tabellen. Power Query unterstützt auch das *Entpivotieren* (zurücktransformieren) von Tabellen. Außerdem lassen sich mit Hilfe von Power Query in Verbindung mit der Option *Leere Abfrage* Zahlenreihen z. B. für kalendarische Listen erstellen. Zur Programmierung wird die Abfragesprache M benutzt, nicht VBA.

Die folgenden Beispiele sollen lediglich auf dieses leistungsstarke Tool aufmerksam machen. Konkrete Anwendungen werden Ihnen sicherlich noch weitere Möglichkeiten und Wege aufzeigen, die Ihnen Datenimporte und das Synchronisieren erleichtern – ohne VBA-Code.

Weitere Informationen zum Thema
Tiefergehende Informationen zum Import und Aufbereiten von Daten mittels Power Query finden Sie unter anderem im Buch „Excel - Pivot-Tabellen und -diagramme in der Praxis" von Inge Baumeister, erschienen im Bildner Verlag, ISBN 978-3-8328-0270-7 sowie bei Microsoft unter der Adresse https://support.office.com mit dem Titel „Verwenden von Microsoft Query zum Abrufen externer Daten".

Daten aus Tabellen im Internet übernehmen

Als Beispiel sollen allgemeine Informationen zu den 16 deutschen Bundesländern in eine Excel-Tabelle eingefügt werden, die Quelle: https://de.wikipedia.org/wiki/Land_(Deutschland).

Datei: Übungsdateien_Pool\Power_Query\PowerQuery_Daten_aus_WWW.xlsx

1. Klicken Sie auf *Neue Abfrage* ▶ *Aus anderen Quellen* ▶ *Aus dem Web*. Geben Sie die Webadresse ein und klicken Sie auf *OK*.

Bild 1.24 Webadresse eingeben

2. Im nächsten Schritt geben Sie an, wie der Zugriff auf die Webseite erfolgen soll. Da es sich bei diesem Beispiel um ein allgemein zugängliches Angebot handelt, wählen Sie *Anonym* und klicken auf *Verbinden*.

3. Anschließend werden im Navigator alle Inhalte der Seite aufgelistet. Klicken Sie links auf die gewünschte Tabelle, hier Politik, rechts erhalten Sie eine Vorschau.

   Tipp: Um schneller die gewünschte Tabelle zu finden, können Sie statt der *Tabellenansicht* auch auf das Register *Webansicht* klicken.

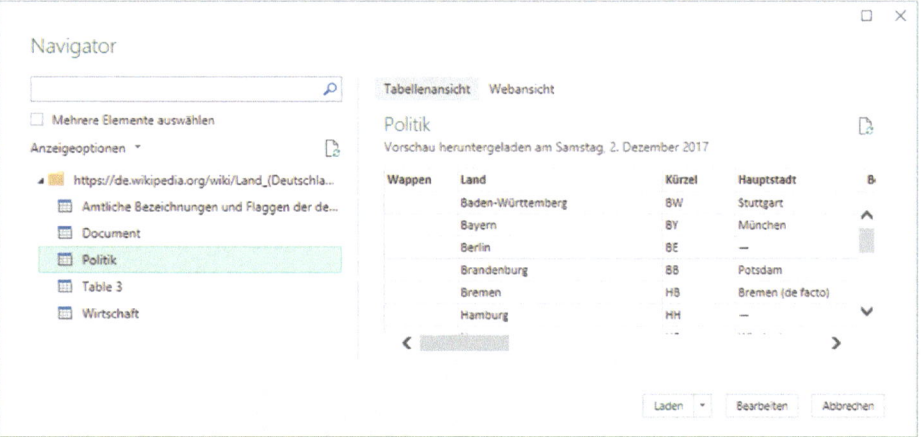

Bild 1.25 Tabellenauswahl mit Vorschau

4. Klicken Sie auf die Schaltfläche *Bearbeiten*, um Anpassungen vornehmen zu können.

   Die Tabelle wird in den Abfrage-Editor geladen, siehe nächstes Bild.

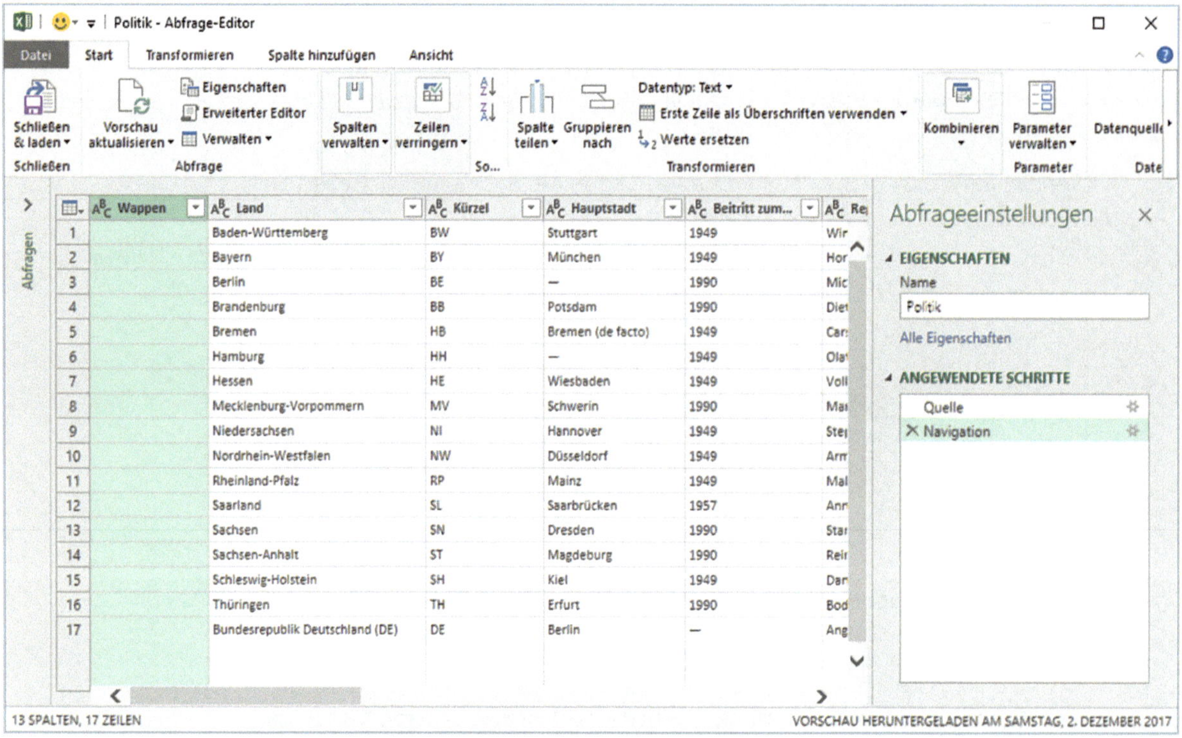

1 Datenübernahme ohne VBA

Bild 1.26 Die Tabelle im Abfrage-Editor

Bild 1.27 Schließen und laden in...

5   Die erste Spalte (*Wappen*) ist leer und kann gelöscht werden. Zum Entfernen klicken Sie mit der rechten Maustaste in die Spaltenüberschrift. Weitere Bearbeitungsschritte vor der Übernahme der Tabelle sind möglich, z. B. Spalten teilen, Datentyp ändern, usw..

6   Zum Einfügen in die aktuelle Arbeitsmappe klicken Sie auf *Schließen & laden in ...*.

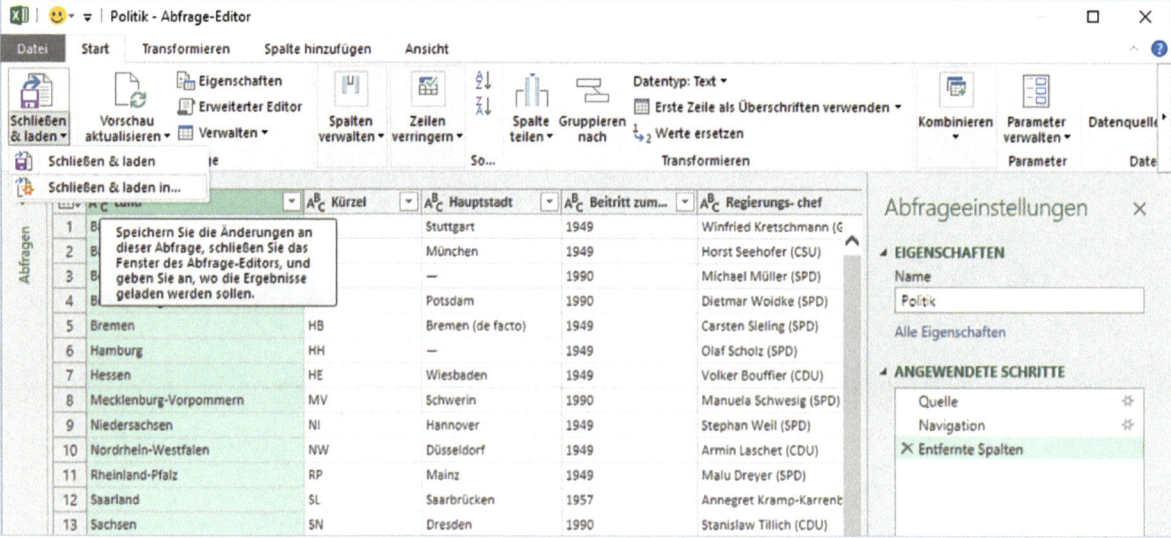

Daten mit Power Query importieren

7 Wählen Sie die Option *Tabelle* und *Bestehendes Arbeitsblatt* ab Zelle $A$1, um die Daten in die aktuelle Arbeitsmappe einzufügen. Klicken Sie dann auf *Laden*.

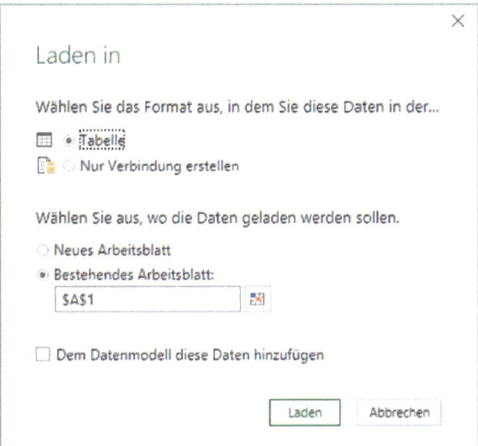

Bild 1.28 Laden in bestehendes Arbeitsblatt

Die Internet-Tabelle wird in das Arbeitsblatt übernommen und kann jederzeit mit dem Abfrage-Editor bearbeitet werden. Entweder mit Doppelklick auf die Abfrage im Aufgabenbereich *Arbeitsmappenabfragen* oder klicken Sie im Register *Daten* auf *Neue Abfrage ▸ Abfragen kombinieren* und wählen hier *Abfrage-Editor starten*.

Bild 1.29 Die Tabelle im Arbeitsblatt

Übungsbeispiel Börsenkurse

Im nächsten Beispiel laden Sie den aktuellen DAX-Kurs sowie die aktuellen Kurse aller Aktien im DAX in Ihre aktuelle Arbeitsmappe. Die Adresse:
http://kurse.boerse.ard.de/ard/indizes_einzelkurs_uebersicht.htn?i=159096

Datei: Übungsdateien_Pool\Power Query\PowerQuery_Daxwerte_aus_WWW.xlsx

1 Im Navigator stehen wieder mehrere Tabellen zur Auswahl. *Tabelle 0* enthält den aktuellen DAX-Kurs, *Tabelle 3* die Kurse aller DAX-Werte.

2 Aktivieren Sie das Kontrollkästchen *Mehrere Elemente auswählen* und aktivieren Sie dann die Kontrollkästchen der beiden Tabellen.

1 Datenübernahme ohne VBA

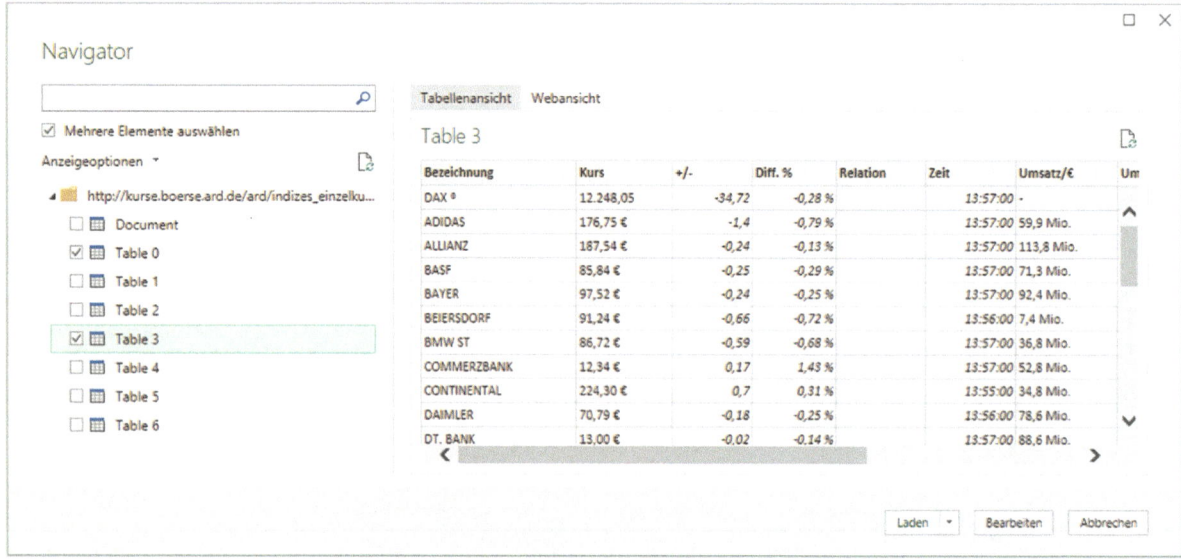

Bild 1.30 Mehrere Tabellen auswählen

Bild 1.31 Abfrage auswählen

3   Klicken Sie auf *Bearbeiten* und entfernen Sie aus *Tabelle 3* die leeren und daher nicht benötigten Spalten. In der linken Spalte, dem Abfragebereich können Sie ggf. zwischen den beiden Abfragen wechseln.

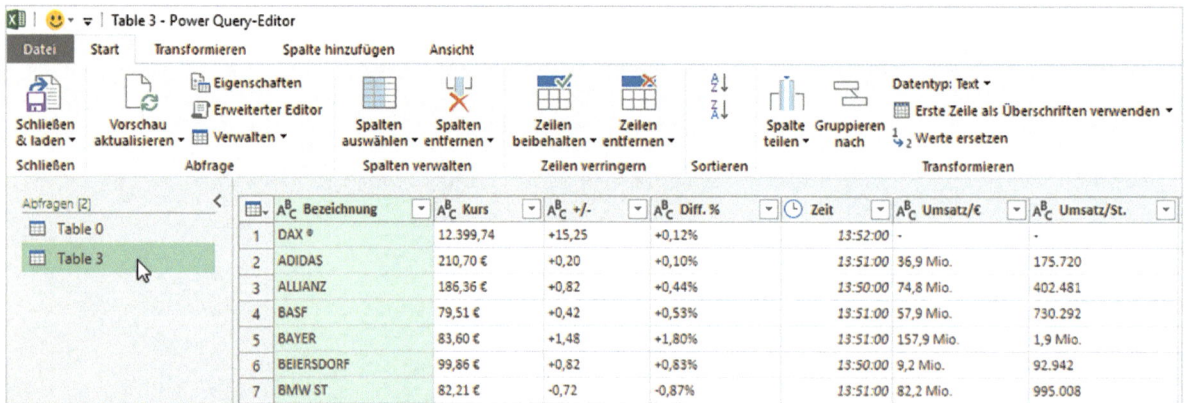

Bild 1.32 Die eingefügten Tabellen

4   Nach dem Klick auf *Schließen und laden* werden die beiden Tabellen in der aktuellen Arbeitsmappe in zwei weiteren Arbeitsblättern eingefügt.

Daten mit Power Query importieren

Daten aus Dateien in Ordnern übernehmen

Mit Power Query lassen sich auch dynamische Abfragen zum Zusammenfassen von Daten aus mehreren Dateien erstellen. Der Zugriff auf einen Ordner (und dessen Unterordner) ist eine anspruchsvolle Aufgabe, wenn nur bestimmte Dateien zum Abrufen und Transformieren einbezogen werden sollen.

Ordner: Übungsdateien_Pool\Dateien_aus_Ordner_Filialen

Einfacher wird die Abfrage, wenn der Ordner ausschließlich die benötigten Dateien enthält, wie in diesem Beispiel. Außerdem müssen alle Dateien dieselbe Struktur besitzen.

1 Klicken Sie auf *Neue Abfrage* ▶ *Aus Datei* und auf *Aus Ordner*.

2 Geben Sie den Ordnerpfad an oder klicken Sie auf *Durchsuchen…* und klicken Sie dann auf *OK*.

Bild 1.33 Aus Datei ▶ Aus Ordner

Bild 1.34 Ordnerpfad angeben

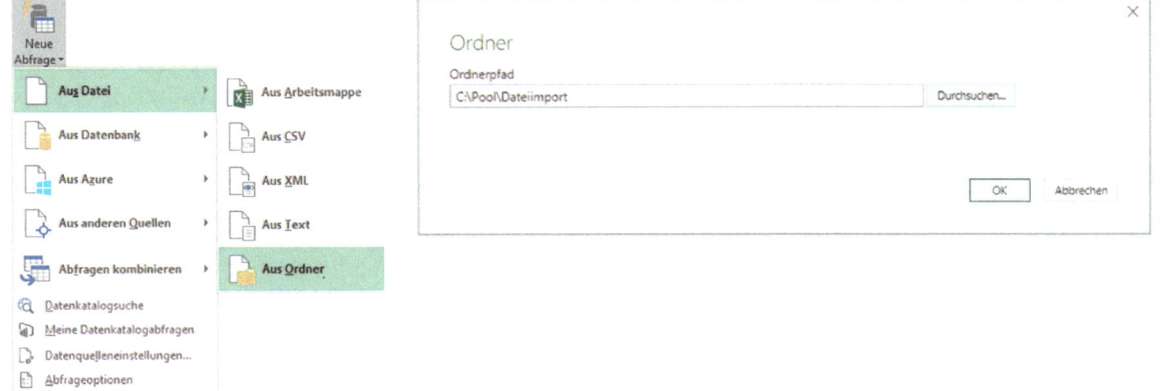

3 Alle Dateien des angegebenen Ordners werden aufgelistet. Klicken Sie auf *Bearbeiten*.

Bild 1.35 Übersicht Dateien

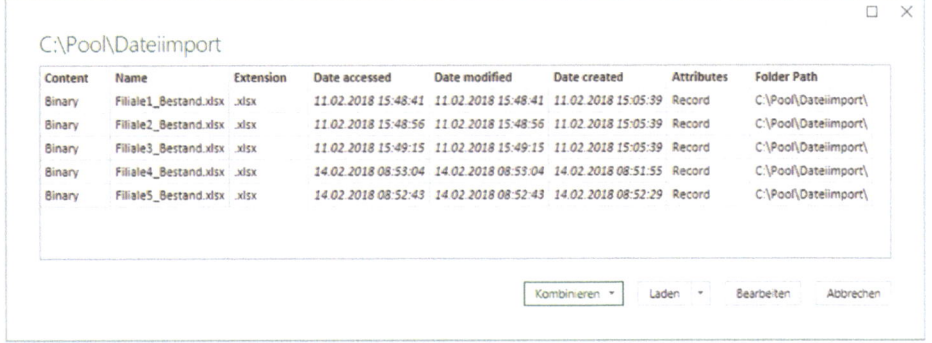

4 Daraufhin wird der Ordnerinhalt bzw. die Übersicht als Tabelle in den Abfrage-Editor geladen, siehe Bild unten.

1 Datenübernahme ohne VBA

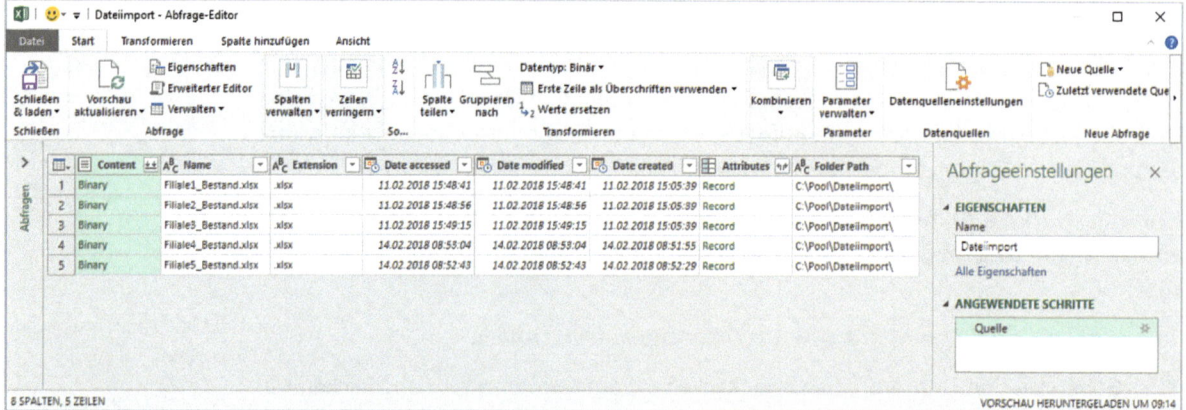

Bild 1.36 Der Ordnerinhalt im Abfrage-Editor

5 Zunächst sollten Sie nicht benötigte Spalten entfernen: Die Spalten *Content* und *Name* bleiben erhalten – alle anderen werden entfernt (Rechtsklick in die Spaltenüberschrift und Befehl *Entfernen*).

Dateien auswählen

6 Wenn nur bestimmte Dateien ausgewählt werden sollen, dann klicken Sie zum Filtern auf den Dropdown-Pfeil der Spaltenüberschrift *Name* und wählen die Dateien durch Aktivieren bzw. Deaktivieren der Kontrollkästchen aus.

Bild 1.37 Dateien auswählen

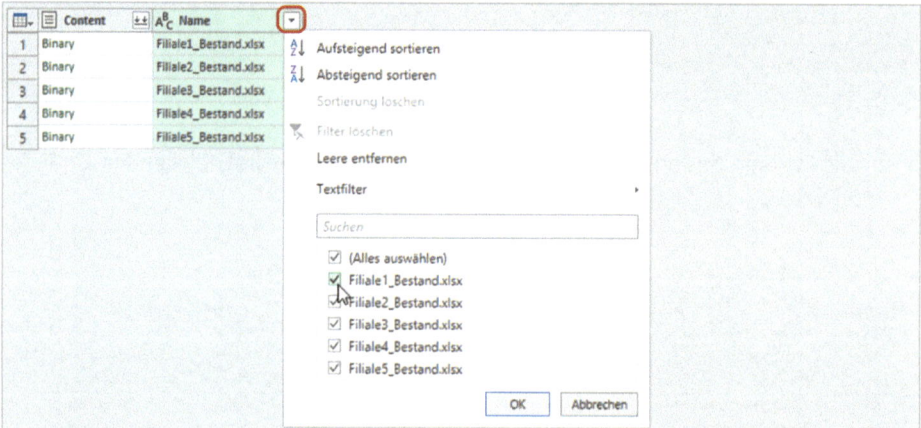

Tabellenblätter auswählen

7 Excel-Arbeitsmappen können auch mehr als ein Tabellenblatt enthalten. Um alle übrigen, eventuell vorhandenen Tabellenblätter auszuschließen, klicken Sie dann im Menüband des Abfrage-Editors auf das Register *Spalte hinzufügen* und hier auf *Benutzerdefinierte Spalte*.

Daten mit Power Query importieren

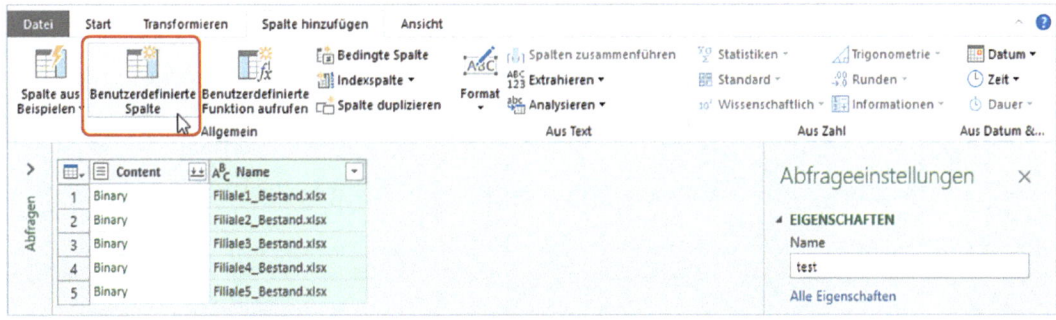

Bild 1.38 Benutzerdefinierte Spalte hinzufügen

8 Geben Sie im Feld *Benutzerdefinierte Spaltenformel* die folgende Formel ein und beachten Sie unbedingt die Groß-/Kleinschreibung:

=Excel.Workbook([Content])

Klicken Sie auf *OK*.

Bild 1.39 Spaltenformel eingeben

9 Klicken Sie in der Überschrift der neu hinzugekommenen Spalte auf das Symbol mit den beiden auseinander weisenden Pfeilen ⇄ (*Erweitern*).

Bild 1.40 Benutzerdefinierte Spalte erweitern

10 Wählen Sie die Spalten *Name* und *Data* aus, die Option *Ursprünglichen Spaltennamen als Präfix verwenden* sollte deaktiviert werden.

Bild 1.41 Spalten auswählen

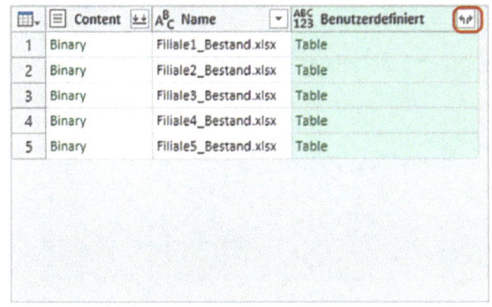
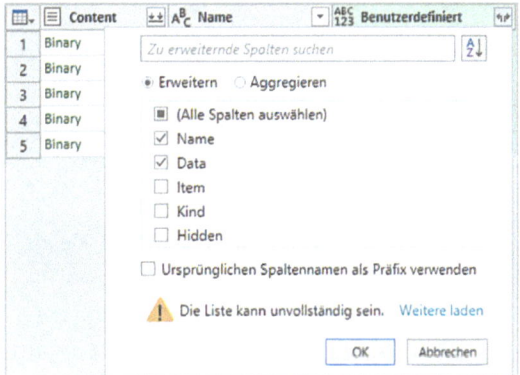

29

1 Datenübernahme ohne VBA

▶ Die neu hinzugekommene Spalte *Name.1* listet die Tabellenblätter der jeweiligen Arbeitsmappe auf, im Beispiel jeweils *Tabelle 1*. Klicken Sie neben der Überschrift dieser Spalte auf den nach unten weisenden Pfeil und aktivieren Sie nur *Tabelle1*.

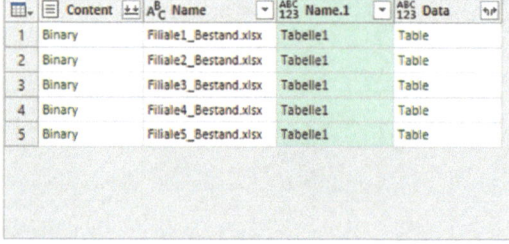

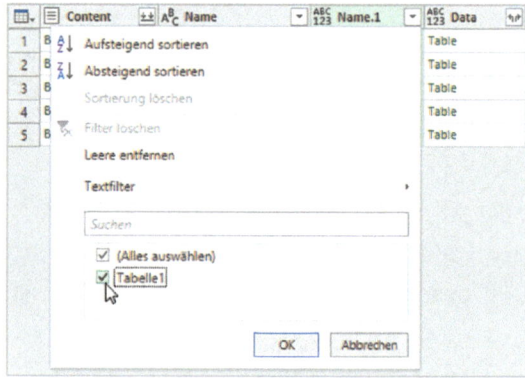

Bild 1.42 Die Spalte Name.1

Bild 1.43 Tabelle1 auswählen

11 Die Spalten *Content* und *Name.1* werden nun nicht mehr benötigt und können per Rechtsklick und den Befehl *Entfernen* entfernt werden.

Daten der ausgewählten Tabellen einlesen

12 Klicken Sie dann neben der Überschrift der Spalte *Data* auf das Symbol *Erweitern* und aktivieren Sie alle Spalten. Auf den ursprünglichen Spaltennamen als Präfix kann verzichtet werden.

Bild 1.44 Erweitern, alle Spalten

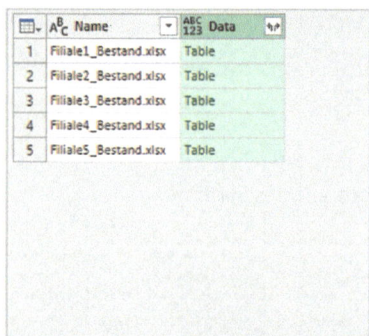

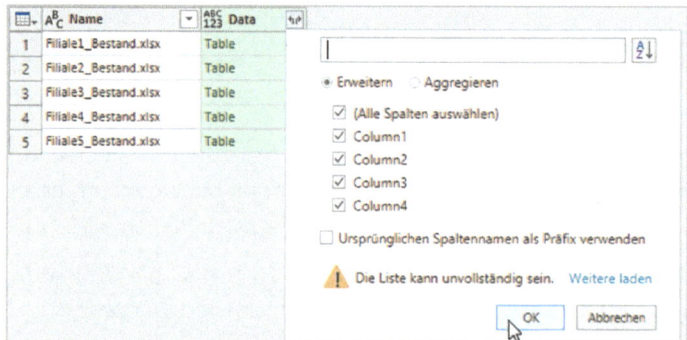

13 Die Inhalte alle Quelldateien werden nun nacheinander in den Abfrage-Editor eingelesen.

Bild 1.45 Die eingelesenen Spalten

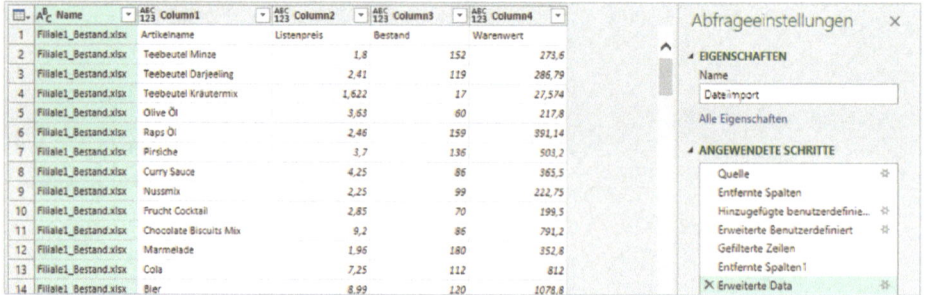

14 Damit die Spaltenüberschriften der Quelldateien als Überschriften übernommen werden, klicken Sie im Menüband des Abfrage-Editors auf das Register *Start* und hier auf *Erste Zeile als Überschriften verwenden*.

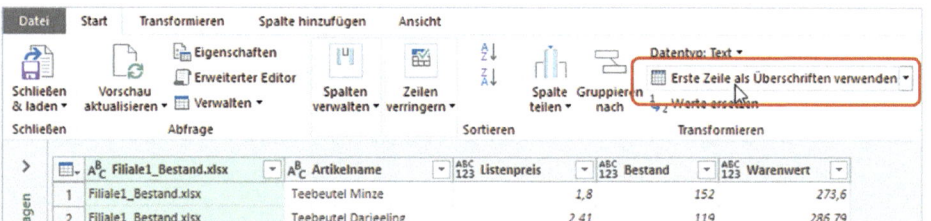

Bild 1.46 Erste Zeile als Spaltenüberschriften

15 Filtern Sie dann die Spalte *Artikelname*: Es sollen alle angezeigt werden bis auf „Artikelname", da dies die Spaltenüberschrift in jeder eingelesenen Datei ist.

Bild 1.47 Den Spalteninhalt Artikelname ausschließen

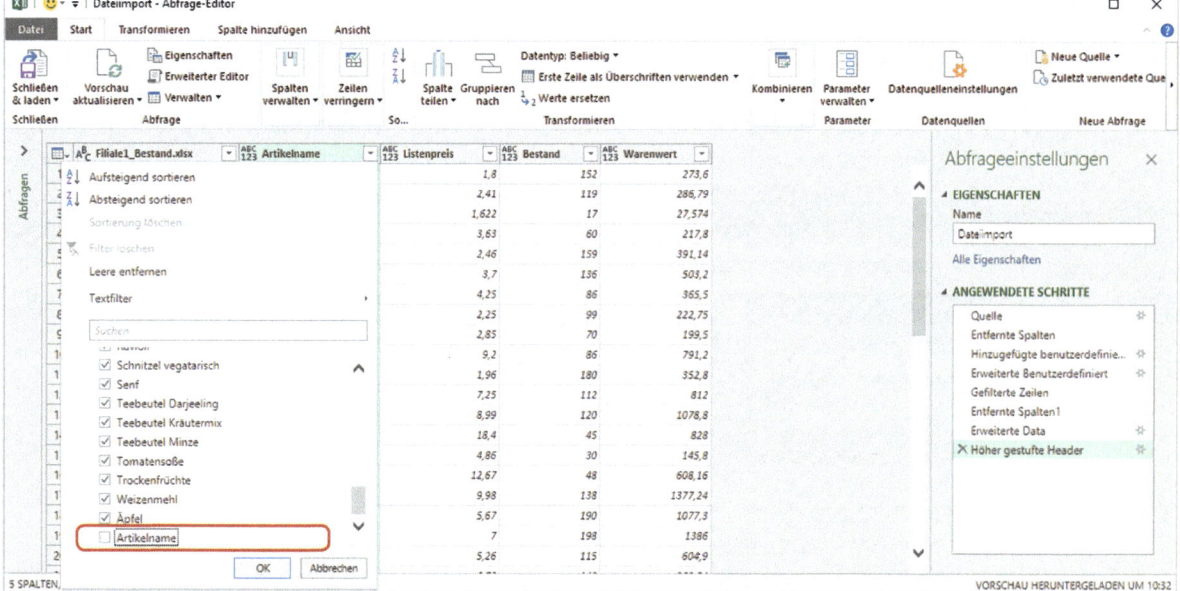

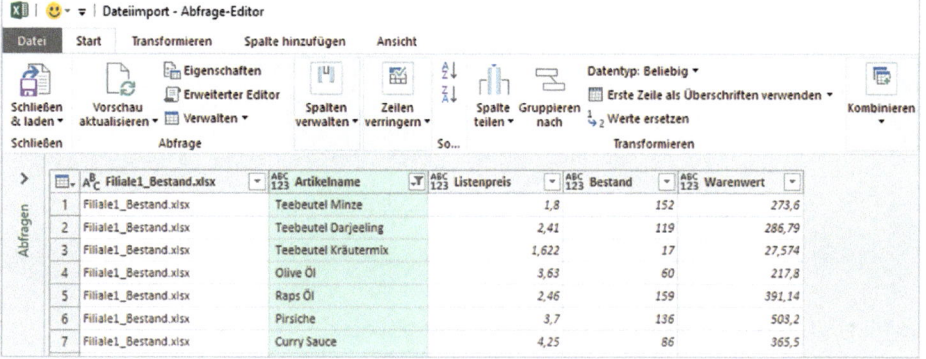

Bild 1.48 Die fertige Tabelle

1 Datenübernahme ohne VBA

16 Klicken Sie zuletzt auf *Schließen und Laden in…*. Wählen Sie die Optionen *Tabelle* und *Bestehendes Arbeitsblatt* und klicken Sie auf *Laden*.

Bild 1.49 Tabelle in bestehendes Arbeitsblatt laden

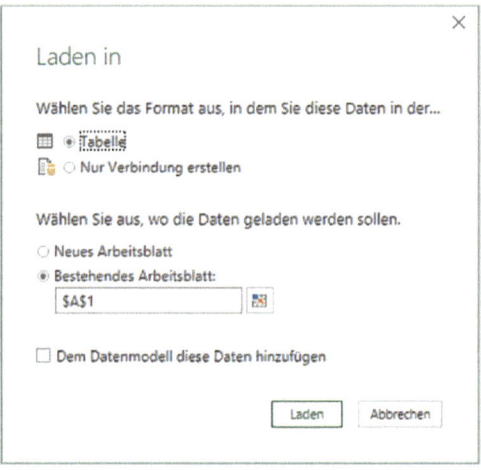

Die Daten werden in das Arbeitsblatt eingefügt und automatisch als Tabellenbereich formatiert. Anschließend kann die Tabelle ausgewertet werden, z. B. in Form einer Pivot-Tabelle. Dazu klicken Sie in die Tabelle und im Menüband, Register *Einfügen* auf *PivotTable*. **Tipp**: Wenn Sie auf *Empfohlene PivotTables* klicken, erhalten Sie verschiedene Vorschläge und brauchen nur noch die gewünschte Darstellung auswählen.

Bild 1.50 Klicken Sie auf Einfügen, Empfohlene PivotTables

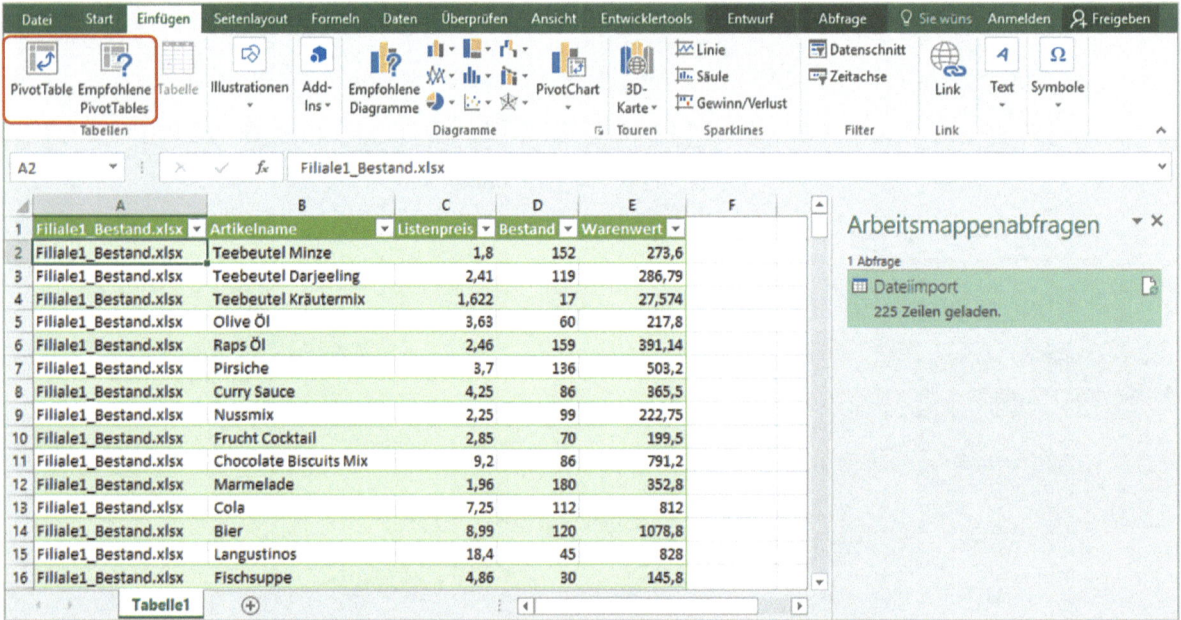

Im Bild unten ein Beispiel für eine Pivot-Tabelle (PivotTable).

Daten mit Power Query importieren

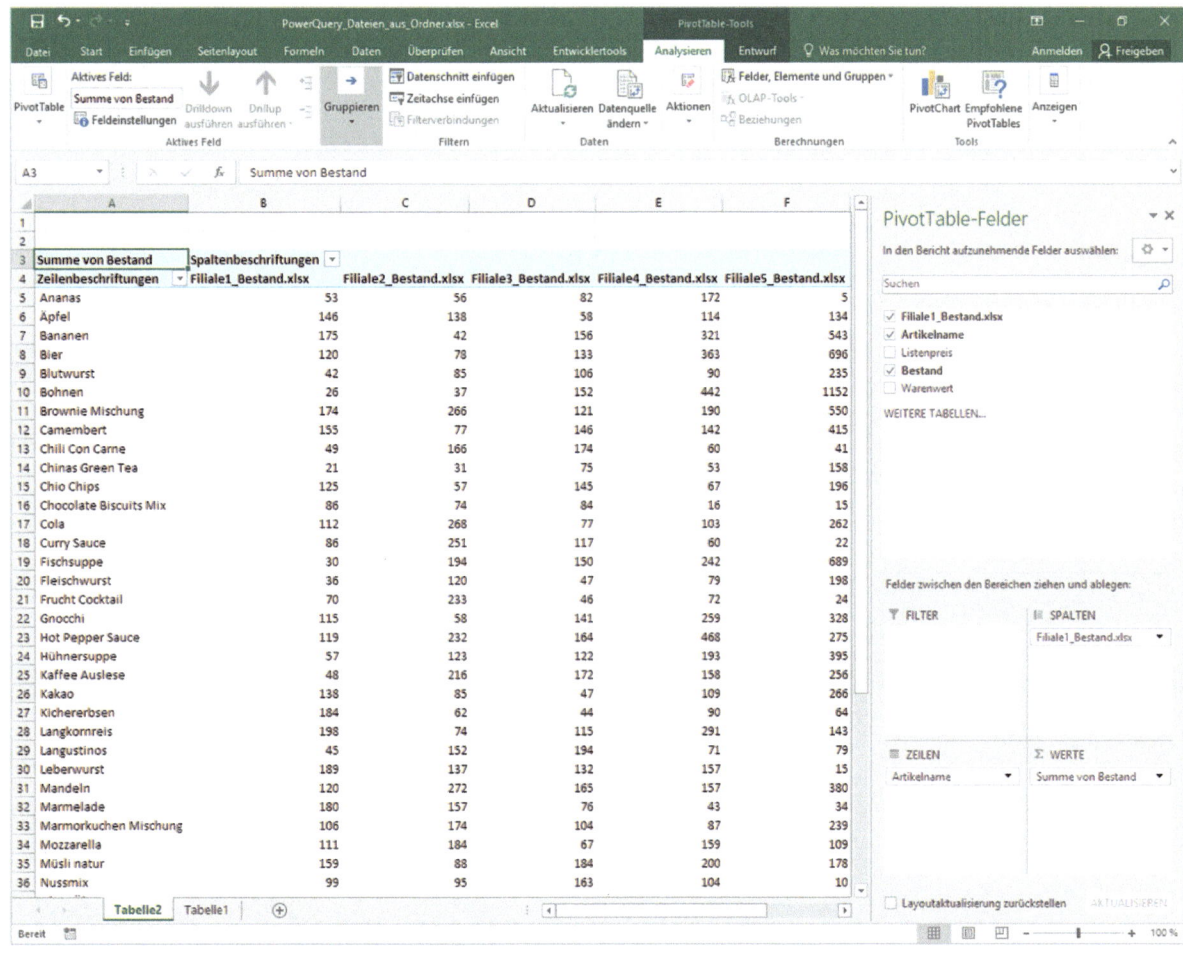

Bild 1.51 Beispiel Pivot-Tabelle

Hinweis: Auf das äußerst nützliche Werkzeug PivotTable wird in diesem Buch nicht näher eingegangen. Detaillierte Beschreibungen finden Sie im Buch „Excel- Pivot-Tabellen und -diagramme in der Praxis" von Inge Baumeister, erschienen im Bildner Verlag. ISBN 978-3-9328-0270-7

Nachdem Sie anhand dieser einfachen Beispiele einen ersten Eindruck über Power Query und die daraus resultierenden Vorteile erhalten haben, bleibt es Ihnen überlassen, ob Sie weitere Anpassungen im Abfrage-Editor in der Abfragesprache M oder lieber mit Excel-VBA vornehmen.

Im folgenden Kapitel werden wir Sie schrittweise in die VBA-Programmierung einführen. Zu Beginn lernen Sie die Adressierung und die Eigenschaften der wichtigsten Elemente einer Tabelle – den Zellen – kennen. Wenn Sie einzelne Zellen ansprechen und deren Inhalte verändern können, sind Sie auf gutem Weg, flexible Datentransfers zu programmieren und die Fernbezüge sind schnell in den Hintergrund geraten. Der Umgang mit Tabellenblättern und ganzen Arbeitsmappen schließt sich an.

Datenübernahme ohne VBA

2 Grundlagen der VBA Programmierung

Übersicht

2.1	Zum grundlegenden Verständnis von Makros und VBA	36
2.2	Grundeinstellungen vornehmen	38
2.3	Speichern von Arbeitsmappen mit Makros	40
2.4	Die VBA Entwicklungsumgebung (VBA-Editor)	42
2.5	Einstellungen im VBA-Editor	44
2.6	Die VBA-Objekte	47
2.7	Sonstige Elemente und Techniken	56

2 Grundlagen der VBA Programmierung

Das Schreiben eigener Programme erfordert grundlegende Kenntnisse des allgemeinen Aufbaus, der Sprachsyntax und der Entwicklungsumgebung von VBA. Ferner verfügt eine Programmiersprache über Möglichkeiten, bestimmte Anweisungen mehrfach oder abhängig von Bedingungen auszuführen. Dieses Kapitel widmet sich ganz den Grundlagen der VBA-Programmierung und den wichtigsten Sprachelementen und bildet die Grundlage für die weiteren Kapitel dieses Buches.

In Fokus der nachfolgenden Beschreibungen steht der Schwerpunkt Datenorganisation, nicht die ganz breite Basis.

2.1 Zum grundlegenden Verständnis von Makros und VBA

Wozu Makros und VBA?

Obwohl Microsoft Excel ein äußerst leistungsfähiges Programm mit zahlreichen Funktionen ist, werden häufig für spezielle Probleme Lösungen benötigt, die sich mit den Standardfunktionen von Excel nur mit einigem Aufwand oder überhaupt nicht realisieren lassen. Dazu zählen wiederkehrende Routinearbeiten wie z. B. Formatierung von Zellen oder Berechnungen, aber auch komfortable Dateneingabemöglichkeiten mittels eigens dafür erstellter Dialogfenster. Außerdem lassen sich mit Makros und VBA Arbeitsmappen und Tabellen zurechtbasteln, die auch für ungeübte Nutzer einfach und vor allem sicher zu bedienen sind, z. B. zur Dateneingabe.

Ein weiterer Einsatzschwerpunkt ist die Erstellung eigener Funktionen für häufig benötigte Formeln. So lassen sich beispielsweise bei mehrfach abzufragenden Bedingungen statt verschachtelter WENN-Funktionen alle Anweisungen komfortabel und wesentlich übersichtlicher als Programmanweisung schreiben und bei Bedarf auch in mehreren Arbeitsmappen nutzen.

Wichtige Begriffe

Makros

Bereits seit frühen Versionen von Excel besteht die Möglichkeit, Befehlsabläufe mit Hilfe des integrierten Makrorecorders aufzuzeichnen. Die aufgezeichnete Befehlsfolge wird als Makro bezeichnet, unter einem Namen gespeichert und jedes Mal ausgeführt, wenn das Makro aufgerufen wird. Zu den wichtigsten Einsatzmöglichkeiten von Makros gehört die Ausführung von Routinetätigkeiten, beispielsweise Aufbereitung und Auswertung von Tabellen mit gleichbleibendem Aufbau, aber wechselnden Daten.

Mit dem Makrorecorder aufgezeichnete Makros besitzen Vor- und Nachteile: Sie erfordern keinerlei Programmierkenntnisse, sind allerdings wenig flexibel und reagieren nicht auf Bedingungen.

Zum grundlegenden Verständnis von Makros und VBA

Mit der Aufzeichnung eines Makros wird eigentlich ein Computerprogramm in der Programmiersprache VBA erstellt. Ein Makro kann somit jederzeit nachträglich bearbeitet und beispielsweise um weitere Anweisungen ergänzt werden, VBA-Kenntnisse vorausgesetzt.

Die Programmiersprache VBA

Microsoft Office verfügt unter der Bezeichnung VBA (Visual Basic for Applications) über eine integrierte Programmiersprache mit beträchtlichem Sprachumfang. Diese ist in allen Office-Anwendungen, also z. B. auch in Word, Access oder PowerPoint verfügbar, wird aber hauptsächlich für Access und Excel genutzt. Zudem basieren die einzelnen Anwendungen auf unterschiedlichen Objekten, sodass sich mit Ausnahme grundlegender Sprachelemente Word-VBA durchaus von Excel-VBA unterscheidet. Anstelle der Aufzeichnung mit dem Makrorecorder kann ein Makro auch komplett als Folge von Anweisungen geschrieben werden, diese werden auch als Prozeduren bezeichnet. Allerdings ist VBA eine sehr komplexe Sprache und wie bei allen Programmiersprachen, gelten auch für die Programmierung mit VBA feste Regeln für den Aufbau der Befehle, die sogenannte Sprachsyntax. Im Gegenzug stehen Ihnen dafür mit VBA nahezu alle Möglichkeiten der Programmierung offen.

VBA = Visual Basic for Applications

Programmanweisungen werden in der Regel in einer gesonderten Entwicklungsumgebung mit entsprechenden Eingabehilfen und Befehlen geschrieben. Microsoft Office verfügt zu diesem Zweck über den integrierten VBA-Editor, der in einem eigenen Fenster geöffnet wird.

Gibt es einen Unterschied zwischen Makros und Prozeduren?

Nein, sowohl bei aufgezeichneten Makros als auch bei selbst geschriebenen Prozeduren handelt es sich um VBA-Anweisungen, die im VBA-Editor jederzeit eingesehen und geändert werden können. Dieses Buch verwendet zumeist die Bezeichnung Makro, egal, ob die Anweisungen aufgezeichnet oder geschrieben wurden.

Tipp für Einsteiger und Gelegenheitsprogrammierer

Wenn Sie beispielsweise nicht genau wissen, wie in VBA ein bestimmtes Excel-Objekt angesprochen oder die gewünschte Aktion bezeichnet wird, dann zeichnen Sie ein einfaches Makro auf, in dem Sie genau diese Aktion ausführen. Diese Zeile kopieren Sie dann einfach über die Zwischenablage in Ihr Makro.

Bis auf wenige Ausnahmen, z. B. Formatierungen, entspricht jede Programmzeile einer Anweisung.

Was versteht man unter objektorientierter Programmierung?

Objektorientierte Programmiersprachen, dazu zählt auch VBA, behandeln alle Dinge der realen Welt als Objekte. Jedes Objekt verfügt über bestimmte Eigenschaften, z. B. Farbe. Viele Objekte können auch Aktionen ausführen, diese werden als Methoden bezeichnet. Manche Objekte verfügen auch noch über sogenannte Ereignisse. Typische Excel-Objekte sind die Anwendung Excel selbst, eine Arbeitsmappe, ein Tabellenblatt, Zellbereiche oder Diagramme. Ereignisse sind dagegen z. B. das Öffnen oder Schließen einer Arbeitsmappe, zu dem Methoden zählen Aktionen wie Kopieren, Einfügen oder Löschen.

2 Grundlagen der VBA Programmierung

2.2 Grundeinstellungen vornehmen

Zur Programmierung in Excel-VBA sind die entsprechende Entwicklungsumgebung und einige Einstellungen erforderlich.

Entwicklertools im Menüband einbinden

Damit die Entwicklerumgebung und einige Werkzeuge aus der Arbeitsmappe heraus zugänglich sind, wird im Menüband die Registerkarte *Entwicklertools* benötigt. Da diese standardmäßig nicht sichtbar ist, muss sie zunächst einmal eingeblendet werden.

Über das Register *Datei* ▶ *Optionen* und *Menüband anpassen* oder mit einem Rechtsklick auf eine beliebige Stelle im Menüband und den Befehl *Menüband anpassen* gelangen Sie zu den Konfigurationseinstellungen für das Menüband.

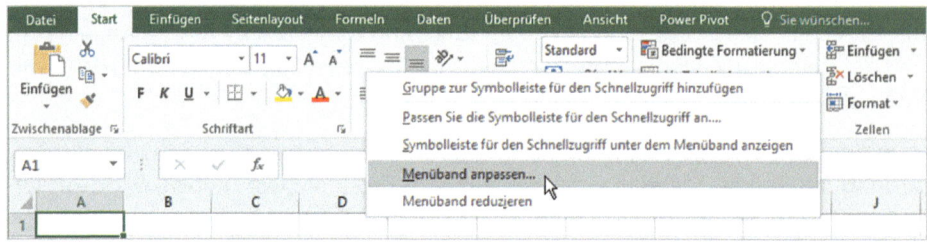

Bild 2.1 Menüband anpassen

Setzen Sie rechts unter *Hauptregisterkarten* bei *Entwicklertools* ein Häkchen, um diese zu aktivieren und verlassen Sie die Excel-Optionen mit Klick auf die Schaltfläche *OK*.

Bild 2.2 Register Entwicklertools aktivieren

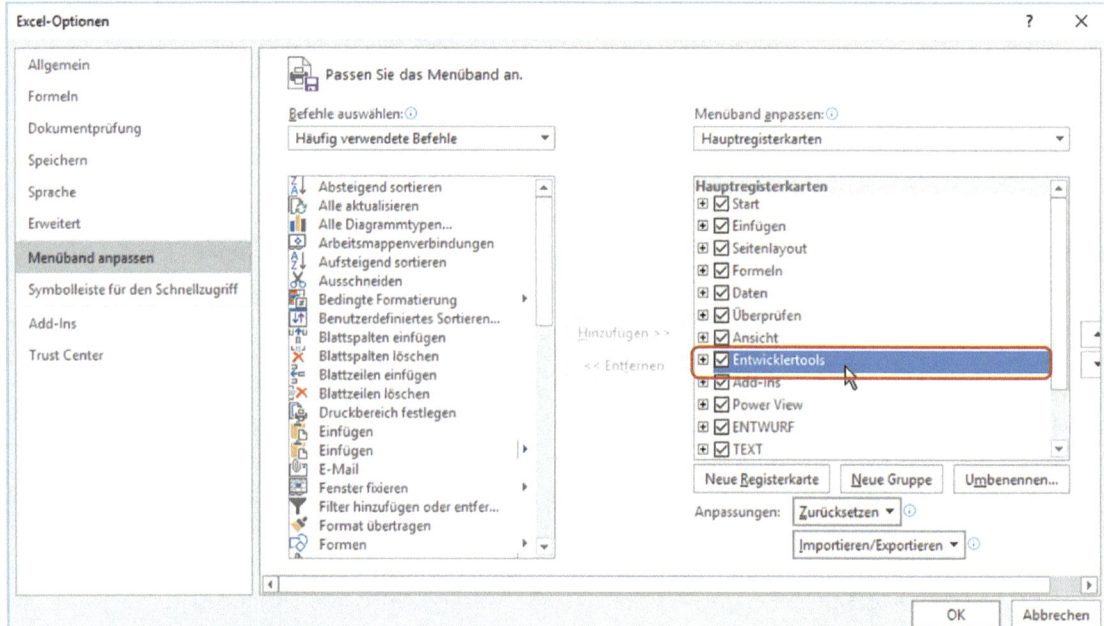

Die Entwicklertools (Werkzeuge) erscheinen nun in der Menüleiste rechts vom Register *Ansicht*. Diese Registerkarte bleibt dauerhaft sichtbar, muss also nicht vor jeder Nutzung neu aktiviert werden.

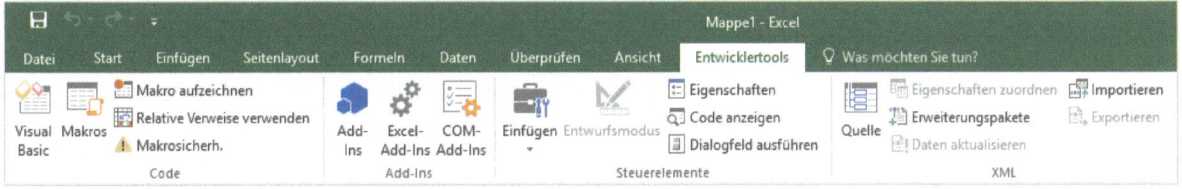

Bild 2.3 Register Entwicklertools

Einstellungen im Excel-Sicherheitscenter (Trustcenter)

Sicherheitseinstellungen im Umgang mit Makros und VBA sind erforderlich, da Excel-Arbeitsmappen aus unbekannten Quellen auch bösartige Makros enthalten können. Die Standard-Sicherheitseinstellungen in Bezug auf Makros sind durchaus ausreichend und müssen eigentlich nicht geändert werden. Trotzdem empfiehlt sich eine kurze Kontrolle:

▶ Klicken Sie entweder im Register *Datei* ▶ *Optionen* auf *Trust Center* und auf die Schaltfläche *Einstellungen für das Trust Center…* (früher: Sicherheitscenter). Direkt dorthin gelangen Sie über die Registerkarte *Entwicklertools* und die Schaltfläche *Makrosicherheit*.

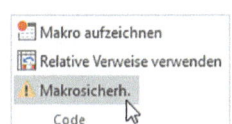

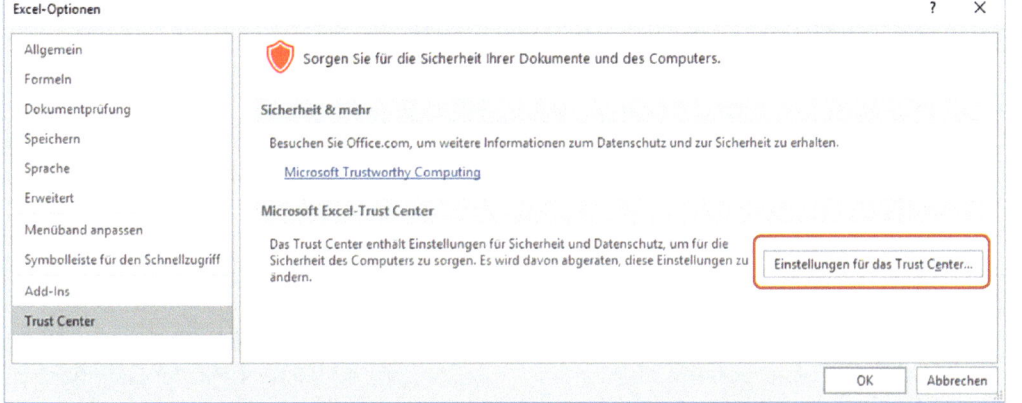

Bild 2.4 Excel-Optionen - Trust Center

▶ Ein Heruntersetzen der Sicherheitsstufe in den Makroeinstellungen will gut überlegt sein (Bild 2.5).

Zwar beschleunigt eine Unterdrückung der Sicherheitsabfrage das Öffnen von Dateien mit Makros, birgt aber bei Arbeitsmappen aus anderen Quellen ein erhöhtes Risiko für unliebsame Makros, die beim Öffnen der Datei automatisch gestartet werden. Die Empfehlung lautet daher: Die Standardeinstellung *Alle Makros mit Benachrichtigung deaktivieren* sicherheitshalber nicht ändern bzw. ggf. auswählen!

2 Grundlagen der VBA Programmierung

▸ Den Haken bei *Zugriff auf das VBA-Projektobjektmodell vertrauen* können Sie weglassen.

Fortgeschrittene Entwickler benutzen die sich dahinter verbergende Objektbibliothek (Microsoft Visual Basic For Applications Extensibility 5.3), um direkt auf Module, Userforms und Ereignisse zugreifen zu können, die zuvor noch unter Verweise (VBI-DE) eingebunden werden muss.

Über *OK* verlassen Sie das Sicherheitscenter und kehren zur Excel-Arbeitsmappe zurück.

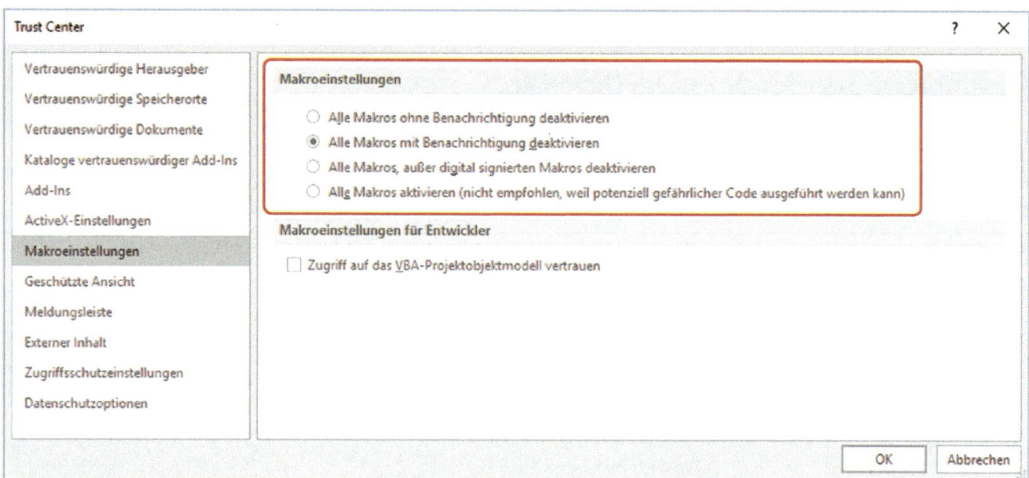

Bild 2.5 Die Standardeinstellung zu Makros

2.3 Speichern von Arbeitsmappen mit Makros

Dateityp wählen

Seit der Version 2007 verwendet Excel zum Speichern von Arbeitsmappen mit Makros den gesonderten Dateityp *Excel-Arbeitsmappe mit Makros* mit der Dateinamenerweiterung .xls**m**. So ist bereits vor dem Öffnen erkennbar, wenn eine Arbeitsmappe Makros enthält bzw. enthalten kann, sofern die Anzeige der Dateinamenerweiterungen bei bekannten Dateitypen nicht ausgeblendet ist.

Tipp: Speichern Sie eine neue Arbeitsmappe mit Makros möglichst gleich zu Beginn eines neuen VBA-Projektes, beispielsweise als Übung_0.xlsm (Excel-Arbeitsmappe mit Makros) und zwar aus dem Arbeitsblatt heraus, also bevor Sie die Entwicklungsumgebung wechseln.

In der Entwicklungsumgebung, dem VBA-Editor können Sie dagegen zwar jederzeit mit den Tasten Strg + S oder über das Symbol in der Menüleiste die Speicherung der aktuellen Situation veranlassen, nicht jedoch den Dateityp festlegen.

Speichern von Arbeitsmappen mit Makros

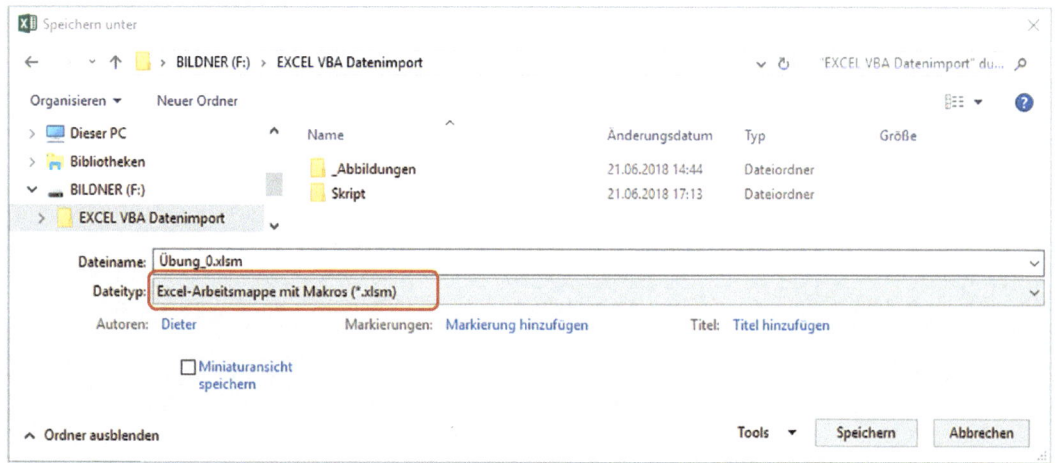

Bild 2.6 Arbeitsmappe mit Makros speichern

Arbeitsmappe mit Makros öffnen

Wenn Sie eine Excel-Arbeitsmappe mit Makros bzw. vom Dateityp .xlsm zum ersten Mal öffnen, erfolgen Sicherheitsabfragen, entsprechend den vorgenommenen Einstellungen im Trust Center. Bei Dateien aus vertrauenswürdigen Quellen – meist sind es ja die eigenen Dateien – können Sie den Inhalt aktivieren, indem Sie auf die entsprechende Schaltfläche klicken, siehe Bild.

Damit wird diese Datei künftig als vertrauenswürdig eingestuft, sofern sich der Speicherort oder ihr Name nicht geändert hat.

Bild 2.7 Inhalt aktivieren

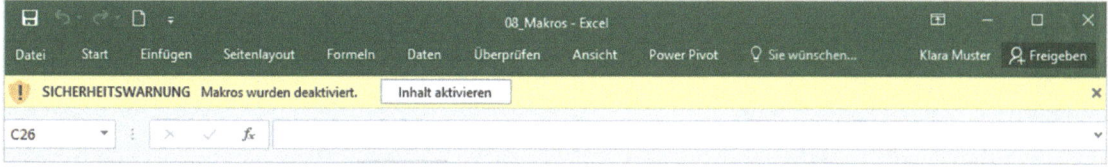

Hinweis: Es besteht grundsätzlich auch noch die Möglichkeit, bestimmte Dokumente oder Speicherorte im Trust Center als vertrauenswürdig einzustufen, aber damit wollen wir uns in diesem Rahmen nicht weiter befassen.

Dateien aus dem Internet oder aus Dateianlagen (E-Mail) werden von Excel zunächst in der sogenannten geschützten Ansicht geöffnet. Wenn Sie der Datenquelle vertrauen und die Arbeitsmappe bearbeiten möchten, dann müssen Sie auf *Bearbeitung aktivieren* klicken. Dies betrifft auch die Dateien aus dem Download-Paket zu diesem Buch. Eventuell werden Sie danach noch aufgefordert, die Makros zu aktivieren, siehe oben.

Bild 2.8 Arbeitsmappe aus dem Internet öffnen

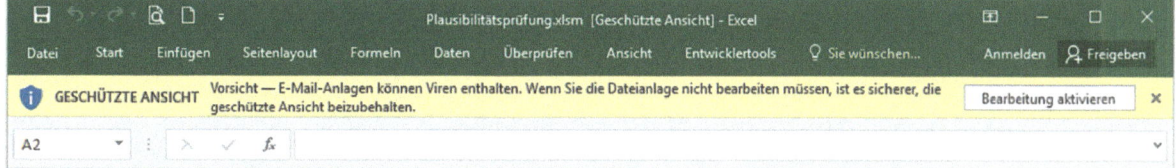

2 Grundlagen der VBA Programmierung

2.4 Die VBA Entwicklungsumgebung (VBA-Editor)

VBA-Editor öffnen

Es gibt zwei Wege, um in die Excel-Entwicklungsumgebung zu gelangen:

▶ über die Registerkarte *Entwicklertools* mit Klick auf *Visual Basic* oder

▶ mit der Tastenkombination Alt+F11.

Bild 2.9 VBA-Editor öffnen

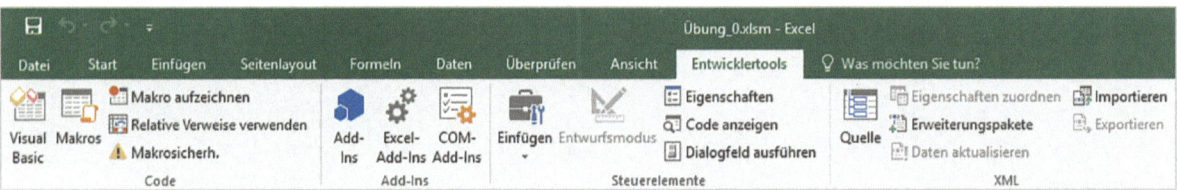

Die VBA-Entwicklungsumgebung wird in einem gesonderten Fenster geöffnet. Zurück zur Arbeitsmappe gelangen Sie über die Taskleiste oder mit den Tasten Alt+F11. Sie können das Fenster auch unabhängig von der Excel-Arbeitsmappe wieder schließen.

Da die VBA-Entwicklungsumgebung für gewöhnlich verborgen ist, nennen wir sie gerne Backstage-Bereich. Sie werden in diesem Buch hin und wieder diese Bezeichnung lesen und verstehen, wenn es heißt: „Wir treffen uns Backstage …".

Beim ersten Öffnen des VBA-Editors präsentiert sich die Entwicklungsumgebung mit mehreren Fenstern.

Bild 2.10 Der VBA-Editor

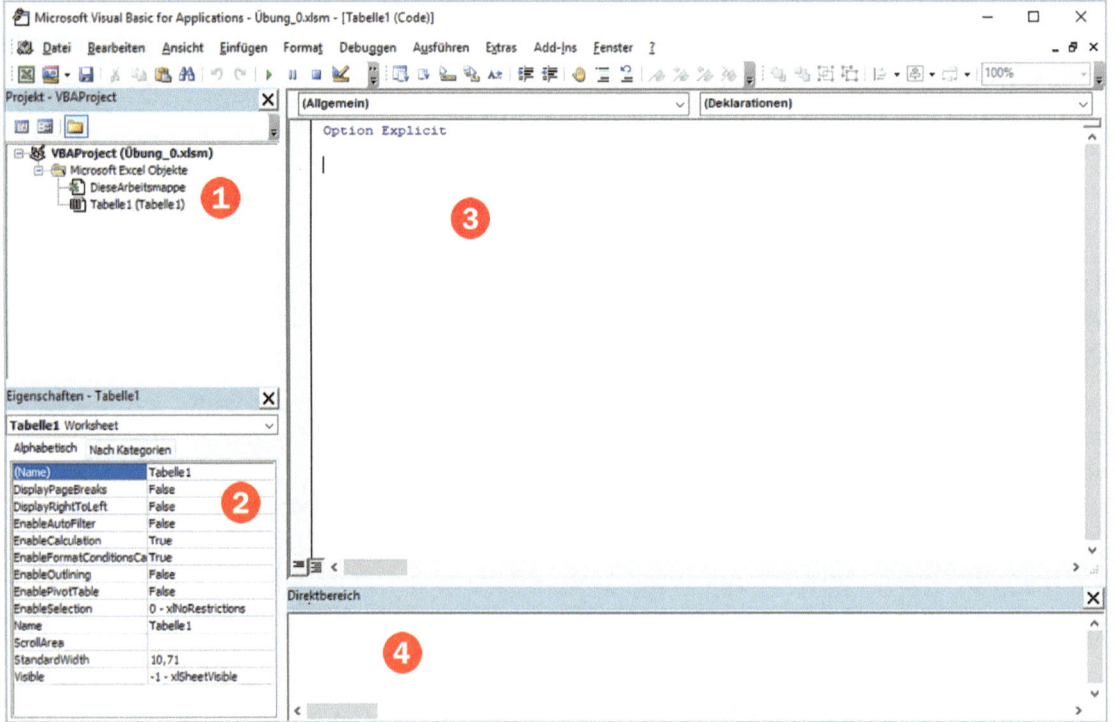

Die VBA Entwicklungsumgebung (VBA-Editor) 2

▸ **Projektfenster**
Das Projektfenster ❶ zeigt alle geöffneten Mappen und Projekte an.

▸ **Eigenschaften**
Im Eigenschaftenfenster ❷ sind die Charakteristika und Eigenschaften des ausgewählten Objekts sichtbar und können zum Teil auch bearbeitet werden.

▸ **Codefenster**
Der Programmcode wird im Codefenster ❸ eingetragen, dem größten Fenster, das sich öffnet, sobald ein Modul oder ein Objekt (z. B. Tabelle, Formular) aktiviert (angeklickt) wird.

▸ **Direktfenster**
Eventuell ist auch noch das Direktfenster ❹ (auch als Direktbereich bezeichnet) vorhanden. Es dient als temporäres Ausgabefenster für Zwischenergebnisse oder kann zur Eingabe von Berechnungen, für Tests einzelner Programmzeilen oder Anweisungen verwendet werden. Dieses Fenster wird vorerst nicht benötigt, kein Problem also, falls es nicht sichtbar sein sollte.

Die einzelnen Fenster lassen sich nach Bedarf über das Menü *Ansicht* ein- oder ausblenden. Zum Schließen kann auch das Symbol *Schließen* in der rechten oberen Ecke des jeweiligen Fensters verwendet werden. Die beiden Fenster *Projekt* und *Eigenschaften* werden allerdings ständig benötigt und sollten daher dauerhaft am linken Rand des VBA-Editors sichtbar sein. Sollten diese beiden Fenster nicht sichtbar sein, kommen Sie über das Menü *Ansicht* weiter oder über die Tasten Strg+R und F4.

Im Gegensatz zum Arbeitsblatt verwendet der VBA-Editor, zumindest zum aktuellen Zeitpunkt, immer noch Menüs und Symbolleisten.

Das Fenster *Direktbereich* am unteren Rand kann ausgeblendet werden; es wird erst später - bei der Makroprogrammierung - benötigt.

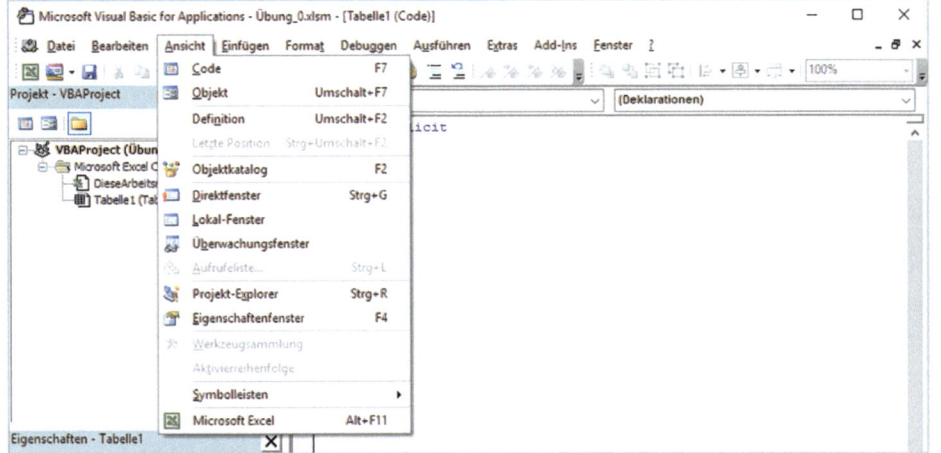

Bild 2.11 Fenster über das Menü Ansicht ein- und ausblenden

> **Hinweis**: Vom Loslösen der am linken Bildrand verankerten Fenster – wie beispielsweise bei Bildbearbeitungsprogrammen üblich – ist in diesem Fall abzuraten, da das erneute Fixieren an angestammter Position umständlich und zeitraubend ist.

2.5 Einstellungen im VBA-Editor

Symbolleisten einblenden

Zu den nützlichen Grundeinstellungen gehören die Symbolleisten. Wenn auf Ihrem Monitor ausreichend Platz ist, dann sollten Sie über das Menü *Ansicht* neben der Standard-Symbolleiste (*Voreinstellung*) die folgenden Symbolleisten einblenden.

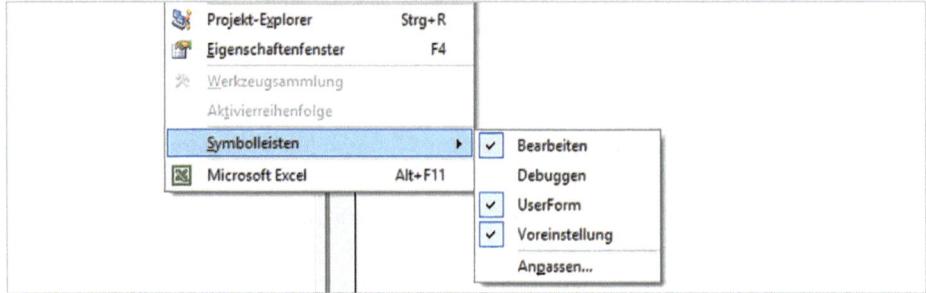

Bild 2.12 Symbolleisten

▶ **Bearbeiten**
Die Symbolleiste *Bearbeiten* bietet hilfreiche Zusatzfunktionen wie beispielsweise zum Einrücken von Codezeilen mittels Tab-Taste und Umwandeln von Programmcode in Kommentar und umgekehrt (*Auskommentieren*).

Bild 2.13 Symbolleiste Bearbeiten

▶ **UserForm**
Beim Erstellen von Formularen (UserForms) bietet die Symbolleiste *UserForm* beim Ausrichten und Aufteilen von Steuerelementen Unterstützung

Bild 2.14 Symbolleiste UserForm

Editier-Optionen

Einige Einstellungen zur Eingabe sollten Sie sich unbedingt ansehen und an Ihre Bedürfnisse anpassen. Die wichtigsten Einstellungen werden hier erläutert. Sie gelangen zu diesen Einstellungen über *Extras* ▶ *Optionen...*.

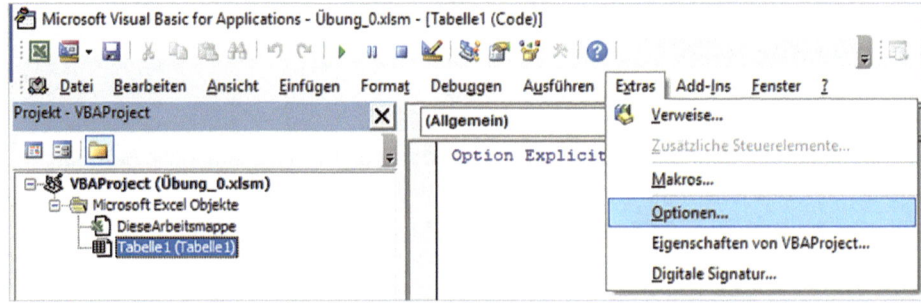

Bild 2.15 Optionen öffnen

Variablendeklaration erzwingen

Variablen sind veränderliche Größen. Sie sind Platzhalter und benötigen bzw. reservieren Speicherplatz. In VBA müssen Variablen, die im Programm verwendet werden, nicht unbedingt vorab deklariert werden. Eine Deklaration von Variablen lässt sich jedoch erzwingen, wenn am Beginn jedes Moduls die Anweisung `Option Explicit` eingetragen wird.

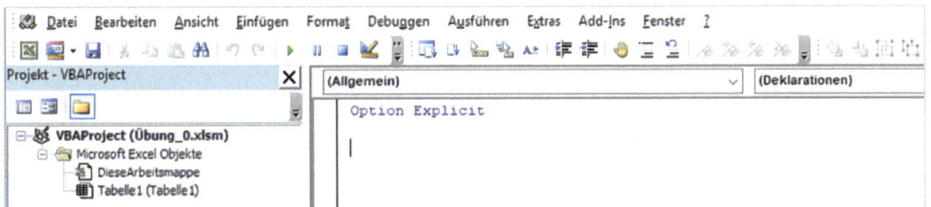

Bild 2.16 Die Anweisung am Beginn eines Moduls

Die Notwendigkeit dieses Schrittes ist an dieser Stelle noch nicht ganz ersichtlich. Das Erzwingen der Variablendeklaration erhöht jedoch die Übersichtlichkeit im Makro, reduziert Fehler aufgrund von Tippfehlern und verringert außerdem den Speicherplatzbedarf auf das Nötigste durch Anpassen der benötigten „Byte-Tiefe". Diese Maßnahme zählt daher zu den wichtigsten Grundeinstellungen.

Damit diese Anweisung nicht jedes Mal manuell eingegeben werden muss, legen Sie in den Optionen, Register *Editor*, fest, dass diese Anweisung automatisch in die erste Zeile jedes neuen Moduls geschrieben wird. Damit erhalten Sie bei der Verwendung nicht deklarierter Variablen (oder bei Tippfehlern) eine Fehlermeldung.

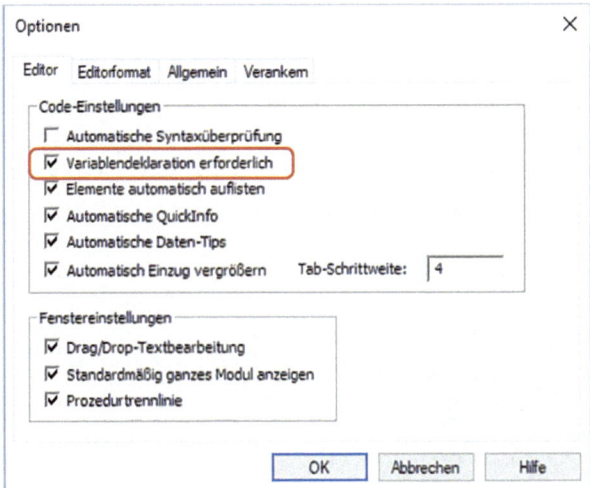

Bild 2.17 Voreinstellung: „Variablendeklaration erforderlich"

Automatische Syntaxüberprüfung

Die *Automatische Syntaxüberprüfung*, siehe Bild oben, kann getrost deaktiviert werden. Syntaxfehler werden ohnehin auffällig angezeigt und können bei einer Fehlermeldung über die Schaltfläche *Debuggen* im Programmcode korrigiert werden. Alle weiteren Einstellungen dieses Registers können unverändert bleiben.

Bild 2.18 Beispiel Fehlermeldung: Klicken Sie auf Debuggen zum Markieren der fehlerhaften Anweisung

Zeilen einrücken

Im selben Register *Allgemein* können Sie bei Bedarf außerdem noch im Feld *Tab-Schrittweite* festlegen, um wie viele Stellen eine Zeile bei Betätigen der Tab-Taste (Tabulator) eingerückt wird, in der Standardeinstellung um 4 Stellen/Zeichen. Diesen könnten Sie eventuell auf 2 Stellen reduzieren, wir bleiben hier bei 4 Stellen. Einrückungen sind in der Programmierung üblich, um zusammenhängende Anweisungszeilen optisch kenntlich zu machen wie beispielsweise die Anweisungen innerhalb einer Schleife.

Bild 2.19 Anweisungen mit Tab-Schrittweite 4 einrücken

```
Sub Zahlen_1_bis_56()
Dim zeile As Integer

    Worksheets("Tabelle1").aktivate
    For zeile = 1 To 56
        Cells(zeile, 1).Value = zeile
    Next zeile

End Sub
```

Schrifteinstellungen

Auf der Registerkarte *Editorformat* können im Grunde genommen die vorgegebenen Einstellungen so bleiben. Die Schriftart *Courier New* ist gut lesbar und zeichnet sich durch konstante Zeichenbreiten aus, was das strukturierte/versetzte Schreiben von Codezeilen übersichtlich macht. Die Schriftgröße kann ggf. verändert werden.

Bild 2.20 Schrifteinstellungen

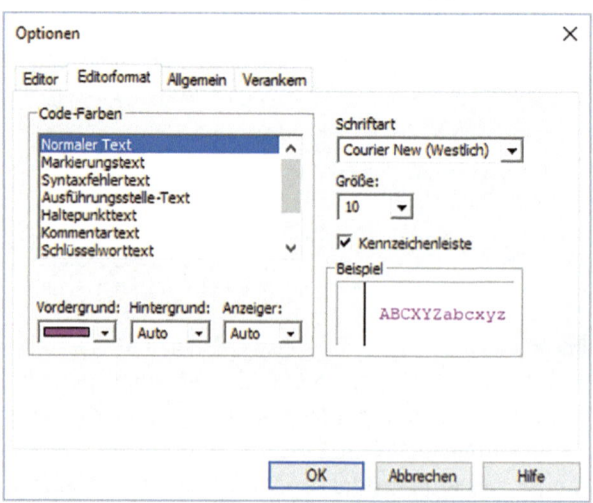

2 Die VBA-Objekte

Empfehlung: Die Anweisungsbestandteile werden farblich gekennzeichnet. Ändern Sie am besten die Farbe für *Normalen Text* im Feld *Vordergrund* auf ein kräftiges Pink, siehe Bild oben.

2.6 Die VBA-Objekte

Nachdem Sie die oben genannten Einstellungen vorgenommen haben, können Sie mit der VBA-Programmierung loslegen. Doch eine wichtige Sicherheitsmaßnahme sei noch vorangestellt:

Die Speicherung Ihrer neu angelegten Arbeitsmappe, die nun – anders als bisher – Makrobefehle enthält, sollte vor dem ersten Start eines Makros erfolgen. So bleibt Ihnen erspart, mühsam erstellen Programmcode erneut einzutippen, falls sich der PC bei der Ausführung aufhängen sollte.

Die VBA-Basiselemente (Objekthierarchie)

Microsoft Excel kennt mehr als 200 verschiedene Objekte, das gesamte Excel-Objektmodell mit allen Objekten finden Sie in der VBA-Hilfe. Betrachten wir zunächst nur die wichtigsten und am häufigsten verwendeten Objekte genauer.

Objekt	Beschreibung
Application	Die Anwendung Excel selbst bzw. das Excel-Fenster
Workbook	Excel Arbeitsmappe
Worksheet	Arbeitsblatt
Range	Zellbereich, bzw. eine einzelne Zelle

Die genannten Objekte stehen in hierarchischer Abhängigkeit zueinander: die oberste Ebene bildet das *Application*-Objekt, also die Anwendung Excel. Das Bild unten zeigt die Hierarchie der oben genannten Objekte. Diese bildet allerdings nur einen sehr kleinen Ausschnitt, die gesamte Objekthierarchie ist wesentlich umfangreicher.

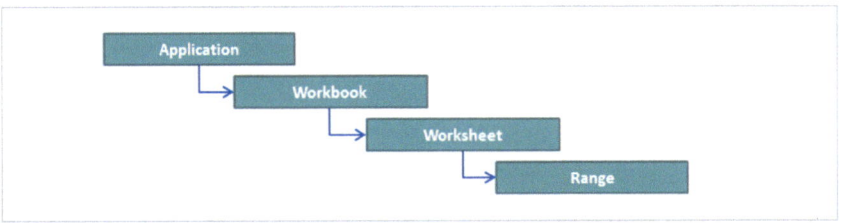

Bild 2.21 Die Objekthierarchie von Excel

Die Objekthierarchie regelt auch den Zugriff auf Objekte, bezogen auf die oben abgebildeten Objekte in der Form Anwendung ▶ Arbeitsmappe ▶ Arbeitsblatt ▶ Zellbereich. Der kleinste Zellbereich ist die einzelne Zelle.

Es folgen Objekte bzw. Objekt-Container (Sammelordner) für Arbeitsmappen, Arbeitsblätter (Tabellen) und Diagrammblätter (Charts). Solche Auflistungen werden durch das Plural „s" kenntlich. Die Erklärung folgt weiter unten.

Workbooks(Workbook)

Workbooks(*Workbook*) befindet sich auf der zweithöchsten Stufe. Das einzelne Workbook wird in der Collection *Workbooks* verwaltet und entspricht der Arbeitsmappe bzw. der Datei, in der wir uns nach dem Programmstart von Excel befinden; z. B. Übung_2.xlsm.

Objekte von Workbook sind:
- **Worksheet**   ein Tabellenblatt (nur die Tabelle)
- **Chart**   ein Diagramm oder Diagrammblatt
- **Sheet**   ein Tabellenblatt ggf. auch mit Diagramm(en)

Weitere Objekte sind Grafiken, Formen, Pivot-Tabellen etc.

Worksheets (Worksheet)

In der darunterliegenden Ebene befinden sich die Tabellenblätter (manchmal auch als Register bezeichnet), in denen sich auch die Daten befinden. Je nach Voreinstellung kann eine neue Arbeitsmappe (*Workbook*) beispielsweise drei Tabellenblätter enthalten: *Tabelle1*, *Tabelle2*, *Tabelle3*.

Range, Cells, Rows, Columns

Range, *Cells*, *Rows*, *Columns* sind die am häufigsten benutzen Objekte. Mit ihnen sprechen wir einzelne Zellen (*Cells*), Zellbereiche (*Range*) oder ganze Spalten (*Columns*) und Zeilen (*Rows*) in einer Tabelle (*Worksheet*) an. Unsere erste praktische Übung wird dies veranschaulichen. Doch zunächst müssen wir noch Methoden kennenlernen, mit denen wir Einfluss nehmen können auf bestimmte Zellen.

Beispiel: Adressierung einer Zelle in einer nicht aktiven Arbeitsmappe mit folgender Anweisung:

```
Workbooks("Importdatei.xlsx").Worksheets("Tabelle1").Range("A1").
Select
```
Aus allen drei Sammlungen werden jeweils spezielle Objekte benannt.

Sammlungen (Container)

Eine Arbeitsmappe (Workbook-Objekt) enthält
- Arbeitsblätter (*Sheets*)
- Tabellenblätter (*Worksheet*-Objekte)
- Diagrammblätter oder Diagramme (*Chart*-Objekte)

Gleichartige Objekte werden in sogenannten Auflistungen oder Sammlungen (collections) verwaltet. Solche Auflistungsobjekte sind am Plural „s" erkennbar. Die einzelnen Objekte können über ihre Position in der Sammlung (Index) einzeln angesprochen werden. Die Gesamtanzahl der Mitglieder kann gezählt (*Count*-Eigenschaft) und auch weitere gleichartige Objekte der Auflistung hinzugefügt werden (*Add*-Methode). Objekte haben individuelle Eigenschaften (*Properties*) und Methoden (*Functions*).

Beispiel

Alle Objekte vom Typ *Worksheet* sind in der Auflistung *Worksheets* (und auch in *Sheets*) enthalten. Einzeln angesprochen werden die Tabellen über den Listindex innerhalb der Sammlung z. B. mit *Worksheets(1)* oder mit dem konkreten Objektnamen *Worksheets("Tabelle1")*.

Achtung: Der Listindex ändert sich, wenn sich die Reihenfolge der Tabellen ändert!

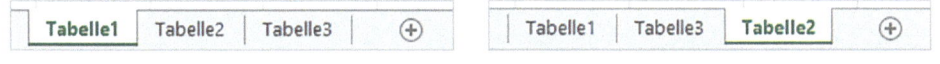

Bild 2.22 Nach dem Verschieben hat Tabelle2 den Indexwert 3

Im Direktbereich (ggf. anzeigen mit Strg+G) liefert die folgende Programmanweisung für das Tabellenblatt mit dem Indexwert 2 den Namen *Tabelle3*:

```
? sheets(2).name
```

Methoden, Eigenschaften und Ereignisse

Methoden (Methods)

Mit Hilfe von vorgegebenen Methoden lassen sich VBA-Objekten bestimmte Aktionen, die man als Tätigkeiten beschreiben könnte, zuweisen: dazu gehören Löschen (*Delete*), Leeren (*Clear*), Auswählen (*Select*), Beenden (*Quit*) oder Drucken (*PrintOut*).

Beispiele:
```
Worksheets("Hilfstabelle").Delete
Range("A1:C7").Copy
```

Eigenschaften (Properties)

Eigenschaften sind Merkmale im Sinne von Charaktereigenschaften eines Objektes. Ein Objekt kann zum Beispiel eine Farbe haben oder ein bestimmtes Format. Auch der Name eines Objektes gehört zu seinen Eigenschaften ebenso wie seine Adresse. Eine logische Variable (*Boolean*) hat entweder die Eigenschaft wahr (*True*) oder falsch (*False*) zu sein.

Beispiele:
```
Worksheets("Tabelle1").Visible = xlSheetHidden
Range("A1").Interior.ColorIndex = 4
```

Ereignisse (Events)

Ereignisse beschreiben einen Vorgang, der mit dem Objekt verbunden ist, z. B. das Öffnen oder Schließen einer Arbeitsmappe. So kann beispielsweise das Öffnen einer Arbeitsmappe ein bestimmtes Makro starten oder vor dem Schließen eine Datensicherung veranlasst werden. Befehlsschaltflächen, denen Makros zugewiesen wurden, führen mit dem Click-Ereignis diese Prozeduren aus.

Beispiele:
```
Workbook_BeforeClose
CommandButton1_Click …
```

Objektkatalog und Online-Hilfe

Der enorme Umfang des Befehlsvorrates von Excel kann im Objektkatalog (*Object Browser*) eingesehen werden, den Sie im VBA-Editor über die F2-Taste aufrufen.

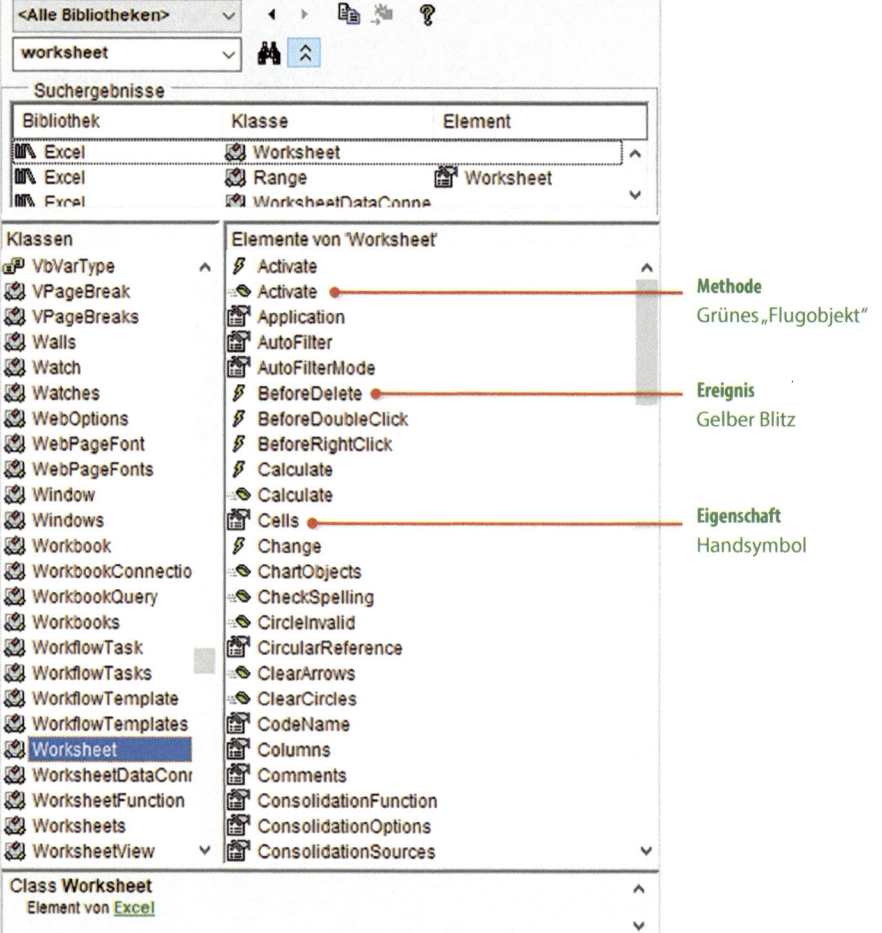

Bild 2.23 Der Objektkatalog

Diesen Objektkatalog muss man nicht durcharbeiten. Er eignet sich als Nachschlagewerk oder Gedächtnisstütze, denn mit einer Handvoll Objekten lassen sich die meisten Programmieraufgaben im Alltag bewältigen. Der Objektkatalog ist aber ein wichtiges Nachschlagewerk für Eigenschaften und verfügbare Methoden bestimmter Objekte sowie für Ereignisse, die von diesem Objekt unterstützt werden.

Sie werden merken, dass beim Schreiben von Anweisungen (Quellcode) die möglichen Eigenschaften bei den meisten Objekten in Form einer Dropdownliste angeboten werden, sobald Sie hinter der Objektbezeichnung einen Punkt setzen.

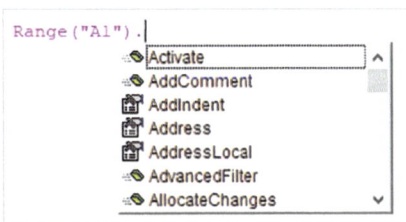

Bild 2.24 Dropdownliste während der Eingabe

Außerdem steht zu jedem Objekt die Online-Hilfe zur Verfügung, wenn sich der Cursor im jeweiligen Wort befindet, z. B. *Range* und die F1-Taste gedrückt wird. In der online-Hilfe finden Sie Hinweise zur Verwendung, zu Syntax und Optionen sowie Beispiele, die sich zum Ausprobieren in ein Modul / Makro kopieren lassen.

Bild 2.25 Online-Hilfe

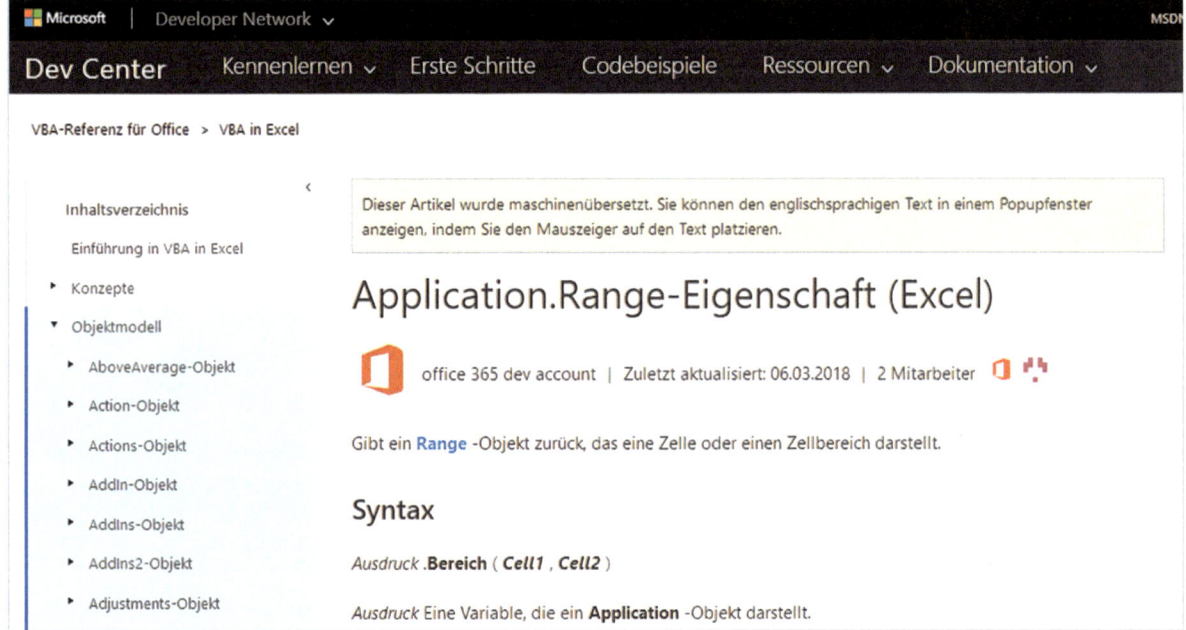

Variablen, Datentypen und Gültigkeitsbereiche

Eine Variable ist, wie in der Mathematik, ein Platzhalter für veränderliche Werte oder Formulierungen. In Variablen können unterschiedliche Datentypen abgelegt werden. Legen Sie für Variablen „sprechende" Bezeichnungen fest, also Namen oder Abkürzungen, die den Verwendungszweck oder die Bedeutung klar zum Ausdruck bringen. Für die Namensbezeichnung gibt es bestimmte Regeln, die wir gleich noch besprechen werden.

Die Zuweisung eines Inhalts erfolgt mit dem Gleichheitszeichen (Zuweisungsoperator), hier einige Beispiele:

```
Zeile = 2
```

```
Nachname = "Bauer"
Woche = Array("Mo", "Di", "Mi", "Do", "Fr", "Sa", "So")
```

Im weiteren Verlauf des Buches werden Sie noch weitere Variablenzuweisungen kennenlernen. Für den Einstieg soll es genügen, zu wissen, dass Text in Anführungszeichen oben " " zugewiesen werden muss, Zahlen dagegen nicht.

Mit der Anweisung *Option Explicit* haben Sie die Deklaration von Variablen zur Pflicht gemacht. Eine sinnvolle Vorgabe, wie bereits auf Seite 45 beschrieben. Sehen wir uns nun die unterschiedlichen Datentypen an, die Ihnen bei der Deklaration zur Verfügung stehen.

> **Hinweis:** Wird kein Datentyp angegeben, ist die Variable automatisch vom Datentyp Variant und belegt daher auch den meisten Speicherplatz (16 Bytes)!

Die wichtigsten Datentypen und ihre Besonderheiten:

Typ	Beschreibung	Größe
Variant	Spezieller Datentyp, kann numerische Daten, Zeichenfolgen, Datumswerte sowie die Werte Empty und Null enthalten.	16 Byte
Byte	Ganze Zahlen von 0 - 255	1 Byte
Integer	Ganze Zahlen von -32.768 bis 32.767. Wird z. B. für Aufzählungswerte, Schleifen eingesetzt.	2 Byte
Long	Long Integer, ganze Zahlen von -2.147.483.648 bis 2.147.483.647, z. B. Laufvariable für Zeilen/Spalten ab Excel 2007	4 Byte
Single	Real-Zahl, Fließkommazahl, mit einfacher Genauigkeit (8 Stellen hinter dem Komma)	4 Byte
Double	Real-Zahl, Fließkommazahl mit doppelter Genauigkeit (16 Stellen hinter dem Komma)	8 Byte
String	Zeichenfolgen (Texte) mit variabler Länge. Buchstaben, Ziffern, Leerzeichen, Satzzeichen und sonstige Zeichen (0 - 63.000 Zeichen)	10 Byte
Boolean	Datentyp mit nur 2 möglichen Wahrheitswerten: True (-1) oder False (0)	2 Byte
Date	Datums- und Zeitangaben als reelle Zahlen. Wert links vom Dezimalzeichen = Datum, Wert rechts = Uhrzeit	8 Byte
Currency	Währungs-Datentyp, Fließkommazahl, 15 Stellen vor und 4 Stellen hinter dem Komma	8 Byte

Die Deklaration einer Variablen erfolgt über die `Dim`-Anweisung, die ihr auch automatisch den benötigten Speicherplatz zuweist (Dimensionierung). Die Position der Deklaration, vor oder innerhalb der Prozedur, bestimmt dem Gültigkeitsbereich der Variablen.

Beispiele:
```
Dim zeile As Integer
Dim spalte As Integer
```
Weisen Sie jeder Variable getrennt einen Datentyp zu, auch wenn mehrere Variablen vom selben Datentyp sind. Die folgende Dimensionierung erfüllt diese Bedingung. Ob sie deshalb übersichtlicher ist, sei dahingestellt.
```
Dim zeile As Integer, spalte As integer
```
Eine Sammelzuweisung durch Aufzählung erfüllt dagegen nicht den beabsichtigten Zweck! Mit der folgenden Anweisung wird *zeile* als Typ *Variant* deklariert, da kein eigener Typ angegeben wird:
```
Dim zeile, spalte As Integer
```

Datenfeld (Array)

Variablen lassen sich auch als Datenfeld oder Matrix deklarieren. Dabei handelt es sich um einen Satz aufeinanderfolgender, indizierter Elemente, die den gleichen Datentyp besitzen. Jedes Element eines Feldes wird durch eine eindeutige Index-Nummer identifiziert. Zu beachten ist, dass gemäß Voreinstellung der Index mit 0 beginnt – man spricht auch von „nullbasiert".

Beispiele:
```
Dim Woche, Tag         als Typ Variant deklariert, da keine Typenangabe
Woche = Array("Mo", "Di", "Mi", "Do", "Fr", "Sa", "So")
Tag = Woche(1)    Tag enthält "Di"
Tag = Woche(3)    Tag enthält "Do"
```

Ein eindimensionales Datenfeld mit 51 Variant-Werten, da nullbasiert von 0 bis 50:
```
Dim MessFeld(50)
```

Ein zweidimensionales Datenfeld mit Ganzzahlen (Typ Integer):
```
Dim Matrix(3, 4) As Integer
```

Ein dreidimensionales Datenfeld mit Dezimalzahlen (Typ Double) und explizit angegebenen Grenzen:
```
Dim Matrix2(1 To 5, 4 To 9, 3 To 5) As Double
```

Ein eindimensionales Datenfeld für Datumsangaben und Indizes von 1 bis 10:
```
Dim Geburtstag(1 To 10) As Date
```

> **Hinweis:** Nicht deklarierte Variablen sind unbekannt und werden nicht angeboten, wenn Sie über die Tastenkombination Strg+Leertaste auf eine Objektliste zugreifen wollen.

Objektvariablen

Neben den genannten Datentypen gibt es auch sogenannte Objektvariablen. Sie sind im Programmieralltag besonders wichtig, da sie den Quellcode verkürzen und übersichtlicher machen, aber auch zur Beschleunigung der Ausführung beitragen. Objektvariablen verweisen auf einen bestimmten Objekttyp (z. B. Workbook, Worksheet, Range). Sie können mit `Dim` oder `Public` deklariert werden, einige Beispiele:

```
Dim bereich1 As Range
Dim Mappe As Workbook
Public datenquelle As Worksheet
```

Um das Objekt eindeutig festzulegen, wird das Schlüsselwort `Set` verwendet:

```
Set bereich1 = Range("A1:D7")
```

Gültigkeitsbereich von Variablen

Bei der Deklaration von Variablen entscheidet der Ort der Deklaration über den Gültigkeitsbereich, also den Bereich, in dem sie verwendet werden kann. Prinzipiell gibt es drei Möglichkeiten, Variablen zur Verfügung zu stellen.

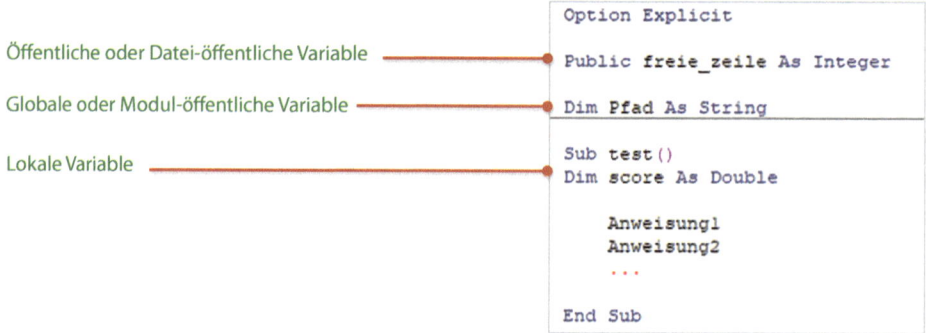

Bild 2.26 Gültigkeitsbereiche

Lokale Gültigkeit

Die häufigste und empfehlenswerteste Verwendung von Variablen ist die innerhalb einer Prozedur. Die Deklaration erfolgt am Beginn der Prozedur bzw. direkt nach der Sub-Zeile.

```
Sub demo_localeVariable()
Dim Laufvariable As Integer
```

Sobald die Prozedur abgearbeitet ist, wird die Variable verworfen und der Speicherplatz freigegeben. Eine gleichnamige Variable kann/muss in einer anderen Prozedur neu deklariert werden.

Modul-öffentliche Gültigkeit

Erfolgt die Deklaration außerhalb einer Prozedur und vor der (ersten) Sub-Zeile – am besten ganz oben im Modul, dann sind diese Variablen innerhalb des gesamten Moduls gültig und können in mehreren Prozeduren verwendet werden. Man bezeichnet sie auch als modulweite oder globale Variablen, was eventuell missverständlich sein kann, da sie nicht für alle Module im gesamten Projekt gelten.

```
Dim Pfad As String
Sub demo_globaleVariable()
```

Sie behalten ihren aktuellen Wert. Da solche Variablen (wertvollen) Speicherplatz belegen, sollten sie nur gezielt eingesetzt werden.

Datei-öffentliche Gültigkeit
Über Modulgrenzen hinaus – daher auch als modulübergreifende Gültigkeit bezeichnet – sind Variablen mit dem Zusatz *Public*. Auf solche öffentlichen Variablen kann von allen Prozeduren aller Module der Arbeitsmappe zugegriffen werden.

```
Public Anz_Messungen As Integer
Public NamenFeld(1 To 5) As String
```

Die Public-Deklaration sollte ganz oben in einem Modul – möglicherweise im Hauptmodul – deklariert werden. Wenn mehrere solcher öffentlichen Variablen benötigt werden, könnte auch ein eigenes Modul dafür angelegt werden, in dem dann auch noch Konstanten an zentraler Stelle übersichtlich aufgelistet werden können.

Typ	Beschreibung	Ort der Definition
Lokale Variablen	Nur innerhalb des bestimmten Makro gültig. Nach Beendigung verliert sie ihren Wert / wird gelöscht.	Prozedur: Definition **nach** der Sub-Zeile
Globale Variablen = Modul öffentlich	Innerhalb eines Moduls gültig. Können in mehreren Makros verwendet werden, behalten ihren aktuellen Wert.	Modul: Definition **vor** der Sub-Zeile
Öffentliche Variablen = Datei öffentlich	Modulübergreifende Gültigkeit (Abfrage, Änderung). Zugriff aus allen Prozeduren, Modulen, Anwendungen.	Modul: **Public** Anzahl As Integer

Konstanten

Wenn im Programmcode bestimmte, zuvor festgelegte Werte oder Zeichenfolgen (Text) verwendet werden sollen, insbesondere diese mehrfach benötigt werden, dann kommen Konstanten ins Spiel. Sie verändern ihren Inhalt nicht, außerdem können bei Bedarf deren Werte oder Zeichenfolgen zentral geändert werden. Ein Durchsuchen des gesamten Quellcodes nach Variablen, deren Inhalt geändert/angepasst werden muss, entfällt. Beispiele für die Deklaration:

```
Const Datenerfassung As String = "Tabelle1"
Const Fehler_Mldg As String = "Kein Datum angegeben!"
Const MWSt As Double = 1.19
```

Hinweis: Auch bei den Konstanten sollten nach Möglichkeit die Datentypen angeben werden.

Namenskonventionen

Bei der Benennung von Objekten oder Prozeduren müssen bestimmte Vorgaben eingehalten werden: z. B. keine Sonderzeichen, Leerzeichen und keine Zahlen zu Beginn.

Damit Sie sich später schneller im Programmcode zurechtfinden, sollten Sie noch einige Hinweise beachten. Um nicht allzu ausführlich zu werden, seien hier die wichtigsten zusammengefasst. Verwenden Sie...

- verständliche Bezeichnungen bei Variablen, z. B. i, n, Anzahl_Werte, …, Nachname, Dat1, MWSt19, …
- beschreibende Bezeichnungen bei Makros, z. B. mein_erstes_Makro, alle_Inhalte_in _Tabelle1_loeschen, Maximum_suchen, …
- oder die sogenannte Kamelschreibweise, z. B. AnzDokumente, letzteZeile, MeinErstesMakro, letzteZeileInTabelleSuchen, wenn Sie keine Unterstriche _ verwenden möchten.
- Präfixe - die sogenannte Ungarische Notation, z. B.
intZaehler	Integer-Variable (Ganzzahl)
strNachname	String-Variable (Text)
blnAntwort Boolean-Variable	(Ja/Nein)
conMWST	Konstante (lokal)
modDateiOeffnen	Modul …

Die Verwendung von Präfixen für Objekte, Steuerelemente und Variablen ist ein Vorschlag zur Standardisierung im VBA-Code und nicht verbindlich.

2.7 Sonstige Elemente und Techniken

Operatoren

Den Zuweisungsoperator Gleichheitszeichen haben wir schon erwähnt. Auch mathematische und logische und vergleichende Operatoren werden wir in unseren Quellcodes benötigen.

Rechenoperatoren

Addition	+
Differenz	-
Multiplikation	*
Division	/
Division Ganzzahl	\
Division Rest (Mod)	mod
Potenz	^ (Caret-Zeichen)
Wurzel	^ (1/2)

Sonstige Elemente und Techniken

Vergleichsoperatoren

größer	>
kleiner	<
größer oder gleich	>=
kleineroder gleich	<=
ungleich	<>
ungleich	Not (Ausdruck)

Vergleichsoperatoren sind auch auf Texte anwendbar. Interessant könnte auch noch ein Ähnlichkeitsvergleich mit *Like* sein:

ähnlich	Like
"Müller-Lüdenscheid" Like "Müller"	ergibt Wahr

Logische Operatoren

oder	(a>b) Or (b>c)	„Inklusiv-Oder": 1x wahr reicht
und	(a>b) And (b>c)	alle wahr

Der Verkettungsoperator

Das Zeichen &, der sogenannte Verkettungsoperator, wird zum Verketten von Zeichenfolgen oder Zeichen mit Zahlen verwendet. Dieses Zeichen ist auch als kaufmännisches Und bekannt.

Beispiel: Verkettung in einer Anrede (Text, Variable *nachname*, Komma und Leerzeichen, Variable *vorname*):

```
"Sehr geehrter Herr " & nachname & ", " & vorname
```

Der Verkettungsoperator kommt auch häufig innerhalb von Zählerschleifen vor, wenn beispielsweise eine Tabellenspalte mit Hilfe eines Range-Objektes zeilenweise abgefragt wird (siehe Kapitel 3.3).

```
Range("A" & zeile).Value
```

Bei Pfadangaben (siehe Kapitel 3.12) für Dateiimport oder –export und zur Anzeige (Konstante *pfad & ** für alle Dateien):

```
datei_ein = Dir(pfad & "*.*")
```

Kommentare

Beschreibende Texte sind im Programmcodes unerlässlich. Zum einen verdeutlichen sie den Zweck einer Prozedur und zum anderen liefern sie erklärende Hinweise auf das, was in einzelnen Programmanweisungen vorausgesetzt oder erwartet wird. Letztlich kann man sie auch noch als optische Markierungen innerhalb von Prozeduren oder zur Abgrenzung unterschiedlicher Prozeduren einfügen.

Kommentare werden durch ein einfaches Anführungszeichen (Apostroph ') eingeleitet und dadurch automatisch grün dargestellt (Voreinstellung). Damit sind sie klar erkennbar, werden aber bei der Programmausführung ignoriert.

Tipp: Machen Sie regen Gebrauch von Kommentaren. Denn in dem Moment, in dem Sie den Programmcode schreiben, ist Ihnen Ihre Vorgehensweise absolut klar und das zusätzliche Tippen von Kommentarzeilen lästig. Was aber, wenn Sie in einigen Wochen oder Monaten an Ihrem Quellcode Änderungen vornehmen wollen? Wie gut finden Sie sich zurecht? – Kommentare helfen Ihnen dabei.

Bild 2.27 Beispiel Kommentare

```
Sub Daten_speichern()
'Daten aus der Eingabemaske als Zahlen mit CDbl() in Tabelle1 ablegen
'Aufruf über Schaltfläche "Angaben speichern"

    Worksheets("Tabelle1").Activate
    
    With Eingabemaske
        'Angaben zur Person Spate A - D
        Range("A2").Value = .Nachname.Value
        Range("B2").Value = .Vorname.Value
        If IsDate(.GebDat.Value) Then
            Range("C2").Value = CDate(.GebDat.Value)
        Else
            Range("C2").Value = "?"
        End If
        Range("D2").Value = CDbl(.Alter.Value)
        'Gender in Spalte E
        If .Gender_m Then Range("E2").Value = "m"
        If .Gender_w Then Range("E2").Value = "w"
```

Es gibt noch eine weitere Verwendung von Kommentaren, allerdings nicht im ursprünglichen Sinn. Wenn Sie Programmcode geschrieben haben und Teile davon nicht mehr benötigen, entweder weil sie nur zur Überprüfung verwendet oder generell überflüssig wurden, sollten Sie dennoch mit dem Löschen zurückhaltend sein. Es gibt eine sehr hilfreiche Alternative zum Entfernen: Das „Auskommentieren".

Auskommentieren

Beim Auskommentieren werden Zeilen, die nicht abgearbeitet werden sollen, mit einem einfachen Anführungszeichen versehen. Lästig? Nein, denn bei mehreren Zeilen ist ein Werkzeug in der Symbolleiste *Bearbeiten* behilflich.

Beispiel:

Nehmen wir an, Sie haben in Ihrem Quellcode zur Überprüfung von Zwischenergebnissen die Ausgabe in das Direktfenster mit `Debug.Print` veranlasst, benötigen aber diese Zeilen (zunächst) nicht mehr. Deaktivieren Sie die Zeilen, bevor Sie sich endgültig von ihnen trennen.

Bild 2.28 Die Anweisungszeilen

```
Sheets("Kunden").Select
LetzteSpalte = ActiveSheet.UsedRange.Columns.Count
LetzteZeile = ActiveSheet.UsedRange.Rows.Count

Debug.Print LetzteSpalte
Debug.Print LetzteZeile
```

Dazu markieren Sie die betreffenden Zeilen mit der Maus und klicken in der Symbolleiste *Bearbeiten* auf das Symbol *Block auskommentieren*.

Bild 2.29 Block auskommentieren

Der markierte Bereich wird in Kommentar umgewandelt/auskommentiert.

```
Sheets("Kunden").Select
LetzteSpalte = ActiveSheet.UsedRange.Columns.Count
LetzteZeile = ActiveSheet.UsedRange.Rows.Count

'    Debug.Print LetzteSpalte
'    Debug.Print LetzteZeile
```

Bild 2.30 Die auskommentierten Zeilen

Bei Bedarf können die auskommentierten Zeilen wieder aktiv geschaltet werden. Dazu verwenden Sie das Symbol rechts daneben *Auskommentierung des Blocks aufheben*.

Fehlermeldungen

Mit diesem Basiswissen können wir nun unsere ersten Makros schreiben. Bevor wir allerdings Daten hin und her schaufeln, sollten wir uns die Wirkungsweise der Befehle – sprich Objektadressen – vor Augen führen und uns mit der Syntax („Wie sag' ich's dem automatischen Programmübersetzer?") vertraut machen.

Die Syntax der Anweisungen, Objekteigenschaften, Ereignissen oder Methoden ist streng vorgegeben. Nur bei korrekter Abfolge von Argumenten und Art der Einbindung (Klammern, Anführungszeichen, Semikolon, Komma usw.) kann unser Vorhaben verstanden und umgesetzt werden. Ist dies nicht der Fall, erscheinen Fehlermeldungen, die leider nicht immer einfach zu interpretieren sind.

Bei Syntaxfehlern erfolgt der Hinweis direkt nach der Makroausführung (F5) immer noch deutlich genug, auch wenn wir – wie vorgeschlagen – in den Optionen die automatische Syntaxüberprüfung ausgeschaltet haben. Beim Beispiel im Bild unten wurde ein Anführungszeichen vergessen, als Folge wird die gesamte Anweisungszeile rot hervorgehoben und bei der Ausführung erscheint eine Fehlermeldung.

```
Sub test()
    Range("A1).Value = 12345
End Sub
```

Bild 2.31 Fehlermeldung

Bild 2.32 Syntaxfehler rot hervorgehoben

Nicht immer wird die fehlerhafte Anweisung rot hervorgehoben. Manche Fehler werden erst bei der Ausführung erkannt, wie in der nächsten Abbildung. Hier wurde die

Abfrage *If...Then* nicht korrekt mit *End If* beendet; der Fehler weist jedoch auf die Programmschleife *For...Next* hin. Die Ursache: *End If* wurde auskommentiert.

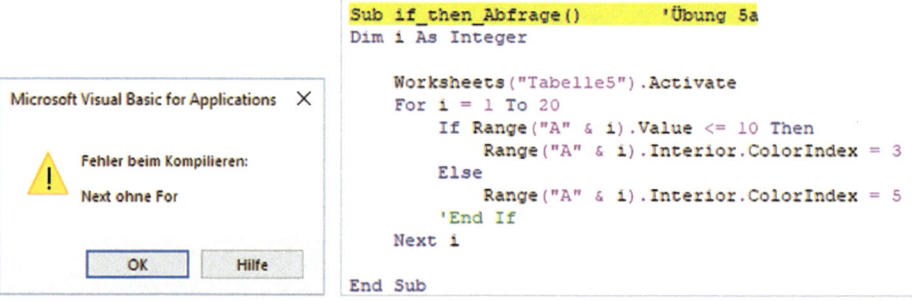

Bild 2.33 Abfrageende wurde versehentlich auskommentiert

Kommt es zu Programmunterbrechungen mit Fehlerhinweis – und das dürfte mehrfach der Fall sein –, dann empfehlen wir den Weg über Debuggen einzuschlagen. Das macht Sie zumindest auf die Fehlerzeile im Programmcode aufmerksam.

Achtung: Solang in Quellcode gelb markierte Zeilen sichtbar sind, ist die Ausführung unterbrochen. Sie müssen dann nach der Korrektur an dieser Stelle die Ausführung fortsetzen (F5) oder abbrechen.

Auch mit zunehmender Erfahrung beim Programmieren in VBA werden Ihnen Fehlermeldungen nicht erspart bleiben. Die Hinweistexte sind oft nicht sehr ergiebig. Dennoch wird sich im Laufe der Zeit Ihre Frustrationstoleranz vergrößern.

Fehlermeldungen gehören also irgendwie dazu. Lassen Sie sich nicht den Spaß am VBA-Programmieren nehmen. – Steigen wir also im nächsten Kapitel ein in die Welt der Makro-Befehle.

3 Einstieg in die Programmierung von Makros

Übersicht

3.1	Module und Prozeduren	62
3.2	Zelladressierung (Range, Cells) allgemein	65
3.3	Wiederholungen (Schleifen)	85
3.4	Abfragen	90
3.5	Formeleingabe mit Schleifen und Abfragen	96
3.6	Methoden	104
3.7	Funktionen	115
3.8	Verweise auf Objekte	122
3.9	Dynamisches Arbeiten in Tabellen	123
3.10	Arbeitsblätter	128
3.11	Arbeitsmappen	132
3.12	Ordnerinhalte anzeigen	137
3.13	Zeichenketten zerlegen	139

3 Einstieg in die Programmierung von Makros

In diesem Kapitel werden wir Sie mit den wichtigsten Grundlagen zum Erstellen von VBA-Anweisungen vertraut machen. Unser Ziel ist es, die Abläufe auf verständlichen Wegen umzusetzen und sie leicht nachvollziehbar zu machen. Zu einem späteren Zeitpunkt werden wir uns auch mit dem Optimieren der Anweisungen befassen. Programmieren soll Spaß machen damit der Einstieg gelingt, trotz Fleißarbeit und Konzentration, die dazu abverlangt werden. Wenn Sie die ersten Hürden genommen haben und das Programmieren nach und nach leichter von der Hand geht, werden Sie feststellen, wie viel mit VBA verwirklicht werden kann und welche Möglichkeiten VBA bietet. Der Appetit kommt bekanntlich beim Essen.

Vorbereitung

Die Arbeitsmappen mit den hier vorgestellten Übungen und Beispielen finden Sie im Ordner Sicherungsdateien\Kapitel_3.

Starten Sie Excel mit einer neuen Arbeitsmappe. Noch bevor Sie weitere Schritte in der Entwicklungsumgebung unternehmen, speichern Sie am besten Ihre neue Arbeitsmappe. Für die nachfolgenden Beispiele z. B. unter dem Namen Zellen_01.xlsm als Excel-Arbeitsmappe mit Makros – auch, wenn bislang noch keine Makros geschrieben wurden. Danach wechseln Sie mit der Tastenkombination *Alt + F11* in die Entwicklungsumgebung. Nun befinden Sie sich Backstage der Excel-Arbeitsmappe und der Arbeitsblätter.

3.1 Module und Prozeduren

Modul einfügen

Um in der VBA-Umgebung strukturiert arbeiten zu können, empfiehlt sich das Anlegen sogenannter Modulblätter (auch kurz Module genannt). Es handelt sich dabei um Sammelordner oder Container, in denen man nach und nach sinnverwandte oder zusammengehörige Abläufe (Prozeduren oder Funktionen) ablegt.

Ein Modul kann über drei Wege im VBA-Projekt-Fenster eingefügt werden:

▶ Klicken Sie in der Symbolleiste beim zweiten Symbol von links auf den Dropdown-Pfeil und wählen Sie *Modul*.

Bild 3.1 Symbol Modul einfügen

▶ Oder klicken Sie auf das Menü *Einfügen* und hier auf *Modul*.

Module und Prozeduren

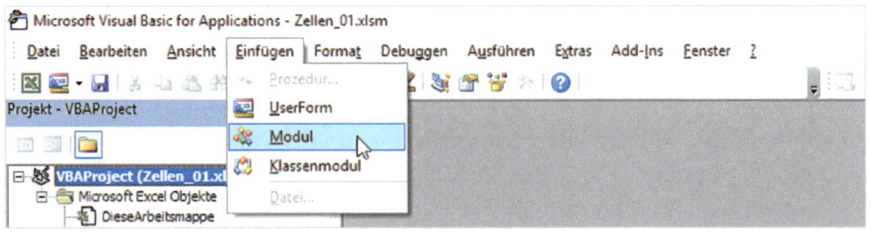

Bild 3.2 Menü Einfügen

▶ Oder klicken Sie mit der rechten Maustaste in den Projektbereich, zeigen auf *Einfügen* und wählen *Modul* aus.

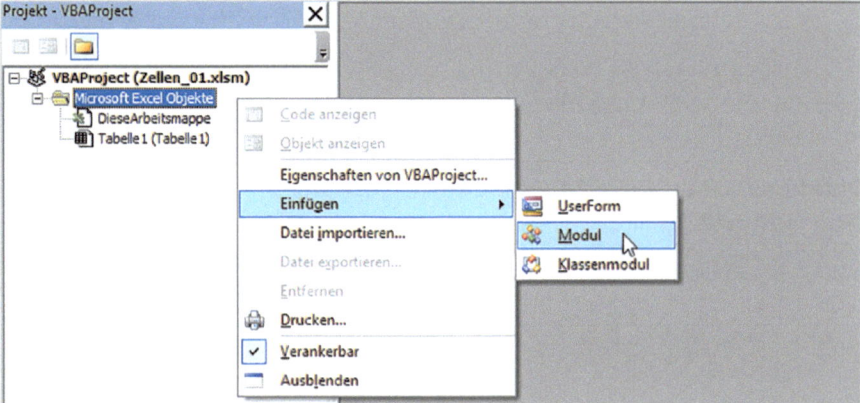

Bild 3.3 Rechtsklick im Projektfenster

Egal, für welchen Weg Sie sich entscheiden – hier führen alle Wege zum neuen Modul. Auf der rechten Seite öffnet sich das Programmierfeld im Code-Fenster und Sie sehen den – erwarteten – Hinweis in der ersten Zeile *Option Explicit*. Diese Grundeinstellung verpflichtet Sie, alle Variablen, die im Programmcode verwendet werden sollen, vorab zu deklarieren (siehe Kapitel 2.6).

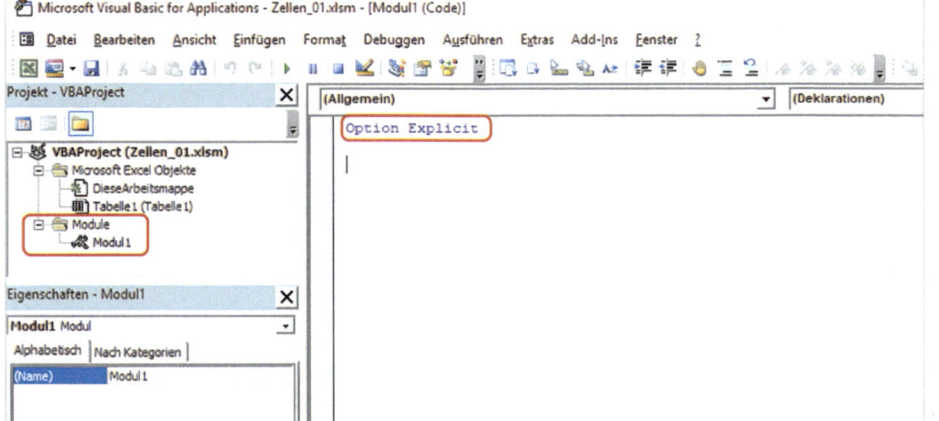

Bild 3.4 Das neue Modul mit dem Code-Fenster

Modul umbenennen

Im Projekt-Fenster erscheint ein Ordner *Module*, siehe Bild 3.4, und darin liegt *Modul1* (automatisch so benannt). Als nächstes sollten wir *Modul1* sinngebend umbenennen, so wie man den Rücken eines Sammelordners beschriften würde, denn schließlich sind Module Container für Prozeduren, die man am besten nach ihrer Funktion auf unterschiedliche Module verteilt.

Die Vorgehensweise

1. Markieren Sie im Projektfenster das Modul mit einem Klick und werfen Sie einen Blick auf die Eigenschaften. Hier finden Sie den Namen des Moduls.

2. Doppelklicken Sie im Eigenschaften-Fenster bei *(Name)* auf *Modul1*, überschreiben Sie den Namen mit *erste_Schritte* und schließen Sie die Eingabe mit der Enter-Taste ab.

Bitte beachten Sie den Unterstrich zwischen den Worten, da Leerzeichen in Modulnamen nicht zulässig sind.

Bild 3.5 Modul1 umbenennen

Dieses Modul soll die ersten Prozeduren zum Kennenlernen von VBA beinhalten; die Benennung bringt es zum Ausdruck.

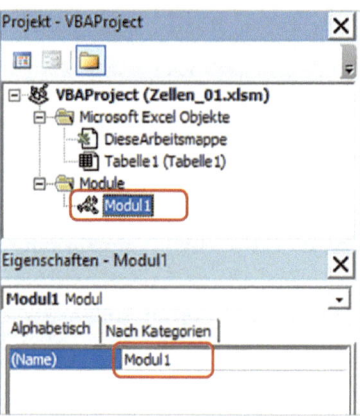 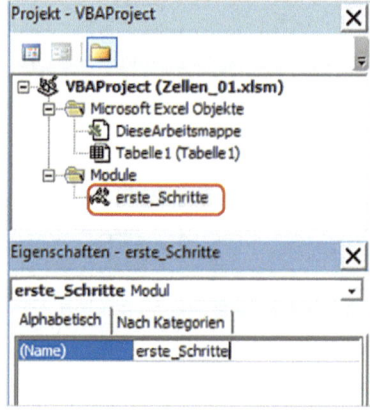

Makrobefehle – geballte Programmpower

Wiederkehrende oder umfangreichere Aufgaben in Excel werden sinnvollerweise durch Programmabläufe mit gezielten Arbeitsanweisungen erledigt. Jede abgeschlossene Programmzeile bedeutet im VBA-Editor eine Anweisung oder, wenn Sie so wollen, ein Befehl. Mehrere Einzelanweisungen werden zu Befehlsketten oder Prozeduren zusammengefasst, den sogenannten Makros. Wie oben erwähnt, werden sie – gruppiert in Aufgabenbereiche – in unterschiedlichen Modulen abgelegt.

Jedes einzelne Makro stellt im Gesamtkonzept ein Unterprogramm (Subroutine) dar und wird daher wie folgt abgegrenzt:

```
Sub Daten_speichern()
    > dazwischen stehen die Anweisungen <
End Sub
```

Innerhalb eines Unterprogramms bzw. eines Makros kommen Anweisungen, Abfragen, Wiederholungsschleifen und dgl. mit Variablen, Konstanten oder Funktionen zum Einsatz.

Zeilenumbruch einfügen

Eine Zeile umfasst im VBA-Editor 1024 Zeichen. Da längere Anweisungszeilen sehr unübersichtlich sind, sollten Sie in solchen Fällen einen Zeilenumbruch einfügen bzw. die Anweisung auf die nachfolgende(n) Zeile(n) erweitern. Dies geschieht mit Leerzeichen, gefolgt von einem Unterstrich _ und der Enter-Taste, also ↵ . Zwecks besserer Übersicht sollten außerdem die nachfolgenden dazugehörigen Anweisungszeilen eingerückt werden.

Beispiel :
```
Debug.Print Worksheets("Tabelle1").Cells. _
    SpecialCells(xlCellTypeLastCell).Row
```

Bevor wir das erste Makro schreiben, wird im nachfolgenden Punkt kurz zum Verständnis und zur Orientierung innerhalb einer Excel-Arbeitsmappe die allgemeine Schreibweise (Syntax) anhand der wichtigsten, immer wieder benötigten Begriffe zum Ansprechen der einzelnen Zellen einer Tabelle vorgestellt. Danach beginnen wir sofort mit praktischen Übungen.

3.2 Zelladressierung (Range, Cells) allgemein

„Das Leben beginnt auf alle Fälle in einer Zelle …" beginnt Heinz Erhardt einen Vierzeiler. In der Tat sind auch Zellen einer Tabelle voller Leben: sie können Daten enthalten, verschiedene Formate und Erscheinungsformen haben und jede Zelle ist einmalig, da sie eine eindeutige Adresse besitzt.

Ordner: Sicherungsdateien\Kapitel_3

A1-Bezüge

So lässt sich jede einzelne Zelle in einer bestimmten Tabelle durch ihre Koordinaten, bestehend aus Spalte und Zeile, eindeutig ansprechen. Das ist die bekannte Standarddarstellung, wie sie im Namenfeld (im Bild unten *B3*) zu sehen ist. Diese Adressenschreibweise wird auch *A1-Bezug* genannt und erfolgt in der Reihenfolge Spalte als Buchstabe und Zeile als Zahl.

Bild 3.6 Beispiel A1-Bezug

	A	B	C	D	E	F	G	H	I	J	K
	Nachname	Vorname	GebDat	Alter	Größe [cm]	Gewicht [kg]	BMI	Gender	VBA	Status	Word
2	Buche	Hein	11.01.1989	29,5	168	60	21,26	m	nein	II	
3	Box	Fritz	01.01.1997	21,5	178	82	25,88	m	ja	I	
4	Dampf	Hans	22.12.2004	13,5	172	84	28,39	m	nein	III	
5	Bola	Tom	12.12.2002	15,5	168	92	32,60	m	nein	III	x

(B3 im Namenfeld, Fritz in der Bearbeitungsleiste)

Im VBA-Code wird der Bezug zu einer oder mehreren Zellen über das *Range*-Objekt hergestellt. Anders ausgedrückt: Das *Range*-Objekt bildet einen Zellenbereich ab – im Minimalfall ist das eine einzelne Zelle.

> **Die Schreibweise:**
> `Range`(Spaltenbezeichnung bzw. Buchstabe, Zeilenindex)

Einige Beispiele:
```
Range("B3")
Range("A1:B3")
Range("Anschrift")     Anschrift stellt hier einen benannten Zellbereich dar.
```

Soll ein Zellbereich adressiert werden, trennt ein Doppelpunkt (der sogenannte Bereichsoperator) die erste und letzte Zelle (die diagonalen Eckpunkte des Tabellenausschnitts). Sie können auch einen lokal definierten Namen anstelle der Zell- oder Bereichsadressen verwenden (Register *Formeln* ▶ *Definierte Namen* ▶ *Namensmanager*).

Weitere Adressierungsmöglichkeiten für Zellbereiche:
```
Range("B:B")              die ganze Spalte B
Range("3:3")              die ganze Zeile 3
Range("B3, B5, B7")       die einzelnen Zellen B3, B5 und B7
```

Z1S1-Bezüge

Umfasst eine Tabelle mehr als 26 Spalten, dann wird die Spaltenbezeichnung mit zwei und dann mit drei Buchstaben, beginnend mit AA, AB usw. bis zur letzten Spalte XFD, fortgesetzt. Möchte man eine Tabelle spaltenweise automatisch durchsuchen, wird also es spätestens ab der 27. Spalte etwas umständlicher. Dann wird die Verwendung von Zeilen- und Spaltenindizes vorteilhafter. Alternativ lassen sich die Spaltenüberschriften auch als Zahlen darstellen. In dieser sogenannten *Z1S1-Schreibweise* wird zuerst die Zeile und dann die Spalte jeweils als Zahl angegeben. Im unten abgebildeten Beispiel erscheint dann für die markierte Zelle B3 im Namenfeld die Adresse Z3S2.

Bild 3.7 Z1S1-Bezug

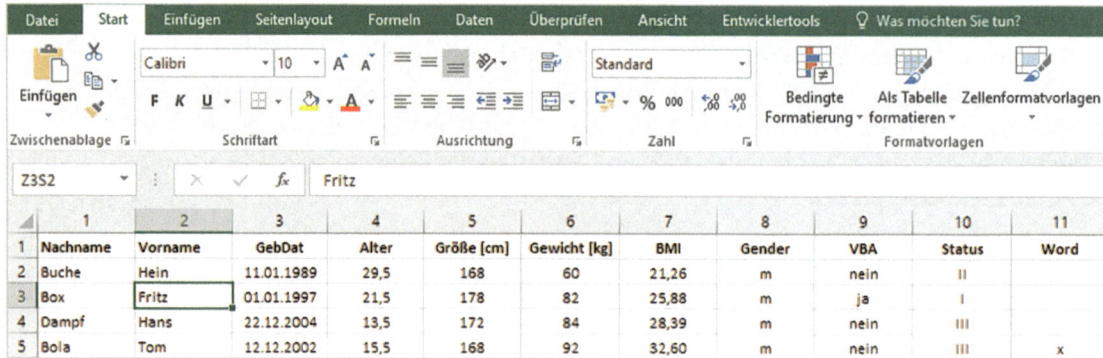

Da diese Art der Adressierung ohnehin von Excel intern verwendet wird, lässt sich die Darstellung innerhalb der Tabelle beliebig oft umschalten, ohne Datenbezüge zu

Zelladressierung (Range, Cells) allgemein 3

verlieren. In großen Tabellen ist die Kenntnis der Spaltennummer oft sehr hilfreich. In der Arbeitsmappe erfolgt die Umstellung auf die Z1S1-Schreibweise über das Register *Datei* ▶ *Optionen* ▶ *Formeln*.

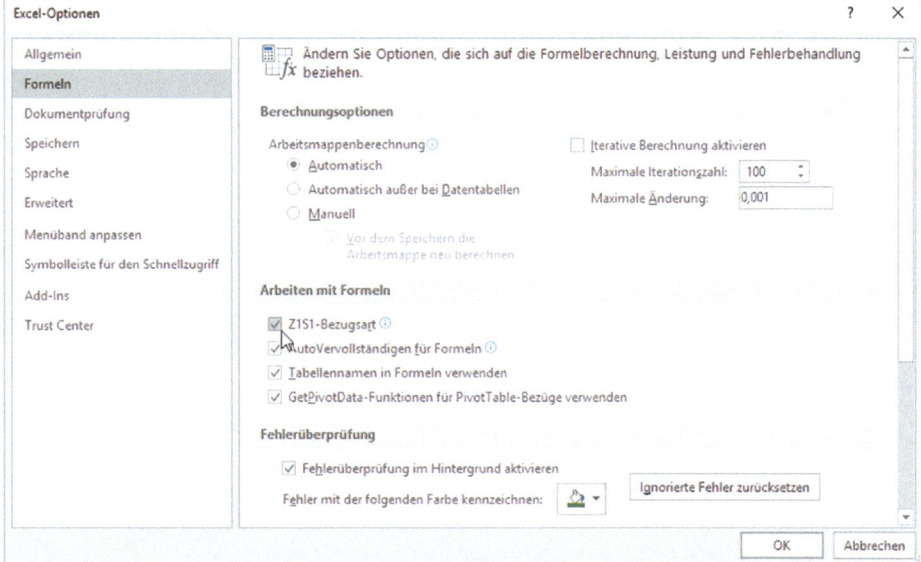

Bild 3.8 Z1S1-Bezüge aktivieren

Unabhängig von der oben genannten Einstellung kann auch in VBA diese Schreibweise zur Adressierung von Zellen und Zellbereich verwendet werden. Im Z1S1-Format erfolgt die Adressierung einer einzelnen Zelle über das *Cells*-Objekt mit Indexwerten, also Zahlen als Koordinatenangabe. Beispiel: `Cells(3, 2)`

> **Die Schreibweise:**
> `Cells`(Zeilenindex, Spaltenindex)

Soll ein bestimmter Bereich einer Tabelle als Zellbereich angesprochen werden, kann dies auch im Z1S1-Format in Verbindung mit dem *Range*-Objekt erfolgen.

`Range(Cells(1, 1), Cells(3, 2))` steht für `Range("A1:B3")`

Für welche Variante der Adressierung Sie sich entscheiden, hängt in erster Linie von den Anforderungen ab. Bei gezielten Zugriffen auf fest definierte Tabellenzellen bietet sich der A1-Bezug mit *Range* an, bei wiederholten Aufgaben (Schleifen) und der Verwendung von Indizes bietet *Cells* Vorteile.

Lassen Sie uns die korrekte Zelladressierung in der Praxis ausprobieren und dabei auch gleich weitere Varianten kennenlernen.

Markieren von Zellen und Zellbereichen

Wenden wir uns nacheinander den *Range*-Objekten und den *Cells*-Objekten zu. Auch ganze Zeilen (*Rows*) und Spalten (*Columns*) sollen unsere Beachtung finden.

Ebenso, wie sich mit gedrückter Maustaste in einem Tabellenblatt einzelne Zellen oder Zellbereiche markieren lassen (sie erscheinen dann umrandet bzw. grau unterlegt) kann über VBA eine gezielte Auswahl von Zellen erfolgen. Dazu wird die Methode *Select* verwendet.

Einzelne Zellen markieren (Range)

Das folgende Beispiel markiert im Tabellenblatt *Tabelle1* die Zelle C7.

Bild 3.9 Zelle C7 markieren

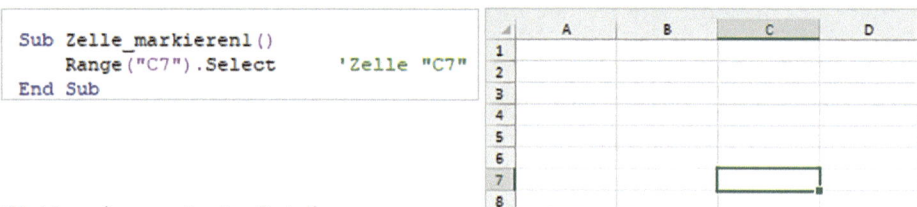

Die Vorgehensweise im Detail:

1. Sie befinden sich in der Arbeitsmappe *Zellen_01.xlsm*.

2. Stellen Sie sicher, dass *Tabelle1* Ihr aktives Arbeitsblatt ist.

3. Wechseln Sie nach Backstage (VBA-Editor) in das Modul *erste_Schritte*.

4. Beginnen Sie das Makro mit *Sub* und dem Namen *Zelle_markieren1*.

   - Der Name darf kein Leerzeichen enthalten, daher wird der Unterstrich _ verwendet.

   - Die Klammern am Ende der Zeile () werden automatisch hinzugefügt und lassen sich auch nicht entfernen. Das Ende der Prozedur *End Sub* wird ebenfalls automatisch hinzugefügt.

5. Markiert werden soll die Zelle C7 als *Range*-Objekt: Geben Sie folgende Anweisung in den Prozedurrumpf ein.

   ```
   Range("C7").Select        'Zelle "C7"
   ```

6. Das Hochkomma ' am Ende der Zeile bzw. nach einigen Tabstopps fügt den Kommentar hinzu und trennt den erklärenden Text vom Programmcode ab.

7. Rücken Sie die Anweisung mit dem Symbol *Einzug vergrößern* oder der Tab-Taste ein, damit sie sich deutlich abhebt.

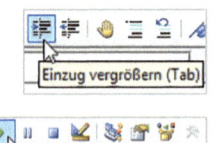

8. Starten Sie das Makro mit *F5* oder in der Symbolleiste über das grüne Dreieck. Wichtig ist, dass Sie sich mit dem Cursor innerhalb des Makros befinden. Ist dies nicht der Fall, erhalten Sie eine Auswahlliste sämtlicher Makros des Projekts.

Zelladressierung (Range, Cells) allgemein

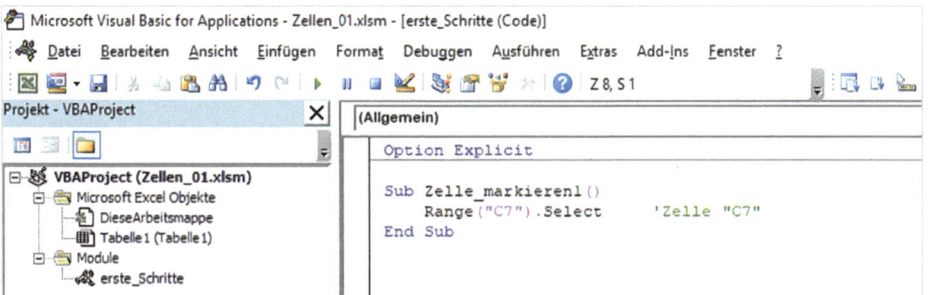

Bild 3.10 Adressierung mit Range

Adressierung mit dem Cells-Objekt

Die gleiche Zelle kann auch über das *Cells*-Objekt angesprochen werden. Um in einem neuen Makro mit dem Namen *Zelle_markieren2* eine beliebige andere Zelle, beispielsweise *B7*, zu markieren, geben Sie die unten abgebildete Anweisung ein.

Hinweis: Wenn Sie das Fenster der Entwicklungsumgebung etwas verkleinern, so dass das Tabellenblatt im Hintergrund zu sehen ist, können Sie die Änderungen beim Markieren der Zellen direkt mitverfolgen.

Bild 3.11 Adressierung mit Cells

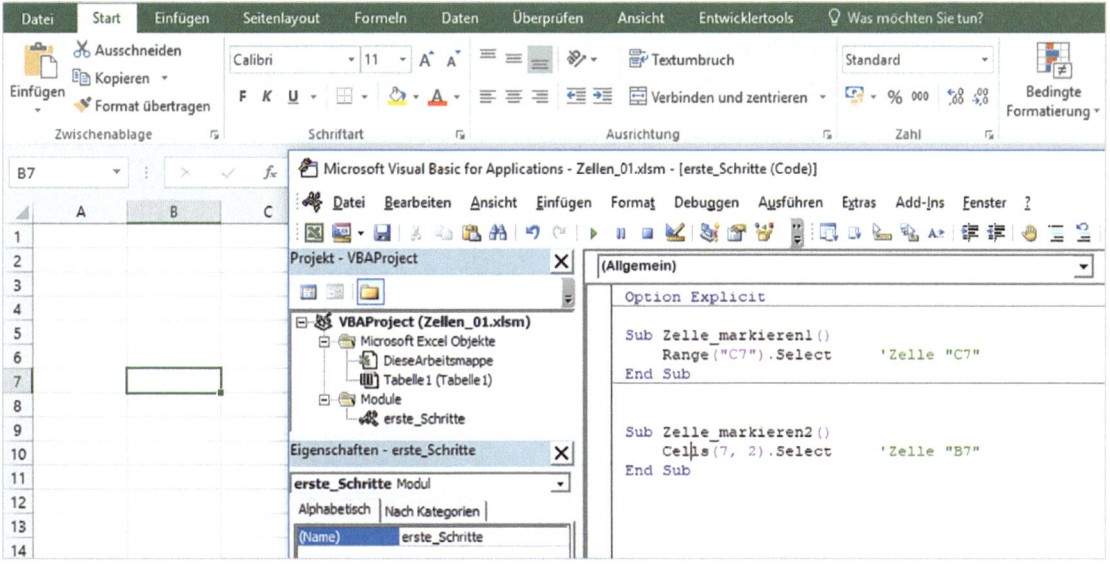

Weitere Markierungsaufgaben

Bild 3.12 Der markierte Zellbereich

▸ **Zellbereich**
Einen Zellbereich, wie im Bild rechts, markieren Sie an besten mit dem *Range*-Objekt.

```
Sub Bereich_markieren()
    Range("A1:C5").Select
End Sub
```

▶ **Zeile**

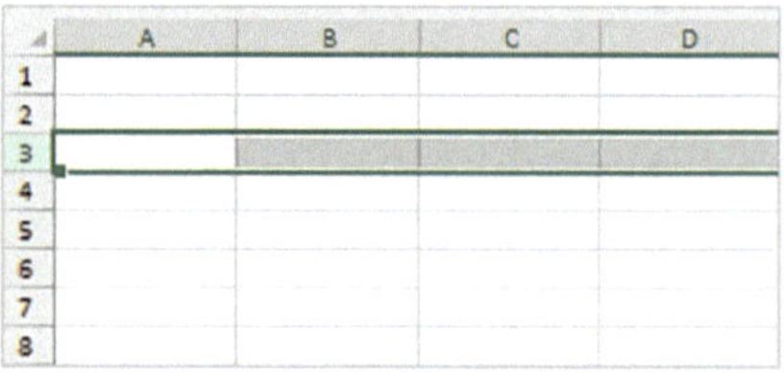

Bild 3.13 Zeile auswählen

Zu den Eigenschaften einer Tabelle zählt auch Anzahl der Zeilen. Eine ganz bestimmte Zeile wird aus der Auflistung (*Collection*) *Rows* über ihren Index angesprochen. Dieses Beispiel wählt die dritte Zeile (Index 3) aus.

```
Sub Zeile_markieren()
    Rows(3).Select
End Sub
```

▶ **Spalte**

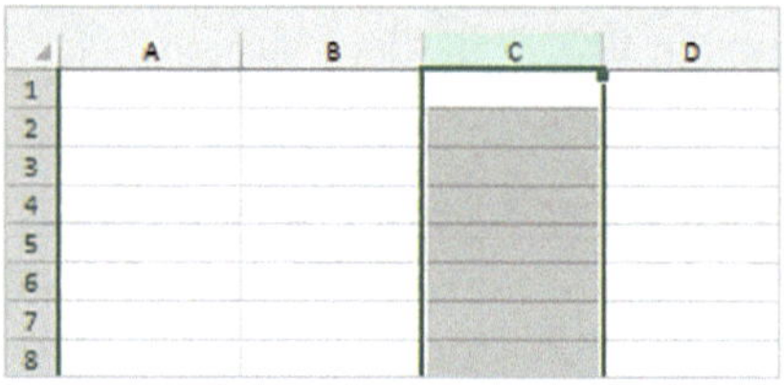

Bild 3.14 Spalte auswählen

Analog zu den Zeilen existiert für Spalten die Auflistung *Columns*. Dieses Beispiel markiert die Spalte C (Index 3).

```
Sub Spalte_markieren()
    Columns(3).Select
End Sub
```

▶ **Mehrere Bereiche**

Auch mehrere, nicht zusammenhängende, Bereiche lassen sich gleichzeitig markieren. Die Angabe erfolgt mit Komma getrennt.

```
Sub mehrere_Bereiche_markieren()
    Range("B2:C9,E1:F9,C11:G12").Select
End Sub
```

Bild 3.15 Mehrere Bereich markieren

Das Markieren von Zellen diente eigentlich nur zur Veranschaulichung, dass Sie erfolgreich auf Zellen zugreifen können. In der Praxis ist die *Select*-Methode von geringer Bedeutung, da in VBA beispielsweise die Zuweisung von Werten auch ohne vorheriges Markieren möglich ist. Innerhalb eines Makros kommt man also gut ohne *Select* und *Selection* aus. Dass sie dennoch, und zwar zahlreich in Verbindung mit dem Makrorecorder vorkommen, sollten Sie aber wissen. Dem Makrorecorder von Excel werden wir als nächstes kurze Aufmerksamkeit schenken.

Nach dieser Übung sieht das Modul *erste_Schritte* wie folgt aus:

Zelladressierung (Range, Cells) allgemein 3

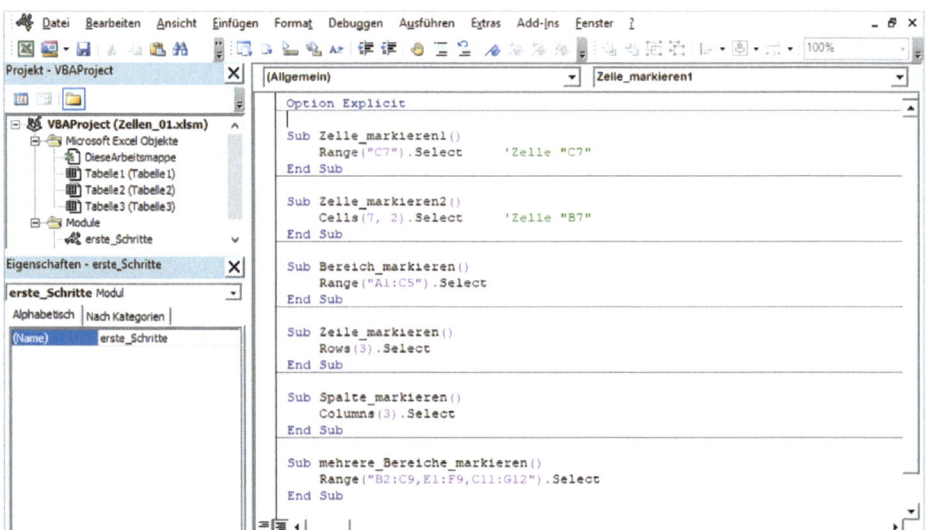

Bild 3.16 Das Modul erste_Schritte

Der Makrorecorder

Möglicherweise haben Sie den Makrorecorder bereits kennengelernt oder zumindest ausprobiert. Es ist auch denkbar und durchaus nachvollziehbar, dass Sie im VBA-Editor von den, auf diese Weise erzeugten Anweisungen, derart verwirrt waren, dass Sie erst einmal die Hände von VBA gelassen haben. Das Resultat wird allerdings von verschiedenen Faktoren beeinflusst, z. B. von der aufgezeichneten Befehlsabfolge und dem Zeitpunkt, an dem Sie den Recorder dann angehalten haben. Zudem zeichnet der Makrorecorder meist auch noch eine ganze Menge überflüssiger Anweisungen auf.

Sie starten den Makrorecorder im Register *Entwicklertools* über die Schaltfläche *Makro aufzeichnen*. Ab dem Zeitpunkt, an dem diese Schaltfläche betätigt wird, werden alle Eingaben und Mausklicks registriert und in VBA-Anweisungen umgesetzt und zwar solange, bis Sie den Recorder wieder anhalten.

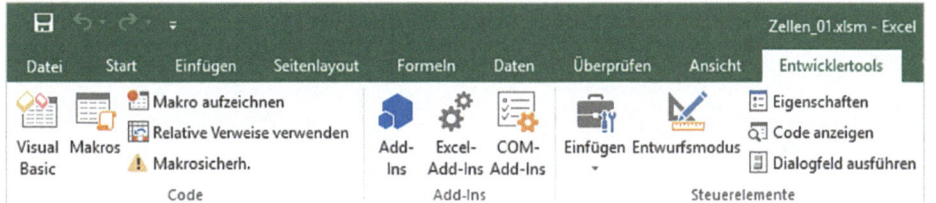

Bild 3.17 Makroaufzeichnung starten

Übung: Makrorecorder kennenlernen

1 Stellen Sie sicher, dass Sie sich in *Tabelle1* befinden.

2 **Makro aufzeichnen**

Klicken Sie auf *Makro aufzeichnen*. Es öffnet sich ein Fenster, das Ihnen *Makro1* als Name anbietet. Sobald Sie auf *OK* klicken, startet die Aufzeichnung.

Bild 3.18 Makroname festlegen und Aufzeichnung starten

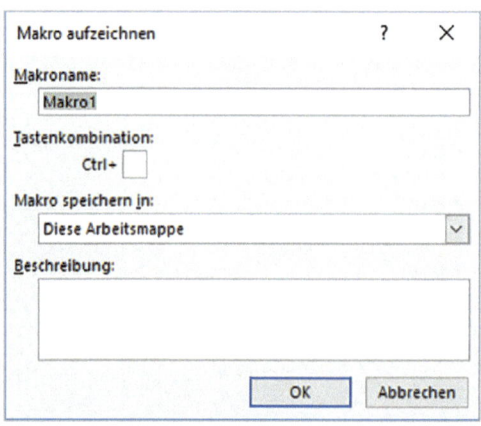

3   Führen Sie im Tabellenblatt nacheinander folgende Schritte aus:

- Klicken Sie die Zelle A1 an.

- Schreiben Sie eine beliebige Zahl (hier 12345) in die Zelle A1 und beenden Sie die Eingabe mit der Enter-Taste.

- Markieren Sie A1 und kopieren Sie über die rechte Maustaste den Zellinhalt in die Zwischenablage.

- Klicken Sie auf die Zelle B4 und fügen Sie den Inhalt der Zwischenablage ein (Strg+V).

4   **Aufzeichnung beenden**
Zum Beenden der Aufzeichnung klicken Sie im Register *Entwicklertools* auf *Aufzeichnung beenden*.

Bild 3.19 Makroaufzeichnung beenden

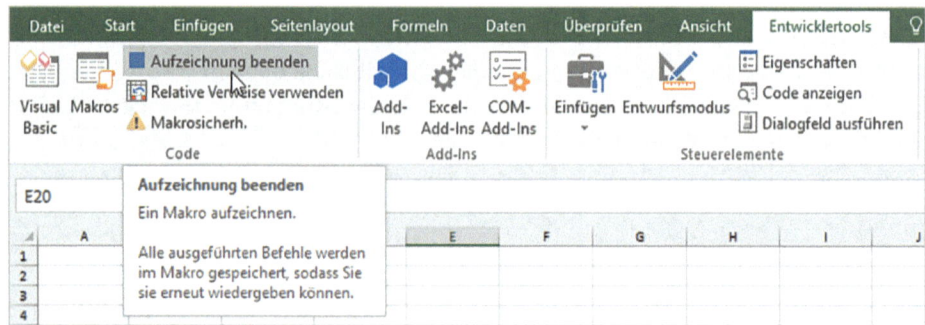

Das aufgezeichnete Makro im VBA-Editor
Wechseln Sie mit Alt+F11 in die VBA-Entwicklungsumgebung oder klicken Sie im Register *Entwicklertools* auf *Makro*, markieren das soeben aufgezeichnete Makro *Makro1* und klicken auf *Bearbeiten*.

Zelladressierung (Range, Cells) allgemein

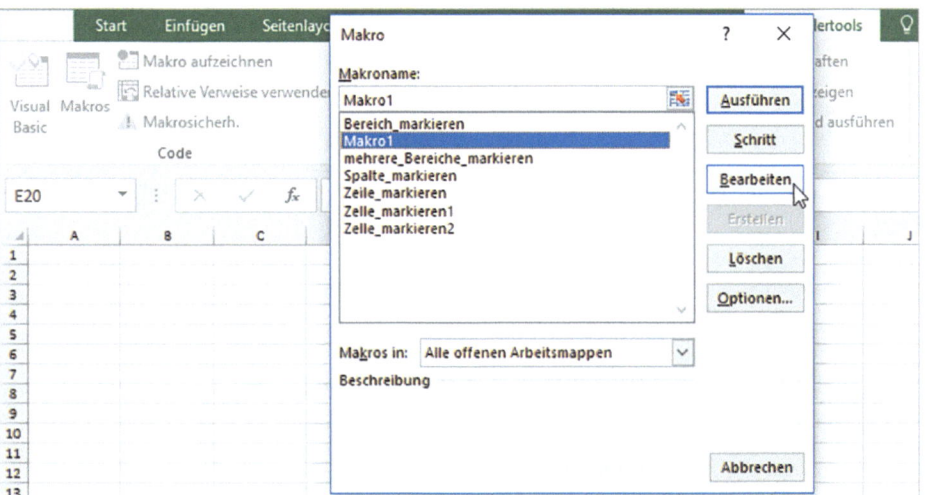

Bild 3.20 Makro im VBA-Editor anzeigen

Für das aufgezeichnete Makro wurde neues Modul mit dem Namen *Modul1* angelegt. Hier finden Sie das aufgezeichnete Makro mit dem Namen *Makro1*.

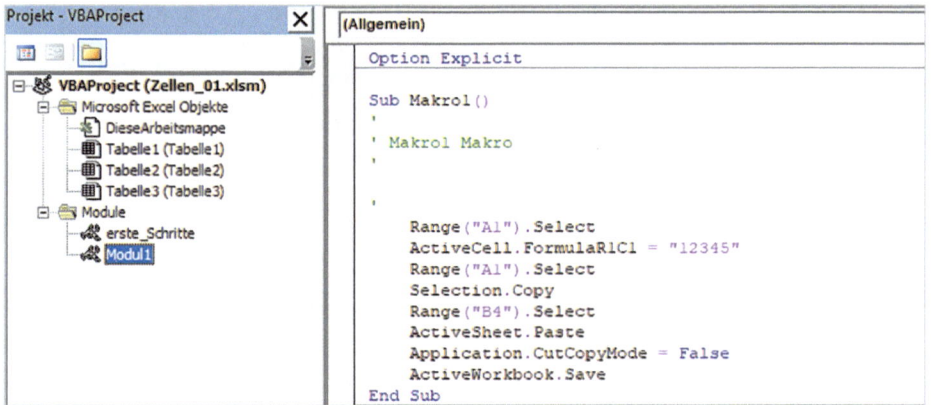

Bild 3.21 Das aufgezeichnete Makro

Der Makrorecorder liefert meistens sehr voluminöse Programmcodes. Hier tauchen die überflüssigen *Select*-Befehle gleich massenhaft auf, nämlich bei jedem Klick mit der Maustaste in eine Zelle. Wenn man mit dem Makrorecorder umzugehen weiß, kann er jedoch eine wichtige Hilfe beim Entwickeln von Programmcode sein und bildet ein weiteres Nachschlagewerk neben der Online-Hilfe (*F1*) und der Objektbibliothek (*F2*). Nützlich insbesondere dann, wenn Sie nach englischen Bezeichnungen von Funktionen oder den richtigen Parametern von Objekten suchen.

In unserem Fall könnte *Makro1* als Grundlage für ein Makro zum Kopieren von Daten dienen. Dazu wird es wie folgt angepasst bzw. verändert:

▶ Das Makro erhält einen beschreibenden Namen, hier *Zellen_kopieren*.

▶ Eine Kommentarzeile unterhalb erläutert die Aufgabe, die übrigen Kommentar- und Leerzeilen werden entfernt.

Bild 3.22 Das neue Makro

```
Sub Zelle_kopieren()
'Inhalt von A1 nach B4 kopieren

    Range("A1").FormulaR1C1 = "54321"
    Range("A1").Copy
    Range("B4").PasteSpecial

End Sub
```

- Die *Select*-Befehle werden entfernt und die Anweisungen zusammengefasst.
- Aus *Paste* muss in diesem Fall *PasteSpecial* werden (Erklärung folgt).
- Die Zahlenfolge wurde absichtlich umgedreht, um die Funktion des neuen Makros zu verdeutlichen.

Im Makro wird die Zahl über die Eigenschaft *FormulaR1C1* in die Zelle A1 geschrieben. Es könnte auch eine Formel sein, die dann in der Z1S1-Schreibweise festgelegt wird. Normalerweise benutzen wir die Eigenschaft *Value*, um Daten in Zellen zu schreiben oder auszulesen.

Die Beispiele finden Sie auch im Ordner Sicherungsdateien\\Kapitel_3, Mappe Zellen_01.xlsm.

(Modul: erste_Schritte)

Manchmal ist es nicht leicht, sich im aufgezeichneten Code des Makrorecorders zurechtzufinden. Probieren Sie mal bei Gelegenheit, das Formatieren einer Zelle mit Schriftart, -schnitt und Farbe aufzuzeichnen und sich anschließend im Quellcode zu orientieren. Lassen Sie sich aber nicht abschrecken – im weiteren Verlauf dieses Workshops werden Sie mehr und mehr Überblick und Sicherheit bekommen.

Zugriff auf Zellinhalte

Um den Inhalt einer Zelle anzusprechen, benutzt man die Eigenschaft *Value* (oder seltener die Eigenschaft *Text*). *Value* ist auch die Standardeigenschaft einer Zelle. Das bedeutet, sie wird bei der Zelladressierung automatisch angenommen, wenn nichts anderes angegeben wird. Aus diesem Grund könnte sie auch weggelassen werden, doch ist diese Vorgehensweise nicht zu empfehlen.

```
Range("B3").Value
```

Inhalte auslesen

Der Direktbereich wird mit Strg+G oder über das Menü Ansicht eingeblendet, sollte er nicht sichtbar sein.

Beispiel: Mit der folgenden Anweisung wird der Inhalt der ZelleB3 (hier „Fritz") in den Direktbereich ausgegeben.

```
Debug.Print Range("B3").Value
```

Alternativ könnte zur Lösung auch das *Cells*-Objekt verwendet werden.

```
Debug.Print Cells(3, 2).Value
```

Zelladressierung (Range, Cells) allgemein 3

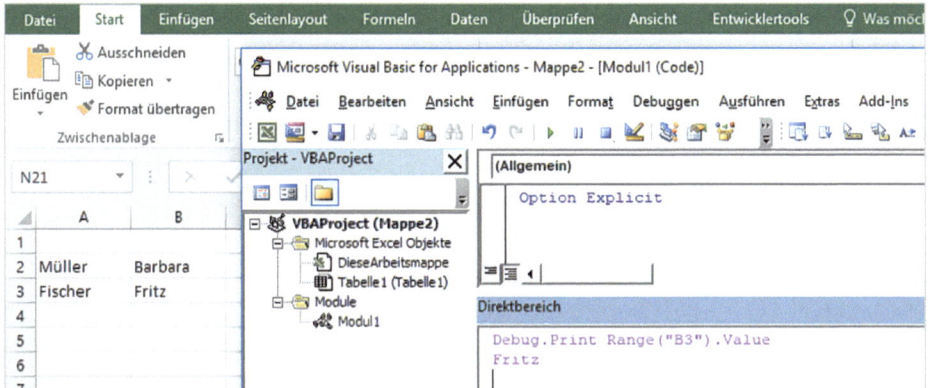

Bild 3.23 Zellinhalt im Direktbereich anzeigen

Inhalt zuweisen
Um einen Wert oder eine Textfolge in eine Zelle zu schreiben, weist man ihr den Inhalt üblicherweise ebenfalls über die Eigenschaft *Value* zu.

```
Range("B3").Value = 12345
Range("B3").Value = "Fritz"
```

Zu beachten ist, dass Zeichenfolgen (Texte, Strings) in Anführungszeichen übergeben werden müssen, da sonst der Text als Name einer (nicht deklarierten Variablen) interpretiert und eine Fehlermeldung verursachen würde. Dies gilt auch für die Eigenschaft *Text*. Auch Kombinationen aus Buchstaben und Zahlen sind als Texte anzusehen.

Zellinhalte lassen sich unverändert oder modifiziert in eine andere Tabellenzelle kopieren oder verschieben oder einer Variablen zuweisen.

▶ **Einer anderen Zelle zuweisen**
   Um einen Wert oder eine Textfolge in eine andere Zelle im selben Tabellenblatt zu schreiben, weist man der Zieladresse den Inhalt der Quelladresse zu:
   ```
   Range("C3").Value = Range("B3").Value      Ziel = Quelle
   ```
   Bei diesem Kopiervorgang kann der Inhalt modifiziert werden, z. B. durch Berechnung von Werten oder Verkettung von Texten.

▶ **Einer Variablen zuweisen**
   Um einen Wert oder eine Textfolge einer Variablen (hier *Vorname*) zuzuweisen, geht man im Prinzip genauso vor.
   ```
   Vorname = Range("B3").Value
   ```
   Achtung: Bei der Vorgabe `Option Explicit` (siehe Grundeinstellungen) muss die Variable zuvor deklariert werden, in unserem Fall als Textstring.
   ```
   Dim Vorname as String
   ```

▶ **Inhalt einer Variablen in eine Zelle schreiben**
   In umgekehrter Richtung wird der Inhalt einer Variablen mit folgender Anweisung in eine Zelle geschrieben:
   ```
   Range("B3").Value = Vorname
   ```

Sollen Zellinhalte aus einer Zelle (hier B3) der aktiven Tabelle in eine andere Tabelle derselben Arbeitsmappe kopiert werden, muss zusätzlich der Name der Zieltabelle (hier *Tabelle2*) mitgeteilt werden (siehe Objekthierarchie).

```
Worksheets("Tabelle2").Range("C3").Value = Range("B3").Value
```

Die Tabelle kann auch direkt über ihren Namen adressiert werden, dann lautet die Anweisung:

```
Tabelle2.Range("C3").Value = Range("B3").Value
```

Anmerkungen

▷ Die Objekte der Auflistung *Worksheets* sind indiziert. Es wäre somit möglich, Tabellen über ihren Indexwert anzusprechen, beispielsweise mit *Worksheets(2)*. Besser ist es aber, die genaue Bezeichnung der Tabelle (=Registername) zu verwenden, da der Indexwert abhängig ist von der Position in der Arbeitsmappe und sich ändert wenn beispielsweise ein Arbeitsblatt am Anfang eingefügt wird.

Ausnahme: Wenn beim Importieren aus unterschiedlichen Arbeitsmappen der Tabellenname variabel ist, kann ausnahmsweise auf den Indexwert zurückgegriffen werden. Wenn nur eine Tabelle übernommen wird, kann sie unabhängig von ihrer genauen Bezeichnung einfach mit Worksheets(1) angesprochen werden.

▷ Eine weitere Variante, eine Tabelle anzusprechen, ist die Verwendung des Codenamens der Tabelle. Dieser ist im Projektfenster (ohne Klammer) ersichtlich.

z. B. Tabelle2.Range("A3"). Dann entfällt das Auflistungsobjekt *Worksheets* und die Bindung an den Registernamen (in der Klammer angegeben).

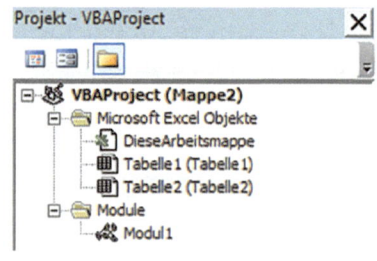

Übung: Werte in Zellen und Zellbereiche schreiben

Vorbereitungen

▷ Beginnen Sie mit einer neuen Arbeitsmappe, die mindestens eine leere Tabelle (*Tabelle1*) enthält.

▷ Speichern Sie diese Mappe als Excel-Arbeitsmappe mit Makros (*Zellen_02.xlsm*). Sicherheitshalber, noch bevor Sie die ersten Prozeduren schreiben.

▷ Wechseln Sie nach Backstage mit *Alt* + *F11*.

▷ Fügen Sie im Projektfenster ein Modul ein und ändern Sie im *Eigenschaftenfenster* den Namen des Moduls in *Daten_schreiben* (mit Unterstrich oder alternativ in Kamelschreibweise *DatenSchreiben*).

▷ Wechseln Sie mit dem Cursor in das Codefenster des neuen Moduls (Doppelklick auf das Modul).

3 Zelladressierung (Range, Cells) allgemein

Allgemeine Hinweise

In den folgenden Übungsabschnitten werden auf unterschiedliche Weise Zahlen und Texte in das Arbeitsblatt *Tabelle1* eingetragen. Die korrekte Zieladresse der Zelle A1 lautet:

```
Worksheets("Tabelle1").Range("A1")   oder
Worksheets("Tabelle1").Cells(1,1)
```

Die Angabe *Tabelle1* kann entfallen, wenn sichergestellt ist, dass diese Tabelle momentan ausgewählt ist oder als einzige Tabelle in der Arbeitsmappe vorhanden ist.

Generell sollte man sich vor Datenbewegungen absichern, dass sowohl Ziel als auch die Quelle korrekt festgelegt wurden. Das Aktivieren einer Tabelle erreicht man durch die Anweisung:

```
Worksheets("Tabelle1").Activate  (oder .Select)
```

Diese muss sinnvollerweise vor dem Datentransfer ausgeführt werden. Alle Datenbewegungen beziehen sich nun auf dieses Quelltabellenblatt und machen den Anweisungscode für einzelne Zellen kürzer und übersichtlicher:

```
Range("A1").Value = 123    oder
Cells(1,1).Value = 123
```

Für die ersten Übungen bleiben wir immer im selben Tabellenblatt. Dennoch sollte es Ihnen zur Gewohnheit werden, eine Basis-Tabelle zu Beginn der Prozedur festzulegen.

> Stellen Sie sicher, dass bei den folgende Übungen definitiv das Tabellenblatt *Tabelle1* ausgewählt bzw. aktiviert ist!

Anweisungen

1. Schreiben Sie ein Makro mit dem Namen *Daten_in_Tabelle_schreiben1*, das mit Hilfe von *Range*-Objekten Werte, wie unten abgebildet, in das Tabellenblatt einträgt.

Die Lösungen finden Sie in der Arbeitsmappe Sicherungsdateien\Kapitel_3\Zellen_02.xlsm. (Modul: Daten_schreiben)

	A	B	C	D	E	F	G	H
1		1						
2		2						
3		3						
4								
5								

Bild 3.24 Zellen mit Range-Objekten füllen

2. Schreiben Sie ein Makro (*Daten_in_Tabelle_schreiben2*), das mit Hilfe von *Cells*-Objekten die unten abgebildeten Werte in das Tabellenblatt einträgt.

	A	B	C	D	E	F	G	H
1			4					
2			5					
3			6					
4								
5								

Bild 3.25 Zellen mit Cells-Objekten füllen

3 Einstieg in die Programmierung von Makros

3 Füllen Sie in einem weiteren Makro mit dem Namen *Daten_in_Tabelle_schreiben3* die, im Bild unten gezeigten, Zellbereiche mit den angegebenen Zahlen. Verwenden Sie dazu *Range*-Objekte.

Bild 3.26 Zelbereiche füllen

	A	B	C	D	E	F	G	H
1								
2								
3								
4			333	333	333			
5	11	11	333	333	333			
6			333	333	333			
7	22		333	333	333			
8	22		333	333	333			
9	22		333	333	333			
10	22		333	333	333			
11								

Hinweis: Dies ist nur eine Übung zum Thema Zelladressierung. In der Praxis werden solche Aufgaben mit Wiederholungsschleifen wesentlich einfacher erledigt. Näheres dazu unter Punkt 3.3 auf Seite 85.

4 Überschreiben Sie in einem weiteren Makro mit dem Namen *Daten_in_Tabelle_schreiben4* die selben Zellbereiche wie oben in Aufgabe 3 mit bestimmten Namen unter Verwendung von *Range*-Objekten.

Hinweis: Sie können das vorherige Makro kopieren und dann Änderungen vornehmen. Namen sind Texte und müssen in Anführungszeichen gesetzt übergeben werden!

Bild 3.27 Zellbereiche mit Text füllen

	A	B	C	D	E	F	G	H
1								
2								
3								
4			Ulli	Ulli	Ulli			
5	Anna	Anna	Ulli	Ulli	Ulli			
6			Ulli	Ulli	Ulli			
7	Peter		Ulli	Ulli	Ulli			
8	Peter		Ulli	Ulli	Ulli			
9	Peter		Ulli	Ulli	Ulli			
10	Peter		Ulli	Ulli	Ulli			
11								

5 Kopieren Sie die drei unterschiedlichen Namen mit Hilfe von *Range*-Objekten in eine neue Tabelle (*Tabelle2*) in die Zellen A1 bis A3, siehe Bild unten. Das Makro erhält den Namen *Daten_in_Tabelle_schreiben5*.

Bild 3.28 Inhalt Tabelle2

	A	B	C	D	E	F	G	H
1	Anna							
2	Peter							
3	Ulli							
4								

Ausgangspunkt für die folgenden Übungen ist *Tabelle1*, die nach Ausführung der bisherigen Makros so aussehen sollte:

Zelladressierung (Range, Cells) allgemein

	A	B	C	D	E	F	G
1		1	4				
2		2	5				
3		3	6				
4			Ulli	Ulli	Ulli		
5	Anna	Anna	Ulli	Ulli	Ulli		
6			Ulli	Ulli	Ulli		
7	Peter		Ulli	Ulli	Ulli		
8	Peter		Ulli	Ulli	Ulli		
9	Peter		Ulli	Ulli	Ulli		
10	Peter		Ulli	Ulli	Ulli		
11							

Bild 3.29 Tabelle1 nach Ausführung der bisherigen Makros

6 Kopieren Sie die Inhalte der sechs Zellen aus dem Bereich A1:B3 mit *Range*-Objekten in eine neue Tabelle (*Tabelle3*). Die Inhalte sollen mit 10 multipliziert und alle in Spalte A untereinander angeordnet werden. Das Makro erhält den Namen *Daten_in_Tabelle_schreiben6*.

	A	B	C	D	E	F	G	H
1	10							
2	20							
3	30							
4	40							
5	50							
6	60							
7								

Bild 3.30 Das Ergebnis von Makro Daten_in_Tabelle_schreiben6

Alle Makros zur Übung im Überblick

```vba
Sub Daten_in_Tabelle_schreiben1()          'Übung 1-1

    Worksheets("Tabelle1").Activate

    Range("A1").Value = 1
    Range("A2").Value = 2
    Range("A3").Value = 3

End Sub

Sub Daten_in_Tabelle_schreiben2()          'Übung 1-2

    Worksheets("Tabelle1").Activate

    Cells(1, 2).Value = 4
    Cells(2, 2).Value = 5
    Cells(3, 2).Value = 6

End Sub

Sub Daten_in_Tabelle_schreiben3()          'Übung 1-3

    Worksheets("Tabelle1").Activate

    Range("A5:C5").Value = 11
    Range("A7:A10").Value = 22
    Range("C4:E10").Value = 333

End Sub
```

Bild 3.31 Die Makros im Überblick -1

Bild 3.32 Die Makros im Überblick -2

```
Sub Daten_in_Tabelle_schreiben4()           'Übung 1-4

    Worksheets("Tabelle1").Activate

    Range("A5:C5").Value = "Anna"
    Range("A7:A10").Value = "Peter"
    Range("C4:E10").Value = "Ulli"

End Sub

Sub Daten_in_Tabelle_schreiben5()           'Übung 1-5

    Worksheets("Tabelle1").Activate
    'Ziel ist Tabelle2
    Worksheets("Tabelle2").Range("A1").Value = Range("A5").Value
    Worksheets("Tabelle2").Range("A2").Value = Range("A7").Value
    Worksheets("Tabelle2").Range("A3").Value = Range("C4").Value

End Sub

Sub Daten_in_Tabelle_schreiben6()           'Übung 1-6

    Worksheets("Tabelle1").Activate
    'Ziel ist Tabelle3
    Worksheets("Tabelle3").Range("A1").Value = Range("A1").Value * 10
    Worksheets("Tabelle3").Range("A2").Value = Range("A2").Value * 10
    Worksheets("Tabelle3").Range("A3").Value = Range("A3").Value * 10
    Worksheets("Tabelle3").Range("A4").Value = Range("B1").Value * 10
    Worksheets("Tabelle3").Range("A5").Value = Range("B2").Value * 10
    Worksheets("Tabelle3").Range("A6").Value = Range("B3").Value * 10

End Sub
```

Formeln in Zellen schreiben

Außer Zahlen und Text- bzw. Zeichenfolgen (Strings) lassen sich auch Formeln und Funktionen in Zellen unterbringen. Die Arbeit mit solchen Tabellenfunktionen ist Ihnen sicherlich bekannt. Zum Auffrischen: der Formel-Inhalt einer Zelle beginnt mit dem Gleichheitszeichen = und danach folgt die Funktion (versionsabhängig in Deutsch oder Englisch) wie beispielsweise die Summe über einen bestimmten Bereich:

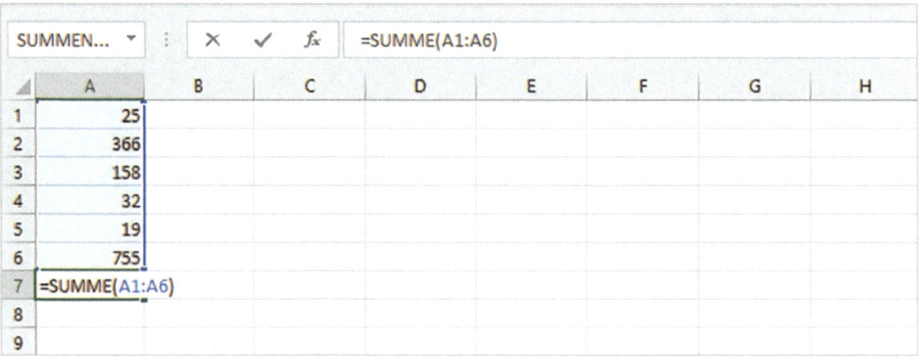

Bild 3.33 Summenberechnung im Tabellenblatt

	A
1	25
2	366
3	158
4	32
5	19
6	755
7	=SUMME(A1:A6)

Im Arbeitsblatt erfolgt die Eingabe einer Funktion entweder direkt in die Zelle oder über das Symbol *fx* und das nachfolgende Dialogfeld (Funktionsassistent).

Zelladressierung (Range, Cells) allgemein

Genau das Gleiche lässt sich aus der Entwicklungsumgebung heraus mit VBA-Anweisungen verwirklichen, indem die gewünschte Funktion mit der Eigenschaft *Formula* als Text bzw. Zeichenfolge (String) der Zelle übergeben wird.

Hinweis: VBA bedient sich vorwiegend der englischen Bezeichnungen, aber es werden auch deutsche Funktionsnamen akzeptiert. Beide Anweisungen liefern daher dasselbe Ergebnis.

```
Range("G1").FormulaLocal = "=SUMME(A1:D1)"
Range("G2").Formula = "=SUM(A1:D1)"
```

Übung: Formeln in Zellen

1. Fügen Sie ein neues Modul im Projektfenster ein und ändern Sie den Namen des Moduls in *Formeln_schreiben*. Wechseln Sie dann mit dem Cursor in das Codefenster des neu angelegten Moduls.

2. Erstellen Sie ein neues Makro mit dem Namen *Formeln_in_Tabelle_schreiben*.

3. Stellen Sie sicher, dass bei den folgenden Übungen definitiv *Tabelle1* die aktive Tabelle ist und dass sich Werte im verwendeten Bereich befinden!

4. Probieren Sie beide, oben genannten Versionen, um die Summe in unterschiedlichen Zellen einzutragen, siehe Bild unten.

Die Lösungen zur Übung finden Sie in der Mappe Sicherungsdateien\Kapitel_3\ Zellen_02.xlsm.

(Modul: Formel_schreiben)

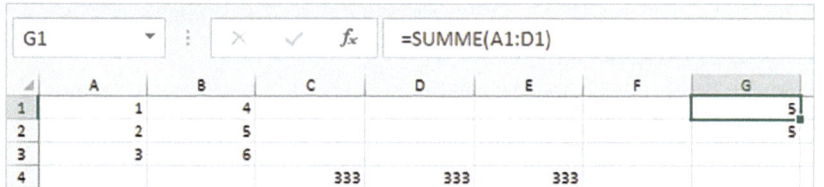

Bild 3.34 Ergebnisse der Funktion SUMME

5. Vergleichen Sie die eingetragenen Formeln in Zelle G1 und G2. Es besteht kein Unterschied durch die Art der Programmierung.

Hinweis: In einem späteren Kapitel werden wir eine andere Form der Berechnung kennen lernen, die *WorksheetFunction*.

Mit diesen Übungen haben Sie gelernt, Zahlen, Texte und Formeln in Zellen abzulegen sowie die Unterschiede in der Adressierung bei *Range* und *Cells*-Objekten. Damit ist eine gute Grundlage für weiteres Handeln gegeben.

Wichtige Eigenschaften von Zellen

Wie Ihnen aus dem Excel-Arbeitsblatt sicherlich hinlänglich bekannt ist, besitzen Zellen nicht nur Inhalte wie Zahlen, Texte und Formeln, sondern auch Formate für Schrift, Farben und Rahmen, mit denen auf Besonderheiten in der Tabelle aufmerksam gemacht werden kann. Diese zählen in VBA zu den Zelleneigenschaften; wir wollen uns an dieser Stelle allerdings nur mit den Eigenschaften befassen, die im weiteren Verlauf dieses Buches zur Anwendung kommen.

Farbe des Zellhintergrunds ändern

```
Range("B3").Interior.Colorindex = 4
Range("B3").Interior.Color = RGB(125,125,125)
```

Schriftart, Schriftgröße, Schriftfarbe und Attribute wie z.B. Fett zuweisen

```
Range("A3").Font.Name = "Arial"
Range("A3").Font.Size = 10
Range("A3").Font.Bold = True
Range("A3").Font.Color = vbRed
```

Tipp: Wenn derselben Zelle gleich mehrere Eigenschaften zugewiesen werden sollen, lässt sich dies in einer verkürzten Schreibweise mit Hilfe von *With* erledigen. Dann sehen die obigen Anweisungen wie unten aus. **Achtung**: Dieser Anweisungsblock muss unbedingt mit *End With* beendet werden!

```
With Range.("A3").Font
       .Size = 10
       .Bold = True
       .Color = vbRed
End With
```

Zusammenhängende Bereiche ermitteln

Zusammenhängende, nicht leere Bereiche lassen sich über die Zelleneigenschaft *CurrentRegion* ermitteln. Begrenzung eines Bereichs sind umschließende Leerzellen oder das Tabellenende, wie im Bild unten.

Bild 3.35 Zusammenhängender Zellbereich

	A	B	C	D	E	F	G	H	I
1	**Nachname**	**Vorname**	**Straße**	**PLZ**	**Wohnort**				
2	Buche	Hein	Bahnhofstraße 1	32023	Hameln				
3	Box	Fritz	Hauptstraße 34	20680	Frankfurt				
4	Dampf	Hans	Schulstraße	56834	Mückendorf				
5	Bola	Tom	Dorfstraße 23	49702	Hannover				
6	Zschluss	Kurt	Bergstraße 67	46634	Düsseldorf				
7	Mone	Anne	Birkenweg 12	76205	Gartenstadt				
8	Zufall	Reiner	Lindenstraße 87	20921	Mackenbach				
9	Kraut	Heide	Kirchstraße 2	97956	Giessen				
10	Tiker	Roman	Waldstraße 9	24386	Marburg				
11	Schaffen	Ann	Ringstraße 156	73625	Potsdam				
12									
13									

Hinweis: Statt A7 kann auch jede andere Zelle innerhalb des Bereichs angegeben werden.

So stellen Sie den Umfang des oben abgebildeten, zusammenhängenden Bereichs fest (Ausgabe im Direktbereich). Als Ergebnis erhalten Sie $A$1:$E$11.

```
Debug.Print Range("A7").CurrentRegion.Address
```

Um einen zusammenhängenden Bereich farblich hervorzuheben, kombinieren Sie diese Aufgabe mit der Eigenschaft von oben.

```
Range("A7").CurrentRegion.Interior.ColorIndex = 6
```

Um alle Zellen eines bestimmten Tabellenblatts anzusprechen bzw. zu entfärben, reicht dagegen die einfache Anweisung:

```
Worksheets("Tabelle1").Cells.Interior.ColorIndex = 0
```

Zelladressierung (Range, Cells) allgemein 3

Übung: Zellen und Zellbereiche formatieren

Voraussetzungen

▷ Das Blatt *Tabelle1* sollte Werte in zusammenhängenden Zellbereichen enthalten (z. B. aus vorherigen Übungen). Stellen Sie außerdem sicher, dass bei den folgenden Übungen definitiv *Tabelle1* aktiviert ist!

▷ Fügen Sie ein neues Modul ein und ändern Sie den Namen in *Eigenschaften_aendern*. Wechseln Sie mit dann dem Cursor in das Codefenster des neuen Moduls.

Aufgaben

Experimentieren Sie anhand der oben genannten Beispiele und speichern Sie die Makros unter den angegebenen Namen. **Hinweis**: Für *ColorIndex* sind die Werte 0 (farblos) bis 56 erlaubt.

Die Lösungen zur Übung finden Sie in der Mappe Sicherungsdateien\Kapitel_3\Zellen_02.xlsm.

(Modul: Eigenschaften_aendern)

▷ Weisen Sie den Zellen B2 und B3 beliebige Hintergrundfarben zu (Makro *Eigenschaften_von_Zellen_aendern1*).

▷ Verändern Sie für A3 Schriftfarbe, -art, -größe und das Attribut fett (Makro *Eigenschaften_von_Zellen_aendern2*).

▷ Versehen Sie einen beliebigen zusammenhängenden Zellbereich mit einer Hintergrundfarbe (Makro *Zusammenhaengende_Zellen*).

Bild 3.36 So könnten Ihre Ergebnisse aussehen

▷ Entfernen Sie die Hintergrundfarben aller zusammenhängenden Zellbereiche durch den ColorIndexwert 0 (Zur Erinnerung: zusammenhängende Zellen sind von Leerzellen umgeben). Nennen Sie das Makro *Zusammenhaengende_Zellen_entfaerben*.

Bild 3.37 Alle Hintergrundfarben wurden entfernt

▷ Entfernen Sie in einem weiteren Makro mit dem Namen *alle_Zellen_entfaerben* die Hintergrundfarben von allen Zellen im Blatt *Tabelle1*.

Hinweis: Um alle Formatierungen aus den Zellen zu entfernen, können Sie die Methode *ClearFormats* einsetzen, die Anweisung dazu lautet (wir werden später noch darauf zurückkommen):

```
Worksheets("Tabelle1").Cells.ClearFormats
```

Alle Makros zur Übung im Überblick

Bild 3.38 Alle Makros zu Übung 3

```vb
Sub Eigenschaften_von_Zellen_aendern1()           'Übung 3a
'Hintergrundfarbe

    Worksheets("Tabelle1").Activate
    Range("B2").Interior.ColorIndex = 4                      'grün
    Range("B3").Interior.Color = RGB(125, 125, 125)          'grau

End Sub
```

```vb
Sub Eigenschaften_von_Zellen_aendern2()           'Übung 3b
'Schriftart

    Worksheets("Tabelle1").Activate
    Range("A3").Font.Name = "Arial"
    Range("A3").Font.Size = 10
    Range("A3").Font.Bold = True
    Range("A3").Font.Color = vbRed          'VB-Farbkonstante

End Sub
```

```vb
Sub Zusammenhaengende_Zellen()                    'Übung 3c

    Worksheets("Tabelle1").Activate
    'Ausgabe im Direktbereich
    Debug.Print Range("A7").CurrentRegion.Address

    'Hintergrund einfärben
    Range("A7").CurrentRegion.Interior.ColorIndex = 6    'gelb

End Sub
```

```vb
Sub Zusammenhaengende_Zellen_entfaerben()         'Übung 3d

    Worksheets("Tabelle1").Activate
    Range("A5").CurrentRegion.Interior.ColorIndex = 0    'farblos

End Sub
```

```vb
Sub alle_Zellen_entfaerben()                      'Übung 3e

    Worksheets("Tabelle1").Cells.Interior.ColorIndex = 0  'farblos

End Sub
```

3.3 Wiederholungen (Schleifen)

Wenn Aufgaben mehrfach, jedoch mit unterschiedlichen Parametern ausgeführt werden sollen, kann man bereits vorhandene Anweisungszeilen kopieren und deren Elemente modifizieren. So haben wir in den vorherigen Übungen Zellinhalte kopiert bzw. verändert. Eine wesentlich elegantere und obendrein übersichtlichere Lösung ist die Verwendung von Wiederholungsschleifen. VBA bietet dazu mehrere Möglichkeiten an. Nachfolgend werden zunächst die Funktionsweisen anhand einfacher Beispiele erläutert. Die dazugehörigen Übungen behandeln auch anspruchsvollere Anwendungen.

> VBA unterscheidet grundsätzlich zwischen zählergesteuerten Schleifen und Bedingungsschleifen.

Die For-Next-Schleife

Bei der zählergesteuerten *For...Next* Schleife legt der Wert einer Variablen, der Zählervariablen, die Anzahl der Wiederholungen fest. Dazu ist eine Zählervariable vom Typ Zahl erforderlich, die bei jedem Schleifendurchlauf **automatisch** um die angegebene Schrittweite erhöht wird. Diese Variable muss selbstverständlich, wie alle Variablen, zuvor deklariert werden (Byte, Integer oder Long). Falls nötig, kann die Schleife mit der Anweisung *Exit For* vorzeitig verlassen werden. Die Syntax lautet:

```
For Zählervariable = Startwert To Endwert [Step Schrittweite]
    Anweisung 1
    Anweisung 2
    Anweisung …
Next Zählervariable
```

Übungsbeispiel: Farben der Eigenschaft ColorIndex in Tabelle darstellen

Das Spektrum der Eigenschaft *ColorIndex* umfasst 56 Farben. Da wir noch häufiger auf Farben zurückgreifen werden, ist es sinnvoll, sich die Index-Farbwerte als Farbtabelle darstellen zu lassen.

Fügen Sie in der Arbeitsmappe *Zellen_02.xlsm* eine neue Tabelle (*Tabelle4*) hinzu. Fügen Sie ein neues Modul mit dem Namen *Schleifen* ein und wechseln Sie in das Codefenster dieses Moduls.

1. Im Arbeitsblatt *Tabelle4* sollen in Spalte A alle Zahlen von 1 bis 56 eingetragen werden. Hierzu bietet sich die Verwendung des *Cells*-Objekts an, weil es leichter mit Indexzahlen handhabbar ist als das *Range*-Objekt.

   - Nennen Sie das Makro *Zahlen_1_bis_56*.
   - Stellen Sie sicher, dass definitiv *Tabelle4* angesprochen wird! Als Zeilennummer und Zählervariable dient die Variable *zeile* vom Typ Ganzzahl (Integer).

Bild 3.39 Verwendung des Cells-Objekts

```
Sub Zahlen_1_bis_56()
Dim zeile As Integer

    Worksheets("Tabelle4").Activate
    For zeile = 1 To 56
        Cells(zeile, 1).Value = zeile
    Next zeile

End Sub
```

2 Lösen Sie in einem zweiten Makro mit dem Namen *Zahlen_1_bis_56_Range* die gleiche Aufgabe wie oben, jedoch mit dem *Range*-Objekt und überlegen Sie Vor- und Nachteile der Vorgehensweise.

Bild 3.40 Verwendung des Range-Objekts

```
Sub Zahlen_1_bis_56_Range()
Dim zeile As Integer

    Worksheets("Tabelle4").Activate
    For zeile = 1 To 56
        Range("A" & zeile).Value = zeile
    Next zeile

End Sub
```

3 Im selben Tabellenblatt sollen neben den Indexwerten in Spalte A die Zellen der Spalte B die jeweils dazugehörige Farbe als Hintergrundfarbe erhalten. Vermutlich tendieren Sie zur Verwendung des *Cells*-Objektes. Nennen Sie das Makro *ColorIndex_1_bis_56*.

Bild 3.41 ColorIndex als Hintergrundfarbe

Achtung: Das Bild zeigt nur einen Ausschnitt

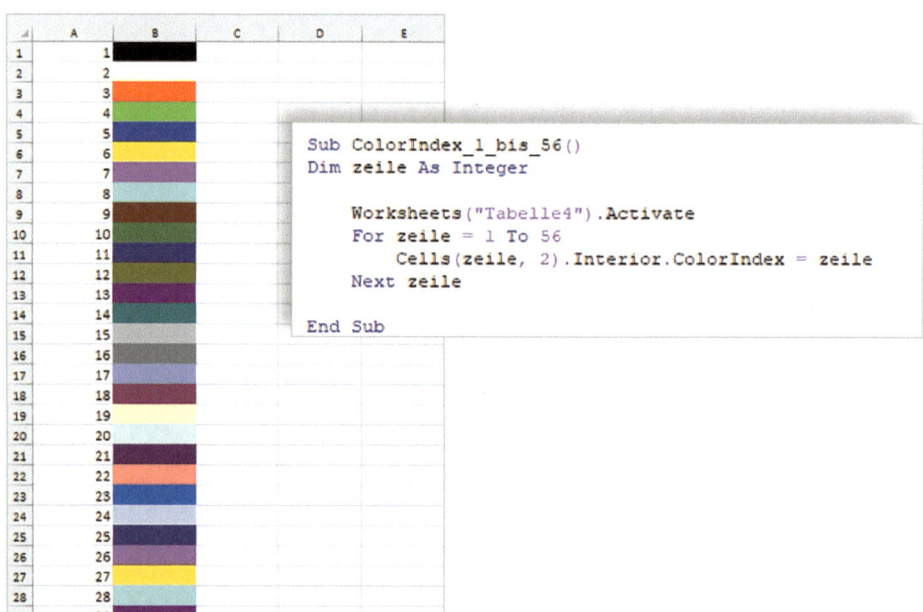

```
Sub ColorIndex_1_bis_56()
Dim zeile As Integer

    Worksheets("Tabelle4").Activate
    For zeile = 1 To 56
        Cells(zeile, 2).Interior.ColorIndex = zeile
    Next zeile

End Sub
```

Wiederholungen (Schleifen) 3

> **Hinweis:** Die hier behandelten For-Next-Schleifen sind statisch, d. h. wir haben für die Zählervariable und Index einen Anfang und ein Ende vorgegeben (*For* Zeile = Anfang *To* Ende). Wir werden in einer der nächsten Übungen Schleifen dynamisch machen, indem wir die letzte benutzte Zeile in einer Tabelle abfragen und diesen Wert als Endwert definieren.

Verschachtelte For-Next-Schleifen

Sollen Anweisungen nacheinander z. B. zuerst nach Spalten und dann nach Zeilen ausgeführt werden, beispielsweise bei zellenweisem Vergleich oder bei der Suche nach Extrem- oder Erwartungswerten, dann lassen sich zwei *For-Next*-Schleifen ineinander schachteln. Gerade hier eignet sich das *Cells*-Objekt wesentlich besser als das *Range*-Objekt.

Übungsbeispiel

1. Fügen Sie in Arbeitsmappe *Zellen_02.xlsm* eine neue Tabelle (*Tabelle5*) hinzu.

2. Tragen Sie in diesem Arbeitsblatt per Makro (Name: *verschachtelte_Schleifen*) die Zahlen 1 bis 20 in Spalte A und die Zahlen 21 bis 40 in Spalte B ein. Danach kopieren Sie spalten- und zeilenweise die Inhalte aus A und B nach D und E (jeweils 3 Spalten weiter rechts).

Die Lösungen zur Übung finden Sie in der Mappe Sicherungsdateien\Kapitel_3\Zellen_02.xlsm.

(Modul: Schleifen)

Bild 3.42 So soll das Ergebnis aussehen

	A	B	C	D	E	F	G	H	I	J
1	1	21		1	21					
2	2	22		2	22					
3	3	23		3	23					
4	4	24		4	24					
5	5	25		5	25					
6	6	26		6	26					
7	7	27		7	27					
8	8	28		8	28					
9	9	29		9	29					
10	10	30		10	30					
11	11	31		11	31					
12	12	32		12	32					
13	13	33		13	33					
14	14	34		14	34					
15	15	35		15	35					
16	16	36		16	36					
17	17	37		17	37					
18	18	38		18	38					
19	19	39		19	39					
20	20	40		20	40					
21										

Hinweise

- Als Zeilennummer und Spaltennummer sollen die Variablen *zeile* und *spalte* als Ganzzahl (Integer) verwendet werden.

- Beginnen Sie mit der Auswahl/Aktivierung von Tabelle5 (*Activate*).
- In der ersten Schleife soll der Bereich A1:A20 mit den Werten 1 bis 20 gefüllt werden.
- Die zweite Schleife füllt den Bereich B1:B20 mit den Werten 21 bis 40.
- In der dritten Schleife werden die Variablen für Spalten- und Zeilenindex verschachtelt behandelt, siehe Bild.

```
'Kopieren Zeile 1 - 20 zuerst Spalte A dann Spalte B
'nach D und E d.h. 3 Spalten Versatz nach rechts
For spalte = 1 To 2
    For zeile = 1 To 20
        Cells(zeile, spalte + 3).Value = Cells(zeile, spalte).Value
    Next zeile
Next spalte
```

Bild 3.43 Die dritte Schleife

Das gesamte Makro zur Übung

```
Sub verschachtelte_Schleifen()
Dim zeile As Integer
Dim spalte As Integer

    'Tabelle5 festlegen
    Worksheets("Tabelle5").Activate

    'Spalte A mit 1 - 20 füllen
    For zeile = 1 To 20
        Cells(zeile, 1).Value = zeile
    Next zeile

    'Spalte B mit 21 - 40 füllen
    For zeile = 1 To 20
        Cells(zeile, 2).Value = zeile + 20
    Next zeile

    'Kopieren Zeile 1 - 20 zuerst Spalte A dann Spalte B
    'nach D und E d.h. 3 Spalten Versatz nach rechts
    For spalte = 1 To 2
        For zeile = 1 To 20
            Cells(zeile, spalte + 3).Value = Cells(zeile, spalte).Value
        Next zeile
    Next spalte

End Sub
```

Bild 3.44 Das vollständige Makro

Weitere Schleifen-Optionen

VBA stellt noch weitere Möglichkeiten bereit, zirkuläre Abläufe zu gestalten. Die *For-Next*-Schleife in statischer und dynamischer Form ist sicherlich die populärste Variante. Die beiden nachfolgend aufgezeigten Optionen werden ebenfalls häufiger verwendet und zeigen, wie sich Abfragen oder Bedingungen in den Ablauf einer Schleife einbauen lassen.

Die While ... Wend -Anweisung
Bei dieser Art Schleife werden die Anweisungen innerhalb der Schleife solange ausgeführt, wie eine Bedingung erfüllt ist, also den Wert *True* ergibt.

Beispiel: Solange `Zeile < 10`, sollen zwei Anweisungen durchgeführt werden:

```
zeile = 1                  'Variable initialisieren
While zeile < 10           'Zeilenwert überprüfen
    Anweisung 1...
    Anweisung 2...
    zeile = zeile + 1      'nächste Zeile
Wend                       'While-Schleife beenden, wenn zeile = 10
```

Die For ... Each – Anweisung

Diese Anweisungskonstruktion wiederholt eine Gruppe von Anweisungen für jedes Element in einem Datenfeld oder einer Auflistung. Die Syntax:

```
For Each Element In Gruppe
    [Anweisungen]
    [Exit For]
    [Anweisungen]
Next [Element]
```

Hierzu ein Beispiel aus dem Bereich der Formularerstellung: Die Inhalte aller Steuerelemente des Formulars *Eingabemaske*, die einem bestimmten Typ entsprechen, sollen zurückgesetzt/geleert werden.

```
Sub Eingaben_loeschen()
Dim element As Object
    'Löschen der aktuellen Inhalte
    For Each element In Eingabemaske.Control
        If TypeName(element) = "TextBox" Then element.Value = ""
        If TypeName(element) = "ComboBox" Then element.Value = ""
        If TypeName(element) = "CheckBox" Then element.Value = False
    Next
End Sub
```

Eine nähere Beschreibung zu den verwendeten Steuerelemente erhalten Sie in der Online-Hilfe, die Sie im VBA-Editor mit F1 aufrufen.

Zusammenfassung

Die nachfolgende Tabelle fasst nochmals alle Schleifentypen mit Hinweisen zu Vor- und Nachteilen zusammen.

Schleifentyp	Aufbau	Kommentar

For-Next	`For  i = 1 to 10`
	`    ...`
	`Next`
		arbeitet mit einem Zähler, Anzahl der Durchläufe vorgegeben, absehbar begrenzt

For-Each/Next	`For each Obj in Tabelle`
	`    ...`
	`next`	

Do-Loop	`Do While ... Loop` `Do Until ... Loop`	abweisend, da Bedingung zuerst geprüft

3 Einstieg in die Programmierung von Makros

Schleifentyp	Aufbau	Kommentar
Do-Loop	`Do ... Loop While` `Do ... Loop Until`	einladend, da bis zur Prüfung abgearbeitet **Achtung: Gefahr von Endlosschleifen**

While-Wend - Anweisung	`While`
	`   ...`
	`Wend`	

3.4 Abfragen

Zur Abfrage bestimmter Zustände und zur Ausführung von Aufgaben, wenn eine bestimmte Bedingung erfüllt ist, gibt es ebenfalls zahlreiche Möglichkeiten. Abfragen und Verzweigungen machen ein Programm flexibel und sicherer. Neben der einfachen Verzweigung gibt es die Möglichkeit der verschachtelten Verzweigung sowie von Mehrfachabfragen.

If ... Then - Anweisung

Mit dieser Anweisung lässt sich in einen Programmablauf eine Entscheidung einbauen, die zur Verzweigung des Programms führt. Im Bild unten ein typisches Beispiel, das den nächsten Programmschritt vom Inhalt einer Variablen abhängig macht:

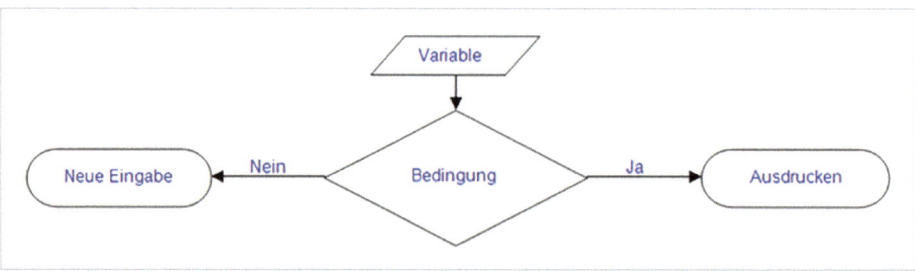

Bild 3.45 Beispiel einer Verzweigung

Die Grundform einer Verzweigung bedingt jeweils einen Schritt je Entscheidungsweg und wird in einer einzigen Anweisungszeile realisiert. Sie entspricht der Arbeitsblattfunktion WENN.

`If` Bedingung `Then` Anweisung1 `Else` Anweisung2

Wesentlich übersichtlicher ist die Blockform, insbesondere dann, wenn mehrere Anweisungen je Entscheidungsweg folgen. In der Praxis wird daher meist diese Form eingesetzt.

```
If Bedingung Then
    Anweisung_1a
    Anweisung_1b
    Anweisung_1c
Else
    Anweisung_2a
    Anweisung_2b
End if
```

Wenn mehrere Bedingungen innerhalb der Abfrage kombiniert abgefragt werden sollen, verknüpft man die Bedingungen mit den logischen Operatoren AND oder OR.

```
If Bedingung1 AND Bedingung2 Then
    Anweisung_1a
    Anweisung_1b
Else
    Anweisung_2a
    Anweisung_2b
End if
```

> **Achtung:** Die Blockform der `If...Then...Else`-Abfrage muss zwingend mit `End If` abgeschlossen werden.

Die IIF-Funktion

Eine elegante Form oder auch Kurzform der einzeiligen Abfrage kann mit der VBA-Funktion *IIf* geschrieben werden. Die Syntax:

```
IIf(Expression, TruePart, FalsePart))
```

Diese Funktion wertet immer sowohl den Teil TruePart als auch den Teil FalsePart aus, auch dann, wenn nur einer von beiden Teilen zurückgegeben wird.

Hier ein Beispiel in Verbindung mit dem Meldungsfenster *MsgBox*: Ist der Betrag größer oder gleich 0, wird die Meldung *Haben* ausgegeben, ansonsten der Hinweis *Soll*.

```
MsgBox IIf(Betrag >= 0, "Haben", "Soll")
```

Übungsbeispiel

Verwenden Sie dazu in der Mappe *Zellen_02.xlsm* das Arbeitsblatt *Tabelle5*. Spalte A enthält die Zahlen 1 bis 20, Spalte B die Zahlen 21 bis 40 (siehe Bild 3.42 auf Seite 87).

Fügen Sie ein neues Modul mit dem Namen *Abfragen* ein.

1   Das erste Makro erhält den Namen *if_then_Abfrage*. Die Zellen in Spalte A sollen eine Hintergrundfarbe erhalten. Die Zahlen 1-10 Rot (*ColorIndex* 3) und die Zahlen 11 – 20 Blau (*ColorIndex* 5), siehe Bild 3.46.

    Als Zeilennummer bzw. Zählervariable könnten Sie die Variable *i* verwenden.

Die Lösungen zur Übung finden Sie in der Mappe Sicherungsdateien\Kapitel_3\Zellen_02.xlsm.

(Modul Abfragen)

3 Einstieg in die Programmierung von Makros

Bild 3.46 Anweisungen und Ergebnis im Arbeitsblatt

```
Sub if_then_Abfrage()            'Übung 5a
Dim i As Integer

    Worksheets("Tabelle5").Activate
    For i = 1 To 20
        If Range("A" & i).Value <= 10 Then
            Range("A" & i).Interior.ColorIndex = 3
        Else
            Range("A" & i).Interior.ColorIndex = 5
        End If
    Next i

End Sub
```

2 Für die nächste Aufgabe verwenden Sie ebenfalls das Arbeitsblatt *Tabelle5* (*Zellen_02.xlsm*). Die Zellen in Spalte B sollen folgende Hintergrundfarben erhalten, das Makro bekommt den Namen *if_then_Abfrage2*.

- 21 - 25 Grün
- 26 - 30 Blau
- 31 - 35 Gelb
- 36 - 40 Violett.

Siehe Seite 65, Zeilenumbruch/fortlaufende Programmzeile.

Versuchen Sie in dieser Übung zunächst die Grundform, also die einzeilige Version, anzuwenden. **Hinweis**: Da die Anweisungszeilen ziemlich lang werden, sollte ein Zeilenumbruch mit Leerzeichen, Unterstrich _ und Enter-Taste eingefügt werden, siehe Bild unten.

Bild 3.47 Makro und Ergebnis

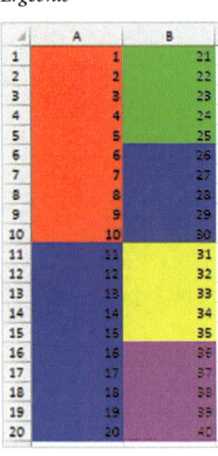

```
Sub if_then_Abfrage2()           'Übung 5b
Dim i As Integer

    Worksheets("Tabelle5").Activate
    For i = 1 To 20
        If Range("B" & i).Value >= 21 And Range("B" & i).Value <= 25 Then _
        Range("B" & i).Interior.ColorIndex = 4
        If Range("B" & i).Value >= 26 And Range("B" & i).Value <= 30 Then _
        Range("B" & i).Interior.ColorIndex = 5
        If Range("B" & i).Value >= 31 And Range("B" & i).Value <= 35 Then _
        Range("B" & i).Interior.ColorIndex = 6
        If Range("B" & i).Value >= 36 And Range("B" & i).Value <= 40 Then _
        Range("B" & i).Interior.ColorIndex = 7
    Next i
End Sub
```

3 Aber es gibt in diesem Fall noch einen anderen Weg: Die Blockform. In der Blockform müssen alle Einzelabfragen mit *End If* abgeschlossen werden. Erstellen Sie ein drittes Makro mit dem Namen *if_then_Abfrage2* und lösen Sie Aufgabe 2 mit der Blockform.

Tipp: Durch Kopieren des letzten Makros und einigen Änderungen kommen Sie am schnellsten zum Ziel.

```vb
Sub if_then_Abfrage3()          'Übung 5c
Dim i As Integer

    Worksheets("Tabelle5").Activate
    For i = 1 To 20
        If Range("B" & i).Value >= 21 And Range("B" & i).Value <= 25 Then
            Range("B" & i).Interior.ColorIndex = 4
        End If
        If Range("B" & i).Value >= 26 And Range("B" & i).Value <= 30 Then
            Range("B" & i).Interior.ColorIndex = 5
        End If
        If Range("B" & i).Value >= 31 And Range("B" & i).Value <= 35 Then
            Range("B" & i).Interior.ColorIndex = 6
        End If
        If Range("B" & i).Value >= 36 And Range("B" & i).Value <= 40 Then
            Range("B" & i).Interior.ColorIndex = 7
        End If
    Next i
End Sub
```

Bild 3.48 Blockform

Weitere Verzweigungsmöglichkeiten

Die Konstruktion der letzten Abfrage der Übung wirkt nicht besonders übersichtlich, selbst wenn man die letzte Abfrage über *Else* erledigen würde. Aber es gibt eine andere Lösung, nämlich weitere Verzweigungen innerhalb der *If..Then..Else* Abfrage.

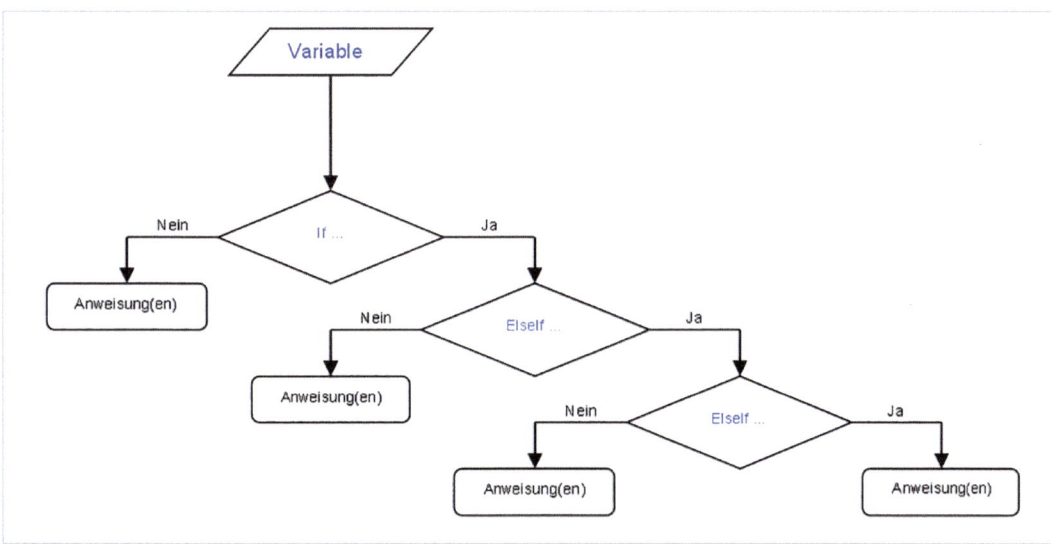

Bild 3.49 Schema verschachtelte Abfragen

Innerhalb der *If...Then* - Anweisung wird weiter abgefragt mit *ElseIf...Then*. Dass dies möglich ist, glauben wir und verzichten an dieser Stelle auf eine Vertiefung. Bei Mehrfachabfragen bieten sich übersichtlichere Strukturen an. Denen werden wir uns nun zuwenden.

Select Case – Anweisung

Wie das Schema im Bild unten zeigt, gestalten sich auch mehrfache Abfragen mit der *Select Case* - Anweisung wesentlich übersichtlicher.

Bild 3.50 Schema mehrfache Abfragen

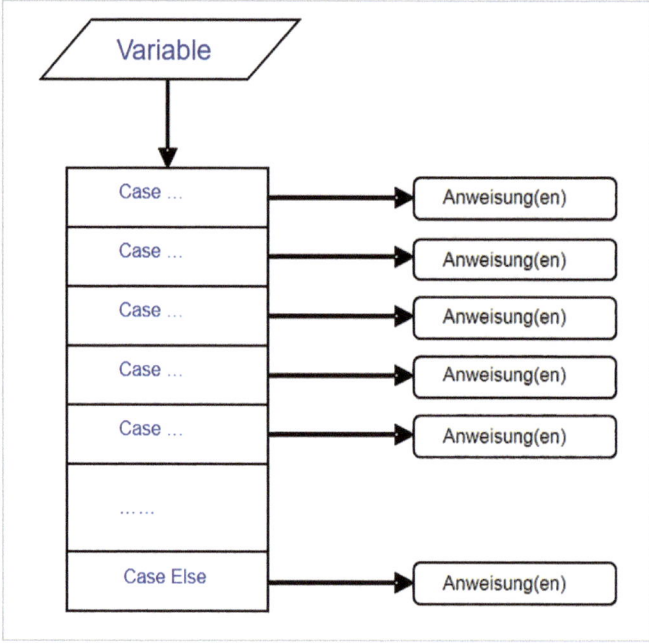

Greifen wir das letzte Übungsbeispiel auf und versuchen es mit der *Select Case* – Anweisung zu verwirklichen, um dem Unterschied, was Übersichtlichkeit betrifft, zu veranschaulichen.

Übungsbeispiel

Die Lösungen zur Übung finden Sie in der Mappe Sicherungsdateien\Kapitel_3\Zellen_02.xlsm.

(Modul Abfragen)

Auch für diese Übung verwenden Sie wieder das Arbeitsblatt *Tabelle5* der Mappe *Zellen_02.xlsm*. Die Zellen in Spalte E sollen dieselben Hintergrundfarben wie in der vorherigen Übung, Aufgabe 2 auf Seite 92 erhalten, aber diesmal mit *Select Case*. Das Makro bekommt daher den Namen *select_case_Abfrage2*.

- 21 - 25 Grün
- 26 - 30 Blau
- 31 - 35 Gelb
- 36 - 40 Violett.

Hinweis: Der Doppelpunkt hinter jeder Abfrageoption im unten abgebildeten Makro wirkt hier wie ein stilistisches Mittel, um Übersichtlichkeit zu schaffen. Er steht aber in Wirklichkeit für einen Sprung in die nächste Zeile. Diese Art des Codeaufbaus ist allerdings nur möglich, wenn anschließend lediglich eine einzige Anweisung auszuführen ist.

```
Sub select_case_Abfrage()        'Übung 6
Dim i As Integer

    Worksheets("Tabelle5").Activate
    For i = 1 To 20
        Select Case Range("E" & i).Value
            Case 21 To 25:   Range("E" & i).Interior.ColorIndex = 4
            Case 26 To 30:   Range("E" & i).Interior.ColorIndex = 5
            Case 31 To 35:   Range("E" & i).Interior.ColorIndex = 6
            Case 26 To 40:   Range("E" & i).Interior.ColorIndex = 7
        End Select
    Next i
End Sub
```

Bild 3.51 Der Doppelpunkt fungiert als Zeilenumbruch

Wenn dagegen mehrere Anweisungen durchzuführen sind, werden diese als Block zeilenweise zwischen den Abfragebedingungen eingeordnet.

```
Sub select_case_Abfrage2()       'Übung 6
Dim i As Integer

    Worksheets("Tabelle5").Activate
    For i = 1 To 20
        Select Case Range("E" & i).Value
            Case 21 To 25
                Range("E" & i).Interior.ColorIndex = 4
            Case 26 To 30
                Range("E" & i).Interior.ColorIndex = 5
            Case 31 To 35
                Range("E" & i).Interior.ColorIndex = 6
            Case 26 To 40
                Range("E" & i).Interior.ColorIndex = 7
        End Select
    Next i
End Sub
```

Bild 3.52 Version ohne Doppelpunkt, wenn mehrere Anweisungen ausgeführt werden sollen

Hier noch einige Möglichkeiten, Abfragebedingungen zu formulieren:

```
Case 1, 5, 10
Case 1 to 9
Case 1 to 9, 11 to 19, 30,32
Case Is >= 100
Case "Caspar", "Melchior", "Balthasar"
Case ""
...
```

Beide genannten Abfragevarianten *If…Then…Else* und *Select Case* werden uns im weiteren Verlauf des Buches noch häufig begegnen.

3 Einstieg in die Programmierung von Makros

3.5 Formeleingabe mit Schleifen und Abfragen

Wenn Sie es gewohnt sind, Formeln in eine Tabellenzelle zu schreiben und diese anschließend zu kopieren, möchten Sie dies möglicherweise auch beim Programmieren mit VBA beibehalten. Statt Kopieren schreiben Sie jedoch in VBA eine Formel mit Hilfe von Wiederholungsschleifen in jede Zelle eines Zellbereichs. Selbstverständlich müssen dabei, wie beim Kopieren die Zellbezüge berücksichtigt werden.

Bild 3.53 Mein Adressbuch.xlsx

Für die folgenden Beispiele wurden die Excel-Arbeitsmappen *Mein_Adressbuch.xlsx* und *Mein_Adressbuch_0.xlsm* verwendet, im Bild ein Auszug aus *Mein_Adressbuch.xlsx*.

	A	B	C	D	E	F	G	H	I	J	K
1	Nachname	Vorname	Geb.Dat.	Straße	PLZ	Wohnort	email	Anrede1	Anrede2		
2	Buche	Hein	11.01.1989	Bahnhofstraße 1	32023	Hameln	Hein.Buche@ggx.com	Herr	Sehr geehrter Herr		
3	Box	Fritz	01.01.1997	Hauptstraße 34	20680	Frankfurt	Fritz.Box@ggx.com	Herr	Sehr geehrter Herr		
4	Dampf	Hans	22.12.2004	Schulstraße	56834	Mückendorf	Hans.Dampf@ggx.com	Firma	Sehr geehrte Damen und Herren		
5	Bola	Tom	12.12.2002	Dorfstraße 23	49702	Hannover	Tom.Bola@ggx.com	Herr	Sehr geehrter Herr		
6	Zschluss	Kurt	26.04.1935	Bergstraße 67	46634	Düsseldorf	Kurt.Zschluss@ggx.com	Herr	Sehr geehrter Herr		
7	Mone	Anne	02.02.1982	Birkenweg 12	76205	Gartenstadt	Anne.Mone@ggx.com	Frau	Sehr geehrte Frau		
8	Zufall	Reiner	11.11.1928	Lindenstraße 87	20921	Mackenbach	Reiner.Zufall@ggx.com	Herr	Sehr geehrter Herr		
9	Kraut	Heide	01.01.2000	Kirchstraße 2	97956	Giessen	Heide.Kraut@ggx.com	Frau	Sehr geehrte Frau		
10	Tiker	Roman	12.08.1993	Waldstraße 9	24386	Marburg	Roman.Tiker@ggx.com	Herr	Sehr geehrter Herr		
11	Schaffen	Ann	02.10.1996	Ringstraße 156	73625	Potsdam	Ann.Schaffen@ggx.com	Frau	Sehr geehrte Frau		
12	Tor	Moni	07.08.1992	Schillerstraße 22	18942	Köln	Moni.Tor@ggx.com	Herr	Sehr geehrter Herr		

Die Arbeitsmappen finden Sie im Ordner Sicherungsdateien\Kapitel_3.

Formel in einen Zellbereich eintragen (statt Kopieren)

In der Arbeitsmappe *Mein_Adressbuch.xlsx* soll in Spalte J (Siehe Bild oben) das Alter der jeweiligen Person, ausgehend vom heutigen Datum, eingetragen werden. Die Anzahl der Tage lässt sich aus der Differenz zwischen heutigem Datum und dem Geburtsdatum in Spalte C berechnen. Teilt man die Anzahl der Tage grob durch 365,25 (aufgrund von Schaltjahren) erhält man die Altersangabe in Jahren. Die Formel lautet:

```
=(Heute() - C2)/365,25
```

Bild 3.54 Formel in deutscher Schreibweise

Die Zuweisung zu einer Zelle erfolgt über die Eigenschaft *FormulaLocal*.

Bild 3.55 ... und in englischer Schreibweise

Hinweis: Falls Sie die englische Schreibweise wählen, müssen Sie auch das Dezimaltrennzeichen berücksichtigen und statt des Kommas einen Punkt verwenden.

```
Sub Formel_in_Zelle_1()
'deutsche Schreibweise

    Worksheets("Tabelle1").Activate
    Range("J2").FormulaLocal = "=(Heute() - C2)/365,25"
    Range("J2").NumberFormat = "0.0"

End Sub
```

```
Sub Formel_in_Zelle_2()
'englische Schreibweise

    Worksheets("Tabelle1").Activate
    Range("J2").Formula = "=(Today() - C2)/365.25"
    Range("J2").NumberFormat = "0.0"

End Sub
```

Nach einem ersten Test soll diese Formel auch in alle anderen Zellen in Spalte J geschrieben werden. Dazu benötigen wir eine Zählerschleife (*For...Next*) über die gesamte Anzahl der benutzten, d. h. nicht leeren Zeilen im Tabellenbereich. Diese werden mit der Eigenschaft *UsedRange.Rows.Count*, beginnend ab Zeile 2, ermittelt.

Formeleingabe mit Schleifen und Abfragen 3

Die Zählervariable *i* dient auch zur Adressierung der Zeilen und muss an den variablen Stellen der Formel, der Zelladressierung, in den übergebenen Textstring eingebaut werden. Dazu verwenden wir den Verkettungsoperator &, der auch den restlichen Teil der Formel wieder anfügt.

```vba
Sub Formel_in_Zelle_3()
'deutsche Schreibweise
Dim i As Integer

    Worksheets("Tabelle1").Activate
    For i = 2 To ActiveSheet.UsedRange.Rows.Count
        Range("J" & i).FormulaLocal = "=(Heute() - C" & i & ")/365,25"
        Range("J" & i).NumberFormat = "0.0"
    Next i

End Sub
```

Bild 3.56 Formel mit einer For...Next Schleife in mehrere Zellen schreiben

Bedingungen in Formeln

Die Funktion WENN in VBA

In der Arbeitsmappe *Mein_Adressbuch.xlsx* wurde in Spalte I die Briefanrede (Überschrift *Anrede2*) durch eine Formel, genauer gesagt eine verschachtelte WENN-Funktion, ermittelt zwecks späterer Verwendung in Serienbriefen. Die Briefanrede wurde abhängig von der Adressfeldanrede (*Anrede1*) formuliert:

Herr	Sehr geehrter Herr
Frau	Sehr geehrte Frau
Firma	Sehr geehrte Damen und Herren

Die Abfrage erfolgte über die Arbeitsblatt-Formel:

=WENN(H6="Herr";"Sehr geehrter Herr "; WENN(H6 ="Frau";"Sehr geehrte Frau ";"Sehr geehrte Damen und Herren"))

Wenn Sie versuchen, diese Funktion mit VBA in der oben angegebenen Schreibweise umzusetzen, dann erhalten Sie eine Fehlermeldung und die Anweisungszeile erscheint rot. Das Problem liegt hierbei in der Behandlung von Zeichenfolgen (Strings). Da Sie ja bereits die Formel als Zeichenfolge übergeben, müssen Sie die Anführungszeichen verdoppeln, erst dann funktioniert wird die Anweisung, siehe Bild unten.

Bild 3.57 Achten Sie auf die Anführungszeichen

```vba
Sub Formel_anrede_formulieren_1()
'deutsche Schreibweise

    Worksheets("Tabelle1").Activate
    Range("I2").FormulaLocal = _
    "=Wenn(H2=""Herr"";""Sehr geehrter Herr ""; WENN(H2 =""Frau"";""Sehr geehrte Frau "";""Sehr geehrte Damen und Herren""))"
End Sub
```

Hinweis: Diese lange Zeile lässt sich leider nicht kontrolliert auf mehrere Zeilen mit _ verteilen, wie sonst bei Anweisungen üblich. Allerdings wäre ein Zusammensetzen aus einzelnen Strings möglich.

Auch hierzu die englische Variante mit Kommas als Trennzeichen:

3 Einstieg in die Programmierung von Makros

```vba
Sub Formel_anrede_formulieren_2()
'englische Schreibweise

    Worksheets("Tabelle1").Activate
    Range("I2").Formula = _
    "=If(H2=""Herr"","""Sehr geehrter Herr "",If(H2 =""Frau"","""Sehr geehrte Frau "","""Sehr geehrte Damen und Herren""))"

End Sub
```

Bild 3.58 Dieselbe Formel in englischer Schreibweise

IF...Then...Else statt WENN

Egal, ob Sie die englische oder die deutsche Schreibweise bevorzugen, die Formel ist genau wie die verschachtelte Arbeitsblatt-Formel sehr unübersichtlich und daher fehleranfällig. Mit VBA lässt sich die Aufgabenstellung mit Abfragen, z. B. *If...Then...Else* oder *Select Case* wesentlich einfacher und übersichtlicher lösen.

Bild 3.59 Statt WENN erledigt die If...Then...Else Abfrage die gleiche Aufgabe

```vba
Sub Formel_anrede_formulieren_2a()
'If..Then..Else Abfrage

    Worksheets("Tabelle1").Activate
    If Range("H2").Value = "Herr" Then
        Range("I2").Value = "Sehr geehrter Herr "
    ElseIf Range("H2").Value = "Frau" Then
        Range("I2").Value = "Sehr geehrte Frau "
    Else
        Range("I2").Value = "Sehr geehrte Damen und Herren"
    End If

End Sub
```

Noch übersichtlicher geht es mit der *Select Case* Anweisung.

Bild 3.60 Bei Mehrfachabfragen ist die Select Case Anweisung am übersichtlichsten

```vba
Sub Formel_anrede_formulieren_2b()
'Select Case Abfrage

    Worksheets("Tabelle1").Activate
    Select Case Range("H2").Value
        Case "Herr":   Range("I2").Value = "Sehr geehrter Herr "
        Case "Frau":   Range("I2").Value = "Sehr geehrte Frau "
        Case Else:     Range("I2").Value = "Sehr geehrte Damen und Herren"
    End Select

End Sub
```

Damit dürften Formeln wie die unten abgebildete, der Vergangenheit angehören.

Bild 3.61 Verschachtelte Arbeitsblatt-Funktionen

`=WENN(UND(E4>$I$4;E4<$I$5);$J$4;WENN(UND(E4>=$I$5;E4<$I$6);$J$5;WENN(E4>=$I$6;$J$6)))`

Fazit: Wenn Sie besser mit VBA vertraut sind, werden Sie zunehmend auf den Einsatz von Arbeitsblattfunktionen verzichten und statt dessen *Worksheetfunctions*, Abfragen und Schleifen zur direkten Berechnung einsetzen. In der Entwicklerumgebung haben Sie mehr Platz für lange Formeln und schaffen durch strukturierten Programmcode allem mehr Übersichtlichkeit.

Doch vergleichen Sie selbst, wenn eine Zählerschleife den WENN-Formeltext in alle Zellen im angegebenen Bereich einträgt...

```vba
Sub Formel_anrede_formulieren_3()
Dim i As Integer
Dim formeltxt As String

    Worksheets("Tabelle1").Activate
    For i = 2 To ActiveSheet.UsedRange.Rows.Count
        formeltxt = "=Wenn(H" & i & "=""Herr"";""Sehr geehrter Herr "";WENN(H" & _
            i & "=""Frau"";""Sehr geehrte Frau "";""Sehr geehrte Damen und Herren""))"
        Debug.Print formeltxt
        Range("I" & i).FormulaLocal = formeltxt
    Next i

End Sub
```

Bild 3.62 Die „traditionelle" Vorgehensweise entsprechend der Arbeitsblatt-Funktion

… und die klare Struktur einer *Select Case* Anweisung, die den WENN-Formeltext überflüssig macht.

```vba
Sub Formel_anrede_formulieren_3a()
'Select Case Abfrage
Dim i As Integer

    Worksheets("Tabelle1").Activate
    For i = 2 To ActiveSheet.UsedRange.Rows.Count
        Select Case Range("H" & i).Value
            Case "Herr": Range("I" & i).Value = "Sehr geehrter Herr "
            Case "Frau": Range("I" & i).Value = "Sehr geehrte Frau "
            Case Else:   Range("I" & i).Value = "Sehr geehrte Damen und Herren"
        End Select
    Next i

End Sub
```

Bild 3.63 Die klare Struktur durch Select Case

Wenn diese VBA-Lösungen Sie noch nicht überzeugt haben sollten, folgen Sie uns weiter im Buch; wir werden es schaffen…!

Formeln in Werte umwandeln

Wenn Sie in einer Tabelle Formeln hinterlegt haben, diese aber nicht mehr benötigen, weil beispielsweise die Berechnungen abgeschlossen sind oder Sie die Formelergebnisse in feste Werte umwandeln wollen, dann setzen Sie eine Zählerschleife ein, um die Zellinhalte auf sich selbst zu kopieren.

Aufgabenstellung: Die berechneten Altersangaben (siehe Seite 96) sollen in Zukunft nicht aktualisiert werden, da sie nur zum Zeitpunkt der Tabellenerstellung (z. B. bei Anmeldung) wichtig waren. Nun sollen sie auf diesem Stand eingefroren werden.

```vba
Sub Formeln_in_Werte_wandeln()
'Spalte J (Alter durch Formel)

  With Worksheets("Tabelle1").Range("J:J")
      .Value = .Value
  End With

End Sub
```

Diese Prozedur lässt sich leicht auch an andere Bereiche oder die gesamte Tabelle anpassen.

Bild 3.64 Formeln in Werte umwandeln

VBA statt SVERWEIS

Die Suche in Listen

Nahezu jeder Excel-Anwender kennt und nutzt die Funktion SVERWEIS, wenn ergänzende Daten aus einer anderen Tabelle benötigt werden, die einem bestimmten Suchkriterium entsprechen.

Die Funktionsweise: SVERWEIS sucht einen bestimmten Wert, das vorgegebene Suchkriterium, in der ersten Spalte der angegebenen Matrix und übernimmt den dazugehörigen Wert aus der, mit *Index* angegebenen, Spalte dieser Matrix.

SVERWEIS(Suchkriterium; Matrix; Spaltenindex; [Bereich_Verweis])

Eine genaue Übereinstimmung mit dem Suchkriterium wird durch die Angabe FALSCH im Parameter *Bereich_Verweis* erzwungen. WAHR oder keine Angabe liefert dagegen den nächstgelegenen Wert; dazu müssen die Werte in der ersten Spalte der Matrix aufsteigend sortiert vorliegen.

Die Daten zu diesem Beispiel finden Sie in der Mappe Sicherungsdateien\Kapitel_3\SVERWEIS_ersetzen1.xlsx.

SVERWEIS im Tabellenblatt einsetzen

Ausgangssituation: In einer Arbeitsmappe sind im Blatt *Tabelle2* die Städte und Gemeinden Bayerns mit weiteren Angaben zu Landkreis, Regierungsbezirk und Einwohnerzahl dokumentiert.

Im Blatt *Tabelle1* sind die Gemeinden alphabetisch aufgelistet, hier sollen aus *Tabelle2* die Regierungsbezirke der Gemeinde übernommen werden.

Bild 3.65 Auszug aus Tabelle 2

Bild 3.66 Regierungsbezirk mit SVERWEIS

Im Bild unten wurde mit der Funktion SVERWEIS in Spalte B der jeweilige Regierungsbezirk aus *Tabelle2* ermittelt: =SVERWEIS(A2;Tabelle2!$B$2:$E$72;3;FALSCH)

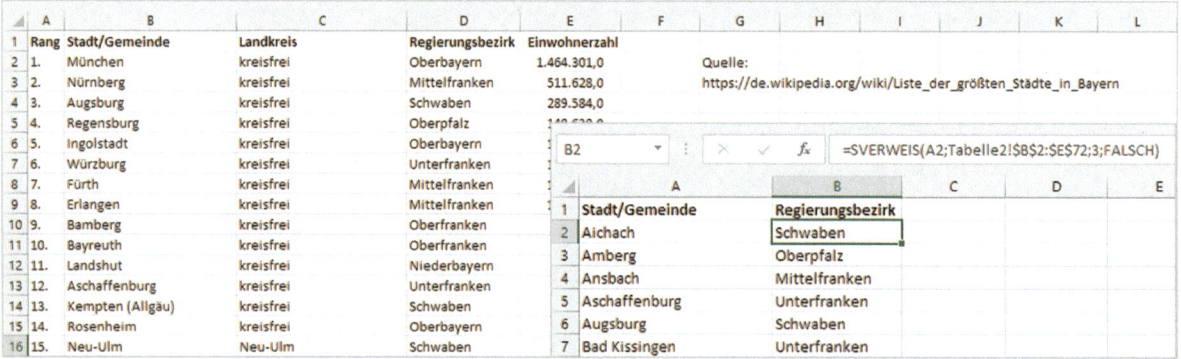

Quelle: https://de.wikipedia.org/wiki/Liste_der_größten_Städte_in_Bayern.

Berechnung mit VBA

Wechseln Sie in die Entwicklerumgebung und fügen Sie ein Modul mit dem Namen *Suchen_in_Listen* ein.

▶ **Formel mit SVERWEIS**

SVERWEIS wie im Tabellenblatt, bzw. wie oben in einem Makro umzusetzen, ist zwar möglich, aber die vorherigen Beispiele haben gezeigt, dass diese Vorgehensweise nicht unbedingt sinnvoll ist. Im Bild unten das Makro *sverweis_ersetzen1*, das die Funktion SVERWEIS mit VBA-Code als Formel in alle Zellen der Spalte C schreibt.

```
Sub sverweis_ersetzen1()
'In Spalte C die Funktion eintragen
Dim i As Integer

For i = 2 To 72
    Range("C" & i).FormulaLocal = "=SVERWEIS(A" & i & ";Tabelle2!$B$2:$E$72;3;FALSCH)"
Next i

End Sub
```

Bild 3.67 SVERWEIS als Formel in VBA

▶ **Die VBA-Funktion Find**

Die bessere Alternative ist die VBA-Funktion *Find*, um nach der Gemeinde in der allgemeinen Tabelle zu suchen und den dazu passenden Regierungsbezirk (2 Spalten rechts davon = *Offset(0, 2)*) in allen Zellen der Spalte D auszugeben.

Sie kommt im Bild unten im Makro *sverweis_ersetzen2* zum Einsatz, die Variable *suche* wurde als *String* deklariert.

```
Sub sverweis_ersetzen2()
'In Spalte D das Ergebis eintragen: suche als String
Dim i As Integer
Dim suche As String

    Worksheets("Tabelle1").Activate
    For i = 2 To 72
        suche = Worksheets("Tabelle2").Range("B2:B72").Find _
        (what:=Range("A" & i).Value, lookat:=xlWhole). _
        Offset(0, 2).Value
        'Debug.Print Range("A" & i).Value, suche
        Range("D" & i).Value = suche
    Next i

End Sub
```

Bild 3.68 Die VBA-Funktion Find

Beispiel ABC-Analyse

Die Funktion SVERWEIS wird im kaufmännischen Bereich oft auch zur Kategorisierung eingesetzt, z. B. wenn es darum geht, welche Provision ein Mitarbeiter anhand seiner Umsatzzahlen erhalten soll oder wenn die Verkaufszahlen bestimmter Waren in Gruppen einzuteilen sind. Beispielsweise ist die ABC-Analyse ein wichtiges Verfahren im operativen Controlling. Dabei werden Menge und Werte anhand einer absteigenden Rangliste in die Kategorien A, B und C eingeteilt. Die Einteilung der Kategorien basiert auf individuellen Überlegungen/Erfahrungen.

Klasse	Anteil am Gesamtumsatz	Bereich
A	75 %	oberster Anteil, sehr wichtig
B	20 %	Anteil zwischen 75 % und 95 %
C	5 %	die restlichen 5 %, weniger wichtig

3 Einstieg in die Programmierung von Makros

Sie finden die Beispieldaten in der Mappe SVERWEIS_ersetzen1.xlsm

Ordner: Sicherungsdateien\Kapitel_3

In Bild 3.69 wurde diese Aufgabe folgendermaßen gelöst: Die Zellen der Spalten D und E wurden klassisch berechnet, die Inhalte der Spalte F wurden über die Funktion SVERWEIS gefüllt.

=SVERWEIS(E2;$I$2:$J$4;2;WAHR)

Um die Wirkungsweise der Funktion klar zu machen, wurde zusätzlich in Spalte G über SVERWEIS eine grobe Einteilung anhand des Umsatzes vorgenommen.

=SVERWEIS(C2;$H$8:$J$10;2;WAHR)

A	B	C	D	E	F	G	H	I	J
	Produkt	Umsatz €	Umsatz	kum.Umsatz	ABC-Analyse	Einteilung	Anteil	Anteil Umsatz	Klasse
1	PCs	96.520,00 €	15,5%	15,5%	A	oberes Drittel	75%	0%	A
2	Beamer	88.037,00 €	14,1%	29,6%	A	oberes Drittel	20%	75%	B
3	Drucker	84.425,00 €	13,6%	43,2%	A	oberes Drittel	5%	95%	C
4	Whiteboards	73.867,00 €	11,9%	55,1%	A	oberes Drittel			
5	Stehpulte	69.568,00 €	11,2%	66,2%	A	oberes Drittel			
6	Stühle	57.959,00 €	9,3%	75,6%	B	mittleres Drittel	Anteil	Anteil Umsatz	Klasse
7	Tische	49.986,00 €	8,0%	83,6%	B	mittleres Drittel	- €	unteres Drittel	
8	Schränke	49.185,00 €	7,9%	91,5%	B	mittleres Drittel	15.564,38 €	mittleres Drittel	
9	Flipcharts	40.512,00 €	6,5%	98,0%	C	mittleres Drittel	62.257,50 €	oberes Drittel	
10	PC-Tische	12.516,00 €	2,0%	100,0%	C	unteres Drittel			
	Gesamtumsatz:	622.575,00 €							
	Durchschnitt:	62.257,50 €							

Bild 3.69 Klassische ABC-Analyse mit SVERWEIS

ABC-Analyse mit VBA

Nun gilt es, die Formeln nicht in die Zellen zu schreiben bzw. zu kopieren, sondern die Auswertung direkt durch VBA-Code vorzunehmen.

▶ Die Vorgabewerte (A, B, C) können zu Beginn der Prozedur festgelegt oder wie bei SVERWEIS aus einer Tabelle eingelesen werden.

Bild 3.70 Lösung mit Variablen und Auswertbereich

Diese Beispiele finden Sie in der Mappe SVERWEIS_ersetzen2.xlsm

Ordner: Sicherungsdateien\Kapitel_3

```vba
Sub ABC_Analyse()
Dim zelle As Range
Dim bereich As Range
Dim A_Klasse As Double
Dim B_Klasse As Double
Dim C_Klasse As Double

    'Klassen nach kumuliertem Anteil
    A_Klasse = Range("I2").Value
    B_Klasse = Range("I3").Value
    C_Klasse = Range("I4").Value
    'Spaltenbereich mit kumuliertem Umsatz festlegen
    Set bereich = Worksheets("Tabelle3").Range("E2:E11")
    'Abfrage
    For Each zelle In bereich
        Select Case zelle.Value
            Case Is < B_Klasse:  Cells(zelle.Row, 6).Value = "A"
            Case Is < C_Klasse:  Cells(zelle.Row, 6).Value = "B"
            Case Else:           Cells(zelle.Row, 6).Value = "C"
        End Select
    Next zelle
    Set bereich = Nothing

End Sub
```

Formeleingabe mit Schleifen und Abfragen

▶ Der VBA-Lösungsweg entspricht den Funktionen WENN(..) bzw. WENN(UND()...) im Tabellenblatt. Wesentlich übersichtlicher als die *If...Then...Else*-Abfrage ist hier jedoch die *Select Case*-Anweisung.

▶ Der Verweis auf den Bereich mit den kumulierten Umsätzen in E2 – E11 (*For Each... Next*) funktioniert auch mit einer Zählerschleife.

Eine weitere Möglichkeit ist die Lösung mit Constanten, wie in Bild 3.71 (Makro *ABC_Analyse2*).

```vba
Sub ABC_Analyse2()
Dim zelle As Range
Dim bereich As Range

'Klassen nach kumuliertem Anteil
Const A_Klasse As Double = 0
Const B_Klasse As Double = 0.75
Const C_Klasse As Double = 0.95

    Set bereich = Worksheets("Tabelle3").Range("E2:E11")
    For Each zelle In bereich
        Select Case zelle.Value
            Case Is < B_Klasse:   Cells(zelle.Row, 6).Value = "A"
            Case Is < C_Klasse:   Cells(zelle.Row, 6).Value = "B"
            Case Else:            Cells(zelle.Row, 6).Value = "C"
        End Select
    Next zelle
    Set bereich = Nothing

End Sub
```

Bild 3.71 Lösung mit Konstanten und Auswertbereich

Als dritte Alternative bietet sich möglicherweise noch die Verwendung der *Switch*-Funktion an (Makro *ABC_Analyse3*). Die Abfragestruktur ist jedoch nicht sehr übersichtlich.

```vba
Sub ABC_Analyse3()
Dim zeile As Integer
Dim wert As Double

'Klassen nach kumuliertem Anteil
Const A_Klasse As Double = 0
Const B_Klasse As Double = 0.75
Const C_Klasse As Double = 0.95

    For zeile = 2 To 11
        wert = Range("E" & zeile).Value
        Range("F" & zeile).Value = Switch(wert < B_Klasse, "A", _
            wert < C_Klasse, "B", _
            wert >= C_Klasse, "C")
    Next zeile

End Sub
```

Bild 3.72 Lösung mit Konstanten und Switch-Funktion ohne Verweis auf den Auswertbereich

Beide Prozeduren liefern im Arbeitsblatt das gleiche Ergebnis wie die erste gezeigte Vorgehensweise in Bild 3.70 auf Seite 102.

3.6 Methoden

Was sind Methoden?

Einer der Hauptgründe, sich mit VBA-Programmierung zu befassen, liegt in der Möglichkeit der Bewegung und Veränderung von Daten – sprich Zellinhalten. Dazu lassen sich auf die Zellen oder Zellbereiche unterschiedliche Methoden anwenden, z. B. zum Kopieren, Einfügen, Löschen, Suchen usw..

Methoden veranlassen bestimmte Aktionen oder verändern die Eigenschaften von Objekten wie wir bereits gesehen haben, hier einige Beispiele

- auswählen (.*Select*)
- kopieren (.*Copy*)
- löschen (.*Delete*),
- beenden (.*Quit*)
- drucken (.*PrintOut*)
- …

Beispiele

So kopieren Sie den Inhalt einer Zelle oder Bereichs in die Zwischenablage:
```
Range("B3").Copy
Range("A1:K30").Copy
```

So fügen Sie den Inhalt der Zwischenablage in eine Zelle oder eine Zelle in *Tabelle2* ein:
```
Worksheets("Tabelle2").Range("A1").PasteSpecial
```

So löschen Sie den Inhalt und die Formatierung einer Zelle:
```
Range("B3").Clear
```

Und so entfernen Sie die Zelle – der Bereich darunter rückt nach oben:
```
Range("B3").Delete
```

Weitere Optionen der Methoden werden Sie im Verlauf des Buches kennenlernen.

Bereiche löschen

Insbesondere dann, wenn man eine Tabelle eigens für Berechnungen oder zur Datenselektion aus anderen Tabellen vorbereitet hat, empfiehlt es sich, vor Neueinträgen die alten Inhalte zu entfernen. Die Methoden zum Löschen der Inhalte und Formate von *Range*-Objekten heißen

- *Clear* (Alle Löschen)
- *ClearContents* (Inhalte löschen)
- *ClearFormats* (Formate löschen).

Methoden **3**

Übung: Löschen von Inhalten und Formaten

Die nachfolgenden Übungen zum Löschen beziehen sich auf die Arbeitsmappe *Zellen_02.xlsm* und hier auf das Arbeitsblatt *Tabelle1*. Dieses enthält bereits Daten und Formatierungen, die Sie jederzeit wiederherstellen können, da die entsprechenden Makros im Modul *Daten_schreiben* vorliegen.

Die Lösungen zur Übung finden Sie in der Mappe Zellen_02.xlsm.

Ordner: Sicherungsdateien\Kapitel_3

Legen Sie dafür ein neues Modul *Daten_loeschen* an.

1. Im ersten Makro mit dem Namen *alle_Daten_in_Tabelle_loeschen* sollen im Tabellenblatt *Tabelle1* sämtliche Inhalte und Formatierungen von allen Zellen entfernt werden.

   - Wenden Sie die Methode *Clear* auf alle *Cells*-Objekte der Tabelle an.

   ```
   Sub alle_Daten_in_Tabelle_loeschen()
       Worksheets("Tabelle1").Cells.Clear
   End Sub
   ```

   Bild 3.73 Inhalte und Formatierungen im gesamten Tabellenblatt entfernen

2. In einem weiteren Makro mit dem Namen *alle_Inhalte_in_Tabelle_loeschen* sollen nur die **Inhalte** aller Zellen in *Tabelle1* (*Zellen_02.xlsm*) gelöscht werden. Eventuell vorliegende Formatierungen sollen erhalten bleiben.

   Sie können die Inhalte jederzeit wiederherstellen, da die Makros im Modul *Daten_schreiben* vorliegen.

   - Wenden Sie die Methode *ClearContents* auf alle *Cells*-Objekte der Tabelle an.

   ```
   Sub alle_Inhalte_in_Tabelle_loeschen()
       Worksheets("Tabelle1").Cells.ClearContents
   End Sub
   ```

   Bild 3.74 Inhalte löschen

3. Im nächsten Makro mit dem Namen *alle_Formate_in_Tabelle_loeschen* sollen nur die **Formatierungen** aller Zellen in *Tabelle1* (*Zellen_02.xlsm*) entfernt werden. Vorhandene Daten sollen dagegen erhalten bleiben.

   - Wenden Sie die Methode *ClearFormats* auf alle *Cells*-Objekte der Tabelle an.

   ```
   Sub alle_Formate_in_Tabelle_loeschen()
       Worksheets("Tabelle1").Cells.ClearFormats
   End Sub
   ```

   Bild 3.75 Formate löschen

Löschen von Zellbereichen

Das Löschen lässt sich auch auf definierte Bereiche einer Tabelle einschränken, wie beispielsweise auf ganze Zeilen, Spalten oder den Bereich B2:D10, wie im Bild unten.

```
Sub Bereich_in_Tabelle_loeschen()
    Worksheets("Tabelle1").Activate
    Range("B2:D10").ClearContents
End Sub
```

Bild 3.76 Zellbereich löschen

Zellbereiche kopieren

Bild 3.77 Die Einfügeoptionen im Tabellenblatt

Bisher haben wir Zellinhalte einzeln von der Quelle zum Ziel kopiert. Jedoch lassen sich auch ganze Bereiche in die Zwischenablage kopieren und an gewünschter Stelle wieder einfügen. In der Praxis entspricht das den Tastenkombinationen *Strg* + *X* (Ausschneiden) bzw. *Strg* + *C* (Kopieren) und *Strg* + *V* (Einfügen). Je nach Vorgehensweise lassen sich auch die bekannten Einfügeoptionen berücksichtigen.

Sie möchten...	Beispiel
Ausschneiden	`Range("A5").Cut`
Kopieren	`Range("A5").Copy`
Einfügen	`Range("B10").PasteSpecial` oder `ActiveSheet.Paste Destination:=Range("B25")`

Sollen Ausschneiden bzw. Kopieren und Einfügen in einer einzigen Anweisung erfolgen, dann wird die Angabe *Destination* benutzt. In der verkürzten Schreibweise kann *Destination* auch weggelassen werden. Die folgenden Beispiele kopieren den Inhalt der Zelle A1 bzw. des Zellbereichs A1:B8 nach C10:

```
Range("A1").Copy Destination:=Range("C10")
Range("A1").Copy Range("C10")
Range("A1:B8").Copy Range("C10")
```

> Beim Einfügen von Zellbereichen wird die obere linke Ecke als Ziel angegeben. Eventuell vorhandene Inhalte der Zielzellen werden, wie auch bei manuellen Kopiervorgängen überschrieben.

Übung: Zellen und Zellbereiche kopieren

Fügen Sie für diese Übung ein neues Modul mit dem Namen *Bereiche_kopieren* ein.

Die Methode Copy / PasteSpecial (über die Zwischenablage)

Die Lösungen zur Übung finden Sie in der Mappe Zellen_03.xlsm.

Ordner: Sicherungsdateien\Kapitel_3

1. Kopieren Sie im Arbeitsblatt *Tabelle1* den Bereich A1:B3 in die Zwischenablage (*Copy*) und fügen Sie ihn im selben Blatt ab Zelle A15 sowie im Blatt *Tabelle2* ab Zelle B1 ein (*PasteSpecial*).

   Das erste Makro erhält den Namen *Kopieren1*.

Methoden 3

```
Sub Kopieren1()                     'Übung 8a
'auf gleicher Tabelle und in Tabelle2

    Worksheets("Tabelle1").Activate
    Range("A1:B3").Copy
    Range("A15").PasteSpecial
    Worksheets("Tabelle2").Range("B1").PasteSpecial

End Sub
```

Bild 3.78 Zellbereich kopieren und mit PasteSpecial einfügen

2 Kopieren Sie im Arbeitsblatt *Tabelle1* den Bereich A1:B3 in die Zwischenablage (*Copy*) und fügen Sie nur dessen Inhalte ohne Formate (*Values*) ab Zelle A20 in derselben Tabelle ein. Dieses Makro erhält den Namen *Kopieren_Werte*.

Hinweis: Sollen nur Werte – keine Zellformatierungen – aus einer Quelle übertragen werden, gibt man bei der *Range.PasteSpecial*-Methode den entsprechenden Parameter (*XlPasteType*) an:

```
Range("A20").PasteSpecial (xlPasteValue)
Range("A20").PasteSpecial (xlPasteValuesAndNumberFormats)
```

Achtung: Die Parameterübergabe der *PasteSpecial* – Methode funktioniert nur zuverlässig, wenn das Ziel genau zugewiesen wird.

```
Sub Kopieren_Werte()                 'Übung 8b
'kopieren in Zwischenablage und dann in Zielzelle

    Worksheets("Tabelle1").Activate
    Range("A1:B3").Copy
    Range("A20").PasteSpecial (xlPasteValues)

End Sub
```

Bild 3.79 Nur Werte einfügen

3 Kopieren Sie im Arbeitsblatt *Tabelle1* den Bereich A1:B3 in die Zwischenablage (*Copy*) und fügen Sie ihn transponiert ab Zelle A25 der gleichen Tabelle ein.

Dieses Makro erhält den Namen *Kopieren_und_transponieren*.

Zur Info: Transponieren vertauscht beim Einfügen Zeilen und Spalten.

```
Sub Kopieren_und_transponieren()     'Übung 8c
'kopieren in Zwischenablage und dann in Zielzelle

    Worksheets("Tabelle1").Activate
    Range("A1:B3").Copy
    Range("A25").PasteSpecial Transpose:=True

End Sub
```

Bild 3.80 Transponieren

4 Kopieren Sie im Arbeitsblatt *Tabelle1* alle Zellen in die Zwischenablage (*Copy*) und fügen Sie sie im Blatt *Tabelle3* ein. Das vierte Makro hat den Namen *alle_Zellen_kopieren*.

```
Sub alle_Zellen_kopieren()           'Übung 8d
'Ziel: Tabelle3!

    Worksheets("Tabelle1").Cells.Copy
    'Das Einfügen muss in "A1" erfolgen!
    Worksheets("Tabelle3").Range("A1").PasteSpecial

End Sub
```

Bild 3.81 Alle Zellen einer Tabelle kopieren und einfügen

Achtung: Um alle Zellen eines Arbeitsblatts zu kopieren, muss als Zielzelle unbedingt A1 angegeben werden, da ansonsten eine Fehlermeldung mit dem entsprechenden Hinweis erscheint.

Bild 3.82 Laufzeitfehler

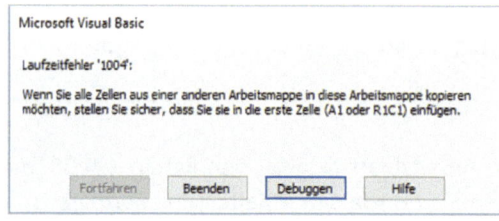

Weshalb sollten Sie aber alle Zellen eines Tabellenblatts kopieren? Eine Beschränkung auf die verwendeten Zellen des Tabellenblatts ist sinnvoller. Allerdings muss zuvor der Umfang des verwendeten Zellbereichs ermittelt werden. Hierzu gibt es unterschiedliche Möglichkeiten, die Sie im Verlauf noch kennenlernen werden. Eine davon haben wir bereits erwähnt:

- Die Eigenschaft *CurrentRegion* gibt einen zusammenhängenden von Leerzellen abgegrenzten Bereich einer Tabelle wieder.

- Eine weitere Eigenschaft des *Range*-Objekts ist *UsedRange*. Sie bildet die äußeren Grenzen einer Tabelle ab und liefert leider nicht immer den wirklich interessieren Bereich. Aber dazu später.

Methode Copy / Destination (ohne Zwischenablage)

Kopieren Sie im Arbeitsblatt *Tabelle1* den Bereich A1:B3 direkt, also ohne Zwischenablage in das selbe Blatt ab Zelle A30 sowie in das Blatt *Tabelle2* ab Zelle A10 (*Destination*). Das Makro erhält den Namen *Kopieren2*.

Bild 3.83 Kopieren ohne Zwischenablage

```
Sub Kopieren2()                             'Übung 8e
'ohne Zwischenablage

    Worksheets("Tabelle1").Activate
    Range("A1:B3").Copy Destination:=Range("A30")
    Range("A1:B3").Copy Destination:=Worksheets("Tabelle2").Range("A10")

End Sub
```

Übungsbeispiel aus der Praxis

Ordner: Übungsdateien_Pool

Arbeitsmappe: Bereiche_kopieren_Aufgabe.xlsx

Eine Tabelle enthält zu Beginn der Tabelle (im Header) allgemeine Angaben zu einer Datenerfassung und ab Zeile 33 mehrere Spalten mit Messdaten. Die drei farbig hinterlegten Bereiche der Tabelle sollen auf drei neue Arbeitsblätter verteilt werden.

▶ Öffnen Sie die Arbeitsmappe *Bereiche_kopieren_Aufgabe.xlsx*.

▶ Die Aufgabenstellung finden Sie im Blatt *Quelldaten*.

Methoden **3**

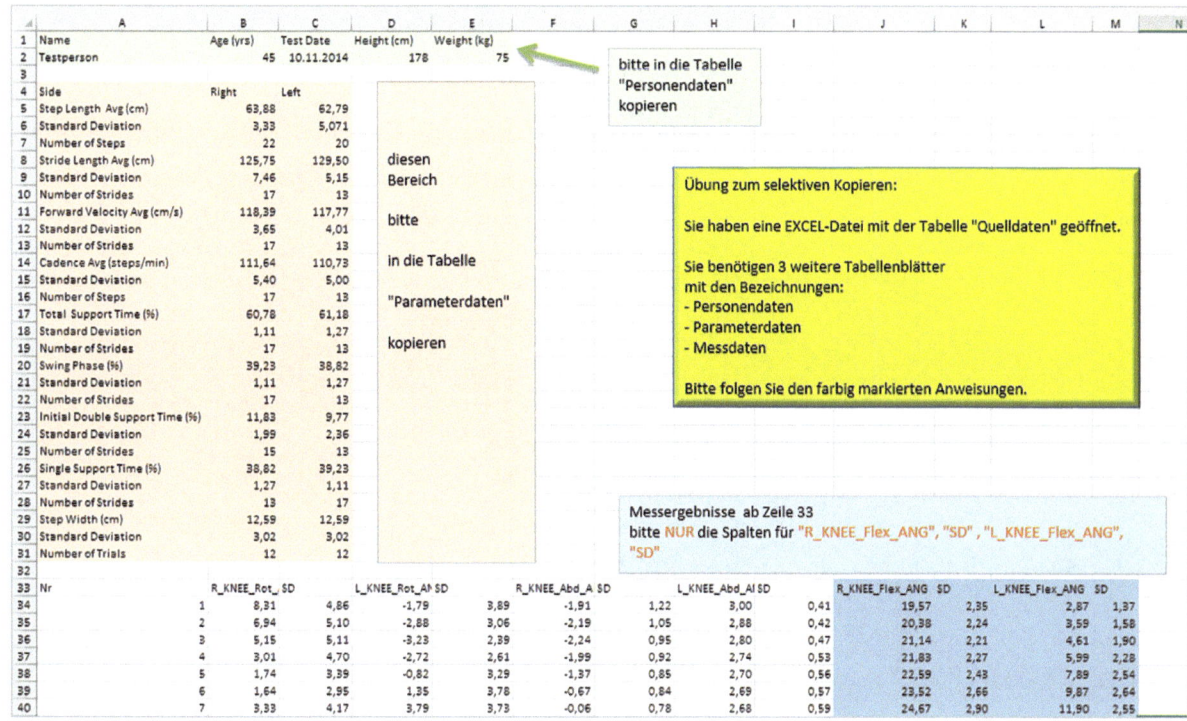

Bild 3.84 Das Blatt Quelldaten

Zur Lösung dieser Aufgabe gibt es verschiedene Wege, in jedem Fall führen Sie zunächst die folgenden Schritte durch:

▸ Fügen Sie der Arbeitsmappe manuell drei Tabellen hinzu und benennen Sie diese wie angegeben.

▸ Speichern Sie die Datei als Arbeitsmappe mit Makros (.xlsm).

Sämtliche Lösungen finden Sie in der Mappe Bereiche_kopieren_Lösung.xlsm.

Ordner: Sicherungsdateien\Kapitel_3

Lösungsansatz 1: via Makrorecorder

Diese Aufgabe lässt sich auch mit dem Makrorecorder lösen. Falls Sie diesen Weg bevorzugen, hier der Ablauf.

1 Starten Sie den Makrorecorder.

2 Markieren Sie den ersten Bereich (A1:E2) und kopieren Sie ihn in die Zwischenablage.

3 Wechseln Sie in das Arbeitsblatt *Personendaten* und fügen Sie den Inhalt der Zwischenablage ab Zelle A1 ein.

4 Wiederholen Sie dieses Vorgehen für die beiden anderen Bereiche sinngemäß.

5 **Wichtig**: Beenden Sie den Makrorecorder!

6 In *Modul1* finden Sie die aufgezeichneten Anweisungen (siehe Bild 3.85).

7 Wenn Sie wollen, optimieren Sie den Programmcode – aber die Aufgabe ist eigentlich erledigt, falls alles funktioniert hat.

3 Einstieg in die Programmierung von Makros

8 In Bild 3.86 wurde das aufgezeichnete Makro gekürzt.

9 Zuletzt löschen Sie die Inhalte der drei neuen Tabellen wieder, am besten mit einem Makro (Bild 3.87).

Bild 3.85 Aufzeichnung Makrorecorder

```
Sub Makro1()
'
' Makro1 Makro
'
'
    Range("A1:E2").Select
    Selection.Copy
    Sheets("Personendaten").Select
    Range("A1").Select
    ActiveSheet.Paste
    Sheets("Quelldaten").Select
    Range("A4:C31").Select
    Application.CutCopyMode = False
    Selection.Copy
    Sheets("Parameter").Select
    Range("A1").Select
    ActiveSheet.Paste
    Sheets("Quelldaten").Select
    Range("J33:M133").Select
    Application.CutCopyMode = False
    Selection.Copy
    Sheets("Messdaten").Select
    Range("A1").Select
    ActiveSheet.Paste
End Sub
```

Bild 3.86 Der optimierte Code

```
Sub via_Makrorekorder()
'nach Kürzung des aufgezeichneten Codes
    Worksheets("Quelldaten").Activate

    Range("A1:E2").Copy
    Sheets("Personendaten").Range("A1").PasteSpecial

    Range("A4:C31").Copy
    Sheets("Parameter").Range("A1").PasteSpecial

    Range("J33:M133").Copy
    Sheets("Messdaten").Range("A1").PasteSpecial
End Sub
```

Bild 3.87 Inhalte der Zieltabellen löschen

```
Sub Zieltabellen_loeschen()

    Worksheets("Personendaten").Cells.Clear
    Worksheets("Parameter").Cells.Clear
    Worksheets("Messdaten").Cells.Clear

End Sub
```

Lösungsansatz 2: Copy / Destination (ohne Zwischenablage)

▶ Legen Sie (wenn nicht schon geschehen) ein Modul mit dem Namen *Bereiche_kopieren* an.

▶ Schreiben Sie auf der Basis der Makrorecorder-Aufzeichnung die Programmzeilen unter Verwendung der Copy Destination-Methode um.

Bild 3.88 Die Variante Copy ohne Zwischenablage

```
Sub Bereiche_kopieren()
'Die Bereiche werden FEST vorgegeben und jeweils ab "A1" abgelegt

    Worksheets("Quelldaten").Activate

    'Bereich 1 (Personendaten) kopieren
    Range("A1:E2").Copy Destination:=Worksheets("Personendaten").Range("A1")

    'Bereich 2 (Parameterdaten) kopieren
    Range("A4:C31").Copy Destination:=Worksheets("Parameter").Range("A1")

    'Teil aus Bereich 3 (Messdaten)kopieren:
    'nur "R_KNEE_Flex_ANG bis L_KNEE_Flex_ANG je inkl. SD
    Range("J33:M133").Copy Destination:=Worksheets("Messdaten").Range("A1")

End Sub
```

Verwendung von Bereichsnamen

Wurden in Ihrer Arbeitsmappe die Zellbereiche mit Bereichsnamen versehen, lassen sich diese auch in VBA verwenden. Der Namensmanager (im Register *Formeln* oder über *Strg* + *F3*) gibt Ihnen nähere Informationen.

Methoden

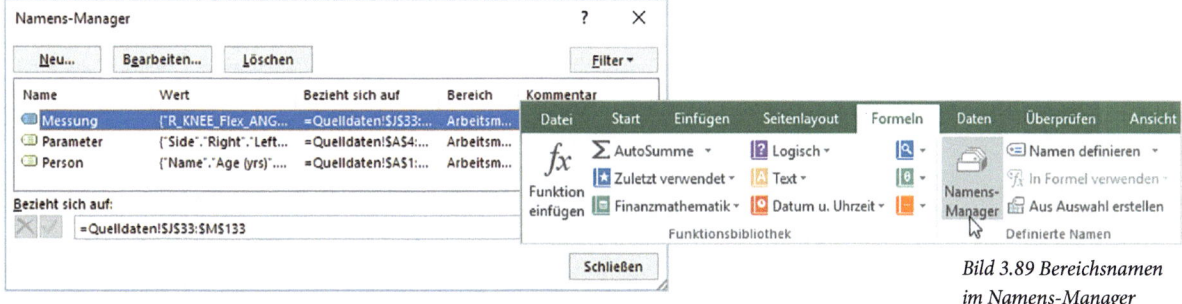

Bild 3.89 Bereichsnamen im Namens-Manager verwalten

Bild 3.90 Namens-Manager öffnen

Im unten abgebildeten Makro werden die drei benannten Bereiche anhand ihrer Bereichsnamen auf die drei neu angelegten Tabellenblätter verteilt.

```vb
Sub benannte_Bereiche_kopieren()
'Die Bereiche wurden mit BEREICHSNAMEN versehen und werden jeweils ab "A1" abgelegt

    Worksheets("Quelldaten").Activate

    'Bereich 1 (Personendaten) kopieren
    Range("Person").Copy Destination:=Worksheets("Personendaten").Range("A1")

    'Bereich 2 (Parameterdaten) kopieren
    Range("Parameter").Copy Destination:=Worksheets("Parameter").Range("A1")

    'Teil aus Bereich 3 (Messdaten)kopieren:
    'nur "R_KNEE_Flex_ANG bis L_KNEE_Flex_ANG je inkl. SD
    Range("Messung").Copy Destination:=Worksheets("Messdaten").Range("A1")

End Sub
```

Bild 3.91 Makro mit Bereichsnamen

Lösungsansatz 3: Zusammenhängende Bereiche (CurrentRegion)

Erinnern Sie noch an die *Range*-Eigenschaft *CurrentRegion*? Zusammenhängende Bereiche lassen sich auch abgrenzen, wenn sie von Leerzellen umgeben sind. Das trifft in diesem Beispiel zwar nur auf zwei der Bereiche zu. Übungshalber sei aber auch diese Möglichkeit hier aufgeführt.

```vb
Sub zusammenhaengede_Bereiche_kopieren()
'Die Bereiche werden als REGIONEN = zusammenhängende Bereiche ausgewählt
'Dazu muss sich jeweils eine Zelle im entsprechenden Bereich befinden

    Worksheets("Quelldaten").Activate

    'Bereich 1 (Personendaten) kopieren
    Range("A1").CurrentRegion.Copy Destination:=Worksheets("Personendaten").Range("A1")

    'Bereich 2 (Parameterdaten) kopieren
    Range("A4").CurrentRegion.Copy Destination:=Worksheets("Parameter").Range("A1")

    'Teil aus Bereich 3 (Messdaten)kopieren:
    'CurrentRegion hier nicht geeignet, da sonst alle Messdatenspalten übernommen
    Range("J33:M133").Copy Destination:=Worksheets("Messdaten").Range("A1")

End Sub
```

Bild 3.92 Verwendung der Eigenschaft CurrentRegion

Ob sich diese Methode allerdings auch in der Praxis eignet, hängt von der Struktur der Datenquelle ab.

3 Einstieg in die Programmierung von Makros

Zusammenfassende Übung (Schleife, Abfrage, Kopieren)

Eine Beispieldatei enthält eine Anmeldeliste zu VBA-Kursen. Je nach Status in Spalte J sollen die registrierten Personen den Kursen 1 bis 3 in separaten Tabellen zugeordnet werden. Erstellen Sie eine Prozedur, die diese Verteilung vornimmt.

Bild 3.93 Ausschnitt aus Mustertabelle_Anmeldungen.xlsx

	A	B	C	D	E	F	G	H	I	J	K	L	M	N	O	P	Q
1	Nachname	Vorname	GebDat	Alter	Größe [cm]	Gewicht [kg]	BMI	Gender	VBA	Status	Word	Access	PPT	Outlook	Bundesland	Kurse	Faktor
2	Buche	Hein	11.01.1989	29,5	168	60	21,26	m	nein	II		x	x		Bayern	5	0,2
3	Box	Fritz	01.01.1997	21,5	178	82	25,88	m	ja	I			x		Nordrhein-W	2	0
4	Dampf	Hans	22.12.2004	13,5	172	84	28,39	m	nein	III		x	x		Niedersachs	1	0,5
5	Bola	Tom	12.12.2002	15,5	168	92	32,60	m	nein	III	x	x		x	Brandenburg	8	0,5
6	Zschluss	Kurt	26.04.1935	83,2	170	65	22,49	m	ja	II	x	x		x	Saarland	10	0,3
7	Mone	Anne	02.02.1982	36,4	168	86	30,47	w	ja	I				x	Rheinland-Pf	1	0
8	Zufall	Reiner	11.11.1928	89,7	185	76	22,21	m	ja	III		x			Thüringen	4	0,3
9	Kraut	Heide	01.01.2000	18,5	165	79	29,02	w	nein	II					Hessen	7	0,6
10	Tiker	Roman	12.08.1993	24,9	167	91	32,63	m	ja	III		x		x	Baden-Württ	5	0,9
11	Schaffen	Ann	02.10.1996	21,7	192	71	19,26	w	nein	III	x	x	x	x	Sachsen-Anh	9	0,1
12	Tor	Moni	07.08.1992	25,9	182	82	24,76	w	ja	I	x			x	Sachsen	9	0
13	Most	Reiner	16.09.1996	21,8	173	78	26,06	m	ja	III			x	x	Niedersachs	6	0,5

Übungsdateien_Pool\Mustertabelle_Anmeldungen.xlsx

1. Öffnen Sie die Arbeitsmappe *Mustertabelle_Anmeldungen.xlsx* und speichern Sie sie als Excel-Arbeitsmappe mit Makros unter dem Namen *Mustertabelle_Anmeldungen_01.xlsm*.

2. Fügen Sie manuell drei Tabellen hinzu, diese erhalten die Namen *Kurs1*, *Kurs2* und *Kurs3*.

3. Wechseln Sie nach Backstage in den VBA-Editor und fügen Sie ein neues Modul mit dem Namen *Aufteilung* ein. Erstellen Sie hier das Makro für diese Aufgabe unter dem Namen *Kurse_aufteilen*.

Grundüberlegungen

- Die Spalte J *Status* im Blatt *Tabelle1* muss durchsucht werden.
- Der Tabellenbereich umfasst 51 Zeilen, davon enthält die erste Zeile Spaltenüberschriften, die nicht durchsucht werden müssen. Somit muss die Zählerschleife von 2 bis 51 laufen.
- Kriterien der Verteilung sind die Inhalte I, II und III – also Strings.
- Die Abfrage könnte mit *If...Then...* oder übersichtlicher mit *Select Case* erfolgen.
- Je nach Status in Spalte J soll die gesamte Zeile in die zutreffende Kursliste kopiert werden.
- Da der fortlaufende Index zum Durchsuchen von *Tabelle1* nicht in die Kurstabellen übernommen werden kann, muss bei jeder erfolgreichen Abfrage ein separater Zeilenindex für die Kurslisten berücksichtigt werden.

Die Lösungen zur Übung finden Sie in der Mappe Sicherungsdateien\Kapitel_3\Mustertabelle_Anmeldungen_01.xlsm.

Der Aufbau der Prozedur Kurse_aufteilen innerhalb des Prozedurrumpfes (Sub ... End Sub)

1. **Deklaration der Index-Variablen**

```
Dim zeile As Integer
Dim zeile_k1 As Integer
Dim zeile_k2 As Integer
Dim zeile_k3 As Integer
```

2 Das Arbeitsblatt Tabelle1 als Ausgangstabelle festlegen
```
Worksheets(„Tabelle1").Activate
```

3 Voreinstellung der Indexwerte auf Zeile 2
```
zeile = 2
zeile_k1 = 2
zeile_k2 = 2
zeile_k3 = 2
```

4 Aufbau der Zählerschleife
```
For zeile = 2 To 51
…
next zeile
```

5 Zugriff auf Spalte J mit der Select Case-Anweisung
```
Select Case Range(„J" & zeile).Value
…
End Select
```

6 Abfragebedingungen formulieren / anpassen
```
Case "I"
    Range("A" & zeile & ":Q" & zeile).Copy _
        Destination:=Worksheets("Kurs1").Range("A" & zeile_k1)
    zeile_k1 = zeile_k1 + 1
Case "II" …
…
```

Der Kopierbereich wird von Spalte A bis Spalte Q für die abgefragte Zeile festgelegt. Die Zieltabelle muss der Abfragebedingung entsprechen und deren eigener Zeilenindex muss nach jedem Kopierprozess um eins erhöht werden. Die *Case Else* – Bedingung wurde eingefügt, um bei einem eventuellen Fehleintrag in der Liste einen entsprechenden Hinweis auszugeben.

Somit ergibt sich insgesamt folgendes Listing:

```vba
Sub Kurse_aufteilen()
'Tabelle1 Spalte J "Status" durchsuchen und Kandidaten je nach Kurs
'in einzelnen Tabellen ablegen
Dim zeile As Integer
Dim zeile_k1 As Integer
Dim zeile_k2 As Integer
Dim zeile_k3 As Integer

    'Kurs1 - Kurs3 Tabellen löschen
    Tabelleninhalte_loeschen

    Worksheets("Tabelle1").Activate

    zeile = 2
    zeile_k1 = 2
    zeile_k2 = 2
    zeile_k3 = 2

    For zeile = 2 To 51
        Select Case Range("J" & zeile).Value
            Case "I"
                Range("A" & zeile & ":Q" & zeile).Copy _
                    Destination:=Worksheets("Kurs1").Range("A" & zeile_k1)
                zeile_k1 = zeile_k1 + 1
```

Bild 3.94 Das Makro Kurse_aufteilen

am Ende der Übung eingefügt

Fortsetzung auf der nächsten Seite

Einstieg in die Programmierung von Makros

```
                Case "II"
                    Range("A" & zeile & ":Q" & zeile).Copy _
                      Destination:=Worksheets("Kurs2").Range("A" & zeile_k2)
                    zeile_k2 = zeile_k2 + 1
                Case "III"
                    Range("A" & zeile & ":Q" & zeile).Copy _
                      Destination:=Worksheets("Kurs3").Range("A" & zeile_k3)
                    zeile_k3 = zeile_k3 + 1
                Case Else
                    MsgBox "Fehler in Zeile " & zeile
            End Select
        Next zeile
End Sub
```

Spaltenüberschriften kopieren

Es fehlen noch die Spaltenüberschriften in den Kurstabellen. Das kann man ebenfalls mit VBA erledigen – am besten gleich mit einer Säuberung der Tabelle verbunden. Der Auflauf:

- Löschen Sie den Inhalt der Tabelle *Kurs1*.
- Kopieren Sie die Spaltenüberschriften aus *Tabelle1* nach *Kurs1*.
- Wiederholen Sie diese Anweisungen für *Kurs2* und *Kurs3*.

Das Kopieren kann auf zwei Wegen erfolgen: direkt oder über die Zwischenablage. Eines der beiden folgenden Makros zum Löschen kann also zu Beginn in das Makro *Kurse_aufteilen* eingebaut bzw. von dort aus aufgerufen werden (siehe Bild 3.94).

▸ **Der direkte Weg: Copy / Destination**

Bild 3.95 Kopieren auf direktem Weg

```
Sub Tabelleninhalte_loeschen()
'Inhalte löschen und Spaltenüberschriften (1. Zeile) übertragen

    Worksheets("Kurs1").Cells.ClearContents
    Worksheets("Tabelle1").Range("A1:Q1").Copy _
      Destination:=Worksheets("Kurs1").Range("A1")
    Worksheets("Kurs2").Cells.ClearContents
    Worksheets("Tabelle1").Range("A1:Q1").Copy _
      Destination:=Worksheets("Kurs2").Range("A1")
    Worksheets("Kurs3").Cells.ClearContents
    Worksheets("Tabelle1").Range("A1:Q1").Copy _
      Destination:=Worksheets("Kurs3").Range("A1")

End Sub
```

▸ **Der Weg über die Zwischenablage: Copy / PasteSpecial**

Bild 3.96 Zwischenablage

```
Sub Tabelleninhalte_loeschen2()
'Inhalte löschen und Spaltenüberschriften (1. Zeile) übertragen

    Worksheets("Kurs1").Cells.ClearContents
    Worksheets("Kurs2").Cells.ClearContents
    Worksheets("Kurs3").Cells.ClearContents
    'Spaltenüberschriften übertragen
    Worksheets("Tabelle1").Range("A1:Q1").Copy
    Worksheets("Kurs1").Range("A1").PasteSpecial
    Worksheets("Kurs2").Range("A1").PasteSpecial
    Worksheets("Kurs3").Range("A1").PasteSpecial

End Sub
```

3.7 Funktionen

Excel VBA bietet zahlreiche vorgefertigte Funktionen, die Ihnen als Tabellenfunktionen oder aus dem Funktions-Assistenten sicherlich bekannt sind. All diese Funktionen lassen sich in Ihre Makros einbinden, wenn Sie die gewünschte Funktion über das *WorksheetFunction*-Objekt aufrufen. Sobald Sie nach dem Eingeben von `Application.WorksheetFunction` einen Punkt setzen, wird Ihnen die gesamte Funktionspalette zu diesem Objekt angeboten. Wählen Sie die gewünschte Funktion aus und übernehmen Sie diese mit Doppelklick oder Tab-Taste.

Genauer gesagt, handelt es sich im eigentlichen Sinne um Methoden, gekennzeichnet durch ein grünes Flugobjekt-Symbol.

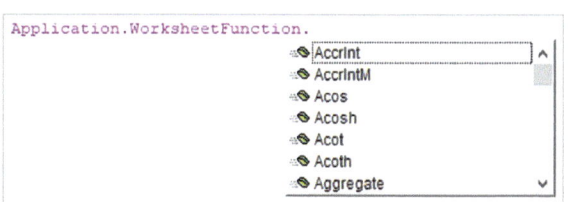

Bild 3.97 Funktionsauswahl

Hinweis: Die nachfolgenden Beispiele beziehen sich auf die Arbeitsmappe *Mustertabelle_Anmeldungen_01.xlsm*. Fügen Sie zu diesem Zweck ein neues Modul mit dem Namen *Zaehlen* ein.

Die Lösungen finden Sie in der Mappe Sicherungsdateien\Kapitel_3\Mustertabelle_Anmeldungen_02.xlsm.

Zählen mit der CountIf-Methode

In vorangegangen Abschnitten haben wir Schleifen und Abfragen behandelt. Es wäre also leicht, mit Hilfe von *If…Then…Else*- oder *Select Case*-Abfragen Zählerschleifen zu entwerfen, deren Aufgabe es ist, bei bestimmten Bedingungen (Wertevorgaben) jeweils eine Zählervariable um 1 zu erhöhen (inkrementieren).

Beispiel: Spalte H nach Gender männlich/weiblich durchsuchen und die Anzahl für m ermitteln. Das Prinzip:

```
For zeile = 1 to 50
    If Range("H" & zeile).value = "m" then Anzahl = Anzahl + 1
Next zeile
```

Eine wesentlich bessere und elegantere Lösung zum Zählen bestimmter Zellinhalte bietet VBA mit der *CountIf*-Funktion. Sie ermittelt auf übersichtliche Weise die Anzahl der Zellen im ausgewählten Bereich, die den angegebenen Kriterien entsprechen.

```
Application.WorksheetFunction.CountIf(Bereich, Kriterium)
```

Übungsbeispiel

In der Arbeitsmappe soll in verschiedenen Spalten (*Gender*, *VBA*, *Status*) die jeweilige Anzahl der Einträge ermittelt werden.

- Das Makro erhält den Namen *CountIf_Methode*.
- Stellen Sie sicher, dass das Arbeitsblatt *Tabelle1* durchsucht wird.
- Geben Sie die Ergebnisse im Direktbereich (Anzeigen mit Strg + G) aus.

```
Sub CountIf_Methode()

    Worksheets("Tabelle1").Activate
    'Spalte "Gender"
    Debug.Print "männlich: "; Application.WorksheetFunction.CountIf(Range("H:H"), "m")
    'Spalte "VBA"
    Debug.Print "VBA: "; Application.WorksheetFunction.CountIf(Range("I:I"), "ja")
    'Spalte "Status"
    Debug.Print "Status I: "; Application.WorksheetFunction.CountIf(Range("J:J"), "I")
    Debug.Print "Status II: "; Application.WorksheetFunction.CountIf(Range("J:J"), "II")
    Debug.Print "Status III: "; Application.WorksheetFunction.CountIf(Range("J:J"), "III")

End Sub
```

Bild 3.98 CountIf

Übersichtlicher lässt sich diese Prozedur gestalten, indem man die *With*-Anweisung einführt. Die *With*-Anweisung führt eine Reihe von Anweisungen aus, die sich auf ein einzelnes Objekt beziehen. In unserem Fall heißt dieses Objekt *Application.WorksheetFunction*. Angewendet auf die soeben erstellte Prozedur ergibt sich folgender Programmaufbau:

Bild 3.99 CountIf in Verbindung mit der With-Anweisung

```
Sub CountIf_Methode2()

    Worksheets("Tabelle1").Activate
    With Application.WorksheetFunction
        'Spalte "Gender"
        Debug.Print "männlich: "; .CountIf(Range("H:H"), "m")
        'Spalte "VBA"
        Debug.Print "VBA: "; .CountIf(Range("I:I"), "ja")
        'Spalte "Status"
        Debug.Print "Status I: "; .CountIf(Range("J:J"), "I")
        Debug.Print "Status II: "; .CountIf(Range("J:J"), "II")
        Debug.Print "Status III: "; .CountIf(Range("J:J"), "III")
    End With

End Sub
```

Innerhalb der *With*-Anweisung müssen hier die Funktionen mit einem Punkt beginnen. Auch dann wird Ihnen die Funktionspalette angeboten.

Als weitere Zählaufgaben könnten beispielsweise Kriterien abgefragt werden wie:
- eine Zahl   83
- ein Text   "sehr gut"
- ein Ausdruck   <180
- ein Zellbezug   Range("A4").Value

Für die Kriterien können auch Platzhalterzeichen verwendet werden:
- Sternchen (*):   Abgleich mit einer beliebigen Abfolge von Zeichen
- Fragezeichen (?):   Abgleich mit jedem einzelnen Zeichen

Hinweis: Wenn nach Zeichen wie ? oder * gesucht werden soll, muss vorher eine Tilde (~) gesetzt werden.

Die CountIfs–Methode

Die *CountIfs*–Methode lässt mehrere Kriterien zur Auswahl zu. Auf diese Weise können Kriterien aus unterschiedlichen Bereichen oder auch innerhalb bestimmter Grenzwerte festgelegt werden.

Übungsbeispiel

In der Arbeitsmappe *Mustertabelle_Anmeldungen_01.xlsm* sollen die Teilnehmerzahlen bestimmter Altersgruppen ermittelt werden.
- Das Makro erhält den Namen *CountIfs_Methode*.
- Stellen Sie sicher, dass das Arbeitsblatt *Tabelle1* durchsucht wird.
- Definieren Sie 5 Altersgruppen (von … bis).
- Geben Sie die Ergebnisse im Direktbereich (Anzeigen mit Strg + G) aus.

```vba
Sub CountIfs_Methode()
'Altersgruppen

    Worksheets("Tabelle1").Activate
    With Application.WorksheetFunction
        'Spalte "Alter"
        Debug.Print "10-20: "; .CountIfs(Range("D:D"), ">=10", Range("D:D"), "<20")
        Debug.Print "20-30: "; .CountIfs(Range("D:D"), ">=20", Range("D:D"), "<30")
        Debug.Print "30-40: "; .CountIfs(Range("D:D"), ">=30", Range("D:D"), "<40")
        Debug.Print "40-50: "; .CountIfs(Range("D:D"), ">=40", Range("D:D"), "<50")
        Debug.Print ">50: ";   .CountIfs(Range("D:D"), ">=50", Range("D:D"), "<90")
    End With

End Sub
```

Bild 3.100 CountIfs

Die CountBlank-Methode

Zum Zählen von leeren Zellen bietet VBA eine eigene Zählmethode an.

```
Application.WorksheetFunction.CountBlank(Bereich)
```

Übungsbeispiel

In der Arbeitsmappe *Mustertabelle_Anmeldungen_01.xlsm* sollen im Blatt *Tabelle1* in Spalte K (*Word*) die leeren Zellen, sprich die Anzahl der Anmeldungen ohne Angabe zu Word ermittelt werden.
- Das Makro erhält den Namen *CountBlank_Methode*.
- Stellen Sie sicher, dass das Arbeitsblatt *Tabelle1* durchsucht wird.
- Durchsuchen Sie die Spalte K, aber nicht über alle Zeilen der Spalte und
- geben Sie das Ergebnis im Direktbereich (Strg + G) aus.

```vba
Sub CountBlank_Methode()
'keine Einträge in Spalte "Word"

    Worksheets("Tabelle1").Activate
    With Application.WorksheetFunction
        'Spalte "Word"
        Debug.Print "keine Word-Kenntnisse: "; .CountBlank(Range("K2:K51"))
    End With

End Sub
```

Bild 3.101 Leere Zellen zählen

Hinweis: Hier ist die Einschränkung des Bereichs auf die tatsächlich benutzte Zeilenzahl notwendig, da sonst alle Zeilen der Spalte K durchsucht würden und das Ergebnis entsprechend hoch ausfallen würde.

Extremwerte bestimmen

Wenn Sie in einer Tabelle Maximal- und Minimalwerte herausfinden wollen, sind die Funktionen *Max* und *Min* hilfreich.

Übungsbeispiel: Jüngster und ältester Teilnehmer

In der Arbeitsmappe *Mustertabelle_Anmeldungen_01.xlsm* sollen im Blatt *Tabelle1* der älteste und der jüngste Teilnehmer ermittelt und im Direktbereich ausgegeben werden.

- Fügen Sie ein neues Modul mit dem Namen *Funktionen* ein und erstellen Sie hier das Makro *Max_Min_Werte*.
- Stellen Sie sicher, dass das Arbeitsblatt *Tabelle1* durchsucht wird.
- Durchsuchen Sie die Spalte D (**Achtung**: nicht über alle Zeilen der Spalte!).
- Geben Sie das Ergebnis im Direktbereich (Strg + G) aus.

```vba
Sub Max_Min_Werte()
'ältester / jüngster Teilnehmer lt. Spalte "Alter"

    Worksheets("Tabelle1").Activate
    With Application.WorksheetFunction
        Debug.Print "Ältester: "; .Max(Range("D2:D51"))
        Debug.Print "Jüngster: "; .Min(Range("D2:D51"))
    End With

End Sub
```

Bild 3.102 Min Max Werte ausgeben

Hinweis: Die Fundstellen in der Tabelle werden in einer der folgenden Übungen auch noch farblich gekennzeichnet.

Übungsbeispiel 2: Mittelwert und Standardabweichung

Erweitern Sie zunächst die Analyse der Altersdaten um die Funktionen für Mittelwert und Standardabweichung. Kopieren Sie dazu das Makro aus der vorherigen Übung 1, um es anschließend entsprechend zu erweitern. Das neue Makro erhält den Namen *Max_Min_MW_SD*.

Die benötigten Funktionen finden Sie über den Objektkatalog (F2) oder nachdem Sie den Punkt hinter *WorksheetFunction* gesetzt haben.

```vba
MW = WorksheetFunction.Average(Bereich)
SD = WorksheetFunction.StDev(Bereich)
```

Diese Datei finden Sie am einfachsten über den Datei-Explorer von Windows und die Suche.

Hinweis: Für die Einbindung der Tabellenfunktionen in VBA benötigen Sie die englischen Bezeichnungen. In der Datei *VBAListe.xlsx*, die im Office-Paket enthalten ist und sich in unterschiedlichen Ordnern auf Ihrer Festplatte befindet, finden Sie die passenden Übersetzungen. Auch der Makrorecorder kann hier behilflich sein.

Funktionen 3

```vba
Sub Max_Min_MW_SD()
'Spalte "Alter"

    Worksheets("Tabelle1").Activate
    With Application.WorksheetFunction
        Debug.Print "Ältester: ";   .Max(Range("D2:D51"))
        Debug.Print "Jüngster: ";   .Min(Range("D2:D51"))
        Debug.Print "Mittelwert: "; .Average(Range("D2:D51"))
        Debug.Print "StAbweich.: "; .StDev(Range("D2:D51"))
    End With

End Sub
```

Bild 3.103 Mittelwert und Standardabweichung

Zeilen finden

Zur Suche lässt sich auf ein *Range*-Objekt die Suchmethode *Find* anwenden. Sie gibt die erste Zelle mit dem gesuchten Wert zurück. Die Zeilennummer der gefundenen Zelle erhält man durch die Eigenschaft *Row*.

```
Range.Find(Bereich).Row
```

Übungsbeispiel: Namen ermitteln

In einer der letzten Übungen haben wir den ältesten und jüngsten Teilnehmer in der Anmeldeliste ermittelt. Aber um wen handelt es sich? In den Spalte A und B stehen Ihre Namen. Über die Zeilennummer (*RowIndex*) der ermittelten Extremwerte (Min, Max) lassen sich über die Suchmethode *Range.Find().Row* die Zeilennummern und damit die Namen ausgeben.

- Nennen Sie das neue *Makro Position_Extremwerte*.
- Weisen Sie die Extremwerte den Variablen *maxwert*, *minwert* (Typ *Double*) zu und die Zeilennummern den Variablen *max_pos*, *min_pos* (Typ *Integer*).
- Die gefundenen Zellen sollen farblich gekennzeichnet werden: Maximum rot (3) und Minimum hellblau (8).
- Die Namen sollen im Direktbereich (Strg + G) angezeigt werden.

Bild 3.104 Namen anzeigen

```vba
Sub Position_Extremwerte()
'Namen von ältestem/jüngstem Teilnehmer lt. Spalte "Alter"
Dim maxwert As Double
Dim minwert As Double
Dim max_pos As Integer
Dim min_pos As Integer

    Worksheets("Tabelle1").Activate
    With Application.WorksheetFunction
        maxwert = .Max(Range("D2:D51"))
        minwert = .Min(Range("D2:D51"))
    End With
    max_pos = Range("D2:D51").Find(maxwert).Row
    min_pos = Range("D2:D51").Find(minwert).Row
    'Zellen-Hintergrund einfärben
    Range("D" & max_pos).Interior.ColorIndex = 3
    Range("D" & min_pos).Interior.ColorIndex = 8
    Debug.Print "Ältester: "; Range("B" & max_pos).Value & " " & Range("A" & max_pos).Value
    Debug.Print "Jüngster: "; Range("B" & min_pos).Value & " " & Range("A" & min_pos).Value

End Sub
```

3 Einstieg in die Programmierung von Makros

Die *With*-Anweisung lässt sich auch auf das *Range*-Objekt anwenden (siehe *Sub Position_Extremwerte2*):

Bild 3.105 With-Anweisung

```
With Range("D2:D51")
    max_pos = .Find(maxwert).Row
    min_pos = .Find(minwert).Row
End With
```

Hinweis: Wenn in einer Tabelle mehrere identische Werte enthalten sein sollten, könnte mit den Methoden *FindNext* (Vorwärts) oder *FindPrevious* (Rückswärts) die Suche fortgesetzt werden.

Programmausführung zur Kontrolle von Zwischenergebnissen unterbrechen

Haltepunkte nutzen

Wenn Sie an Zwischenergebnissen während der Makroausführung interessiert sind und auf die etwas umständliche Ausgabe mit *Debug.Print* im Direktbereich verzichten wollen, bietet sich eine manuelle Programmunterbrechung an. Dazu gibt es die folgenden Möglichkeiten:

▶ Der Befehl *Stop* wird als Programmzeile eingefügt (siehe Bild unten).

▶ Oder Setzen eines Haltepunkts durch einen Klick mit der Maus in den linken Randbereich des Codefensters. Haltepunkte erscheinen hier als brauner Punkt.

- Haltepunkte können auch über das Hand-Symbol in der Symbolleiste *Bearbeiten* gesetzt und wieder entfernt werden.
- Die Taste F9 setzt und löscht ebenfalls einen Haltepunkt.

Bild 3.106 Ausführung unterbrechen

```
Sub Position_Extremwerte2()
'Namen von ältestem/jüngstem Teilnehmer lt. Spalte "Alter"
Dim maxwert As Double
Dim minwert As Double
Dim max_pos As Integer
Dim min_pos As Integer

    Worksheets("Tabelle1").Activate
    With Application.WorksheetFunction
        maxwert = .Max(Range("D2:D51"))
        minwert = .Min(Range("D2:D51"))
    End With
    Stop
    With Range("D2:D51")
        max_pos = .Find(maxwert).Row
        min_pos = .Find(minwert).Row
    End With
    'Zellen-Hintergrund einfärben
    Range("D" & max_pos).Interior.ColorIndex = 3
    Range("D" & min_pos).Interior.ColorIndex = 8

End Sub
```

Der Vorteil von Unterbrechungen liegt darin, dass in dieser Situation das Makro noch aktiv ist und die aktuellen Werte der Variablen durch Zeigen (nicht Klicken) mit der Maus abgefragt werden können.

Nach der Überprüfung werden die Haltepunkte einfach wieder entfernt, z. B. durch einfaches Anklicken des Punkts.

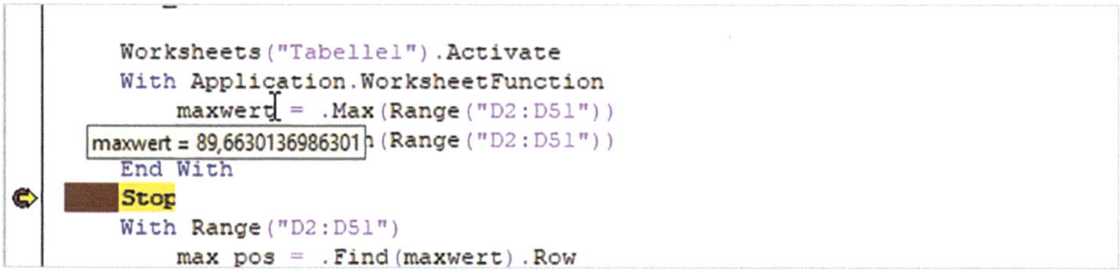

Bild 3.107 Inhalt der Variablen maxwert anzeigen

Variablen im Überwachungsfenster kontrollieren

In der Entwicklungsumgebung stellt Excel auch ein Überwachungsfenster zur Verfügung, mit dem sich der Ablauf eines Makros anhalten lässt, wenn eine bestimmte Bedingung erfüllt ist. Diese Überwachung dürfte sich eher für größere Projekte anbieten.

- Zum Anzeigen des Überwachungsfensters klicken Sie auf das Menü *Ansicht* und auf *Überwachungsfenster*.

- Um eine bestimmte Variable für die Überwachung auszuwählen, klicken Sie diese mit der rechten Maustaste an und auf *Überwachung hinzufügen*.

Bild 3.108 Überwachung hinzufügen

Achtung: Nach Beenden des Makros sind alle Variablen und damit auch alle Überwachungsausdrücke wieder leer, wie im Bild unten.

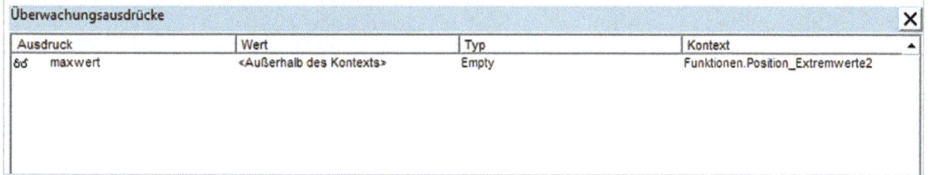

Bild 3.109 Das Überwachungsfenster

3.8 Verweise auf Objekte

Eine erhebliche Vereinfachung und dadurch noch übersichtlichere Gestaltung des Programmcodes erhält man durch Objektvariablen. Dabei werden bei der Deklaration den Variablen Objekttypen statt Datentypen zugewiesen. Die Zuweisung konkreter Objekte geschieht dann durch die *Set*-Anweisung. Diese Art der Programmierung erlaubt es, Bereichsdimensionen flexibel zu handhaben, die Syntax:

```
Dim bereich as Range
Set bereich =  Range("D:D")
```

Zum Beispiel wurden in unseren bisherigen Übungen unterschiedliche Bereiche festgelegt, in denen nach bestimmten Kriterien gesucht wurde. Gegenüber dieser Vorgehensweise liegt der Vorteil von Objektvariablen auf der Hand, da nur noch an einer Stelle die Bereichsfestlegung erfolgen muss (*Set*).

Übungsbeispiel

Bei der Anwendung der *CountIfs*-Methode (siehe Bild 3.100 auf Seite 117) haben wir mehrfach den gleichen Bereich D:D (die gesamte Spalte D) eingesetzt. Dies lässt sich kürzer und übersichtlicher auch mit einer Objektvariablen erledigen.

1. Kopieren Sie im Modul *Zaehlen* das Makro *CountIfs_Methode* und benennen Sie die Kopie um in *CountIfs_Methode2*.

2. Deklarieren Sie die Variable *bereich* als *Range*-Objekt und weisen Sie der Variablen die Spalte D (D:D) zu.

3. Markieren Sie die Anweisungszeilen mit *Debug.Print* und ersetzen Sie darin die Bereichsangaben mit Hilfe von *Bearbeiten* ▶ *Ersetzen* oder Strg + H.

Bild 3.110 Bereichsangaben durch Variable ersetzen

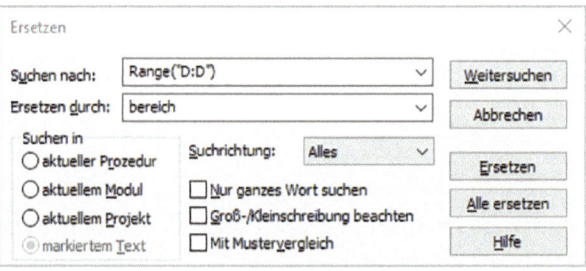

Das Ergebnis sollte so aussehen wie in Bild 3.111 auf Seite 123.

Verweise sind auch auf andere VBA-Objekte möglich, beispielsweise als Worksheet, Workbook, ChartObject, WorksheetFunction usw.

```
Sub CountIfs_Methode2()
'Altersgruppen
Dim bereich As Range

    Worksheets("Tabelle1").Activate
    
    Set bereich = Range("D:D")
    
    With Application.WorksheetFunction
        'Spalte "Alter"
        Debug.Print "10-20: "; .CountIfs(bereich, ">=10", bereich, "<20")
        Debug.Print "20-30: "; .CountIfs(bereich, ">=20", bereich, "<30")
        Debug.Print "30-40: "; .CountIfs(bereich, ">=30", bereich, "<40")
        Debug.Print "40-50: "; .CountIfs(bereich, ">=40", bereich, "<50")
        Debug.Print ">50: "; .CountIfs(bereich, ">=50", bereich, "<90")
    End With

End Sub
```

Bild 3.111 Verwendung von Objektvariablen

Die Lösungen finden Sie in der Mappe Sicherungsdateien\\Kapitel_3\\Mustertabelle_Anmeldungen_02.xlsm.

3.9 Dynamisches Arbeiten in Tabellen

In den bisherigen Kapiteln haben wir immer Werte vorgegeben, um Laufvariablen für ausgewählte, kleinere Zellbereichen einzusetzen. Für die bisherigen Übungen spielten dabei Lösungsansätze für übersichtliche Wertebereiche die Hauptrolle.

Ein Vorteil der Makroprogrammierung liegt jedoch darin, dass man Anweisungen, insbesondere Zählerschleifen, auch dynamisch einsetzen kann, wenn gewisse Parameter als Limits bekannt sind.

Tabellen verändern ihren Umfang mit jeder Eingabe und mit jedem Löschen. Nehmen wir an, Sie haben im Rahmen einer Projektarbeit angefangen, Daten zu einem bestimmten Thema in einer Excel-Tabelle zusammenzutragen und täglich kommen weitere Zeilen zu Ihrer Datenbank hinzu. Damit Sie immer aktuell korrekt informiert sind, müssen Ihre Makros zum Auswerten der Tabelle dynamisch arbeiten – je nach aktuellem Umfang – um Zählerstände, Maximalwerte, Durchschnittsgrößen, statistische Aussagen, Diagramme usw. zu ermitteln.

Die Kenntnis des Tabellenumfangs, also der aktuell belegten Zellen in Zeilen und Spalten einer Tabelle, ist in mehrfacher Hinsicht wichtig. Zum Durchsuchen und zum Anfügen von Daten an einen vorhandenen Bestand muss geklärt werden:

- Wie viele Zeilen sind bereits belegt?
- Wie viele Spalten sind vorhanden?
- Ab welcher Zeile/Spalte können neue Einträge erfolgen?

Den Umfang einer Tabelle ermitteln

Der Umfang einer Tabelle ergibt sich aus dem verwendeten Zellbereich. Das sind in der Regel Zellen mit einem Inhalt (Zahl, Text, Datum, Formel). Leider gibt es Zellformatierungen (dazu zählen auch Rahmenlinien), die leere Zellen vortäuschen. Solchermaßen formatierte Zellen sehen nur leer aus, sind aber de facto nicht leer und haben dadurch Einfluss auf die Eigenschaft *UsedRange*. Bedauerlicherweise kann es durch Programmierfehler auch vorkommen, dass Daten an falscher Stelle in der falschen Tabelle abgelegt wurden. In solchen Fällen liefern die klassischen Methoden nicht immer ein befriedigendes Ergebnis. Wir werden uns daher mit verschiedenen Abfragevarianten beschäftigen müssen, um anschließend über Vor- und Nachteile entscheiden zu können.

Die UsedRange-Eigenschaft

Wenn eine Tabelle neu angelegt wurde und noch keine Formatierungen enthält, kann über die Eigenschaft *UsedRange* meist zufriedenstellend die Größe dieser Tabelle ermittelt werden.

Übungsbeispiel

Die Makros finden Sie im Modul Tabellenumfang in der Mappe Sicherungsdateien\Kapitel_3\Mustertabelle_Anmeldungen_03.xlsm.

Die Ausmaße einer Tabelle sollen mittels der *UsedRange*-Eigenschaft festgestellt werden, da sie beim Hinzufügen weiterer Daten von besonderer Bedeutung sind. Die Ausgabe kann im Direktbereich erfolgen.

1. Nehmen Sie als Beispiel die Mappe *Mustertabelle_Anmeldungen_02.xlsm* und ergänzen Sie diese um ein neues Modul mit dem Namen *Tabellenumfang*.

2. Erstellen Sie hier ein neues Makro mit dem Namen *Tabellenumfang_ermitteln* und geben Sie in diesem Makro die unten abgebildeten Anweisungen ein - die Erklärung folgt.

```
Sub Tabellenumfang_ermitteln()

    Debug.Print Worksheets("Tabelle1").UsedRange.Address
    Debug.Print Worksheets("Tabelle1").UsedRange.Rows.Count
    Debug.Print Worksheets("Tabelle1").UsedRange.Columns.Count

End Sub
```

Bild 3.112 Die Eigenschaft UsedRange

Hinweis: Bedauerlicherweise bietet die sogenannte IntelliSense Hilfe (Dropdownliste mit möglichen Optionen) für *UsedRange* nach dem Setzen des Punktes keine Unterstützung an.

Die Anzeige im Direktbereich dürfte für das genannte Beispiel etwa so aussehen:

Bild 3.113 Das Ergebnis im Direktbereich

```
Direktbereich
$A$1:$Q$51
 51
 17
```

UsedRange.Address liefert den gesamten benutzten Zellbereich im angegebenen Tabellenblatt (*Tabelle1*). Demnach umfasst dieser Bereich die Zellen A1 bis Q51.

Hinweis: Die Dollarzeichen kennzeichnen absolute (nicht veränderliche) Zellbezüge; $A1 legt lediglich die Spalte A fest, A$1 die Zeile 1, A1 ist ein relativer Bezug.

Dieses Ergebnis beschreibt die Anzahl der Spalten und Zeilen der Tabelle, sagt aber nichts darüber aus, ob alle Spalten in gleichem Umfang belegt sind. Zur Gestaltung von dynamischen Abfragen mit Schleifen ist eine solche Adress-Abfrage daher nur bedingt verwendbar.

Mittels *UsedRange.Select* lassen sich auch alle benutzten Zellen einer Tabelle markieren bzw. mit *UsedRange.Copy* kopieren, z. B.

```
Worksheets("Tabelle1").UsedRange.Copy _
    Destination:=Worksheets("Tabelle2").Range("A1")
```

Anzahl Zeilen und Spalten

Die Anzahl der benutzten Zeilen und Spalten kann aber auch getrennt jeweils mit der Funktion *Count* ermittelt werden und anschließend an Variablen übergeben werden.

```
letzte_Zeile = ActiveSheet.UsedRange.Rows.Count
letzte_Spalte = ActiveSheet.UsedRange.Columns.Count
```

Die SpecialCells-Methode

Die Methode *Range.SpecialCells* durchsucht alle Zellen eines Bereichs, um mit der Zelltyp-Konstanten *xlCellTypeLastCell* die letzte benutzte Zelle zu finden. Je nach Bedarf wird die Eigenschaft *Row* oder *Column* einer Variablen zugewiesen.

```
letzte_Zeile = ActiveSheet.Cells.SpecialCells(xlCellTypeLastCell).Row
letzte_Spalte = ActiveSheet.Cells.SpecialCells(xlCellTypeLastCell).Column
```

xlCellTypeLastCell entspricht etwa der Möglichkeit, im Tabellenblatt mit den Tasten Strg+Pfeil nach unten ans Ende der Tabelle zu gelangen.

Die CountA-Funktion (WorksheetFunction)

In einem lückenlos zusammenhängenden Tabellenbereich kann auch das Zählen der nichtleeren Zellen einer Spalte Aufschluss über die Zeilenanzahl der Tabelle geben.

```
Letzte_Zeile = WorksheetFunction.CountA(Worksheets("Tabelle1").Range("A:A"))
```

Oder allgemeiner für die erste Spalte

```
Letzte_Zeile = WorksheetFunction.CountA(Worksheets(1).Columns(1))
```

Analog dazu lässt sich auch die Anzahl der Spalten ermitteln.

Die Rückwärtssuche

Das Ende eines Wertebereichs (letzter Eintrag) in einer bestimmten Spalte kann auch über die Abfrage der *Range.End*-Eigenschaft ermittelt werden. Sie ist wahrscheinlich die sicherste Methode; vorausgesetzt, es befindet sich in der ersten Spalte der Tabelle ein Eintrag mit hoher Relevanz für die betreffende Zeile, wie beispielsweise eine Bestellnummer, ein Nachname oder eine laufende Nummer.

Hinweis: Die Suche nach der letzten belegten Zelle beginnt am theoretisch möglichen Ende einer Spalte: Ab Excel 2007 umfasst ein Tabellenblatt 1.048.576 Zeilen und 16.384 Spalten (A – XFD) . In früheren Excel-Versionen waren maximal 65.536 Zeilen und 256 Spalten möglich. – Aber wer von uns nutzt ein Tabellenblatt auch wirklich bis zur letzten Zeile und Spalte?

Letzte benutzte Zeile

Die Rückwärtssuche nach der letzten benutzten Zeile in Spalte A des aktiven Tabellenblatts beginnt nach altem Brauch bei Zelle A65536 mit der Excel-Richtungskonstanten *xlUp*.

```
letzte_Zeile = ActiveSheet.Range("A65536").End(xlUp).Row
```

Die versionsunabhängige Lösung bezieht für ein *Range*- und ein *Cells*-Objekt die maximal mögliche Zeilenzahl (*Rows.Count*) mit ein:

```
letzte_Zeile = ActiveSheet.Range("A" & ActiveSheet.Rows.Count).End(xlUp).Row
letzte_Zeile = ActiveSheet.Cells(ActiveSheet.Rows.Count,1).End(xlUp).Row
```

Letzte benutzte Spalte

Analog beginnt die Rückwärtssuche nach der letzten benutzten Spalte in Zeile 1 der aktiven Tabelle mit der maximalen Spaltenanzahl und der Suche nach links mit der Excel-Konstanten *xlToLeft*.

```
letzte_spalte = ActiveSheet.Cells(1, ActiveSheet.Columns.Count).End(xlToLeft).Column
```

Hinweis: Grundsätzlich wäre auch eine Vorwärtssuche mit den Konstanten *xlDown* nach unten bzw. mit *XlToRight* möglich, ist aber in der Praxis weniger gebräuchlich. Stellen Sie sich vor, dass Ihre Tabelle in der durchsuchten Spalte A (aus welchem Grund auch immer) eine leere Zelle aufweisen würde. Dann würden möglicherweise ab dieser Zeile weiter Daten angehängt, was zu Verlusten durch Überschreiben führen könnte.

Übungsbeispiel

In unserer Mappe *Mustertabelle_Anmeldungen* wurden drei separate Tabellen für die Teilnehmer in den Blättern *Kurs1* bis *Kurs3* angelegt. Um ständig über die aktuelle Teilnehmerzahl informiert zu sein, benötigen Sie die Zahl der jeweiligen Einträge.

1 Nennen Sie das neue Makro *Teilnehmerzahlen*.

2 Ermitteln Sie mit der *UsedRange*-Eigenschaft die aktuellen Teilnehmerzahlen in allen Tabellen. Kleiner Haken dabei: Die Tabellen haben Spaltenüberschriften.

3 Gestalten Sie die Ausgabe im Direktbereich (Strg + G) übersichtlich mit Angaben zum Ergebnis – etwa so:

```
alle:       50
Kurs1:      21
Kurs2:      14
Kurs3:      15
```

Dynamisches Arbeiten in Tabellen 3

```
Sub Teilnehmerzahlen()

    Debug.Print "alle : "; Worksheets("Tabelle1").UsedRange.Rows.Count - 1
    Debug.Print "Kurs1: "; Worksheets("Kurs1").UsedRange.Rows.Count - 1
    Debug.Print "Kurs2: "; Worksheets("Kurs2").UsedRange.Rows.Count - 1
    Debug.Print "Kurs3: "; Worksheets("Kurs3").UsedRange.Rows.Count - 1

End Sub
```

Bild 3.114 Die Zeile mit Spaltenüberschriften wird berücksichtigt (abgezogen)

Dynamische Schleife mit Abfragen

Zusammenfassende Übung: Dynamische Schleife mit Abfrage

Gehen wir davon aus, dass sich unsere *Mustertabelle_Anmeldungen* von Tag zu Tag erweitert. Um nach jeder Veränderung im Blatt *Tabelle1* den aktuellen Stand zu haben, bereiten wir eine dynamische Schleife vor. Mit der *UsedRange*-Eigenschaft soll der Wertebereich der Spalte F (Gewicht) durchsucht werden und diejenigen Zellen, deren Inhalt größer 80 kg ist, sollen mit gelber Hintergrundfarbe (*Interior*) hervorgehoben werden (ingesamt 6).

Die Makros finden Sie im Modul Tabellenumfang in der Mappe Sicherungsdateien\Kapitel_3\Mustertabelle_Anmeldungen_03.xlsm.

1. Nennen Sie das neue Makro *dynamische_Schleife* (Modul *Tabellenumfang*).
2. Im Direktbereich sollen die Zeilenanzahl und die Anzahl der vorgenommenen Markierungen ausgegeben werden.
3. Beachten Sie, dass eine Spaltenüberschrift vorhanden ist.

Im Bild unten eine einfache Version.

```
Sub dynamische_Schleife()
Dim zeile As Long
Dim letzte_zeile As Long

    'letzte benutzte Zeile ermitteln
    letzte_zeile = Worksheets("Tabelle1").UsedRange.Rows.Count

    'Spalte F durchsuchen
    For zeile = 2 To letzte_zeile
        If Worksheets("Tabelle1").Range("F" & zeile).Value > 80 Then
            Range("F" & zeile).Interior.ColorIndex = 6
        End If
    Next zeile

End Sub
```

Bild 3.115 Dynamische Schleife

Die professionellere Version verwendet die *With*-Anweisung (siehe Bild nächste Seite). Beachten Sie dabei, dass innerhalb der *With*-Anweisung alle Eigenschaften, die sich auf das *Worksheet*-Objekt beziehen, mit einem Punkt beginnen müssen.

Bild 3.116 Variante mit der With-Anweisung

```
Sub dynamische_Schleife2()
Dim zeile As Long
Dim letzte_zeile As Long

    With Worksheets("Tabelle1")
        'letzte benutzte Zeile ermitteln
        letzte_zeile = .UsedRange.Rows.Count
        
        'Spalte F durchsuchen > 80: färben
        For zeile = 2 To letzte_zeile
            If .Range("F" & zeile).Value > 80 Then
                Range("F" & zeile).Interior.ColorIndex = 6
            End If
        Next zeile
    End With

End Sub
```

3.10 Arbeitsblätter

Wie viele Arbeitsblätter beim Erstellen neuer Arbeitsmappen angelegt werden, lässt sich in den Excel-Optionen in der Gruppe *Allgemein* voreinstellen. Starten Sie mit einer leeren Arbeitsmappe, die nur eine einzige Tabelle enthält. Wechseln Sie nach Backstage in die Entwicklungsumgebung und fügen Sie ein neues Modul mit dem Namen *Tabellen* ein.

Arbeitsblatt hinzufügen

In einer Excel-Arbeitsmappe muss mindestens eine Tabelle – ein Arbeitsblatt – vorhanden sein. Beginnen wir gleich mit einem neuen Makro *Tabelle_hinzufuegen*. In der einfachsten Form genügt hierzu die Anweisung

```
Worksheets.Add
```

Die in der Hierarchie übergeordneten Objekte wie *Application* und *Workbook* müssen nicht angegeben werden. Das neue Blatt wird vor bzw. links von der aktiven Tabelle eingefügt. **Achtung**: Mit jedem Hinzufügen ändern sich die Indizes der Worksheets.

Sie können dem neuen Arbeitsblatt auch direkt einen Namen mit auf den Weg geben. Allerdings ist eine solche Anweisung problematisch, wenn bereits ein Arbeitsblatt mit dem angegebenen Namen existiert.

```
Worksheets.Add.Name = "Tabelle2".
```

Nach dem Hinzufügen ist das neue Arbeitsblatt automatisch aktiv, sodass Sie gleich noch die Position in der Reihenfolge (Index) der Arbeitsblätter festlegen können (*ActiveSheet.Move*).

Mit dem abgebildeten Makro fügen Sie ein weiteres Arbeitsblatt mit dem Namen *Tabelle3* am Ende der bisherigen Reihe hinzu.

```
Sub Tabelle_hinzufuegen2()

    Worksheets.Add.Name = "Tabelle3"
    ActiveSheet.Move after:=Worksheets("Tabelle2")

End Sub
```

Bild 3.117 Tabellenblatt am Ende hinzufügen

Es gibt noch weitere Möglichkeiten, Arbeitsblätter hinzuzufügen. Beispielsweise gleich mehrere in einer einzigen Anweisung oder in Abhängigkeit von der bereits vorhandenen Anzahl, siehe Übung auf Seite 135. Aber wir wollen es erst einmal bei den wichtigsten Anweisungen belassen.

Arbeitsblatt aktivieren/auswählen

Wie Sie ein Arbeitsblatt auswählen, haben wir schon mehrfach praktiziert um ein Blatt als aktives Blatt festzulegen.

```
Worksheets.Activate oder
Worksheets.Select
```

Arbeitsblattnamen anzeigen

Im Rahmen der Übungen haben Sie sicherlich die eine oder andere Tabelle wieder gelöscht, um die Makros auszuprobieren. Daraus ergeben sich etwas verwirrende Namen der Arbeitsblätter, da Excel intern weiterzählt und die Blätter entsprechend nummeriert.

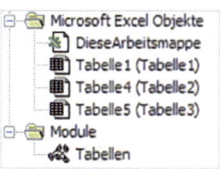

Im Bild rechts das typische Aussehen im Projektfenster nach einigen Löschaktionen. Von Ihnen vergebene Namen befinden sich in Klammern, davor stehen die internen, automatisch vergebenen Bezeichnungen. Die Auflistung erfolgt alphabetisch, der Index ist dagegen abhängig von der Position im Blattregister (siehe Bild unten).

Bild 3.118 Anordnung der Arbeitsblätter nach einigen Löschaktionen

Sollte es Sie interessieren, welcher Arbeitsblattname zu welchem Index gehört (Bild 3.118), dann testen Sie doch das nachfolgende Makro. Als obere Begrenzung der Zählerschleife wird mit der Eigenschaft *Count* die Anzahl der Tabellen in der Auflistung (*Worksheets*) ermittelt. Rechts daneben das Ergebnis im Direktbereich.

```
Sub alle_Tabellennamen_anzeigen()
Dim i As Integer
    For i = 1 To Worksheets.Count
        Debug.Print i; Worksheets(i).Name
    Next i
End Sub
```

```
Direktbereich
 1 Tabelle2
 2 Tabelle3
 3 Tabelle1
```

Bild 3.119 Tabellennamen und Index anzeigen

Bild 3.120 Die richtigen Namen der Arbeitsblätter hinter den Indexangaben

> **Hinweis**: Wenn Sie die Reihenfolge in der Anordnung der Arbeitsblätter ändern, ändert sich auch der Index. Dieses Beispiel soll Ihnen nahelegen, Arbeitsblätter möglichst mit ihrem Namen anzusprechen und nur in Ausnahmefällen über den Indexwert.

Arbeitsblatt umbenennen

Die Makros finden Sie in der Mappe Sicherungsdateien\Kapitel_3\Arbeitsblätter.xlsm.

In ähnlicher Weise, wie Sie dem neuen Arbeitsblatt einen Namen gegeben haben, können Sie im Nachhinein vorhandene Tabellen umbenennen:

```
Worksheets("Tabelle2").Name = "Hilfstabelle"
```

Achtung: das Umbenennen sollte aber mit Bedacht erfolgen, da bereits programmierte Zugriffe auf namentlich angesprochen Arbeitsblätter – hier Worksheets("Tabelle2") – dann nicht mehr funktionieren.

Arbeitsblatt löschen

Sollte es vorkommen, dass Sie zwischenzeitlich eine Hilfstabelle angelegt haben, die Sie nicht mehr benötigen, können Sie dieses Arbeitsblatt per VBA-Code löschen. Ob aber die automatische Löschung nicht zu riskant ist, sei dahingestellt. Es sollte zumindest die Rückfrage (*Application.DisplayAlerts*) nicht ausgeschaltet werden.

Bild 3.121 Tabelle löschen

```vba
Sub Tabelle_loeschen()
'Löschen mit Rückfrage
    Worksheets("Tabelle1").Delete
End Sub
```

Arbeitsblatt leeren

Wenn ein Arbeitsblatt komplett mit neuem Inhalt versehen werden soll, ist es sinnvoll, zuvor die alten Inhalte zu entfernen. Genau genommen handelt es sich dabei um das Leeren von Zellen – die Struktur und evtl. die Formate einer Tabelle können bei Bedarf bestehen bleiben. Die Methoden zum Löschen der Inhalte von Bereichen wurden in diesem Kapitel bereits auf Seite 104 beschrieben.

- *Clear* (Alle Löschen)
- *ClearContents* (Inhalte löschen)
- *ClearFormats* (Formate löschen).

Arbeitsblätter

Arbeitsblatt verbergen/ausblenden

Wenn Sie mit der rechten Maustaste auf eine Registerlasche eines Arbeitsblatts klicken, erhalten Sie die Möglichkeit, das Blatt auszublenden. Das können Sie auch mit VBA-Code ausführen, beispielsweise wenn eine Bearbeitung abgeschlossen ist oder das Blatt Hilfstabellen enthält, die von einem normalen Benutzer nicht benötigt werden.

Dem VBA-Programmierer bieten sich sogar zwei Optionen des Versteckens an: *Hidden* und *VeryHidden*. Der Unterschied: Das *„sehr versteckte"* Blatt lässt sich tabellenseitig nicht wieder einblenden (via rechter Maustaste oder über das Menüband, Register *Start* ▶ *Zellen* ▶ Schaltfläche *Format*). Das geht nur Backstage, entweder manuell oder mit einem weiteren Makro.

```
Sub Tabelle_verstecken()
'lässt sich mit re Maustaste wieder einblenden
    Worksheets("Tabelle1").Visible = xlSheetHidden
End Sub

Sub Tabelle_sicher_verstecken()
'lässt sich nur über Makro wieder anzeigen
    Worksheets("Tabelle1").Visible = xlSheetVeryHidden
End Sub

Sub Tabelle_sichtbar()
    Worksheets("Tabelle1").Visible = xlSheetVisible
End Sub
```

Bild 3.122 Tabelle aus- und wieder einblenden

Arbeitsblatt schützen

Um die Inhalte eines Arbeitsblatts vor Änderungen durch Unbefugte zu schützen, kann das Arbeitsblatt mit einem Passwort gesperrt werden.

```
Sub Tabelle_schuetzen()
'ohne Password-Angabe lässt sich der Schutz ohne Kennwort aufheben
    Worksheets("Tabelle1").Protect Password:="VBA"
End Sub

Sub Tabelle_schuetzen_aufheben()
'ohne Password-Angabe entfällt der Klammerausdruck
    Worksheets("Tabelle1").Unprotect ("VBA")
End Sub
```

Bild 3.123 Tabellenblatt mit Passwort schützen und Schutz wieder aufheben

Arbeitsblatt-Ereignisse

Hinter jedem Arbeitsblatt befindet sich ein Codefenster, in das Sie aus dem Arbeitsblatt heraus per Rechtsklick auf das Blattregister und den Befehl *Code anzeigen* gelangen oder im Projektfenster des VBA-Editors mit Doppelklick auf das Excel-Objekt.

Die Titelleiste des VBA-Editors zeigt statt eines Modulnamens das Excel-Objekt, im Bild unten *Tabelle1* an.

3 Einstieg in die Programmierung von Makros

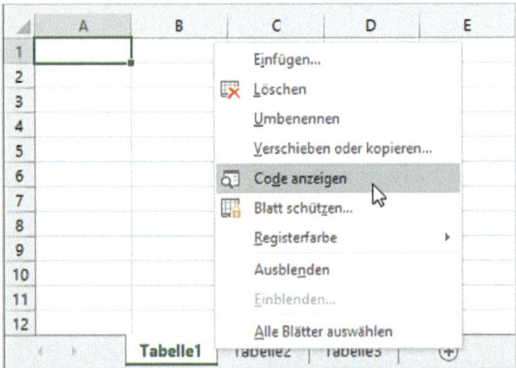

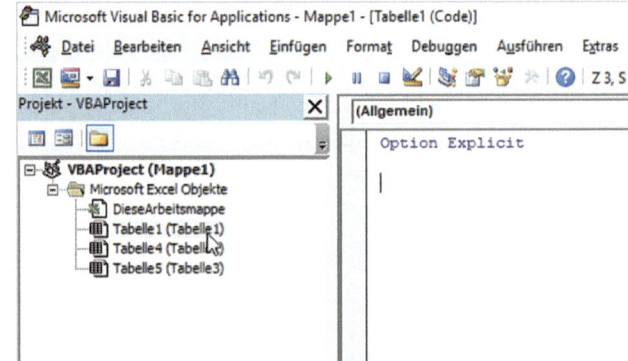

Bild 3.124 Code anzeigen aus der Tabelle heraus

Bild 3.125 ... und im VBA-Editor

Oberhalb des Codebereichs haben Sie über Dropdown-Listen die Möglichkeit, dem *Worksheet*-Objekt ein Ereignis zuzuweisen. Die Standardeinstellung *SelectionChange* reagiert auf jeden Klick in der Tabelle und ist meist nicht das passende Ereignis. Wenn Sie auf konkrete Veränderungen im Arbeitsblatt reagieren wollen, müssen Sie das *Change*-Ereignis auswählen.

Sobald Sie auf ein Ereignis geklickt haben, wird automatisch die dazugehörige Prozedur erzeugt. In diesen Prozedurrumpf lassen sich dann Anweisungen einfügen, die beispielsweise Abfragen, Formatierungen, Sortierungen oder Neuberechnungen innerhalb der Tabelle veranlassen, sobald sich in einer Zelle etwas ändert.

Bild 3.126 Worksheet-Ereignis auswählen

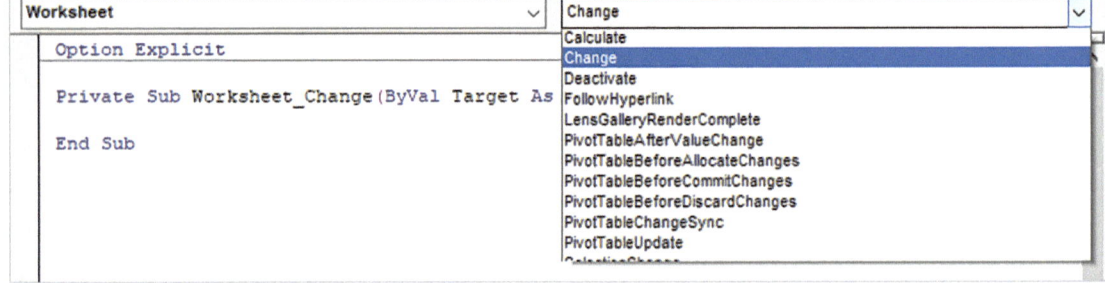

3.11 Arbeitsmappen

Arbeitsmappen (Excel-Dateien) können ähnlich wie Arbeitsblätter auf Ereignisse reagieren. Darin liegt auch die potenzielle Gefahr der .xlsm-Dateien. Durch ihre Dateinamenerweiterung weisen sie darauf hin, dass sie Makros enthalten können, die eventuell Schaden verursachen können. Deshalb werden sie nur unter den eingestellten Sicherheitsmaßnahmen geöffnet.

Arbeitsmappen-Ereignisse

Wenn Sie dem Objekt *Workbook* ein Ereignis zuordnen möchten, dann öffnen Sie zunächst im Projektfenster mit Doppelklick auf *DieseArbeitsmappe* den dazugehörigen Codebereich und wählen dann im Dropdown-Feld oberhalb des Codebereichs das Objekt *Workbook* aus. Auch hier können Sie anschließend wieder unterschiedliche Ereignisse zuordnen, standardmäßig ist das Ereignis *Open*, also Öffnen der Arbeitsmappe vorgesehen.

Bild 3.127 Das Ereignis Workbook_Open

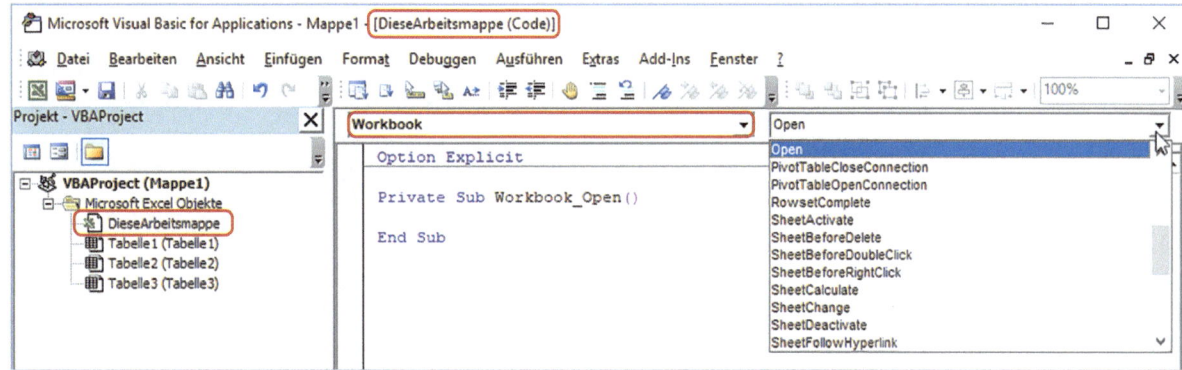

Mit diesem Ereignis lassen sich sofort nach dem Öffnen der Arbeitsmappe Prozeduren aufrufen, die bereits erste Aufgaben erledigen. Sie könnten beispielsweise ein Kennwort für den Zugriff abfragen, ein Willkommensfenster anzeigen oder eine Sicherungskopie der aufgerufenen Datei veranlassen.

In der Beispieldatei *Arbeitsmappe.xlsm* begrüßt Sie nach dem Öffnen ein Willkommensfenster. Es wurde als Formular (*UserForm*) mit dem Namen *Hinweisbox* angelegt und wird von dem *Workbook_Open* Ereignis im Codefenster von *DieseArbeitsmappe* aufgerufen.

```
Private Sub Workbook_Open()
    HinweisBox.Show
End Sub
```

Bild 3.128 Willkommensfenster anzeigen

Bild 3.129 Das Ergebnis

Von den weiteren, zur Verfügung stehenden Ereignissen, auf *Workbook*-Ebene dürfte *BeforeSave* noch Erwähnung finden. Dieses Ereignis bietet sich regelrecht an, wenn eine automatische Sicherung der Arbeitsmappe durchzuführen oder beim Schließen der Mappe ein Arbeitsblattschutz mit Passwort für bestimmte Tabellen einzurichten ist. (siehe Kapitel 7.7).

Arbeitsmappe identifizieren

Den Dateinamen bzw. den Pfad der aktuellen Arbeitsmappe erfahren Sie mit den nebenstehenden Prozeduren.

```vba
Sub Name_dieser_Arbeitsmappe()
'Datei, die den VBA-Vcode enthält
    Debug.Print ThisWorkbook.Name
End Sub

Sub Pfad_dieser_Arbeitsmappe()
    Debug.Print ThisWorkbook.Path
End Sub

Sub Pfad_und_Name_dieser_Arbeitsmappe()
    Debug.Print ThisWorkbook.FullName
End Sub
```

Bild 3.130 Name und Pfad der Arbeitsmappe ermitteln

Hinweis: Die (gerade) aktive Arbeitsmappe lässt sich mit der Eigenschaft *ActiveWorkbook* ansprechen. *ThisWorkbook* bezieht sich dagegen auf die Arbeitsmappe, in der das Makro ausgeführt wird. Die Ergebnisse sind nur identisch, wenn nicht mit mehreren geöffneten Arbeitsmappen gearbeitet wird.

Arbeitsmappe anlegen

Mit der Methode *Add* erstellen Sie eine neue Arbeitsmappe. Die neu erstellte Arbeitsmappe ist gleichzeitig auch aktiviert.

```vba
Sub neue_Arbeitsmappe_anlegen()
'eine neue Excel-Datei erzeugen: z.B. "Mappe1"
    Workbooks.Add
End Sub
```

Bild 3.131 Neue Arbeitsmappe

Arbeitsmappe speichern

Mit dem folgenden Makro legen Sie einen Namen (*Exportdatei*) für die neu erstellte Arbeitsmappe fest und speichern diese im aktuellen Ordner.

```vba
Sub Arbeitsmappe_speichern_unter()
'Aktive Datei unter neuem Namen speichern - keine Rückfrage
    ActiveWorkbook.SaveAs Filename:="Exportdatei"
End Sub
```

Bild 3.132 Speichern unter

Sie können beim Speichern auch einen konkreten Pfad mit angeben. Wenn beispielsweise die aktive Arbeitsmappe als Kopie gespeichert werden soll, mit neuem Namen oder mit Zusätzen (Präfix, Suffix) zum ursprünglichen Dateinamen, wie im Bild unten.

```vba
Sub Arbeitsmappe_als_Kopie_speichern()
'Aktive Datei als Sicherungskopie speichern - ändert nicht die geöffnete Arbeitsmappe
    ActiveWorkbook.SaveCopyAs "C:\Pool\Sicherung_" & ActiveWorkbook.Name
End Sub
```

Bild 3.133 Speichern mit Pfadangabe

Arbeitsmappe öffnen

Wenn Sie eine Arbeitsmappe öffnen wollen, die sich beispielsweise im Ordner C:\Pool\ befindet, dann hilft Ihnen folgender Code:

```vba
Sub Arbeitsmappe_oeffnen()
    Workbooks.Open Filename:="C:\Pool\Arbeitsblätter.xlsm"
End Sub
```

Bild 3.134 Arbeitsmappe öffnen

Zusammenfassende Übung

In einer neuen Arbeitsmappe sollen 12 Tabellen angelegt und mit den Monatsnamen beschriftet werden. Die Mappe selbst soll letztlich unter dem Namen *Monatstabellen_2019.xlsx* gespeichert werden.

1. Erstellen Sie eine neue Arbeitsmappe. In der Voreinstellung enthält diese eine einzige Tabelle (*Tabelle1*).

2. Das unten abgebildete Makro mit dem Namen *Mappe_mit_Monatstabellen* fügt mittels einer Zählerschleife zwölf Arbeitsblätter mit den Monatsnamen hinzu. Der jeweilige Indexwert wird über die Funktion *MonthName* in eine Monatsbezeichnung umgewandelt.

   Die Aufgabe ist damit erledigt, aber ist das Resultat auch zufriedenstellend?

   ```vba
   Sub Mappe_mit_Monatstabellen()
   Dim monat As Integer

       Workbooks.Add

       For monat = 1 To 12
           Worksheets.Add.Name = MonthName(monat)
       Next monat

   End Sub
   ```

Bild 3.135 Arbeitsblätter mit Zählerschleife einfügen

| ▶ | **Dezember** | November | Oktober | September | August | Juli | Juni | Mai | April | ... | ⊕ |

Bild 3.136 Das Ergebnis

Für die korrekte Reihenfolge müssen die neuen Arbeitsblätter jeweils hinter das vorherige Blatt verschoben werden.

3. Löschen Sie bitte die neu angelegten Arbeitsblätter manuell (mit gleichzeitig gedrückter Strg-Taste alle zwölf neuen Tabellen durch Anklicken im Blattregister markieren und löschen).

4. Wir ergänzen nun den vorhandenen Code, um die neuen Tabellen in der gewohnten Reihenfolge zu platzieren. Am Ende wird *Tabelle1* gelöscht. Als Ergebnis werden im Blattregister die Tabellen mit den Monatsnamen von links nach rechts angeordnet.

Noch schneller geht's mit der folgenden Methode: Erste Tabelle anklicken und mit gleichzeitig gedrückter Umschalt-Taste die letzte Tabelle.

Bild 3.137 Neu hinzugefügte Arbeitsblätter verschieben

```vba
Sub Mappe_mit_Monatstabellen2()
Dim monat As Integer
'eine Tabelle ist voreingestellt: "Tabelle1" = Worksheets(1)

    'neue Arbeitsmappe erstellen
    Workbooks.Add
    
    '12 Arbeitsblätter hinzufügen + Monatsnamen
    For monat = 1 To 12
        Worksheets.Add.Name = MonthName(monat)
        'schieben hinter vorherige Tabelle
        ActiveSheet.Move after:=Worksheets(monat)
    Next monat
    
    'Löschen mit Rückfrage
    Worksheets("Tabelle1").Delete
    
End Sub
```

Bild 3.138 Die Arbeitsblätter in der richtigen Reihenfolge

| Januar | Februar | März | April | Mai | Juni | Juli | August | September | Oktobe ... ⊕

Als Alternative können Sie Arbeitsblätter beim Einfügen genau positionieren, z. B. zwischen zwei bestimmten Tabellen, ganz am Anfang über Index 1 oder am Ende:

```vba
Worksheets.Add before:=Worksheets(1)                    am Anfang
Worksheets.Add after:=Worksheets(Worksheets.Count)      am Ende
```

Zum Abschluss fehlt die Speicherung der neuen Arbeitsmappe. Aber diese Aufgabe können wir im nächsten Beispiel mit aufgreifen.

Lehrbeispiel

Sehen Sie sich bitte das folgende Makro an. Einige Codezeilen kommen Ihnen bestimmt bekannt vor. Ein paar neue Programmiertechniken möchten wir an dieser Stelle einfließen lassen.

Bild 3.139 Beispiel

```vba
Sub Mappe_mit_Monatstabellen3()
Dim anzahlTabellen As Integer
Dim neueMappe As Workbook
Dim neueTabelle As Worksheet

    'Aktuellen Wert für Anzahl neuer Tabellen für neue Mappe speichern
    anzahlTabellen = Application.SheetsInNewWorkbook
    
    'ändern auf 12 Tabellen (vorübergehend)
    Application.SheetsInNewWorkbook = 12
    Set neueMappe = Workbooks.Add
    
    'Zurücksetzen auf ursprüngliche Anzahl neuer Tabellen
    Application.SheetsInNewWorkbook = anzahlTabellen
    
    'Benennung der 12 Tabellen nach Monatsnamen
    For Each neueTabelle In neueMappe.Worksheets
        neueTabelle.Name = MonthName(neueTabelle.Index)
    Next neueTabelle
    
    'Neue Arbeitsmappe speichern
    neueMappe.SaveAs Filename:="Monatstabellen_2019.xlsx"
    neueMappe.Close
    
End Sub
```

1. Es sind drei Variablen zu deklarieren:
   - anzahlTabellen (*Integer*)
   - neueMappe (*Workbook*)
   - neueTabelle (*Worksheet*)

2. Die voreingestellte Anzahl der Arbeitsblätter beim Erstellen einer neuen Arbeitsmappe wird in der Variablen *anzahlTabellen* festgehalten. Die Abfrage erfolgt über die Eigenschaft *SheetsInNewWorkbook*.

3. Der neue Vorgabewert wird auf 12 (Arbeitsblätter) gesetzt - damit entfällt das Löschen von *Tabelle1* wie im vorherigen Beispiel.

4. Die Objektvariable *neueMappe* verweist auf die Bezeichnung der neu erstellen und aktiven Arbeitsmappe (zu diesem Zeitpunkt etwa *Mappe1*), die nun automatisch 12 Arbeitsblätter enthält.

5. Bevor es mit dem Umbenennen weitergeht, wird die Anzahl der künftig automatisch zu erstellenden Arbeitsblätter wieder auf den Ursprungswert 1 zurückgesetzt.

6. Es folgt in einer Zählerschleife die Umbenennung aller Arbeitsblattnamen über die Objektvariable *neueTabelle*.

7. Die neue Arbeitsmappe wird unter der Bezeichnung *Monatstabellen_2019.xlsx* gespeichert...

8. und danach geschlossen.

Die Makros finden Sie in Sicherungsdateien\Kapitel_3\Arbeitsmappen.xlsm

3.12 Ordnerinhalte anzeigen

Wenn wir aus Excel heraus auf Arbeitsmappen zugreifen wollen, um spezielle Zellen, Spalten, Zeilen oder Bereiche zu übernehmen, kann eine Überprüfung oder auch die Anzeige der Dateinamen von Bedeutung sein. Möglicherweise möchte man auch die Dateien eines Ordners in einer Tabelle auflisten lassen.

In den meisten Fällen dürften sich die benötigten Dateien in einem bestimmten Arbeitsverzeichnis befinden, weil sie dort angelegt oder als Vorauswahl dorthin kopiert wurden. Es liegt daher nahe, dass man dieses Verzeichnis im Programmcode als Konstante vorgibt.

Dateien eines Ordners im Tabellenblatt auflisten

Die in einem vorgegebenen Verzeichnis enthaltenen Dateien sollen in Form einer Liste im Arbeitsblatt *Tabelle1* aufgelistet werden.

▶ Erstellen Sie eine neue Arbeitsmappe und speichern Sie diese unter dem Namen *Ordnerinhalte.xlsm*.

3 Einstieg in die Programmierung von Makros

- Fügen Sie ein Modul mit dem Namen *Ordnerinhalt* ein.
- Das Makro soll *Inhaltsverzeichnis* heißen.

Sie benötigen die Variablen *datei_ein* (Typ *String*) für die Dateibezeichnung, die Variable *zeile* (Typ *Integer*) als Zeilenindex für den Tabelleneintrag sowie die Konstante *pfad* (Typ *String*).

```
const pfad as String = "C:\Pool\"
```
(oder ein ähnliches Verzeichnis)

Durchsucht wird der, unter *pfad* angegebene Ordner solange, bis keine Dateibezeichnung mehr folgt und somit nicht Leer ist (<>"") mittels *While…Wend*-Schleife.

Bild 3.140 Ordnerinhalt in Spalte A schreiben

```vba
Sub Inhaltsverzeichnis()
Dim datei_ein As String
Dim zeile As Integer

Const pfad As String = "C:\Pool\"

    Worksheets("Tabelle1").Activate
    
    'Wechsel in das Verzeichnis
    ChDir pfad
    
    'Dateien in Tabelle listen
    zeile = 1
    datei_ein = Dir(pfad & "*.*")
    While datei_ein <> ""
        Range("A" & zeile).Value = datei_ein
        zeile = zeile + 1
        datei_ein = Dir
    Wend

End Sub
```

Erklärung

Der Dateiname ist als String-Variable *datei_ein* deklariert. Die erste gefundene Datei im vorgegebenen Verzeichnis *pfad* wird ihr zugewiesen und über eine Schleife zeilenweise in Spalte A des Blattes *Tabelle1* geschrieben. Dies wird ausgeführt, solange eine Datei vorhanden, also der Dateiname nicht leer ist.

Die *Dir*-Funktion gibt, laut Hilfe (F1) „eine Zeichenfolge (*String*) zurück, die den Namen einer Datei, eines Verzeichnisses oder eines Ordners darstellt, der mit einem bestimmten Suchmuster, einem Dateiattribut oder mit der angegebenen Datenträger- bzw. Laufwerksbezeichnung übereinstimmt".

Oftmals werden für die weitere Bearbeitung nur ganz bestimmte Dateitypen gesucht. In den folgenden Übungen werden wir uns mit Excel-Dateien und Textdateien (.xls, .txt, .csv) befassen. Im Grunde genommen kann man bereits vorab dafür sorgen, dass die benötigten Dateitypen, wie sie beispielsweise aus Analysesoftware exportiert werden, in Excel-Arbeitsblätter umgewandelt werden. Dazu bietet Excel eine Menge Möglichkeiten (Menüband, Register *Daten* ▶ *Externe Daten abrufen* …) und nicht zuletzt auch über VBA.

Das Herausfiltern zur Anzeige bestimmter Dateitypen ließe sich auch flexibel gestalten, ist aber in der Praxis eher unnötig, da meist das Ziel, auf ganz bestimmte Dateien zuzugreifen, eindeutig vorgegeben ist.

Übungsbeispiel: Excel-Dateien anzeigen

In der nächsten Übung soll die Anzeige der Dateien auf Excel-Dateien eingegrenzt werden. Zum Filtern dient die Angabe typischer Excel-Dateiendungen wie beispielsweise .xls oder .xlsx, verkettet mit der Pfad-Konstanten

```
datei_ein = Dir(pfad & "*.xls")
```

▶ Kopieren Sie das Makro *Inhaltsverzeichnis* und benennen Sie die Kopie um in *Inhaltsverzeichnis_xls*.

▶ Passen Sie die Dateinamenerweiterung an Excel-Dateitypen an.

Die Lösungen finden Sie in der Arbeitsmappe Sicherungsdateien\Kapitel_3\Ordnerinhalte.xlsm.

3.13 Zeichenketten zerlegen

Beim Zugriff auf Dateien kann es notwendig werden, Sicherungskopien anzulegen und sie mit besonderen Textzusätzen abzulegen. Auch bei einer Datenübernahme (Selektion) kann es sinnvoll sein, wenn die Verbindung zur Quelldatei aus dem Namen der neuen Arbeitsmappe ersichtlich ist.

Um Textstrings in einzelne Wörter, Zahlen oder Buchstabenkürzel (z. B. Dateinamenerweiterungen wie .xlsm oder .txt) zu zerlegen, bietet VBA mehrere Lösungsmöglichkeiten (wie so oft).

Position eines bestimmten Zeichens mit der InStr-Funktion ermitteln

Eine einfache, aber auch etwas umständliche Vorgehensweise ist die Verwendung der *InStr*-Funktion. Sie liefert die Position des ersten Auftretens eines Zeichens (z. B. Trennzeichen) oder einer Zeichenfolge innerhalb einer anderen Zeichenkette als Zahl.

```
Position = InStr(Startposition, Text, Trennzeichen)
```

Übungsbeispiel

1 Finden Sie in der Zeichenfolge *Mustertabelle_Anmeldungen.xlsx* die Position des Punktes, der die Dateinamenerweiterung vom eigentlichen Dateinamen trennt. Der Lösungsansatz:

```
Sub Trennzeichenposition()
    Debug.Print InStr(1, "Mustertabelle_Anmeldungen.xlsx", ".")
End Sub
```

2 Erweitern Sie diese Prozedur unter Verwendung der Variablen *pos* (Integer) und *datei_ein* (String) sowie der Konstanten *trennzeichen* für das Trennzeichen (hier der Punkt). Das Ergebnis kann im Direktbereich ausgegeben werden.

Bild 3.141 Das Makro Trennzeichenposition

```
Sub Trennzeichenposition()
Dim pos As Integer
Dim datei_ein As String

Const trennzeichen As String = "."

    datei_ein = "Mustertabelle_Anmeldungen.xlsx"
    pos = InStr(1, datei_ein, trennzeichen)
    Debug.Print pos                 'Ergebnis: 26

End Sub
```

Eine bestimmte Anzahl ermitteln

Um von einer Textzeile eine bestimmte Anzahl von Zeichen abzutrennen, gibt es drei Funktionen mit unterschiedlichem Ansatz:

- *Left*(Zeichenkette, Länge)   links beginnend
- *Right*(Zeichenkette, Länge)   rechts beginnend
- *Mid*(Zeichenkette, Anfang[, Länge])   ab einer bestimmten Stelle
- Die Gesamtlänge eines Strings wird mit *Len*(Zeichenkette) ermittelt.

Übungsbeispiel

Weisen Sie die Dateibezeichnung und die Dateierweiterung aus diesem Beispiel jeweils einer Variablen zu.

Bild 3.142 Trennzeichenposition2

```
Sub Trennzeichenposition2()
Dim pos As Integer
Dim datei_ein As String
Dim bezeichnung As String
Dim erweiterung As String

Const trennzeichen As String = "."

    datei_ein = "Mustertabelle_Anmeldungen.xlsx"
    pos = InStr(1, datei_ein, trennzeichen)
    bezeichnung = Left(datei_ein, pos - 1)      'ohne Punkt
    erweiterung = Mid(datei_ein, pos + 1, 4)    'ohne Punkt
    Debug.Print bezeichnung
    Debug.Print erweiterung

End Sub
```

Da die Dateierweiterung durchaus unterschiedlich viele Zeichen aufweisen kann, lässt sich die Aufteilung mittels *Right*-Funktion in Verbindung mit der Textlänge (*Len*-Funktion) vornehmen.

```
      erweiterung = Right(datei_ein, Len(datei_ein) - pos)
```

Zeichenketten zerlegen 3

Die Split-Funktion

Eleganter lässt sich die Aufteilung einer Zeichenfolge mit der *Split*-Funktion erledigen. Sie liefert ein eindimensionales Datenfeld zurück. Wenn die genaue Anzahl der Teile des Strings im Voraus noch nicht feststeht, sollte ein dynamisches Datenfeld deklariert werden. Die Größe des Datenfeldes lässt sich später dann über die Funktionen *LBound* und *UBound* ermitteln. Sie liefern die Indexwerte für die untere (Low) und die obere (Upper) Begrenzung des Feldes.

Übungsbeispiel

Zerlegen Sie die Zeichenfolge mit der Adresse des Bildner Verlags in Teilstrings. Trennzeichen ist das Komma. Die Anzeige soll im Direktbereich erfolgen.

Im Bild unten rechts die Ausgabe in Direktbereich. Sie zeigt neben dem Indexwert (i) die Teile der Adresse.

```
Sub Zeichenfolge_aufteilen()
'Aufteilung einer mit Komma getrennten Adressangabe
Dim zeichenfolge As String
Dim teil() As String        'eindimensionales Feld
Dim i As Integer            'Zählervariable

    zeichenfolge = "Bildner Verlag GmbH, Bahnhofstraße 8, 94032, Passau"
    'Aufteilung in Datenfeld
    teil = Split(zeichenfolge, ",")
    'Anzeige der Teilstücke
    For i = LBound(teil) To UBound(teil)
        Debug.Print i; teil(i)
    Next i

End Sub
```

Bild 3.143 Adresse in Teilstrings zerlegen

Bild 3.144 Das Ergebnis im Direktbereich

```
Direktbereich
 0 Bildner Verlag GmbH
 1  Bahnhofstraße 8
 2  94032
 3  Passau
```

Leerzeichen entfernen

Die störenden Leerzeichen am Anfang der Adresszeilen lassen sich mit der Funktion *Trim* wegschneiden, und zwar am besten in den Variablen innerhalb der Schleife für die Anzeige.

```
    For i = LBound(teil) To UBound(teil)
        teil(i) = Trim(teil(i))
        Debug.Print i; teil(i)
    Next i
```

Alle vorgestellten Lösungen finden Sie im Modul Zeichenketten in der Mappe Ordnerinhalte.xlsm.

Damit stehen uns brauchbare Werkzeuge für Textzeilen zur Verfügung, die wir auch im Umgang mit Dateinamen gut verwenden können.

Hinweis: Das Zusammenfügen von Zeichenketten haben wir bereits beim Thema Verkettungsoperator in Kapitel 2.7 besprochen.

3

4 Dateiauswahl und einfacher Datenimport

Übersicht

4.1	Dateiauswahl per Dialogfeld	144
4.2	Import aus Excel-Tabellenblättern (Copy-Methode)	152
4.3	Import aus Text- und CSV-Dateien	162
4.4	Vorgabewerte für Systemtrennzeichen	173
4.5	Mehrere Textdateien zusammenführen	176

4 Dateiauswahl und einfacher Datenimport

4.1 Dateiauswahl per Dialogfeld

Alle Beispiel- und Übungsdateien dieses Kapitels finden Sie im Ordner Sicherungsdateien\Kapitel_4

Aus der täglichen Arbeit auf der Suche nach bestimmten Dateien in unterschiedlichen Verzeichnissen (Ordnern) ist der Einsatz des Windows-Explorers hinlänglich bekannt. Zwar ist es prinzipiell möglich, diese Suchfunktion aus einer der zahlreichen Dynamic Link Libraries (DLLs) des Betriebssystems über sogenannte API-Aufrufe in Excel-VBA einzubinden, jedoch erfordert dies einiges an Programmcode und birgt auch Risiken – zumindest, bis alles reibungslos funktioniert. Eine weitere Erschwernis kommt bei Netzlaufwerken hinzu, wenn der Zugriff auf System-DLLs unterbunden wurde.

Excel bietet jedoch auch andere komfortable Möglichkeiten, Verzeichnisse und Dateipfade vom Anwender auswählen zu lassen, um z. B.:

- den aktuellen Inhalt eines bestimmten Ordners darzustellen,
- auf eine bestimmte Datei zuzugreifen,
- auf mehrere (gleichartige) Dateien zuzugreifen.

Das Standarddialogfeld einbinden

Mit der Methode *GetOpenFileName* stellt Excel ein Standarddialogfeld für die Dateiauswahl zur Verfügung, das dem Anwender die Möglichkeit gibt, auf eine oder mehrere Dateien zuzugreifen. Die Möglichkeit einer Vorauswahl bestimmter Dateitypen oder Angabe eines Startverzeichnisses ist ebenfalls gegeben.

Das Dialogfeld übernimmt nach Auswahl und Klick auf *Öffnen* den kompletten Dateipfad als *String*, ohne die Datei zu öffnen. Der Rückgabewert ist vom Typ *Variant*. Bei Auswahl mehrerer Dateien liefert die Methode ein *Array* (Datenfeld) zurück, welches die einzelnen Datenpfade enthält. Bei Abbruch des Dialogs ist der Rückgabewert *False*, also vom Typ *Boolean*. Die Syntax:

Ausdruck.`GetOpenFilename`(FileFilter, FilterIndex, Title, ButtonText, MultiSelect)

Beginnen Sie mit einer neuen leeren Arbeitsmappe und legen Sie ein Modul mit dem Namen *Dateipfad_waehlen* an. Speichern Sie die Mappe als Arbeitsmappe mit Makros, so dass sie im späteren Verlauf schnell gesichert werden kann, bevor Sie die Makros testweise starten. Die Ausgabe des Dateipfades erfolgt im Direktbereich (Anzeigen mit Strg + G).

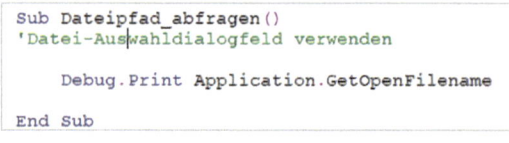

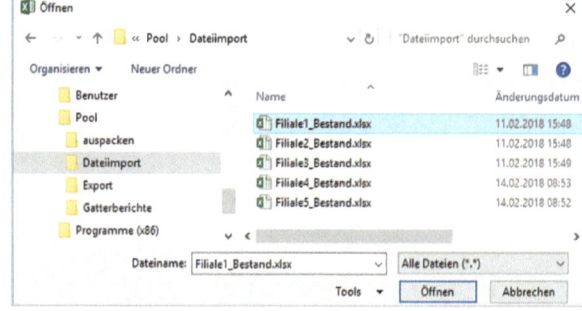

Bild 4.1 Das Makro

Bild 4.2 Das Dialogfeld Öffnen

4 Dateiauswahl per Dialogfeld

Dateitypen

Anzeige auf einen Dateityp festlegen

Über den Filterparameter werden nur Excel-Arbeitsmappen (.xls, .xlsx. xlsm) zur Anzeige gebracht. Eine erklärende Titelzeile lässt sich zusätzlich einbinden, siehe Bild unten.

```
Sub Dateipfad_abfragen_xls()
'Datei-Auswahldialogfeld und Dateityp-Filter XLS*

    Debug.Print Application.GetOpenFilename( _
        Filefilter:="EXCEL-Dateien (*.xls*), *.xls*", _
        Title:="Bitte wählen Sie eine Datei aus")

End Sub
```

Bild 4.3 Dateityp-Filter

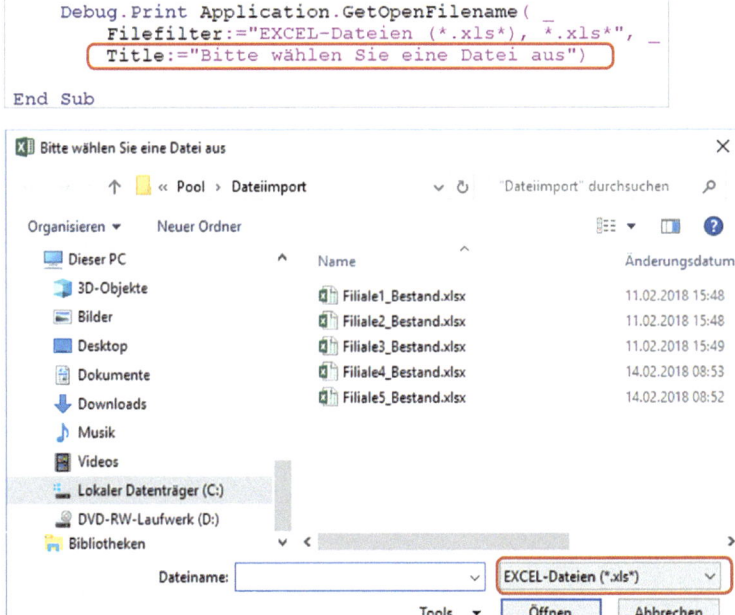

Bild 4.4 Das Öffnen-Dialogfeld

Anzeige von mehreren Dateitypen

Sie können auch mehrere Dateitypen zur Auswahl anbieten bzw. die Auswahlmöglichkeiten eingrenzen. Im Bild unten das Makro und darunter das Ergebnis im Auswahlfeld *Dateityp*.

Bild 4.5 Filtermöglichkeiten Dateityp

```
Sub Dateipfad_abfragen_txt_slk()
'Datei-Auswahldialogfeld und Dateityp-Filter TXT und SLK*

    Debug.Print Application.GetOpenFilename( _
        Filefilter:="Textdateien (*.txt), *.txt, Textdateien (*.slk), *.slk", _
        Title:="Bitte wählen Sie eine Datei aus")

End Sub
```

Bild 4.6 Auswahl Dateityp

4 Dateiauswahl und einfacher Datenimport

Mehrfachauswahl zulassen

Wenn der *MultiSelect*-Parameter auf *True* gesetzt wird, können mehrere Dateipfade übergeben werden.

Mehrfachauswahl mit fest vorgegebener Anzahl

Im ersten Beispiel sollen nur drei Excel-Mappen weiterverwendet werden, um die Array-Struktur des Rückgabewertes zu zeigen.

▶ Für die Rückgabewerte des Arrays bzw. Datenfeldes wird eine Variable mit dem Namen *pfad* als Variant deklariert. Die Variable muss nicht ausdrücklich als Array deklariert werden.

▶ Die Titelzeile wird angepasst.

▶ Die Pfadangaben werden in die sequenziell indizierte Elemente des Arrays geschrieben und anschließend im Direktbereich aufgelistet. Der Auflistungsindex beginnt mit 1.

Bild 4.7 Fest vorgegebene Anzahl Dateien (3)

```
Sub Dateipfad_abfragen_multi_3x_xls()
'Datei-Auswahldialogfeld für Mehrfachauswahl - nur 3 Pfade übernommen

Dim pfad As Variant           'bei Mehrfachauswahl -> Array

    pfad = Application.GetOpenFilename( _
        Filefilter:="EXCEL-Dateien (*.xls*), *.xls*", _
        Title:="Sie können 3 Dateien auswählen", _
        MultiSelect:=True)
    
    Debug.Print pfad(1)
    Debug.Print pfad(2)
    Debug.Print pfad(3)

End Sub
```

Bild 4.8 Das dazugehörige Öffnen-Dialogfeld

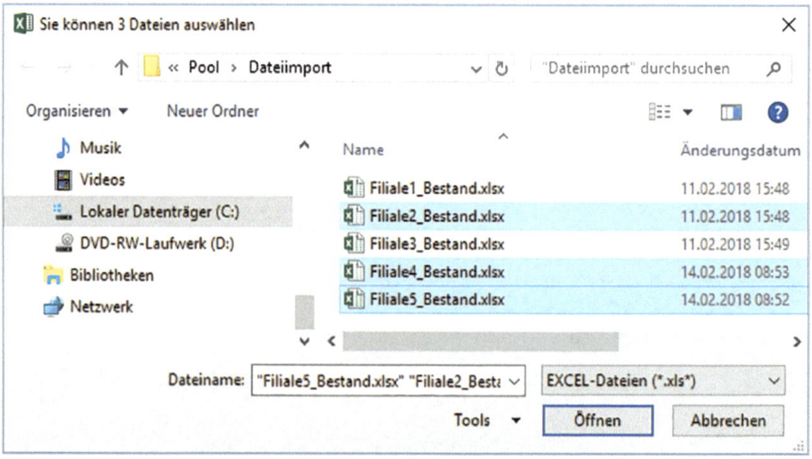

Bild 4.9 ... und die Ausgabe im Direktbereich

```
Direktbereich
C:\Pool\Dateiimport\Filiale2_Bestand.xlsx
C:\Pool\Dateiimport\Filiale4_Bestand.xlsx
C:\Pool\Dateiimport\Filiale5_Bestand.xlsx
```

Dateiauswahl per Dialogfeld

Mehrfachauswahl ohne feste Anzahl

Auch ohne vorherige Festlegung der Anzahl ist eine Mehrfachauswahl möglich – allerdings nur innerhalb eines Ordners.

Wie oben beschrieben, muss der Rückgabewert *pfad* nicht ausdrücklich als Array deklariert werden (Typ Variant). Der Auflistungsindex beginnt mit 1, kann aber auch mit *LBound(pfad)* ermittelt werden. Im unten abgebildeten Beispiel wird der letzte Indexwert durch die Funktion *UBound(pfad)* ermittelt, somit kann eine beliebige Anzahl Dateien ausgewählt werden.

Bild 4.10 Array-Umfang an Auswahl anpassen

Bild 4.11 Die Ausgabe im Direktbereich

```vba
Sub Dateipfad_abfragen_multi()
'Datei-Auswahldialogfeld für Mehrfachauswahl

Dim pfad As Variant         'bei Mehrfachauswahl -> Array
Dim i As Integer

    pfad = Application.GetOpenFilename( _
        Filefilter:="EXCEL-Dateien (*.xls*), *.xls*", _
        Title:="Sie können mehrere Dateien auswählen", _
        MultiSelect:=True)
    
    'Anpassen an Auswahlmenge
    For i = LBound(pfad) To UBound(pfad)
        Debug.Print i; pfad(i)
    Next i

End Sub
```

```
Direktbereich
1 C:\Pool\Dateiimport\Filiale1_Bestand.xlsx
2 C:\Pool\Dateiimport\Filiale2_Bestand.xlsx
3 C:\Pool\Dateiimport\Filiale3_Bestand.xlsx
4 C:\Pool\Dateiimport\Filiale4_Bestand.xlsx
5 C:\Pool\Dateiimport\Filiale5_Bestand.xlsx
```

Achtung: Ein Abbruch der Aktion bewirkt einen Laufzeitfehler, wenn kein Pfad gewählt wurde bzw. nicht auf *Öffnen* geklickt wurde.

Mehrfachauswahl mit Abbruch-Kontrolle

Um beim Abbrechen eine Fehlermeldung zu vermeiden, sollte eine entsprechende Überprüfung eingebaut werden. Wird der Auswahldialog abgebrochen, liefert er den Rückgabewert *False*, ist also vom Typ *Boolean*. Das unten abgebildete erweiterte Makro gibt die Dateipfade nur aus, wenn der Rückgabewert nicht vom Typ *Boolean* ist.

Bild 4.12 Auf Abbruch überprüfen

```vba
Sub Dateipfad_abfragen_multi_2()
'Datei-Auswahldialogfeld für Mehrfachauswahl mit Abbruch-Kontrolle

Dim pfad As Variant         'bei Mehrfachauswahl -> Array
Dim i As Integer

    pfad = Application.GetOpenFilename( _
        Filefilter:="EXCEL-Dateien (*.xls*), *.xls*", _
        Title:="Sie können mehrere Dateien auswählen", _
        MultiSelect:=True)
    
    'Bei Abbruch ist der Rückgabewert = False (Typ: "Boolean")
    If Not TypeName(pfad) = "Boolean" Then
        For i = LBound(pfad) To UBound(pfad)
            Debug.Print i; pfad(i)
        Next i
    End If

End Sub
```

Ausgangsordner vorgeben

Das Auswahldialogfeld bezieht sich immer auf den aktuell eingestellten Standardordner, wenn nicht zuvor eine andere Festlegung erfolgte. Mit der *ChDir*-Anweisung lässt sich ein bestimmter Ordner auswählen, siehe Bild unten. Soll auch ein Wechsel zu einem anderen Laufwerk erfolgen, muss zuvor *ChDrive* aufgerufen werden.

Bild 4.13 Bestimmten Ordner auswählen

```
Sub Dateipfad_abfragen_multi_mit_Ordnervorgabe()
'Datei-Auswahldialogfeld für Mehrfachauswahl mit Abbruch-Kontrolle
'mit vorgegebenem Dateiordner

Dim pfad As Variant         'bei Mehrfachauswahl -> Array
Dim i As Integer

ChDir "C:\Pool"

    pfad = Application.GetOpenFilename( _
        Filefilter:="EXCEL-Dateien (*.xls*), *.xls*", _
        Title:="Sie können mehrere Dateien auswählen", _
        MultiSelect:=True)
    
    'Bei Abbruch ist der Rückgabewert = False (Typ: "Boolean")
    If Not TypeName(pfad) = "Boolean" Then
        For i = LBound(pfad) To UBound(pfad)
            Debug.Print i; pfad(i)
        Next i
    End If

End Sub
```

Stand: Datenimport_03.xlsm

Die Prozeduren befinden sich in der Arbeitsmappe *Datenimport_03.xlsm* im Modul *Dateipfad_waehlen*.

Nur bestimmte Dateien anzeigen (FileDialog)

In der Praxis ist es sinnvoll, wenn sich in einem Quelldatenordner nur die zu bearbeitenden Dateien befinden. Das macht eine weitere Selektion überflüssig. Sollen dennoch innerhalb eines Ordners nur bestimmte Dateien anhand des Dateinamens selektiert werden, muss auf eine andere Methode zurückgegriffen werden. Die Eigenschaft *FileDialog* des Application.Objekts bietet mehr Einstellungsmöglichkeiten als die *GetOpenFilename*-Methode.

▶ Legen Sie für die nachfolgenden Beispiele mit einer neuen Arbeitsmappe oder in der Mappe *Datenimport_03.xlsm* ein neues Modul mit dem Namen *Dateinamen_waehlen* an.

Eine einzige Datei auswählen

Im unten abgebildeten Makro wurde zunächst eine Variable vom Typ *FileDialog* deklariert. Wenn eine Datei ausgewählt wurde, dann wird sie in die Auflistung *AuswahlDialog.SelectedItems* aufgenommen und der Zähler ist 1. Die *FileDialog*-Eigenschaft *AllowMultiSelect* steuert die Möglichkeit einer Mehrfachauswahl.

Dateiauswahl per Dialogfeld 4

```vb
Sub bestimmte_Dateinamen_suchen()
'Vorgaben für DateiTyp .xls* und Dateinamen mit "Filiale..."

    Dim AuswahlDialog As FileDialog

    Set AuswahlDialog = Application.FileDialog(msoFileDialogFilePicker)

    With AuswahlDialog
        .AllowMultiSelect = False              'eine/(mehrere) Datei(en)
        .Filters.Clear                         'Filterauflistung löschen
        .Filters.Add "EXCEL-Dateien", "*.xls*" 'neue Filterkriterien
        .InitialFileName = "Filiale*.xls*"     'alle Dateien mit ...
        .Show

        'Wenn eine Datei gewählt wurde, dann Anzeige im Direktbereich
        If .SelectedItems.Count > 0 Then
            Debug.Print .SelectedItems(1)
        End If
    End With
End Sub
```

Bild 4.14 Auswahl einer Datei

Mehrfachauswahl

Im nächsten Bild die abgewandelte Version, wenn mehrere Dateien auswählbar sind:

```vb
Sub bestimmte_Dateinamen_abfragen_multi()
'Vorgaben für DateiTyp .xls* und Dateinamen mit Nordwind...

    Dim AuswahlDialog As FileDialog
    Dim i As Integer

    Set AuswahlDialog = Application.FileDialog(msoFileDialogFilePicker)

    With AuswahlDialog
        .AllowMultiSelect = True               '(eine)/mehrere Dateien
        .Filters.Clear                         'Filterauflistung löschen
        .Filters.Add "EXCEL-Dateien", "*.xls*" 'neue Filterkriterien
        .InitialFileName = "Northwind*.xls*"   'Namensanfang, alle mit ...
        .Show

        'Wenn mindestens Datei gewählt wurde, dann Anzeige im Direktbereich
        If .SelectedItems.Count > 0 Then
            For i = 1 To .SelectedItems.Count
                Debug.Print i; .SelectedItems(i)
            Next i
        End If
    End With
End Sub
```

Bild 4.15 Mehrfachauswahl

Startordner vorgeben

Mit der *FileDialog*-Eigenschaft kann auch ein bestimmter Ordner ausgewählt werden (*msoFileDialogFolderPicker*) ausgehend von einem bestimmten Startordner, der mit *InitialFileName* vorgegeben wird, hier: C:\.

149

4 Dateiauswahl und einfacher Datenimport

Bild 4.16 Vorgabe eines Startordners

```
Sub bestimmten_Ordner_waehlen()

    Dim OrdnerDialog As FileDialog

    Set OrdnerDialog = Application.FileDialog(msoFileDialogFolderPicker)

    With OrdnerDialog
        .InitialFileName = "C:\"
        .Show
        If .SelectedItems.Count > 0 Then
            Debug.Print .SelectedItems(1)
        End If
    End With

End Sub
```

Stand: Datenimport_04.xlsm

Die Prozeduren befinden sich im Modul *Dateinamen_waehlen* in der Arbeitsmappe *Datenimport_04.xlsm*.

Übungsbeispiel Datenübernahme

Übungsdateien_Pool\ Dateien_aus_Ordner_Filialen

Sie erhalten wöchentlich Bestandslisten aus mehreren Filialen in Form von Excel-Arbeitsmappen gleicher Struktur. Die Mappen haben Sie im Ordner C:\Pool abgelegt. Erstellen Sie eine Prozedur, …

1. die auf diesen Ordner zugreift,
2. zur Auswahl die Funktion *GetOpenFilename* benutzt,
3. mit Beschränkung auf alle Excel-Dateien,
4. Inhalte und Formate der Zellen der Zieltabelle (Tabelle1) vorsorglich löscht (nicht nur die Werte),
5. aus der ersten ausgewählten Arbeitsmappe die Artikelbezeichnung übernimmt,
6. in einer Zählerschleife die beliebige Anzahl an Mappen (maximal 5) nacheinander öffnet und jeweils den Bereich C1:C60 übernimmt und
7. die Spaltenwerte nebeneinander anordnet und zum Schluss
8. die Quelldatei schließt (ohne Änderungen vorzunehmen).

Bild 4.17 Die Bestandslisten der Filialen im Ordner C:\Pool

Name	Änderungsdatum	Typ	Größe
Filiale1_Bestand.xlsx	14.07.2018 14:38	Microsoft Excel-Ar...	11 KB
Filiale2_Bestand.xlsx	14.07.2018 14:38	Microsoft Excel-Ar...	12 KB
Filiale3_Bestand.xlsx	14.07.2018 14:39	Microsoft Excel-Ar...	12 KB
Filiale4_Bestand.xlsx	14.07.2018 14:39	Microsoft Excel-Ar...	12 KB
Filiale5_Bestand.xlsx	14.07.2018 14:39	Microsoft Excel-Ar...	12 KB

Dateiauswahl per Dialogfeld

```vba
Sub Filialen_Bestand()
'Datei-Auswahldialogfeld für Mehrfachauswahl
'mit Abbruch-Kontrolle und vorgegebenem Dateiordner

Dim pfad As Variant          'bei Mehrfachauswahl -> Array
Dim i As Integer

    ChDir "C:\Pool"
    pfad = Application.GetOpenFilename( _
        Filefilter:="EXCEL-Dateien (*.xls*), *.xls*", _
        Title:="Sie können mehrere Dateien auswählen", _
        MultiSelect:=True)
    
    'Bei Abbruch ist der Rückgabewert = False (Typ: "Boolean")
    If TypeName(pfad) = "Boolean" Then
        Exit Sub
    End If
    
    'Zielbereich löschen
    Tabelle1.Cells.Clear
    
    'Artikelnamen aus erster Datei in Spalte A
    Workbooks.Open(pfad(1)).Worksheets(1).Range("A1:A60").Copy _
      Destination:=Tabelle1.Range("A1")
    ActiveWorkbook.Close savechanges:=False
    
    'Bestand der ausgewählten Filialen in Spalten anhängen
    For i = LBound(pfad) To UBound(pfad)
        'Debug.Print i; pfad(i)
        Workbooks.Open(pfad(i)).Worksheets(1).Range("C1:C60").Copy _
          Destination:=Tabelle1.Cells(1, i + 1)
        ActiveWorkbook.Close savechanges:=False
    Next i

End Sub
```

Bild 4.18 Makro zur Übernahme der Bestände in ausgewählten Filialen

Sicherungsdateien_Kapitel_4\ Übung_Filialen_Bestand.xlsm

Das Ergebnis:

	A	B	C	D	E	F	G
1	Artikelname	Bestand	Bestand	Bestand	Bestand	Bestand	
2	Teebeutel Minze	152	184	98	58	160	
3	Teebeutel Darjeeling	119	256	108	64	53	
4	Teebeutel Kräutermix	17	233	161	411	1144	
5	Olive Öl	60	101	116	145	173	
6	Raps Öl	159	172	161	356	958	
7	Pirsiche	136	236	87	144	392	
8	Curry Sauce	86	251	117	60	22	
9	Nussmix	99	95	163	104	10	
10	Frucht Cocktail	70	233	46	72	24	
11	Chocolate Biscuits Mix	86	74	84	16	15	
12	Marmelade	180	157	76	43	34	
13	Cola	112	268	77	103	262	

Bild 4.19 Bestand aus 5 Filialen zusammengefasst in einer Tabelle

4.2 Import aus Excel-Tabellenblättern (Copy-Methode)

Der Zugriff auf eine Excel-Datei als Datenquelle kann durch VBA über die *Copy*-Methode erfolgen. Aus *Tabelle1* der Datei *Fachbereiche.xlsx* sollen auf diese Weise die benötigten Angaben (Fachbereichsbezeichnungen) kopiert und in der Zieldatei im Tabellenblatt *Fachbereiche* abgelegt werden.

Sie finden die Datei Fachbereiche.xlsx im Ordner Übungsdateien_Pool.

Sie finden die Datei *Fachbereiche.xlsx* im Ordner *Übungsdateien_Pool*.

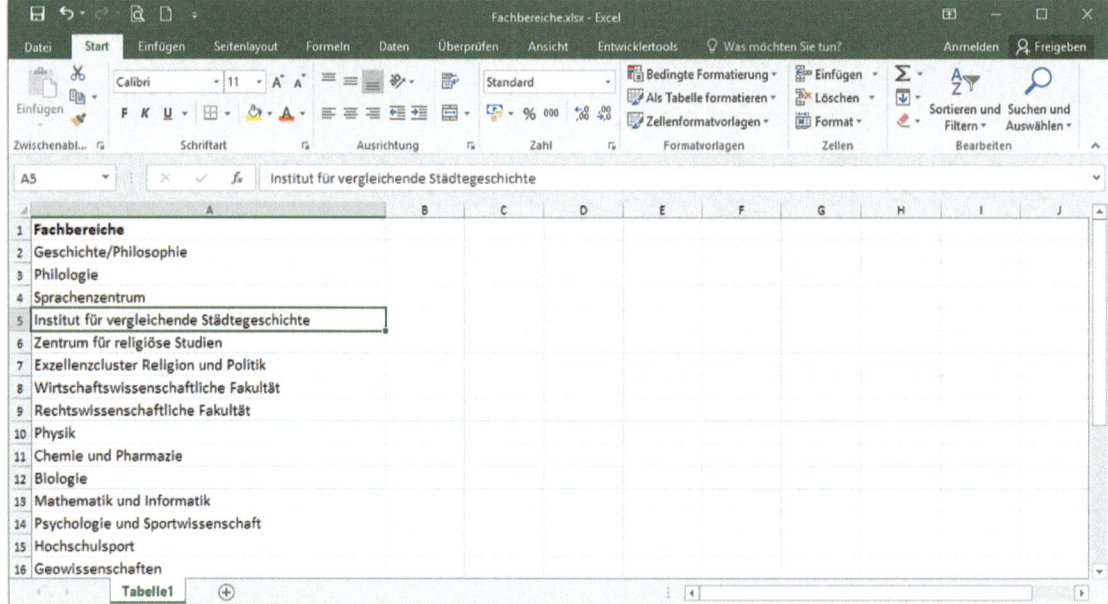

Bild 4.20 Die Quelldatei Fachbereiche.xlsx

Kopiermöglichkeiten

Übungsbeispiel: Kopieren ohne Zwischenablage

Beginnen Sie mit einer neuen Arbeitsmappe und speichern Sie diese als Excel-Arbeitsmappe mit Makros, beispielsweise unter dem Namen *Uebung_Datenimport.xlsm*. Benennen Sie das Blatt *Tabelle1* um in *Fachbereiche* und fügen Sie im Projektfenster des VBA-Editors ein neues Modul mit dem Namen *Datenimport* ein. Das erste Makro erhält den Namen *Import_Copy_Paste*.

In diesem Beispiel verwenden Sie die *Copy /Destination*-Variante zum direkten Kopieren ohne den Weg über die Zwischenablage zu gehen. In Bild 4.21 auf der nächsten Seite finden Sie die vollständige Prozedur.

1 Deklarieren Sie die drei Variablen (Achtung *Option Explicit*) *Pfad* (String), *Quelldatei* (Worksheet) und l*etzte_Zeile* (Integer).

2 Legen Sie den Importpfad fest – hier C:\Pool\. Diesen Pfad müssen Sie ggf. anpassen oder, wenn sich die Quelldatei im selben Ordner wie die neue Arbeitsmappe befinden sollte, über *ThisWorkbook.Path*.

3 Löschen Sie vorsorglich alle Inhalte der Zieltabelle, entweder allgemein als *Tabelle1* oder mit Namen.

4 Weisen Sie der Objektvariablen *Quelldatei* mit der *Set*-Anweisung die Datenquelle zu.

5 Dann kann die Arbeitsmappe geöffnet (*Quelldatei*) und der Focus auf die erste, darin befindliche Tabelle gesetzt werden.

6 In der geöffneten und damit aktiven Arbeitsmappe wird zuerst der Umfang der Tabelle - die letzte benutzte Zeile in Spalte A - durch Rückwärtssuche ermittelt. Dazu setzen Sie die Eigenschaft *Rows.Count* ein, beginnend in der maximal möglichen Zeile und Suchrichtung nach oben.

7 Mit der Variablen *letzte_Zeile* lässt sich der Bereich für Spalte A konkretisieren: A1 bis A & letzte_Zeile und anschließend in das Zieltabellenblatt *Fachbereiche* ab Zelle A1 kopieren.

8 Schließen Sie die Quelldatei über die Arbeitsblatt-Eigenschaft *Parent* mit der Methode *Close*. *Parent* bezieht sich auf das übergeordnete Objekt, die Quelldatei und der Parameter *False* bewirkt, dass Änderungen verworfen und eine entsprechende Rückfrage von Excel ausbleibt.

Achtung: Speichern Sie unbedingt zuerst Ihre neue Arbeitsmappe, bevor Sie das Makro testen. So gehen Sie sicher, dass bei einem möglichen Absturz des Programms zumindest Ihr Quellcode nicht verloren gegangen ist.

```vba
Sub Import_Copy_Paste()
Dim Pfad As String
Dim Quelldatei As Worksheet
Dim letzte_Zeile As Integer

    'Pfad = ThisWorkbook.Path & "\Fachbereiche.xlsx"     'relativ
    Pfad = "C:\Pool\Fachbereiche.xlsx"                   'ggf. Pfad anpassen
    
    'Zielbereich löschen
    Tabelle1.Cells.ClearContents                         'allgemein s.u.
    'Worksheets("Fachbereiche").Cells.ClearContents      'gezielt
    
    'Objektverweis auf Datenquelle
    Set Quelldatei = Workbooks.Open(Pfad).Worksheets(1)
    
    With Quelldatei
        'Datenumfang in Spalte A ermitteln
        letzte_Zeile = .Range("A" & .Rows.Count).End(xlUp).Row
        'Inhalt in die Zieldatei (Destination) kopieren
        .Range("A1:A" & letzte_Zeile).Copy Destination:=Tabelle1.Range("A1")
        'Quelldatei schließen ohne Speichern
        .Parent.Close False
    End With

End Sub
```

Bild 4.21 Die Prozedur Import_Copy_Paste

4 Dateiauswahl und einfacher Datenimport

Falls der Test des Makros zu einer Fehlermeldung wie der unten abgebildeten führt, dann sollten Sie den Importpfad überprüfen und über *Debuggen* direkt in den Quellcode wechseln, um dort zu korrigieren oder verschieben Sie die gesuchte Datei in das vorgegebene Verzeichnis.

Bild 4.22 Laufzeitfehler

Übungsbeispiel: Einfügen mit der PasteSpecial-Methode

Wenn Sie Einfluss nehmen wollen auf die Art des Einfügens (nur Werte, Formeln, Formate, leere Zellen überspringen, transponieren), dann eignet sich die Methode *PasteSpecial* besser, der Parameter *Destination* entfällt dann. Mit diese Methode beschäftigt sich dieses Übungsbeispiel.

▶ Kopieren Sie das erste Makro und benennen Sie um in *Import_Copy_PasteSpecial*. Verändern Sie die entsprechenden Zeilen, so dass die *PasteSpecial*-Methode zum Einsatz kommt, siehe Bild 4.23.

Die Daten werden aus der Quelldatei in die Zwischenablage kopiert und danach in die Zieltabelle eingefügt. Nach dem Kopiervorgang bleibt die Bereichsmarkierung erhalten. Falls dies unerwünscht ist, lässt sich durch das Ansprechen bzw. die Auswahl einer einzelnen Zelle beispielsweise mit *Range("A1").Select* leicht Abhilfe schaffen. (siehe Prozedur *Import_Copy_PasteSpecial_2*).

Bild 4.23 Das kopierte und abgeänderte Makro

```
Sub Import_Copy_PasteSpecial()

Dim Pfad As String
Dim Quelldatei As Worksheet
Dim letzte_Zeile As Integer

    'Pfad = ThisWorkbook.Path & "\Fachbereiche.xlsx"    'relativ
    Pfad = "C:\Pool\Fachbereiche.xlsx"                  'ggf. Pfad anpassen
    
    'Zielbereich löschen
    Tabelle1.Cells.ClearContents
    
    Set Quelldatei = Workbooks.Open(Pfad).Worksheets(1)
    
    With Quelldatei
        'Datenumfang in Spalte A ermitteln
        letzte_Zeile = .Range("A" & .Rows.Count).End(xlUp).Row
        'Inhalt in die Zwischenablage kopieren
        .Range("A1:A" & letzte_Zeile).Copy                'Destination entfällt
        'Quelldatei schließen ohne Speichern
        .Parent.Close False
    End With
    
    'Inhalt aus der Zwischenablage in Zieltabelle einfügen
    Worksheets("Fachbereiche").Range("A1").PasteSpecial

End Sub
```

Import aus Excel-Tabellenblättern (Copy-Methode) 4

Achtung: Die Parameterübergabe der *PasteSpecial*-Methode funktioniert nur zuverlässig, wenn das Ziel genau zugewiesen wird. Im nachfolgenden Makro werden zur Veranschaulichung auch alle Parameter dieser Methode aufgelistet. Sie entsprechen etwa den bekannten Einfügeoptionen im Arbeitsblatt.

Übungsbeispiel: Verwendung von Objektvariablen

Als weitere grundlegende Möglichkeit des Umgangs mit Arbeitsmappen, wollen wir nicht nur die Quelldatei sondern auch die Zieldatei durch eine Objektvariable ansprechen. In ersten Fall soll die Variable *Zieldatei* als *Workbook* deklariert werden.

▶ Deklarieren Sie eine Objektvariable *Zieldatei* als *Workbook*. Dieser können Sie mit einer *Set*-Anweisung die aktuelle Arbeitsmappe (*ThisWorkbook*) zuweisen.

```vba
Sub Import_Copy_PasteSpecial_2()

Dim Pfad As String
Dim Quelldatei As Worksheet
Dim letzte_Zeile As Integer
Dim Zieldatei As Workbook

    'Pfad = ThisWorkbook.Path & "\Fachbereiche.xlsx"    'relativ
    Pfad = "C:\Pool\Fachbereiche.xlsx"                  'ggf. Pfad anpassen
    
    'Zielbereich löschen
    Tabelle1.Cells.ClearContents
    
    Set Zieldatei = ThisWorkbook
    Set Quelldatei = Workbooks.Open(Pfad).Worksheets(1)
    
    With Quelldatei
        letzte_Zeile = .Range("A" & .Rows.Count).End(xlUp).Row
        .Range("A1:A" & letzte_Zeile).Copy           'Destination entfällt
        'Zielzelle mit Kopieroption
        Zieldatei.Worksheets("Fachbereiche").Range("A1").PasteSpecial _
            Paste:=xlPasteValues, Operation:=xlNone, SkipBlanks:=False, _
            Transpose:=False
        .Parent.Close False
    End With
    
    Range("A1").Select
    
End Sub
```

Bild 4.24 Zieldatei als Objektvariable, Typ Workbook

Hinweis: *ThisWorkbook* bezieht sich auf die Arbeitsmappe, in der das Makro ausgeführt wird. *ActiveWorkbook* ist die aktuell aktive Arbeitsmappe, z. B. *Datenimport_05.xlsm*.

`ThisWorkbook.Name`	liefert Datenimport_05.xlsm
`ThisWorkbook.Path`	liefert C:\Pool\Importdateien
`ThisWorkbook.Fullname`	liefert C:\Pool\Importdateien\Datenimport_05.xlsm

Das Kopierziel – nämlich die Tabelle *Fachbereiche* in der aktuellen Arbeitsmappe – lässt sich auch als *Worksheet* deklarieren. Die geänderten Anweisungen sind im unten abgebildeten Makro *Import_Copy_PasteSpecial_3* mit dem Kommentar *NEU* versehen.

4 Dateiauswahl und einfacher Datenimport

Bild 4.25 Kopierziel als Objektvariable vom Worksheet

```vba
Sub Import_Copy_PasteSpecial_3()
'Version mit Zieldatei as Worksheet

Dim Pfad As String
Dim Quelldatei As Worksheet
Dim letzte_Zeile As Integer
Dim Zieldatei As Worksheet                                      'NEU

    'Pfad = ThisWorkbook.Path & "\Fachbereiche.xlsx"
    Pfad = "C:\Pool\Fachbereiche.xlsx"
    
    'Zielbereich löschen
    Tabelle1.Cells.ClearContents
    
    Set Zieldatei = ThisWorkbook.Worksheets("Fachbereiche")      'NEU
    Set Quelldatei = Workbooks.Open(Pfad).Worksheets(1)
    
    With Quelldatei
        letzte_Zeile = .Range("A" & .Rows.Count).End(xlUp).Row
        .Range("A1:A" & letzte_Zeile).Copy
        'Zielzelle mit Kopieroption                              'NEU
        Zieldatei.Range("A1").PasteSpecial _
            Paste:=xlPasteValues, Operation:=xlNone, SkipBlanks:=False, _
            Transpose:=False
        .Parent.Close False
    End With
    
    Range("A1").Select
End Sub
```

Zeit für eine selbständige Übung

Ordner Übungsdateien_Pool

Daten einer Messreihe sind in der Datei *Messwerte_JUL242.xlsx* (Ordner *Übungsdateien*) erfasst. Nicht alle Daten, sondern nur ein bestimmter Datenbereich, nämlich A2:O6 soll in eine neue Tabelle übernommen werden. Achten Sie bitte auch auf die korrekte Übernahme der Dezimalzahlen.

Bild 4.26 Die Messdaten in der Datei Messwerte_JUL242.xlsx

	A	B	C	D	E	F	G	H	I	J	K	L	M	N	O	P
1	*	JUL242	*	Name:	Test05											
2	Nr.	Uebung	n	MW(y)	MW(x)	SD(y)	SD(x)	min(y)	max(y)	min(x)	max(x)	dy	dx	Sxy	Sxy/n	
3	1	RO	600	305	251	4,7	4,4	292	317	241	265	25	23	660	1,1	
4	2	LO	600	311	240	12,1	10,3	283	334	212	264	52	52	1035	1,73	
5	3	RO	600	300	200	0,2	0,2	299	300	199	200	1	1	131	0,22	
6	4	LO	600	299	199	0,2	0,2	299	300	199	200	1	1	129	0,22	
7	Mittelwerte:	SD(y)	SD(x)	dy	dx	Sxy	Sxy/n									
8		RO	2	2	9	8	264	0,44								
9		LO	4	4	18	18	388	0,65								
10																

Stand: Datenimport_05.xlsm

Vergleichen Sie Ihre Prozedur mit den Lösungsvorschlägen im Modul *Datenimport* in der Arbeitsmappe *Datenimport_05.xlsm* (*Import_Messwerte_JUL242* und Variationen).

Der Programmcode lässt sich nach Bedarf auch auf weitere Dateien anwenden, die dann zeilenversetzt in die Tabelle eingelesen werden sollen. Dazu müssten nur ein paar Kleinigkeiten verändert werden:

▶ Dateibezeichnungen anpassen (*Messwerte_JUL242 … JUL244.xlsx*)

▶ Einfügezeilen entsprechend erhöhen (Versatz nach unten).

Letztlich ließe sich diese Methode in eine *For...Next*-Schleife einbauen, um auf verschiedene gleichstrukturierte Dateien zugreifen zu können.

```vba
'*************************************************************
' Lösungen zu selbständige Übung mit mehreren Dateien
'*************************************************************

Sub Import_Messwerte_JUL242_JUL244_Destination()
'Drei Dateien einlesen und Bereiche mit 6 Zeilen Versatz übernehmen

Dim Pfad As String
Dim Quelldatei As Worksheet
Dim Zieltabelle As Worksheet

    'Zielbereich verweisen und Einträge löschen
    Set Zieltabelle = ThisWorkbook.Worksheets("Messwerte")
    Zieltabelle.Cells.ClearContents
    
    Pfad = "C:\Pool\Messwerte_JUL242.xlsx"
    Set Quelldatei = Workbooks.Open(Pfad).Worksheets(1)
    With Quelldatei
        .Range("A2:O6").Copy Destination:=Zieltabelle.Range("A1")
        .Parent.Close False
    End With
    
    Pfad = "C:\Pool\Messwerte_JUL243.xlsx"
    Set Quelldatei = Workbooks.Open(Pfad).Worksheets(1)
    With Quelldatei
        .Range("A2:O6").Copy Destination:=Zieltabelle.Range("A7")
        .Parent.Close False
    End With
    
    Pfad = "C:\Pool\Messwerte_JUL244.xlsx"
    Set Quelldatei = Workbooks.Open(Pfad).Worksheets(1)
    With Quelldatei
        .Range("A2:O6").Copy Destination:=Zieltabelle.Range("A13")
        .Parent.Close False
    End With

End Sub
```

Bild 4.27 Lösungsvarianten

Zusammenfassende Übung

Erinnern Sie sich noch an die Aufteilung einer Anmeldeliste, aus welcher die Teilnehmer auf drei Kurslisten verteilt wurden? Es war in der zusammenfassenden Übung in Kapitel 3.6 auf Seite 112.

Wenn wir nun die Teilnehmer nicht innerhalb derselben Arbeitsmappe auf verschiedene Tabellen verteilen wollen, sondern auf separate Arbeitsmappen, dann können wir die Prozedur zur Verteilung aus dieser Übung im Prinzip übernehmen.

Vorbereitungen

▸ Öffnen Sie die Arbeitsmappe *Mustertabelle_Anmeldungen.xlsx*, damit wir Zugriff auf die Anmeldeliste haben. Um diese Datenquelle nicht zu verändern, sollten wir im ersten Schritt die neue Arbeitsmappe in Vorbereitung auf die Makro-Inhalte unter *Kursaufteilung_Anmeldung.xlsm* speichern. Damit haben wir Daten zum Experimentieren vorliegen.

Wir haben nun die Arbeitsmappe für die Kursaufteilung vorliegen und wechseln nach Backstage in die VBA-Entwicklungsumgebung. Erste Handlung: Wir benötigen ein Modul und nennen es *Kursaufteilung*. Das Makro, das unsere Arbeit erledigen soll, erhält den Namen *Aufteilung_in_Mappen*.

Die Anweisungen
Das Bild unten zeigt das Schema der Aufteilung auf die Arbeitsmappen.

Bild 4.28 Schema Aufteilung

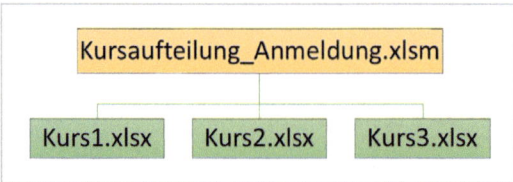

Als nächstes müssen wir daher…
- das Arbeitsverzeichnis festlegen, in dem die Mappen abgelegt werden,
- drei Arbeitsmappen *Kurs1.xlsx*, *Kurs2.xlsx* und *Kurs3.xlsx* anlegen,
- die Aufteilung der Teilnehmer nach Status in Spalte J vornehmen,
- die drei Kurs-Mappen schließen.

1 Beginnen wir mit der Deklaration der Variablen. Als Pfadangabe benötigen wir eine Konstante oder eine String-Variable und für die drei Kurse Objektvariablen von Typ *Workbook*.

2 Der Wechsel in das Arbeitsverzeichnis erfolgt über die Anweisung *ChDir* (Change Directory). Diese Anweisung kann auch das Laufwerk beinhalten und daher übergeben wir die Variable *Pfad*, die bereits beides, nämlich Laufwerk und Ordner enthält.

3 Die Zieldateien für die drei Kurs-Arbeitsmappen werden mit der Methode *Add* erzeugt (siehe Kapitel 3.11, Arbeitsmappen) und mit entsprechenden Dateinamen gespeichert. Sie werden dabei nicht geschlossen – sind also zu diesem Zeitpunkt alle drei geöffnet, so dass wir sie als Zieldateien direkt ansprechen können.

4 Mit der Verteilung der Kursteilnehmer werden wir uns erst nach dem Test mit den angelegten Arbeitsmappen und deren Speicherung befassen. Wir können ja auf bereits vorhandenes Material zurückgreifen. Als Platzhalter setzen wir vorerst eine Kommentarzeile.

5 Das Speichern übernimmt die Methode *Close* in Verbindung mit dem Parameter, dass Änderungen berücksichtigt werden sollen.

```
Sub Aufteilung_in_Mappen()

Dim Pfad As String
Dim Kurs1 As Workbook
Dim Kurs2 As Workbook
Dim Kurs3 As Workbook

    Pfad = "C:\Pool\"        'ggf. Pfad anpassen

    'Wechsel in das Arbeitsverzeichnis
    ChDir Pfad

    '3 Zieldateien anlegen - sie bleiben geöffnet
    Workbooks.Add
    ActiveWorkbook.SaveAs Filename:="Kurs1"
    Workbooks.Add
    ActiveWorkbook.SaveAs Filename:="Kurs2"
    Workbooks.Add
    ActiveWorkbook.SaveAs Filename:="Kurs3"

    'Prozedur zum Aufteilen aufrufen

    'Kurs-Arbeitsblätter speichern
    Workbooks("Kurs1.xlsx").Close SaveChanges:=True
    Workbooks("Kurs2.xlsx").Close SaveChanges:=True
    Workbooks("Kurs3.xlsx").Close SaveChanges:=True

End Sub
```

Bild 4.29 Arbeitsmappen erzeugen und speichern

6 Speichern Sie die Arbeitsmappe, um das Makro zu sichern. Danach sollten Sie das Makro testen. Die drei Arbeitsmappen sollten sich nun ordnungsgemäß im vorgegebenen Ordner (Pfad) befinden. Ein erneuter Testlauf wird Ihnen drei Mal einen Hinweis auf vorhandene Dateien ausgeben, was eigentlich nicht verwundert.

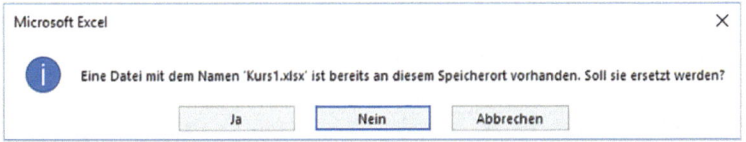

Bild 4.30 Hinweis auf vorhandene Datei

7 Wenden wir uns nun der Aufteilung der Teilnehmer zu. Das Makro *Kurse_aufteilen* in der gesicherten Übungsdatei *Mustertabelle_Anmeldungen_01.xlsm* (siehe Bild 3.94 auf Seite 113) können wir über die Zwischenablage in unsere aktuelle Arbeitsmappe kopieren. Es soll als eigenständige Prozedur im gleichen Modul *Kursaufteilung* erhalten bleiben.

8 Änderungen sind nur bei der Zielangabe (*Destination:=*) vorzunehmen, denn jetzt stehen drei Arbeitsmappen und darin jeweils die erste Tabelle (*Tabelle1*) als Ziele zur Verfügung.

```
Case "I"
    Range("A" & zeile & ":Q" & zeile).Copy _
        Destination:=Workbooks("Kurs1.xlsx").Worksheets(1). _
            Range("A" & zeile_k1)
    zeile_k1 = zeile_k1 + 1
```

9 Als Quelle muss sichergestellt sein, dass die *Tabelle1* derjenigen Arbeitsmappe gemeint ist, die auch die Makros enthält und das geschieht mit folgender Anweisung zu Beginn des Makros.

```
ThisWorkbook.Worksheets("Tabelle1").Activate
```

10 Den Aufruf der Prozedur *Kurse_aufteilen* müssen wir noch im ersten Makro einfügen – eine Kommentarzeile zeigt uns die Position.

11 Da wir die Tabellen ab der zweiten Zeile füllen, bleibt in der ersten Zeile Platz für die Spaltenüberschriften. Diesen Bereich (A1:Q1) kopieren wir aus der Arbeitsmappe, die die Makros enthält in die Zwischenablage und von dort in die einzelnen Zieldateien.

Achtung: Vor dem nächsten Testlauf sollten Sie unbedingt Ihren Quellcode – sprich die aktuelle Arbeitsmappe sichern.

Das gesamte Modul *Kursaufteilung* in der Datei *Kursaufteilung_Anmeldung.xlsm*.

Bild 4.31 Makro Aufteilung_in_Mappen

```vba
Sub Aufteilung_in_Mappen()

Dim Pfad As String
Dim Kurs1 As Workbook
Dim Kurs2 As Workbook
Dim Kurs3 As Workbook

    Pfad = "C:\Pool\"          'ggf. Pfad anpassen
    
    'Wechsel in das Arbeitsverzeichnis
    ChDir Pfad
    
    '3 Zieldateien anlegen - sie bleiben geöffnet
    Workbooks.Add
    ActiveWorkbook.SaveAs Filename:="Kurs1"
    Workbooks.Add
    ActiveWorkbook.SaveAs Filename:="Kurs2"
    Workbooks.Add
    ActiveWorkbook.SaveAs Filename:="Kurs3"
    
    'Prozedur zum Aufteilen aufrufen
    Kurse_aufteilen
    
    'Spaltenüberschriften aus der Mappe mit den Makros übergeben
    ThisWorkbook.Worksheets("Tabelle1").Range("A1:Q1").Copy
    Workbooks("Kurs1.xlsx").Worksheets(1).Range("A1").PasteSpecial
    Workbooks("Kurs2.xlsx").Worksheets(1).Range("A1").PasteSpecial
    Workbooks("Kurs3.xlsx").Worksheets(1).Range("A1").PasteSpecial
    
    'Kurs-Arbeitsblätter speichern
    Workbooks("Kurs1.xlsx").Close SaveChanges:=True
    Workbooks("Kurs2.xlsx").Close SaveChanges:=True
    Workbooks("Kurs3.xlsx").Close SaveChanges:=True

End Sub
```

Import aus Excel-Tabellenblättern (Copy-Methode) 4

```vba
Sub Kurse_aufteilen()
'Tabelle1 Spalte J "Status" durchsuchen und Teilnehmer
'je nach Kurs in SEPARATEN ARBEITSMAPPEN ablegen
Dim zeile As Integer
Dim zeile_k1 As Integer
Dim zeile_k2 As Integer
Dim zeile_k3 As Integer

    ThisWorkbook.Worksheets("Tabelle1").Activate
    
    zeile = 2
    zeile_k1 = 2
    zeile_k2 = 2
    zeile_k3 = 2
    
    For zeile = 2 To 51
        Select Case Range("J" & zeile).Value
            Case "I"
                Range("A" & zeile & ":Q" & zeile).Copy _
                    Destination:=Workbooks("Kurs1.xlsx").Worksheets(1). _
                    Range("A" & zeile_k1)
                zeile_k1 = zeile_k1 + 1
            Case "II"
                Range("A" & zeile & ":Q" & zeile).Copy _
                    Destination:=Workbooks("Kurs2.xlsx").Worksheets(1). _
                    Range("A" & zeile_k2)
                zeile_k2 = zeile_k2 + 1
            Case "III"
                Range("A" & zeile & ":Q" & zeile).Copy _
                    Destination:=Workbooks("Kurs3.xlsx").Worksheets(1). _
                    Range("A" & zeile_k3)
                zeile_k3 = zeile_k3 + 1
            Case Else
                MsgBox "Fehler in Zeile " & zeile
        End Select
    Next zeile
    
End Sub
```

Bild 4.32 Das Makro Kurse_aufteilen

Tipp Modul exportieren: Wenn Sie Makros aus anderen Arbeitsmappen benötigen, können Sie auch das gewünschte vollständige Modul exportieren. Dazu genügt ein Rechtsklick im Projektfenster auf das Modul.

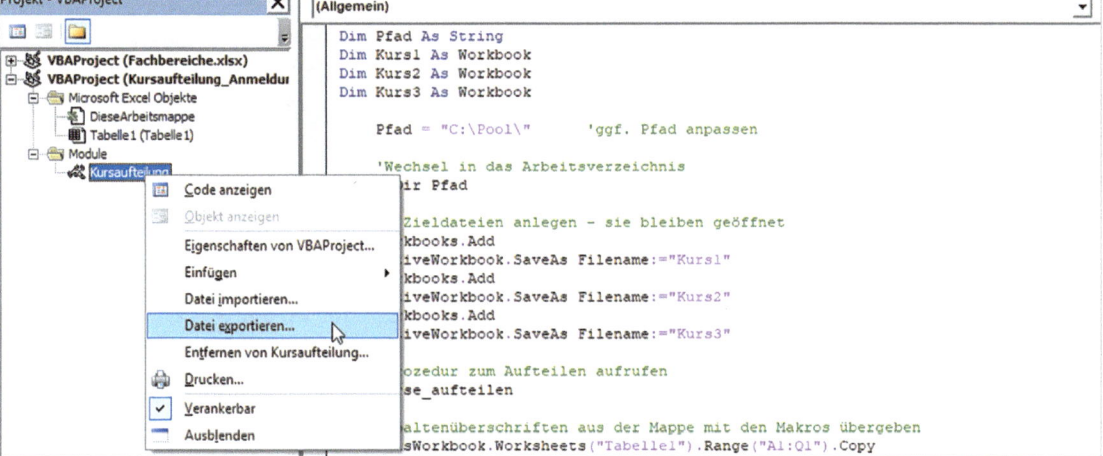

Bild 4.33 Möglichkeiten Export/Import nach Rechtsklick im Projektfenster

4 Dateiauswahl und einfacher Datenimport

Das Modul wird als Textdatei mit der Dateiendung .bas (Basic) gespeichert. In der Zieldatei kann es dann über das Menü *Datei* ▶ *Datei importieren...* oder Rechtsklick in das Projektfenster eingefügt werden.

4.3 Import aus Text- und CSV-Dateien

Die in der Praxis am häufigsten anfallenden Transferdateien (Exportdaten) liegen als Textdateien vor und haben meist die Endungen *.txt*, *.csv* oder *.dat*. Die Spalteneinteilung in diesen Dateien wird durch fest vorgegebene Breiten oder spezielle Trennzeichen erzeugt. Die häufigsten Trennzeichen sind:

- Semikolon
- Komma
- Tabstopp

Das Öffnen solcher Dateien mit Excel ist einfach, sowohl manuell als auch mit VBA-Code.

Mit Semikolon getrennte Daten

Sie finden die Datei im Ordner Übungsdateien_Pool\Textdateien_mit_Trennzeichen

Als Datenquelle dient eine als Textdatei exportierte Excel-Tabelle mit dem Namen *Textdatei_mit_Semikolon.csv*. Diese Datei ließe sich mit Doppelklick direkt in Excel öffnen aber darum geht es in dieser Übung ja nicht. Im Vordergrund steht das automatisierte Zugreifen auf unterschiedliche Dateistrukturen.

Öffnet man die genannte Datei mit einem Texteditor, werden Aufbau und Trennzeichen deutlich, siehe Bild unten.

Bild 4.34 Die Textdatei mit Semikolon als Trennzeichen (.csv)

```
Textdatei_mit_Semikolon.csv - Editor
Datei  Bearbeiten  Format  Ansicht  ?
Nachname;Vorname;Geb.Dat.;Alter;Größe;Gewicht;Geschl.;Versicherung;Religion;Anschr;Motivation;Lebenslf.
Musterknabe;Peter;11.01.1989;23;169;75;m;pflicht;-;x;;x
Musterschüler;Peter;01.01.1997;15;167;85;m;pflicht;rk;x;x;x
Münsterkötter;Heinrich;21.08.1962;50;183;89;m;privat;ev;;;
Münsterkötter;Hein;21.08.1962;50;183;89;m;privat;ev;;;
Münsterkötter;Paula;21.08.1972;40;164;89;w;privat;ev;;;
Meier;Konrad;02.02.1982;30;178;88;m;pflicht;-;x;x;
Murskmeier;Dieter;11.11.1928;83;184;88;m;pflicht;-;;;
Bauer;Michael;01.01.2005;7;120;56;m;privat;is;x;x;x
```

Übung: Textdatei mit Excel öffnen

Stand: Datenimport_06.xlsm.

Legen Sie eine neue Arbeitsmappe an oder setzen Sie die Arbeit in einer Kopie der gesicherten Datei *Datenimport_05.xlsm* (siehe Übungen ab Seite 152) fort. Fügen Sie manuell ein neues Tabellenblatt mit dem Namen *Textdatei* hinzu bzw. benennen bei einer neuen Arbeitsmappe das Blatt *Tabelle1* entsprechend um.

Fügen Sie Backstage ein neues Modul mit dem Namen *Textdateien* ein und erzeugen Sie in diesem Modul den Prozedurrumpf für das Makro *CSV_Import_Semikolon*.

- In diesem Beispiel wird angenommen, die Übungsdatei befindet sich im Ordner C:\Pool\. Befände sich die Quelldatei im selben Ordner wie die aktuelle Arbeitsmappe, die das Makro enthält, dann könnte über *ThisWorkbook.Path* auf die Datei zugegriffen werden (hier auskommentiert).

- Auf die Textdatei, deren Name und Pfad über die Variable *Pfad* definiert wurden, wird mit einem *Worksheet*-Objekt (=Quelldatei) Bezug genommen. Zum Öffnen der Datei kommt die *Workbooks.Open*-Methode zur Anwendung. Die Datentabelle wird dieses Mal über den Index mit *Worksheets(1)* als erste Tabelle angesprochen, da ihr Name je nach Datei variieren kann.

Hinweis: Der Übernahmeparameter *local:=True* bewirkt, dass statt des Standardtrennzeichens Komma (US-amerikanische Schreibweise), das Trennzeichen gemäß den Regionaleinstellungen von Windows berücksichtigt wird. In Deutschland ist dies das Semikolon.

Ev. in den nachfolgenden Übungen ändern.

Das abgebildete Makro öffnet die Textdatei in Excel und zeigt die Tabelle im Arbeitsblatt an, das den Namen der Textdatei übernommen hat. Beide Dateien sind nun geöffnet. Die Textdatei lässt sich weiterbearbeiten und/oder mit *Speichern unter* in eine Excel-Arbeitsmappe umwandeln.

Bild 4.35 Textdatei mit Excel öffnen

```
Sub CSV_Import_Semikolon()
'Öffnen einer CSV-Datei zur weiteren Bearbeitung

Dim Pfad As String
Dim Quelldatei As Worksheet

    Pfad = "C:\Pool\Textdatei_mit_Semikolon.csv"         'bitte anpassen z.B.
    'Pfad = ThisWorkbook.Path & "\Textdatei_mit_Semikolon.csv"

    'Bei englischer Spracheinstellung und SEMIKOLON local:=True
    Set Quelldatei = Workbooks.Open(Filename:=Pfad, local:=True).Worksheets(1)

End Sub
```

Übung: Inhalt einer Textdatei in die aktuelle Arbeitsmappe übernehmen

Wir wollen nun auf den Inhalt der Textdatei zugreifen und diesen in unsere Arbeitsmappe übernehmen. Auch in diesem Beispiel wird zunächst die Textdatei mit Excel geöffnet, siehe vorheriges Übungsbeispiel.

1 Auf die aktuelle Arbeitsmappe, die auch die Makros enthält, wird durch die Objektvariable *Zieldatei* (Typ *Workbook*) verwiesen.

2 Das Tabellenblatt *Textdatei* in der Mappe *Zieldatei* wird ausgewählt (aktiviert)

3 und mögliche alte Inhalte vorsorglich gelöscht.

4 In der anschließenden *With*-Anweisung erfolgt die direkte Datenübernahme aller Zellen durch *Quelldatei.cells.copy* in die Tabelle *Textdatei* und letztlich das Schließen der Datenquelle mit *Quelldatei.Parent.Close*.

Hinweis: Wenn alle Zellen aus einer Arbeitsmappe mit *Cells.Copy* importiert werden sollen, muss als Zielzelle A1 gewählt werden – sonst wird ein Laufzeitfehler gemeldet!

4 Dateiauswahl und einfacher Datenimport

Alternativ kann beim Kopieren eine Beschränkung auf die Anzahl der benutzten Zellen vorgenommen werden (*UsedRange* oder *CurrentRegion*).

Bild 4.36 Gesamte Tabelle kopieren

```vba
Sub CSV_Import_Semikolon2()

Dim Pfad As String
Dim Quelldatei As Worksheet
Dim Zieldatei As Workbook

    Pfad = "C:\Pool\Textdatei_mit_Semikolon.csv"        'bitte anpassen z.B.
    'Pfad = ThisWorkbook.Path & "\Textdatei_mit_Semikolon.csv"
    
    Set Zieldatei = ThisWorkbook
    
    'Bei englischer Spracheinstellung und SEMIKOLON local:=True
    Set Quelldatei = Workbooks.Open(Filename:=Pfad, local:=True).Worksheets(1)
    
    'Zielbereich löschen
    Zieldatei.Activate
    Worksheets("Textdatei").Cells.ClearContents
    
    'Datenübernahme
    With Quelldatei
        'Gesamte Tabelle "Worksheet(1)" kopieren
        .Cells.Copy Destination:=Worksheets("Textdatei").Range("A1")
        'Quelldatei schließen ohne Änderungen
        .Parent.Close False
    End With
    
End Sub
```

Bild 4.37 Das Ergebnis in der Excel-Arbeitsmappe

Der Tabelleninhalt der Quelldatei (*Worksheets(1)*) befindet sich nun im Blatt *Textdatei* der aktuellen Arbeitsmappe (*Zieldatei*). Die Quelldatei wurde nach der Datenübernahme geschlossen.

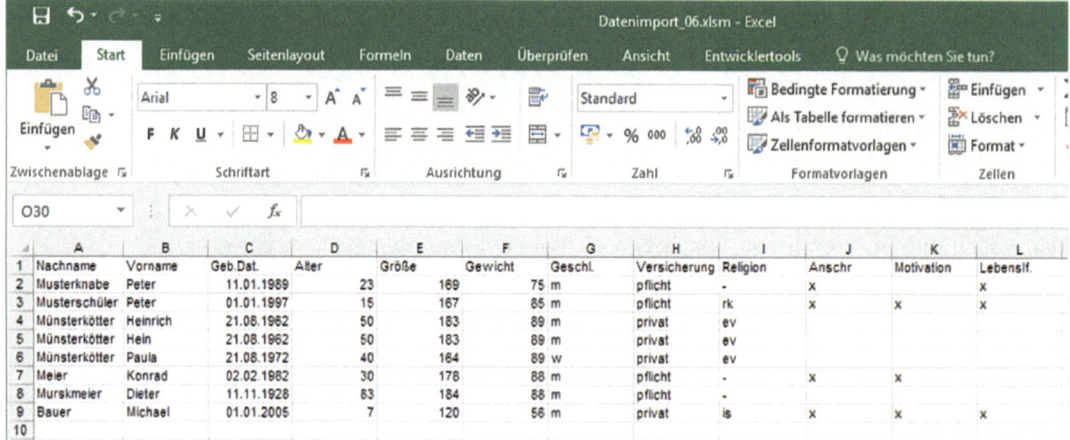

Um beispielsweise aus mehreren Quelldateien Zellinhalte einzulesen, müssen bei Bedarf die einzelnen Bereiche spezifiziert werden. Das können zusammenhängende Teilbereiche, einzelne Zellen, Zeilen oder Spalten aber auch, wie hier verfahren, der gesamte bzw. benutzte Bereich (*UsedRange*) der verschiedenen Tabellen sein.

Übung: Zellbereich ermitteln und übernehmen

Im folgenden Beispiel wird dieselbe Quelldatei wie in den vorherigen Übungen erneut eingelesen und unterhalb der vorhandenen Daten ab Zelle A11 eingefügt.

Dazu muss allerdings der benutzte Bereich der Quelltabelle ermittelt werden, da mit der direkten *Copy*-Methode immer das gesamte Tabellenblatt ab A1 eingefügt würde und so die vorhandenen Inhalte überschrieben würden. Folglich muss auch das vorsorgliche Löschen der Zellinhalte in der Zieltabelle entfallen oder zumindest deaktiviert/auskommentiert werden.

1. Kopieren wir das Makro der letzten Übung und ändern dann den Namen in *CSV_Import_Semikolon3*.

2. Die Variablen für die letzte benutzte Zeile und Spalte werden als Typ *Long* (Long Integer als 32-Bit-Zahlen) deklariert, um – zumindest theoretisch – bei sehr großen Tabellen Zahlen über 32.767 (*Integer*) hinaus indizieren zu können. Zugegeben: Der Typ *Integer* dürfte in den meisten Fällen genügen, aber leisten wir uns trotzdem den Luxus, doppelt so viel Speicherplatz zu reservieren.

3. Die Eingrenzung auf die verwendeten Zeilen und Spalten erfolgt über die Rückwärtssuche, beginnend in der maximal möglichen Zelle der Spalte A und der maximal möglichen Spalte des Tabellenblatts durch die *Count*-Eigenschaften.

4. Mit der *End*-Eigenschaft in Verbindung mit der Richtungsangabe, der XlDirection-Enumeration (*xlUp*) bzw. (*xlToLeft*) lässt sich der benutzte Bereich (*letzte_Zeile* und *letzte_Spalte*) zum Kopieren festlegen. Alternativ können Sie auch über die *UsedRange*-Eigenschaft den Umfang der Tabelle bestimmen.

5. Nun muss die Bereichsbegrenzung bei der Datenübernahme eingebaut und als Ziel die Zelle A11 im Blatt *Textdatei* angegeben werden.

Das vollständige Makro sehen Sie in Bild 4.38 auf Seite 166.

Mit einem fortschreitenden Index sowohl für die Quelldateien als auch für die Zieltabelle lassen sich auf diese Weise auch mehrere Dateien gleicher Datenstruktur zusammenfügen. Dazu könnten Sie mit *Copy & Paste* die Anweisungen zur Datenübernahme erweitern und anpassen.

Hinweis: Selbstverständlich lassen sich solche Aufgaben über Zählerschleifen einfacher erledigen – aber dazu später.

4 Dateiauswahl und einfacher Datenimport

```vba
Sub CSV_Import_Semikolon3()

    Dim Pfad As String
    Dim Quelldatei As Worksheet
    Dim Zieldatei As Workbook
    Dim letzte_Zeile As Long
    Dim letzte_Spalte As Long

    Pfad = "C:\Pool\Textdatei_mit_Semikolon.csv"          'bitte anpassen z.B.
    'Pfad = ThisWorkbook.Path & "\Textdatei_mit_Semikolon.csv"

    Set Zieldatei = ThisWorkbook

    'Bei englischer Spracheinstellung und SEMIKOLON local:=True
    Set Quelldatei = Workbooks.Open(Filename:=Pfad, local:=True).Worksheets(1)

    'Zielbereich löschen
    Zieldatei.Activate
    Worksheets("Textdatei").Cells.ClearContents

    'Datenübernahme
    With Quelldatei
        'Benutzen Wertebereich ermitteln
        letzte_Zeile = .Range("A" & .Rows.Count).End(xlUp).Row
        letzte_Spalte = .Cells(1, ActiveSheet.Columns.Count).End(xlToLeft).Column
        'Benutzen Wertebereich aus der Quelldatei in der Zieltabelle anhängen
        .Range(.Cells(1, 1), .Cells(letzte_Zeile, letzte_Spalte)).Copy _
            Destination:=Worksheets("Textdatei").Range("A11")
        'Quelldatei schließen ohne Änderungen
        .Parent.Close False
    End With

End Sub
```

Bild 4.38 Das Makro CSV_Import_SemiKolon3

Im Bild unten das Ergebnis in der Zieltabelle:

	A	B	C	D	E	F	G	H	I	J	K	L
1	Nachname	Vorname	Geb.Dat.	Alter	Größe	Gewicht	Geschl.	Versicherung	Religion	Anschr	Motivation	Lebenslf.
2	Musterknabe	Peter	11.01.1989	23	169	75	m	pflicht	-	x		x
3	Musterschüler	Peter	01.01.1997	15	167	85	m	pflicht	rk	x	x	x
4	Münsterkötter	Heinrich	21.08.1962	50	183	89	m	privat	ev			
5	Münsterkötter	Hein	21.08.1962	50	183	89	m	privat	ev			
6	Münsterkötter	Paula	21.08.1972	40	164	89	w	privat	ev			
7	Meier	Konrad	02.02.1982	30	178	88	m	pflicht	-	x	x	
8	Murskmeier	Dieter	11.11.1928	83	184	88	m	pflicht	-			
9	Bauer	Michael	01.01.2005	7	120	56	m	privat	is	x	x	x
10												
11	Nachname	Vorname	Geb.Dat.	Alter	Größe	Gewicht	Geschl.	Versicherung	Religion	Anschr	Motivation	Lebenslf.
12	Musterknabe	Peter	11.01.1989	23	169	75	m	pflicht	-	x		x
13	Musterschüler	Peter	01.01.1997	15	167	85	m	pflicht	rk	x	x	x
14	Münsterkötter	Heinrich	21.08.1962	50	183	89	m	privat	ev			
15	Münsterkötter	Hein	21.08.1962	50	183	89	m	privat	ev			
16	Münsterkötter	Paula	21.08.1972	40	164	89	w	privat	ev			
17	Meier	Konrad	02.02.1982	30	178	88	m	pflicht	-	x	x	
18	Murskmeier	Dieter	11.11.1928	83	184	88	m	pflicht	-			
19	Bauer	Michael	01.01.2005	7	120	56	m	privat	is	x	x	x
20												

Bild 4.39 Das Ergebnis in der Zieltabelle

Import aus Text- und CSV-Dateien 4

Durch andere Zeichen getrennte Daten (Komma, Tabstopp, Leerzeichen)

Die folgenden Übungen sollen uns mit den anderen Trennzeichen als Spaltenseparatoren bekannt machen.

Übung: Durch Komma getrennte Werte

Als Datenquelle zur dient die exportierte Excel-Tabelle *Textdatei_mit_Komma.csv*. Die Struktur ist im Texteditor ersichtlich.

Sie finden die Datei im Ordner Übungsdateien_Pool\Textdateien_mit_Trennzeichen

```
Textdatei_mit_Komma.csv - Editor
Datei Bearbeiten Format Ansicht ?
Nachname,Vorname,Geb.Dat.,Alter,Größe,Gewicht,Geschl.,Versicherung,Religion,Anschr,Motivation,Lebenslf.
Musterknabe,Peter,11.01.1989,23,169,75,m,pflicht,-,x,,x
Musterschüler,Peter,01.01.1997,15,167,85,m,pflicht,rk,x,x,x
Münsterkötter,Heinrich,21.08.1962,50,183,89,m,privat,ev,,,
Münsterkötter,Hein,21.08.1962,50,183,89,m,privat,ev,,,
Münsterkötter,Paula,21.08.1972,40,164,89,w,privat,ev,,,
```

Bild 4.40 Textdatei mit Komma

Für dieses Beispiel lässt sich am besten das Makro *CSV_Import_Semikolon3*, siehe vorherige Übung, kopieren und anpassen:

Stand: Datenimport_06.xlsm.

1 Das neue Makro erhält den Namen *CSV_Import_Komma*.

2 Der Name der Quelldatei muss geändert werden in *Textdatei_mit_Komma.csv*.

3 Als Angabe für das Trennzeichen muss der Parameter *local:= False* angegeben werden. Der Grund: Dieser Übernahmeparametervorgabe geht bei englischer Spracheinstellung vom einem Komma aus. Bei deutscher Spracheinstellung dagegen von einem Semikolon und muss daher in der Regel geändert werden.

Bild 4.41 Import kommagetrennter Werte

```vba
Sub CSV_Import_Komma()

Dim Pfad As String
Dim Quelldatei As Worksheet
Dim Zieldatei As Workbook
Dim letzte_Zeile As Long
Dim letzte_Spalte As Long

    Pfad = "C:\Pool\Textdatei_mit_Komma.csv"         'bitte anpassen z.B.
    'Pfad = ThisWorkbook.Path & "\Textdatei_mit_Komma.csv"
    
    Set Zieldatei = ThisWorkbook
    
    'Bei englischer Spracheinstellung und KOMMA local:=False
    Set Quelldatei = Workbooks.Open(Filename:=Pfad, local:=False).Worksheets(1)
    
    'Zielbereich löschen
    Zieldatei.Activate
    Worksheets("Textdatei").Cells.ClearContents
    
    'Datenübernahme
    With Quelldatei
        'Benutzen Wertebereich ermitteln
        letzte_Zeile = .Range("A" & .Rows.Count).End(xlUp).Row
        letzte_Spalte = .Cells(1, ActiveSheet.Columns.Count).End(xlToLeft).Column
        'Benutzen Wertebereich aus der Quelldatei in die Zieltabelle kopieren
        .Range(.Cells(1, 1), .Cells(letzte_Zeile, letzte_Spalte)).Copy _
            Destination:=Worksheets("Textdatei").Range("A1")
        'Quelldatei schließen ohne Änderungen
        .Parent.Close False
    End With

End Sub
```

4 Dateiauswahl und einfacher Datenimport

Sie finden die Datei im Ordner Übungsdateien_Pool\Textdateien_mit_Trennzeichen

Übung Mit Tabstopp getrennte Daten

Wurden Tabstopps als Spaltentrennzeichen in einer Datei verwendet, dann empfiehlt es sich, einen weiteren Parameter *Delimiter:= vbTab* ins Spiel zu bringen und die Visual-Basic-Konstante *vbTab* zu übergeben. Als Datenquelle dieser Übung dient die Datei *Textdatei_mit_Tabstopp.txt*.

▶ Sie können dazu das Makro *CSV_Import_Semikolon* kopieren, umbenennen und entsprechend anpassen.

▶ Auf die Datenübernahme wird in dieser Übung verzichtet.

Bild 4.42 Mit Tabstopp getrennte Werte

```
Textdatei_mit_Tabstopp.txt - Editor
Datei Bearbeiten Format Ansicht ?
Nachname      Vorname   Geb.Dat.       Alter   Größe   Gewicht   Geschl.   Versicherung   Religion   Anschr   Motivation   Lebenslf.
Musterknabe   Peter     11.01.1989     23      169     75        m         pflicht -                 x        x
Musterschüler Peter     01.01.1997     15      167     85        m         pflicht rk     x          x
Münsterkötter Heinrich  21.08.1962     50      183     89        m         privat ev
Münsterkötter Hein      21.08.1962     50      183     89        m         privat ev
Münsterkötter Paula     21.08.1972     40      164     89        w         privat ev
Meier         Konrad    02.02.1982     30      178     88        m         pflicht -                 x        x
Murskmeier    Dieter    11.11.1928     83      184     88        m         pflicht -
Bauer         Michael   01.01.2005     7       120     56        m         privat is      x          x        x
```

Bild 4.43 Das Makro Import_Tabstopp

```
Sub TXT_Import_Tabstopp()
'Öffnen einer TXT-Datei zur weiteren Bearbeitung

Dim Pfad As String
Dim Quelldatei As Worksheet

    Pfad = "C:\Pool\Textdatei_mit_Tabstopp.txt"          'bitte anpassen z.B.
    'Pfad = ThisWorkbook.Path & "\Textdatei_mit_Tabstopp.txt"
    
    'Bei englischer Spracheinstellung und TABSTOPP local:=True
    Set Quelldatei = Workbooks.Open(Filename:=Pfad, delimiter:=vbTab, _
        local:=True).Worksheets(1)

End Sub
```

Übung: Mit Leerzeichen getrennte Daten

Die *Workbooks.Open*-Methode bietet über den Parameter *Format* die Möglichkeit, bereits beim Öffnen der Datei ein Trennzeichen zu vereinbaren. Das Trennzeichen wird durch einen der folgenden Werte festgelegt (Auflistung auch im Makro):

1. Tabstopps
2. Kommas
3. Leerzeichen
4. Semikolons
5. Keine
6. Benutzerdefiniertes Trennzeichen (siehe *Delimiter*-Argument)

Sie finden die Datei im Ordner Übungsdateien_Pool\Textdateien_mit_Trennzeichen

Als Datenquelle dient *Textdatei_JUL131.TXT*. Wenn Sie das unten abgebildete Makro testen, werden Sie allerdings feststellen, dass diese Lösung nicht unbedingt das gewünschte Ergebnis liefert. Bei *Stop* sehen Sie ein mittleres Chaos im Blatt *Textdatei*, da anscheinend mehrere Leerzeichen zwischen den Spalten stehen.

Import aus Text- und CSV-Dateien

```vba
Sub TXT_Import_Leerzeichen()
'Das Ergebnis ist nicht zufriedenstellend, wenn mehrere Leerstellen aufeinader folgen

Dim Pfad As String
Dim Quelldatei As Worksheet
Dim Zieldatei As Workbook
Dim letzte_Zeile As Long
Dim letzte_Spalte As Long

    Pfad = "C:\Pool\Textdatei_JUL131.TXT"          'bitte anpassen z.B.
    'Pfad = ThisWorkbook.Path & "\Textdatei_JUL131.TXT"
    
    Set Zieldatei = ThisWorkbook
    
    Set Quelldatei = Workbooks.Open(Filename:=Pfad, Format:=3).Worksheets(1)
    
    'Hinweis: Der Parameter Format kann einen der folgenden Werte annehmen,
    '   um das Trennzeichen festzulegen:
    '1 Tabstopps
    '2 Kommas
    '3 Leerzeichen
    '4 Semikolons
    '5 Keine
    '6 Benutzerdefiniertes Trennzeichen (siehe Delimiter-Argument)
Stop
    'Zielbereich löschen
    Zieldatei.Activate
    Worksheets("Textdatei").Cells.ClearContents
    
    'Datenübernahme
    With Quelldatei
        'Gesamte Tabelle "Worksheet(1)" kopieren
        .Cells.Copy Destination:=Worksheets("Textdatei").Range("A1")
        'Quelldatei schließen ohne Änderungen
        .Parent.Close False
    End With
    
End Sub
```

Bild 4.44 Das Makro TXT_Import_Leerzeichen

Achtung: Wenn mehrere Leerzeichen aufeinander folgen, ist das Ergebnis dieses Makros nicht zufriedenstellend. Daher auch die vorgesehene Unterbrechung der Prozedur durch *Stop*. Hier bieten sich andere Lösungen an, siehe nächste Punkt.

Der Excel Textkonvertierungs-Assistent

Die Übungsdatei *Textdatei_JUL131.TXT* mit Leerzeichen als Textbegrenzung lässt sich besser mit dem Import-Assistenten von Excel öffnen. Diese Übung schlägt zugleich die Brücke zur Einbeziehung des Makrorecorders, wenn es darum geht, für bestimmte oder kompliziertere Datenstrukturen eine Makrolösung zum Importprozess zu finden.

Der Import-Assistent

Da der erste Versuch die Datei *Textdatei_JUL131.TXT* zu importieren fehlgeschlagen ist, gehen wir den manuellen Weg über den Assistenten, um zumindest in Richtung Erfolg zu kommen.

1   Öffnen Sie im Arbeitsblatt die Datei über *Daten* ▸ *Externe Daten abrufen* ▸ *Aus Text*.

2 Als Datentyp wählen Sie *Getrennt* und eventuell weitere Optionen, wie z. B. im Bedarfsfall *Die Daten haben Überschriften*. Klicken Sie dann auf *Weiter*.

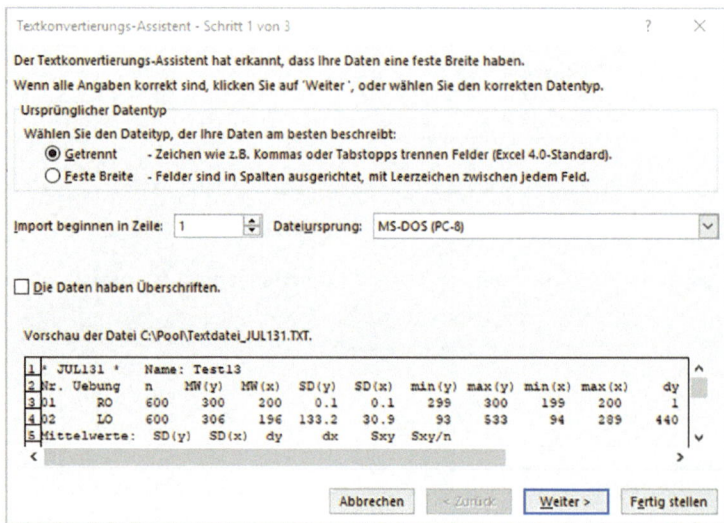

Bild 4.45 Dateityp wählen

3 Im zweiten Schritt aktivieren Sie die Kontrollkästchen *Leerzeichen* und *Aufeinanderfolgende Trennzeichen als ein Zeichen behandeln*. Die Angabe der Texterkennungszeichen (*Textqualifizierer*) kann auf der Voreinstellung bleiben oder auf *(Kein)* gesetzt werden. Klicken Sie auf *Weiter*.

Bild 4.46 Trennzeichen festlegen

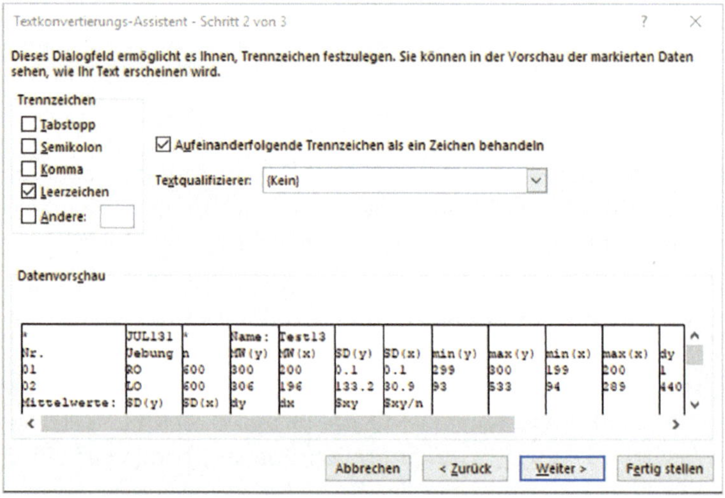

4 Im dritten Schritt können Sie bei Bedarf die Datenformate der einzelnen Spalten festlegen oder eventuell auch Spalten ausblenden. Wichtig ist – zumindest für den Import aus unserer Datei – die Dezimaltrennzeichen noch festzulegen. Das geschieht über die die Schaltfläche *Weitere…*. Wir wählen den *Punkt als Dezimaltrennzeichen* und kein Tausender-Trennzeichen. Schließen Sie das Fenster *Weitere Textimporteinstellungen* mit *OK* und klicken Sie auf *Fertig stellen*.

▶ Zuletzt haben Sie die Möglichkeit festzulegen, wo die Daten eingefügt werden sollen.

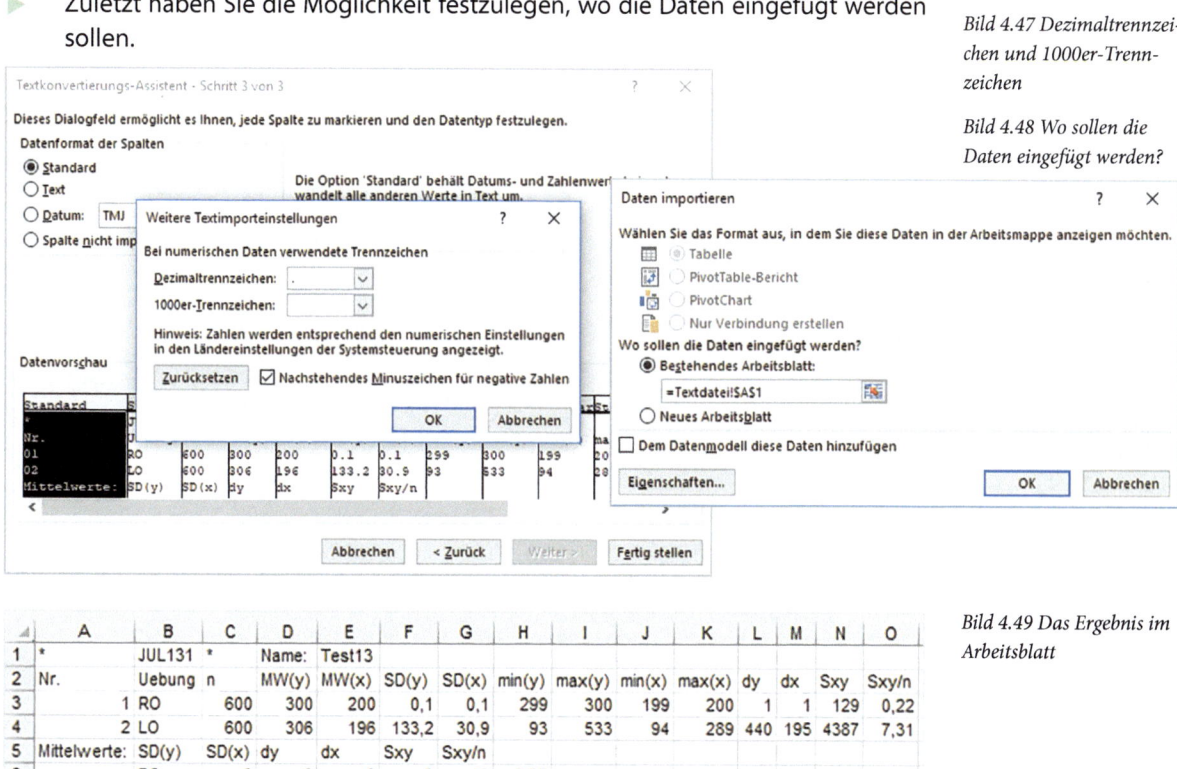

Bild 4.47 Dezimaltrennzeichen und 1000er-Trennzeichen

Bild 4.48 Wo sollen die Daten eingefügt werden?

Bild 4.49 Das Ergebnis im Arbeitsblatt

Übung: Import mit Makrorecorder-Unterstützung

Sollen mehrere Dateien übernommen/zusammengeführt werden, empfiehlt sich die Aufzeichnung zumindest eines Importprozesses mittels *Makrorecorder*. Insbesondere dann, wenn mehrere Trennzeichen (hier: Leerzeichen) aufeinander folgen und/oder Spaltenüberschriften berücksichtigt werden sollen. Sie erhalten eine Makrovorlage und können je nach Bedarf den „aufgeblasenen" aufgezeichneten Quellcode anpassen, kürzen oder erweitern – beispielsweise durch Zählerschleifen.

1 Löschen Sie im Arbeitsblatt *Textdatei* sämtliche möglichen Inhalte und Formatierungen.

2 Starten Sie über *Entwicklertools* ▸ *Makro aufzeichnen* den Makrorecorder und zeichnen Sie, wie oben beschrieben, die Einzelschritte des Textkonvertierungs-Assistenten auf.

3 Vergessen Sie nicht, den Makrorekorder wieder anzuhalten; der aufgezeichnete Code ist in der Minimalversion ohnehin kompliziert genug.

4 Dateiauswahl und einfacher Datenimport

Bild 4.50 Makro aufzeichnen

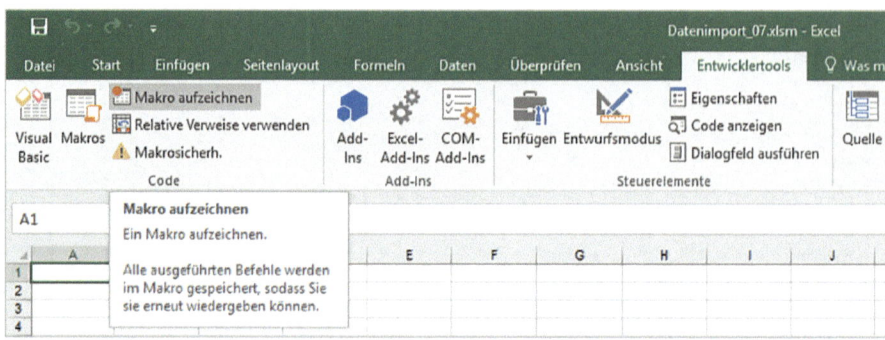

Bild 4.51 Import einer txt-Datei, Spaltentrennung mit mehreren Leerzeichen (bearbeitet)

```
Sub Makro1()
'mit Makro-Rekorder aufgezeichnet: Daten -> externe Daten abrufen

    With ActiveSheet.QueryTables.Add(Connection:= _
        "TEXT;C:\Pool\Textdatei_JUL131.TXT", Destination:=Range("$A$1"))
        .CommandType = 0
        .Name = "Textdatei_JUL131"
        .FieldNames = True
        .RowNumbers = False
        .FillAdjacentFormulas = False
        .PreserveFormatting = True
        .RefreshOnFileOpen = False
        .RefreshStyle = xlInsertDeleteCells
        .SavePassword = False
        .SaveData = True
        .AdjustColumnWidth = True
        .RefreshPeriod = 0
        .TextFilePromptOnRefresh = False
        .TextFilePlatform = 850
        .TextFileStartRow = 1
        .TextFileParseType = xlDelimited
        .TextFileTextQualifier = xlTextQualifierNone
        .TextFileConsecutiveDelimiter = True
        .TextFileTabDelimiter = False
        .TextFileSemicolonDelimiter = False
        .TextFileCommaDelimiter = False
        .TextFileSpaceDelimiter = True
        .TextFileColumnDataTypes = Array(1, 1, 1, 1, 1, 1, 1, 1, 1, 1, 1, 1, 1, 1)
        .TextFileDecimalSeparator = "."
        .TextFileTrailingMinusNumbers = True
        .Refresh BackgroundQuery:=False
    End With

End Sub
```

Stand: Datenimport_06.xlsm.

Nun geht man davon aus, dass ein Starten des gerade aufgezeichneten Makros die gleiche Aufgabe erneut durchführt. Sollten Sie eine Fehlermeldung (*Laufzeitfehler 5*) erhalten, so kommentieren Sie einfach die Zeile .CommandType = 0 aus (siehe Bild oben) oder entfernen Sie diese.

Die mehrfache Ausführung dieses Makros bewirkt, dass die gleiche Datei nebeneinander – also in horizontaler Abfolge – in die Tabelle eingefügt wird. Das soll uns aber an dieser Stelle nicht weiter stören. Wir wissen jetzt, wie man sich in solchen Situationen helfen (lassen) kann.

Eine entsprechende Übung zum Übernehmen mehrerer gleichartiger Dateien folgt weiter unten im Punkt 4.5, Mehrere Textdateien zusammenführen.

4.4 Vorgabewerte für Systemtrennzeichen

Ein Problem, das nicht selten auftaucht, ist die korrekte Darstellung von Dezimalzahlen, Datumsangaben und Beträgen. Meist sind die Standard-Systemtrennzeichen von Microsoft Excel aktiviert. Diese lassen sich per VBA über die *UseSystemSeparators*-Eigenschaft anpassen.

```
Application.DecimalSeparator = "."          Punkt
Application.ThousandsSeparator = " "        Leerzeichen
Application.UseSystemSeparators = False
```

Durch Zuweisen des gewünschten Zeichens (String) lassen sich individuell Dezimal- und Tausender-Trennzeichen festlegen. Zurück zu den Grundeinstellungen geht es über:

```
Application.UseSystemSeparators = True
```

Doch sehen wir uns zunächst einmal die aktuellen Einstellungen an. Die dargestellten Ergebnisse können durchaus von Ihren Einstellungen abweisen.

Systemtrennzeichen anzeigen und anpassen

Übung: Systemtrennzeichen abfragen und anzeigen

Mit der Eigenschaft *Application.International* lassen sich Informationen über die aktuellen landesspezifischen/regionalen und internationalen Einstellungen abfragen.

Das unten abgebildete Makro gibt die aktuellen Einstellungen im Direktbereich aus. Wenn Sie das Makro nicht selbst anlegen möchten, finden Sie es im Modul *International_Eigenschaften* in der Datei *Datenimport_07.xlsm*.

```vba
Sub Anzeige_landesspezifischer_Einstellungen()

    Debug.Print "Dezimal: "; Application.International(xlDecimalSeparator)
    Debug.Print "1000er : "; Application.International(xlThousandsSeparator)
    Debug.Print
    Debug.Print "Zeit   : "; Application.International(xlTimeSeparator)
    Debug.Print "Datum  : "; Application.International(xlDateSeparator)
    Debug.Print
    Debug.Print "Spalte : "; Application.International(xlColumnSeparator)
    Debug.Print "Listen : "; Application.International(xlListSeparator)
    Debug.Print "Zeile  : "; Application.International(xlRowSeparator)
    Debug.Print
    Debug.Print "Land   : "; Application.International(xlCountryCode)

End Sub
```

Bild 4.52 Landesspezifische Einstellungen anzeigen

```
Direktbereich
Dezimal: ,
1000er : .

Zeit   : :
Datum  : .

Spalte : .
Listen : ;
Zeile  : ;

Land   : 49
```

Hinweis: Eine weitere Übung zum vorübergehenden Ändern und Anzeigen der Trennzeichen ist im selben Modul der Beispieldatei enthalten.

4 Dateiauswahl und einfacher Datenimport

Übung: Textdatei mit Excel öffnen und Systemtrennzeichen anpassen

Die Textdatei *Datum_Preis_Gewicht_Semikolon_Punkt_Blank.csv* soll direkt in Excel geöffnet werden. Zunächst mit dem Editor ein Blick in die Datei: Die semikolongetrennten Daten haben einen Punkt als Dezimal-Trennzeichen und ein Leerzeichen (*Blank*) als Tausender-Trennung, siehe Bild 4.53.

Im Windows-Explorer öffnet ein Doppelklick auf die CSV-Datei diese direkt in Excel (Sonst Rechtsklick und *Öffnen mit…*). Der CSV-Import mit den Standard Systemeinstellungen überrascht nicht sonderlich, allerdings sind Abweichungen von der Abbildung unten in der Wiedergabe möglich.

Bild 4.53 Die zu importierende Datei im Editor

Bild 4.54 Das Ergebnis in der Excel-Arbeitsmappe

```
Datum_Preis_Gewicht_Semikolon_Punkt_Blank.csv - Editor
Datei  Bearbeiten  Format  Ansicht  ?
Datum;Anzahl;EP;Ges.Preis;Gewicht [kg]
01.01.2015;30;12.50 €;375.00 €;10.500
02.01.2015;600;12.50 €;7 500.00 €;210.000
03.01.2015;90;12.50 €;1 125.00 €;31.500
04.01.2015;1 235;12.50 €;15 437.50 €;432.250
05.01.2015;234;12.50 €;2 925.00 €;81.900
06.01.2015;7 500;12.50 €;93 750.00 €;2625.000
Summe;;;121 112.50 €;
;;;;
;;;;
```

	A	B	C	D	E
1	Datum	Anzahl	EP	Ges.Preis	Gewicht [kg]
2	01.01.2015	30	12.50 €	375.00 €	10.500
3	02.01.2015	600	12.50 €	7 500.00 €	210.000
4	03.01.2015	90	12.50 €	1 125.00 €	31.500
5	04.01.2015	1 235		12.50 €	15 437.50 €	432.250
6	05.01.2015	234	12.50 €	2 925.00 €	81.900
7	06.01.2015	7 500	12.50 €	93 750.00 €	2.625.000
8	Summe			121 112.50 €	
9					

Die Textdateien zu diesen Übungsbeispielen finden Sie im Übungspool im Ordner Textdateien_mit_Trennzeichen.

In den meisten Fällen dürften Sie mit Ihren individuell angepassten Einstellungen über die Runden kommen. Für den Fall, dass Sie aus sehr unterschiedlichen Dateien importieren müssen, kann es hilfreich sein, vor dem Zugriff auf die Dateien die Systemtrennzeichen per VBA anzupassen.

1. Ausgangsbasis könnte das Makro *CSV_Import_Semikolon3* im Modul *Textdateien* sein. Erstellen Sie ein neues Modul mit dem Namen *Trennzeichen* und kopieren Sie das genannte Makro hier hinein. Der Name des kopierten Makros könnte z. B. durch *_Trennzeichen* ergänzt werden.

2. Danach erledigen Sie die notwendigen Anpassungen wie Trennzeichenvorgabe, Pfad und Dateiname und Zieltabelle.

3. Nach Angabe der gewünschten Trennzeichen (hier: Punkt und Leerzeichen) wird mit Hilfe der *UseSystemSeparators*-Eigenschaft (*= False*) die Anpassung vorgenommen. Diese letzte Zeile ist wichtig, da erst mit dieser Anweisung die gewünschte Umstellung erfolgt.

Stand: Datenimport_07.xlsm.

Der Quellcode wird bis zur Anweisung *Stop* abgearbeitet. Sie haben nun die Möglichkeit, mit Hilfe der Maus die Variablen durch einfaches Zeigen zu kontrollieren (nicht Anklicken!). Bei der Fortsetzung der Prozedur mit der Taste F5 wird auf die Standard-Systemtrennzeichen zurückgesetzt.

Vorgabewerte für Systemtrennzeichen

```vba
Sub CSV_Import_Semikolon3_Trennzeichen()

    Dim Pfad As String
    Dim Quelldatei As Worksheet
    Dim Zieldatei As Workbook
    Dim letzte_Zeile As Long
    Dim letzte_Spalte As Long

    'neue Vorgabewerte für Trennzeichen
    Application.DecimalSeparator = "."
    Application.ThousandsSeparator = " "
    Application.UseSystemSeparators = False

    Pfad = "C:\Pool\Datum_Preis_Gewicht_Semikolon_Punkt_Blank.csv"

    Set Zieldatei = ThisWorkbook

    'Bei englischer Spracheinstellung und SEMIKOLON local:=True
    Set Quelldatei = Workbooks.Open(Filename:=Pfad, local:=True).Worksheets(1)

    'Zielbereich löschen
    Zieldatei.Activate
    Worksheets("Trennzeichen").Cells.ClearContents

    'Gesamten Inhalt aus Worksheet(1) kopieren
    With Quelldatei
        letzte_Zeile = .Range("A" & .Rows.Count).End(xlUp).Row
        letzte_Spalte = .Cells(1, ActiveSheet.Columns.Count).End(xlToLeft).Column
        'bestimmte Spalte aus der Quelldatei in Zieldatei kopieren
        .Range(.Cells(1, 1), .Cells(letzte_Zeile, letzte_Spalte)).Copy _
            Destination:=Worksheets("Trennzeichen").Range("A1")
        'Quelldatei schließen ohne Änderungen
        .Parent.Close False
    End With
Stop

    Application.UseSystemSeparators = True

End Sub
```

Bild 4.55 Makro mit geänderten Systemtrennzeichen

Das Ergebnis bei korrekter Anpassung der Trennzeichen sollte Sie zufriedenstellen:

	A	B	C	D	E
1	Datum	Anzahl	EP	Ges.Preis	Gewicht [kg]
2	01.01.2015	30	12,50 €	375,00 €	10,5
3	02.01.2015	600	12,50 €	7.500,00 €	210
4	03.01.2015	90	12,50 €	1.125,00 €	31,5
5	04.01.2015	1.235	12,50 €	15.437,50 €	432,25
6	05.01.2015	234	12,50 €	2.925,00 €	81,9
7	06.01.2015	7.500	12,50 €	93.750,00 €	2625
8	Summe			121.112,50 €	
9					

Bild 4.56 Das Ergebnis nach dem Import

Systemtrennzeichen zurücksetzen

Die geänderten aktuellen Trennzeichen können jederzeit über die *Application.International*-Eigenschaft überprüft und ggf. wieder auf die Systemtrennzeichen zurückgesetzt werden.

Das Zurücksetzen auf die Standard-Systemtrennzeichen erfolgt mit der Anweisung *Application.UseSystemSeparators = True* wie bereits oben im Makro in Bild 4.55 eingesetzt.

Sie können die Abfragen und Änderungen der Systemtrennzeichen auch im Direktbereich (Anzeigen mit Strg+G) vornehmen.

Abfragen im Direktbereich beginnen mit dem Fragezeichen ?. Die folgende Eingabe liefert beispielsweise nach Betätigen der Enter-Taste das Komma „.

```
? Application.International(xlDecimalSeparator)
```

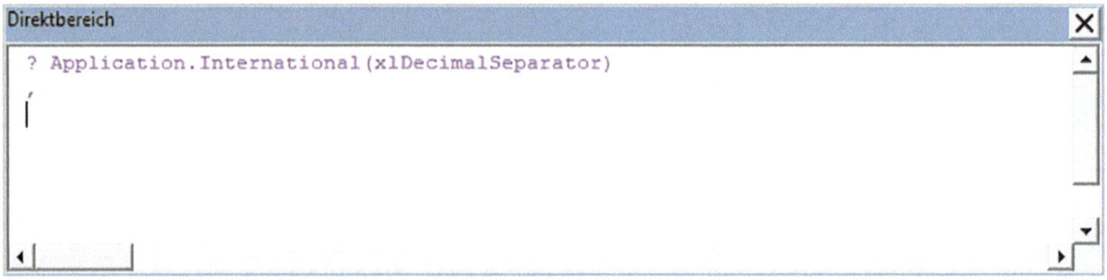

Bild 4.57 Systemtrennzeichen im Direktbereich abfragen

Die Umstellung auf Punkt benötigt zwei Zeilen

```
Application.Decimalseparator = "."
Application.UseSystemSeparators = False
```

Danach liefert die Abfrage den Punkt.

```
? Application.International(xlDecimalSeparator)
```

Hinweis: Trennzeichen bleiben auch nach dem Neustart gesetzt! Ein Rücksetzen wäre über *Application.UseSystemSeparators = True* möglich.

4.5 Mehrere Textdateien zusammenführen

Die Textdateien zu den nachfolgenden Übungen finden Sie im Ordner Übungsdateien_Pool\Exportdateien.

Ausgangspunkt: In einem bestimmten Ordner (z. B. *C:\Pool\Exportdateien*) wurden Text-Dateien (.txt) abgelegt. Eine VBA-Routine soll die Inhalte aller Dateien in eine Tabelle übernehmen. Wir starten mit einer neuen Arbeitsmappe.

Verwendung des Makrorecorders

Als erster Lösungsansatz zum Einlesen einer Textdatei bietet sich die Aufzeichnung der Abläufe mit dem Makrorecorder an.

Übung: Mit dem Makrorceorder zum Quellcode

Starten Sie über *Entwicklertools* ▶ *Makro aufzeichnen* die Aufzeichnung. In der nachfolgende Abfrage nach dem Namen des Makros und den Speicherort übernehmen Sie einfach die Standardvorgaben mit Klick auf *OK*.

Mehrere Textdateien zusammenführen

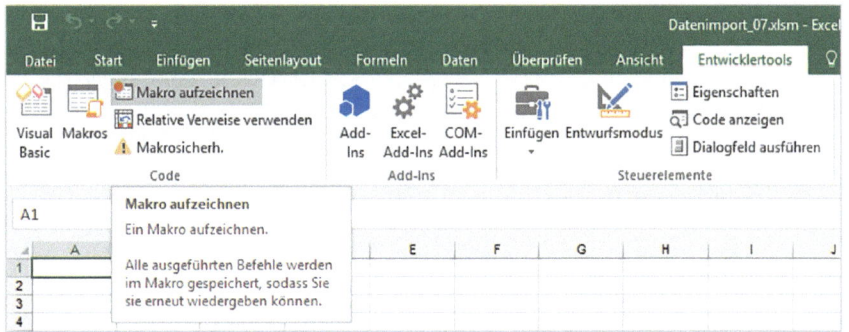

Bild 4.58 Makro aufzeichnen

1 Nächster Schritt: Öffnen Sie die erste Quelldatei über *Daten* ▶ *Externe Daten abrufen* ▶ *Aus Text* ….

Bild 4.59 Externe Daten abrufen

2 Wählen Sie Ordner und erste Textdatei aus und klicken Sie auf *Importieren*.

Bild 4.60 Ordner und erste Textdatei auswählen

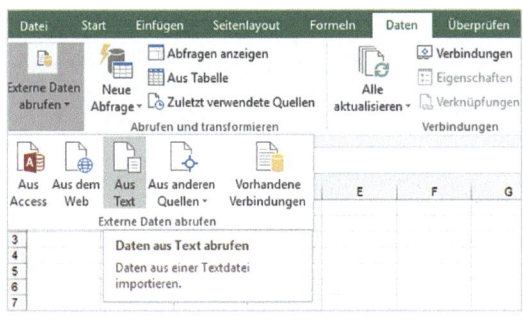

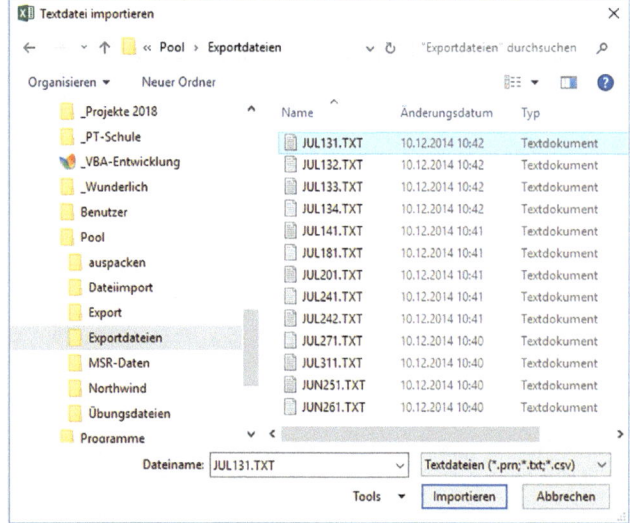

3 Der Textkonvertierungs-Assistent startet und bietet seine Unterstützung an. Unsere Quelldaten haben keine feste Breite. Sie sind *Getrennt* und zwar mit *Leerzeichen*, auch aufeinanderfolgende (siehe Bild).

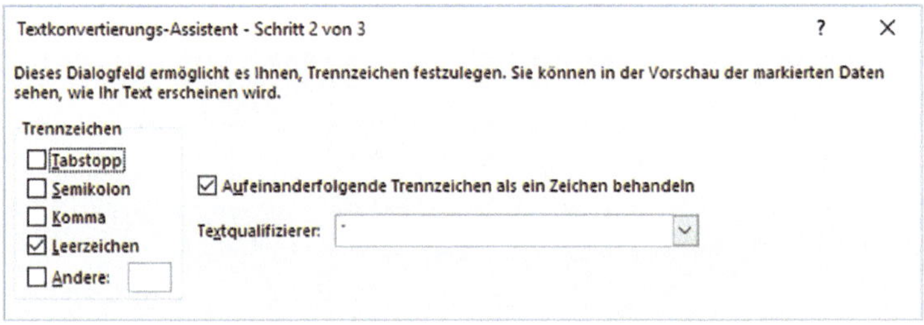

Bild 4.61 Trennzeichen festlegen

4 Weitere Anpassungen an Übernahmezeilen und -spalten sowie deren Datenformat können in Schritt 3 von 3 vorgenommen werden.

4 Dateiauswahl und einfacher Datenimport

5 Als Datenformat sollte noch die Option *Standard* Beachtung finden. Über die Schaltfläche *Weitere...* gibt es die Möglichkeit, Trennzeichen vorzugeben. In unserem Fall sind das Punkt und Leerzeichen, siehe Bild. Übernehmen Sie die Trennzeichen mit *OK*.

Bild 4.62 Datenformate und Trennzeichen

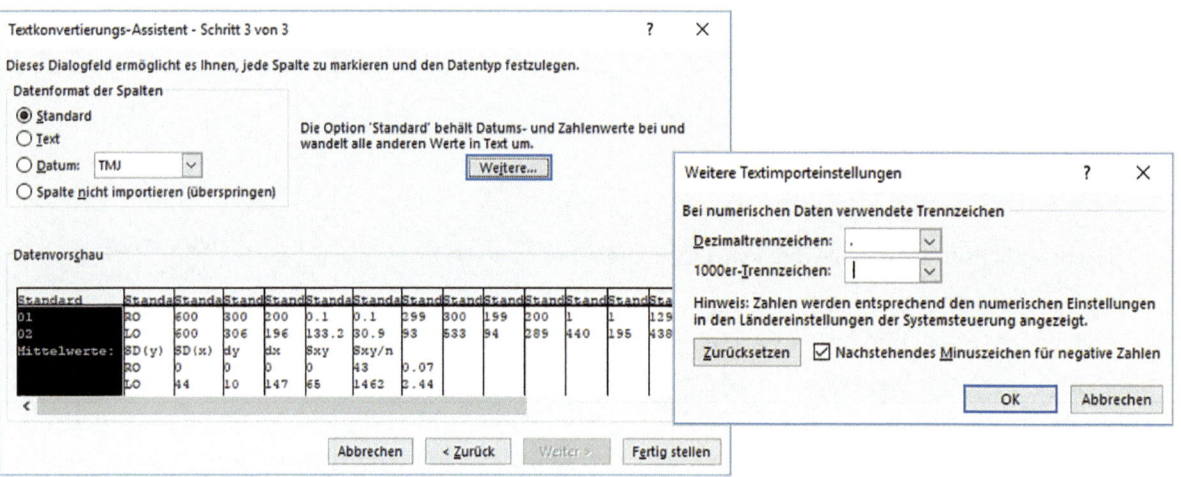

6 In den folgenden Dialogfenstern wird der Einfügeort abgefragt (Bild 4.63).

Über die Schaltfläche *Eigenschaften* lässt sich die Art der Verbindung zur externen Datenquelle festlegen, wenn man Wert auf Aktualisierung bei sich ändernden Inhalten der externen Dateien legt. Das Häkchen vor *Abfragedefinition speichern* kann in unserem Fall entfernt werden. Schließen Sie die Abfrageeigenschaften mit Klick auf *OK*.

Bild 4.63 Wo sollen die Daten eingefügt werden?

Bild 4.64 Abfrageeigenschaften

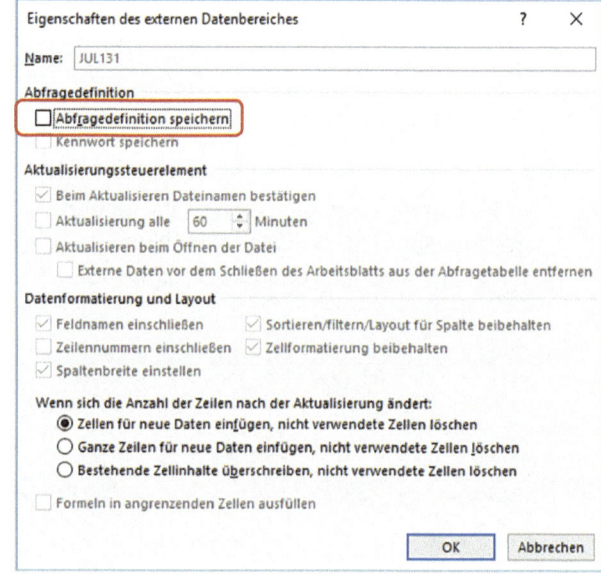

7 Anschließend werden die Daten importiert und in die Tabelle ab der gewünschten Stelle korrekt eingelesen.

Mehrere Textdateien zusammenführen

	A	B	C	D	E	F	G	H	I	J	K	L	M	N	O	P
1	*	JUL131	*		Name: Test13											
2	Nr.		Uebung	n	MW(y)	MW(x)	SD(y)	SD(x)	min(y)	max(y)	min(x)	max(x)	dy	dx	Sxy	Sxy/n
3		1	RO	600	300	200	0,1	0,1	299	300	199	200	1	1	129	0,22
4		2	LO	600	306	196	133,2	30,9	93	533	94		289	440	195	4387	7,31
5	Mittelwerte:	SD(y)	SD(x)	dy	dx	Sxy	Sxy/n									
6		RO	0	0	0	43	0,07									
7		LO	44	10	147	65	1462	2,44								
8																

Bild 4.65 Die Daten wurden korrekt eingelesen

Bild 4.66 Die markierte Zeile verursacht beim erneuten Aufruf des Makros einen Fehler und sollte daher entfernt oder auskommentiert werden.

Achtung: Die Aufzeichnung mit dem Makrorekorder muss beendet werden, bevor weitere Klicks folgen!

8 Wechseln Sie mit Alt+F11 nach Backstage in den VBA-Editor. Hier finden Sie in *Modul1* die aufgezeichneten VBA-Anweisungen.

```
Sub Makro1()
'
' Makro1 Makro-Rekorder-Aufzeichnung
'
    With ActiveSheet.QueryTables.Add(Connection:= _
        "TEXT;C:\Pool\Exportdateien\JUL131.TXT", Destination:=Range("$A$1"))
        .CommandType = 0
        .Name = "JUL131"
        .FieldNames = True
        .RowNumbers = False
        .FillAdjacentFormulas = False
        .PreserveFormatting = True
        .RefreshOnFileOpen = False
        .RefreshStyle = xlInsertDeleteCells
        .SavePassword = False
        .SaveData = True
        .AdjustColumnWidth = True
        .RefreshPeriod = 0
        .TextFilePromptOnRefresh = False
        .TextFilePlatform = 850
        .TextFileStartRow = 1
        .TextFileParseType = xlDelimited
        .TextFileTextQualifier = xlTextQualifierDoubleQuote
        .TextFileConsecutiveDelimiter = True
        .TextFileTabDelimiter = False
        .TextFileSemicolonDelimiter = False
        .TextFileCommaDelimiter = False
        .TextFileSpaceDelimiter = True
        .TextFileColumnDataTypes = Array(1, 1, 1, 1, 1, 1, 1, 1, 1, 1, 1, 1, 1)
        .TextFileDecimalSeparator = "."
        .TextFileThousandsSeparator = " "
        .TextFileTrailingMinusNumbers = True
        .Refresh BackgroundQuery:=False
    End With
End Sub
```

Dieses nicht einfach zu durchschauende Skript erfüllt im Grunde seine Aufgabe und lässt sich nach Bedarf stumpf, also ohne Kürzungen vorzunehmen, auch auf weitere Dateien anwenden.

Achtung: Die Zeile *.CommandType = 0* führt zu einer Fehlermeldung und muss unschädlich gemacht werden, entweder durch Auskommentieren oder Entfernen. Das ist uns in diesem Kapitel in der „Übung: Import mit Makrorecorder-Unterstützung" auf Seite 171 schon einmal begegnet.

Den Programmcode um weitere Dateien erweitern

Aber nun geht es darum, aus weiteren gleichartigen Textdateien die Daten einzulesen und diese dann zeilenversetzt in der Tabelle abzulegen. Dazu müssen ein paar Kleinigkeiten geändert werden: die Dateibezeichnung und die Einfügestelle.

Übung: Daten aus einer zweiten Textdatei hinzufügen

Zur Weiterentwicklung des VBA-Codes für eine zweite gleichartige Datei, deren Bezeichnung jedoch anders lautet und daher im Code berücksichtigt werden muss, fügen wir ein neues Modul mit dem Namen *MehrereTextdateien* ein und kopieren die Makrorekorder-Aufzeichnung (*Makro1*) dort hinein. Der Name des Makros wird geändert in *weitere_Datei_importieren*.

1. Dateiname und Einfügestelle befinden sich gleich zu Beginn der Prozedur in der Programmzeile der *With*-Anweisung.

2. Es soll nun auf die Datei *JUL132.TXT* zugegriffen und die Daten ab Zeile *A11* eingefügt werden, siehe Bild unten.

Bild 4.67 Anpassung an die zweite zu importierende Datei

```
Sub weitere_Datei_importieren()
'
' Makro1 durch Makro-Rekorderaufzeichnung mit Anpassungen
'
    With ActiveSheet.QueryTables.Add(Connection:= _
        "TEXT;C:\Pool\Exportdateien\JUL132.TXT", Destination:=Range("$A$11"))
'       .CommandType = 0
'       .Name = "JUL131"
        .FieldNames = True
        .RowNumbers = False
```

3. Vergleichen Sie die vorgenommenen Änderungen mit dem Bild. Vor dem Testlauf sollte das Speichern der Arbeitsmappe stehen.

Das Ergebnis zeigt zwei gleich strukturierte Dateien mit unterschiedlich vielen Datenzeilen (Bild unten). Aber es macht die Angelegenheit, möglichst alle Dateien zu importieren, jetzt richtig interessant.

Bild 4.68 Das Ergebnis

	A	B	C	D	E	F	G	H	I	J	K	L	M	N	O
1	*	JUL131	*	Name:	Test13										
2	Nr.	Uebung	n	MW(y)	MW(x)	SD(y)	SD(x)	min(y)	max(y)	min(x)	max(x)	dy	dx	Sxy	Sxy/n
3	1	RO	600	300	200	0,1	0,1	299	300	199	200	1	1	129	0,22
4	2	LO	600	306	196	133,2	30,9	93	533	94	289	##	##	###	7,31
5	Mittelwerte:	SD(y)	SD(x)	dy	dx	Sxy	Sxy/n								
6		RO	0	0	0	0	43	0,07							
7		LO	44	10	147	65	1462	2,44							
8															
9															
10															
11	*	JUL132	*	Name:	Test12										
12	Nr.	Uebung	n	MW(y)	MW(x)	SD(y)	SD(x)	min(y)	max(y)	min(x)	max(x)	dy	dx	Sxy	Sxy/n
13		1	RO	600	300	200	0,1	0,1	300	300	200	200	1	1	131	0,22
14	Mittelwerte:	SD(y)	SD(x)	dy	dx	Sxy	Sxy/n								
15		RO	0	0	0	0	44	0,07							
16		LO	0	0	0	0	0	0							
17															

Mehrere Textdateien zusammenführen

Mehrere Dateien importieren
In der nächsten Prozedur sollen mehrere dieser Dateien durch eine *For...Next*-Schleife übernommen werden. Auch diese wird im Modul *MehrereTextdateien* mit dem Namen *weitere_Dateien_importieren* erstellt.

In unserem Fall sind die ersten vier Dateien durch eine fortlaufende Nummer, nämlich von 1 bis 4 gekennzeichnet. Es bietet sich also an, die Schleife von 1 bis 4 laufen zu lassen und die Schleifenvariable mit dem Dateinamen zu verketten (*"JUL13" & i & ".TXT"*). Den vertikalen Versatz bestimmt die Variable *zeile*, die nach jedem Schleifendurchlauf um 10 erhöht wird.

Vorbereitung
Für diese Übung kopieren Sie den gesamte Ordner *Exportdateien* in den Ordner C:\Pool oder passen Sie die Pfadangabe in Ihrem Makro entsprechend an. In dieser Übung werden folgende Textdateien benötigt:

JUL131.TXT   JUL132.TXT   JUL133.TXT   JUL134.TXT

Übung: Textdateien per Zählerschleife importieren
Im Bild auf der nächsten Seite finden Sie die vollständige Prozedur.

1. Deklarieren Sie die Laufvariable *i* für die Zählerschleife sowie die Variable *zeile* für den Zeilenversatz, beide vom Typ *Integer*.

2. Das erste Datenpaket soll ab Zeile 1 abgelegt werden: Vorgabewert *zeile = 1*

3. Übernehmen Sie die gesamte bereinigte *With*-Anweisung des vorherigen Makros (*weitere_Datei_importieren*).

4. Bauen Sie um diese Anweisung herum eine Zählerschleife für vier Dateien ein:

   ```
   For i = 1 To 4
       With ActiveSheet.QueryTables.Add(Connection:= _
         "TEXT;C:\Pool\Exportdateien\JUL13" & i & ".TXT",_
            Destination:=Range("A" & zeile))
         ……
       End With
       zeile = zeile + 10
   Next i
   ```

5. Erstellen Sie einen variable Dateinamen für die neue Quelldatei. Dieser setzt sich zusammen aus dem gleichlautenden Stamm *Jul13* und der Laufvariablen als Kennzeichen *& i &* sowie der Erweiterung *.TXT*.

6. Auch die Einfügestelle in der Tabelle muss als Ziel angegeben werden *"A" & zeile*.

7. Berücksichtigen Sie unbedingt den Zeilenversatz innerhalb der Schleife mit *zeile = zeile + 10*

   Achtung: Vor dem Testlauf sollte das Speichern der Arbeitsmappe stehen!

4 Dateiauswahl und einfacher Datenimport

```vba
Sub weitere_Dateien_importieren()
'Erweiterung durch For-Next-Schleife

Dim i As Integer
Dim zeile As Integer

    zeile = 1
    For i = 1 To 4
        With ActiveSheet.QueryTables.Add(Connection:= _
            "TEXT;C:\Pool\Exportdateien\JUL13" & i & ".TXT", _
            Destination:=Range("A" & zeile))
            .FieldNames = True
            .RowNumbers = False
            .FillAdjacentFormulas = False
            .PreserveFormatting = True
            .RefreshOnFileOpen = False
            .RefreshStyle = xlInsertDeleteCells
            .SavePassword = False
            .SaveData = True
            .AdjustColumnWidth = True
            .RefreshPeriod = 0
            .TextFilePromptOnRefresh = False
            .TextFilePlatform = 850
            .TextFileStartRow = 1
            .TextFileParseType = xlDelimited
            .TextFileTextQualifier = xlTextQualifierDoubleQuote
            .TextFileConsecutiveDelimiter = True
            .TextFileTabDelimiter = False
            .TextFileSemicolonDelimiter = False
            .TextFileCommaDelimiter = False
            .TextFileSpaceDelimiter = True
            .TextFileColumnDataTypes = Array(1, 1, 1, 1, 1, 1, 1, 1, 1, 1, 1, 1, 1)
            .TextFileDecimalSeparator = "."
            .TextFileThousandsSeparator = " "
            .TextFileTrailingMinusNumbers = True
            .Refresh BackgroundQuery:=False
        End With
        'Abstand/Versatz der nächsten Daten
        zeile = zeile + 10
    Next i

End Sub
```

Bild 4.69 Dateiimport per Zählerschleife

Hinweis: Bitte löschen Sie die Tabelleninhalte, bevor Sie dieses Makro mehrfach aufrufen. Sie vermeiden damit, dass die neuen Daten seitlich versetzt angeordnet werden.

Diese Methode ist (noch) nicht perfekt, stellt jedoch eine einfache Vorgehensweise dar, wenn man mit VBA-Code noch nicht so ganz vertraut ist und dennoch schnell zu einem Ergebnis kommen möchte, und zwar ohne lästige Copy & Paste-Methode.

Stand: Datenimport_08.xlsm

Wenn Sie wollen, erweitern Sie diese Prozedur, um auch die anderen Dateien im selben Verzeichnis zu importieren. Der einfachste Weg dürfte sein, alle Übungsdateien so umzubenennen, dass die Bezeichnungen fortlaufende Zahlenkennungen erhalten. Dann brauchen Sie nur die Zählerschleife erweitern.

5 Zugriff auf Excel-Arbeitsmappen

Übersicht

5.1	Mehr Übersicht durch eine Eingabemaske (UserForm)	184
5.2	Eine Spalte auswählen und Inhalte einlesen	197
5.3	Mehrere Spalten auswählen und einlesen	200
5.4	Ausgewählte Spalten in eine neue Arbeitsmappe kopieren	212
5.5	Sicherheitsabfragen	214
5.6	Zugriff auf mehrere Excel-Arbeitsmappen	218
5.7	Zellbereiche auswählen und zeilenweise sammeln	236
5.8	Datenquellen mit unterschiedlichem Umfang	249

5 Zugriff auf Excel-Arbeitsmappen

Wenn wir aus Excel heraus auf Arbeitsmappen zugreifen wollen, um die Inhalte bestimmter Zellen, Spalten, Zeilen oder Bereiche zu übernehmen, ist eine übersichtliche Darstellung der einzelnen Programmschritte mit ihren Ergebnissen zu empfehlen. Zum einen kann eine Überprüfung der Parameter erfolgen und zum anderen lassen sich Auswahlverfahren und Prozeduren steuern. Wesentlich komfortabler als die Darstellung im Direktbereich und vor allem immer sichtbar, sind Formulare. Als Eingabemasken und Kontroll- und Schaltzentralen lassen sie sich individuell gestalten und relativ einfach der aktuellen Fragestellung anpassen. Besonders für komplexe Projekte sind solche Benutzerschnittstellen zu empfehlen. Eingabemasken werden mit sogenannten (ActiveX-) Steuerelementen ausgestattet. Dazu gehören in erster Linie Eingabe- und Ausgabefelder sowie Befehlsschaltflächen zum Starten von Prozeduren.

Alle Beispiel- und Übungsdateien zu diesem Kapitel finden Sie im Ordner Sicherungsdateien\Kapitel_5

Zwar können auch Arbeitsblätter Steuerelemente enthalten, aber diese lassen sich nicht so optimal anordnen wie auf Formularen, da sie beim Verschieben der Tabelle über die Bildlaufleisten aus dem Fensterausschnitt verschwinden können (wenn man ihre Zellanbindung nicht extra fixiert). Zudem sind sie an ein bestimmtes Arbeitsblatt gebunden, während sich Eingabemasken beliebig aufrufen lassen.

5.1 Mehr Übersicht durch eine Eingabemaske (UserForm)

Ein Formular soll zur Ablaufsteuerung eingesetzt werden und Ergebnisse einzelner Programmschritte übersichtlich darstellen. Damit Sie sich nicht lange mit der Gestaltung des Formulars aufhalten müssen, haben wir es für Sie vorbereitet. Sie finden die Vorlage als *Eingabemaske.frm* zusammen mit *Eingabemaske.frx* unter den Sicherungsdateien. Im Grunde können Sie auf ein Formular wie auf eine Tabelle zugreifen. Die Elemente sind benannte Objekte mit speziellen Eigenschaften – ähnlich wie einzelne Zellen in Tabellen.

Bild 5.1 Formular als Vorlage

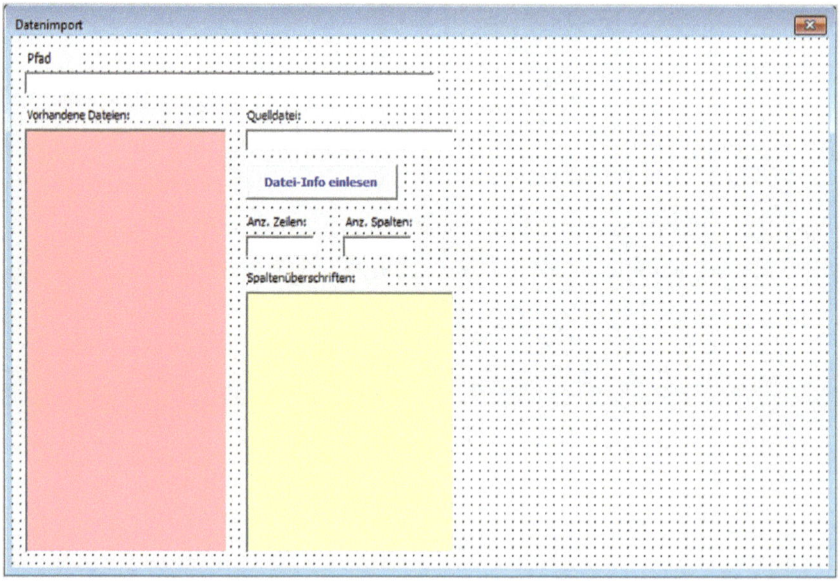

Mehr Übersicht durch eine Eingabemaske (UserForm)

Eingabemaske erstellen oder importieren

Beginnen wir mit einer neuen Excel-Arbeitsmappe. In der Entwicklungsumgebung erstellen Sie ein Formular (*UserForm*) mit dem Namen *Eingabemaske* oder importieren die Vorlage.

Die Eingabemaske - Do-it-yourself

Wenn Sie bereits vertraut sind mit dem Erstellen von Formularen, können Sie gerne anhand der nachfolgend aufgestellten Tabelle die Formularobjekte in der von Ihnen gewünschten Erscheinungsform anordnen. In der Tabelle finden Sie alle, für das Formular in Bild 5.1 benötigten, ActiveX-Steuerelemente und ihre Eigenschaften.

Formularsteuerelement	(Name)	Caption	Hinweise
Formularfeld (Userform)	Eingabemaske	Datenimport	H 400, W 600
Textfeld (TextBox)	Pfadname		Tahoma 8, H 16
Textfeld (TextBox)	Quelldatei		Tahoma 8, H 16
Textfeld (TextBox)	AnzZeilen		Tahoma 8, H 16
Textfeld (TextBox)	AnzSpalten		Tahoma 8, H 16
Listenfeld (ListBox)	Dateiliste		300 x 150, (rot)
Listenfeld (ListBox)	Spaltenliste		185 x 150, (gelb)
Beschriftungsfeld (Label)		Pfad	Tahoma 8, H 10
Beschriftungsfeld (Label)		Vorhandene Dateien:	Tahoma 8, H 10
Beschriftungsfeld (Label)		Quelldatei:	Tahoma 8, H 10
Beschriftungsfeld (Label)		Anz. Zeilen:	Tahoma 8, H 10
Beschriftungsfeld (Label)		Anz. Spalten:	Tahoma 8, H 10
Beschriftungsfeld (Label)		Spaltenüberschriften:	Tahoma 8, H 10
Befehlsschaltfläche (CommandButton)	Quelldatei_lesen	Datei-Info einlesen	(blau)

Import der Eingabemaske

Wenn Sie sich für den Importweg entschlossen haben, hilft Ihnen ein rechter Mausklick im Projektfenster weiter (siehe Bild 5.2). Klicken Sie auf *Datei importieren…*, wählen Sie die Vorlagendatei *Eingabemaske.frm* im Ordner mit den Sicherungsdateien aus und importieren Sie diese entweder mit Klick auf *Öffnen* oder mit Doppelklick.

Der Ordner *Formulare* wird automatisch eingefügt. Darin befindet sich das Formular *Eingabemaske*. Im Grunde genommen ist ein Formular ein besonderes Modul mit einer eigenen Oberfläche. Hinter der Oberfläche verbirgt sich nämlich das Codefenster, in das Sie bei aktivem Formular über die Funktionstaste F7 oder über das Symbol *Code anzeigen*, oberhalb des Projektfensters wechseln können (siehe Bild 5.3).

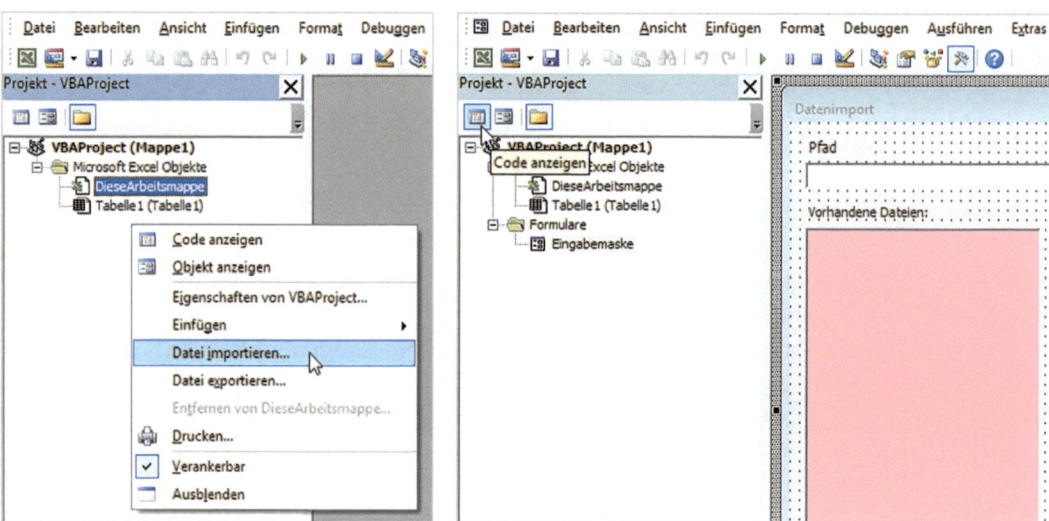

Bild 5.2 Eingabemaske importieren

Bild 5.3 Code anzeigen

Hinweis: Immer, wenn Sie in das Codefenster wechseln, wird im Codefenster des Formulars automatisch der Prozedurrumpf *UserForm_Click* erzeugt. Löschen ist zwecklos; allerdings stört die Prozedur nur im Anblick. Der Zusatz *Private Sub* zeigt außerdem, dass sie nur in diesem Umfeld gültig ist.

Das Formular Eingabemaske aufrufen

Bild 5.4 Das Makro Dateiauswahl

Um das Formular im Excel-Tabellenblatt anzuzeigen, muss es durch ein Makro aufgerufen werden. Folglich fügen wir ein Modul *Formularinhalte* ein. Die Startprozedur für das Formular wird im Makro *Dateiauswahl* eingerichtet. Das Formular mit Namen *Eingabemaske* wird mit der Methode *Show* angezeigt.

```
Sub Dateiauswahl()
    'Anzeigen der Maske
    Eingabemaske.Show
End Sub
```

Wenn Sie im Tabellenblatt das angezeigte Formular wieder schließen wollen, reicht ein Klick auf das Schließen-Symbol in der oberen rechten Ecke.

Damit die Eingabemaske auch aus der Tabellenansicht aufgerufen werden kann, empfiehlt es sich, dem Makro *Dateiauswahl* eine Tastenkombination zuzuordnen. Dazu klicken Sie im Register *Entwicklertools* auf das Symbol *Makros* oder betätigen die Tastenkombination Alt+F8. Im Fenster *Makro* erhalten Sie eine Übersicht über alle vorhandenen Makros, markieren Sie das Makro *Dateiauswahl* und klicken Sie auf die Schaltfläche *Optionen…*, um die Tastenkombination festzulegen (Bild 5.5).

Tipp: Empfehlenswert ist Strg+m, da diese Kombination zurzeit von Excel noch nicht anderweitig verwendet wird. Ein erläuternder Hinweis im Feld *Beschreibung* sollte außerdem nicht fehlen.

Mehr Übersicht durch eine Eingabemaske (UserForm) 5

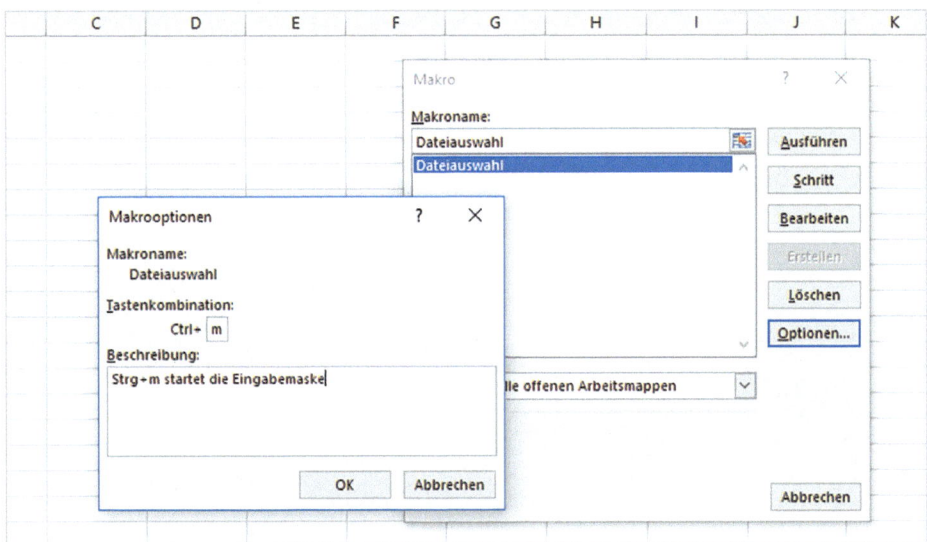

Bild 5.5 Tastenkombination zuweisen

Verzeichnispfad vorgeben und anzeigen

Damit sich unser Formular so nach und nach mit Leben füllt, wollen wir zunächst die, in einem vorgegebenen Ordner vorhandenen, Dateien auflisten lassen. In den meisten Fällen dürften sich die benötigten Dateien in einem bestimmten Arbeitsordner befinden, weil sie dort angelegt oder als Vorauswahl dorthin kopiert wurden. Es liegt daher nahe, dass man diesen Ordner im Programmcode als Konstante vorgibt.

Das Makro *Dateiauswahl* soll vor dem Aufruf der Eingabemaske folgende Aufgaben erledigen:

▷ Den Pfad für die Dateien festlegen (*Const … As String = "…"*),
▷ das Blatt *Tabelle1* als aktuelles Worksheet festlegen,
▷ mögliche Zellinhalte (aus Vorversuchen) löschen,
▷ den Pfad in die TextBox *Pfadname* in der Eingabemaske schreiben,
▷ die Eingabemaske starten.

Bild 5.7 auf der nächsten Seite zeigt das ergänzte Makro *Dateiauswahl*.

Erklärung

▷ Zur Festlegung des Importpfades wird *pfad* als öffentliche Konstante definiert. So lässt sich der allgemein gültige Pfad zentral verwalten.
▷ Mit *ChrDir* wird in den Importordner gewechselt.
▷ *Tabelle1* wird aktiviert, deren mögliche Zellinhalte werden gelöscht und die Zelle A1 markiert (linke obere Ecke der Tabelle; optional).

5 Zugriff auf Excel-Arbeitsmappen

▶ Das Textfeld (*Textbox*) *Pfadname* in der Eingabemaske wird mit der Pfadangabe vorbereitet, bevor die *Eingabemaske* aufgerufen wird.

Hinweis: Alle Objekte des Formulars *Eingabemaske* haben manuell eindeutige Namensbezeichnungen erhalten, siehe Tabelle auf Seite 185 und sind über ihren Namen ansprechbar. Allgemeine Schreibweise: `UserForm.Objektname.Value`

Bild 5.6 Das ergänzte Makro Dateiauswahl

Bild 5.7 Der Dateipfad in der Eingabemaske

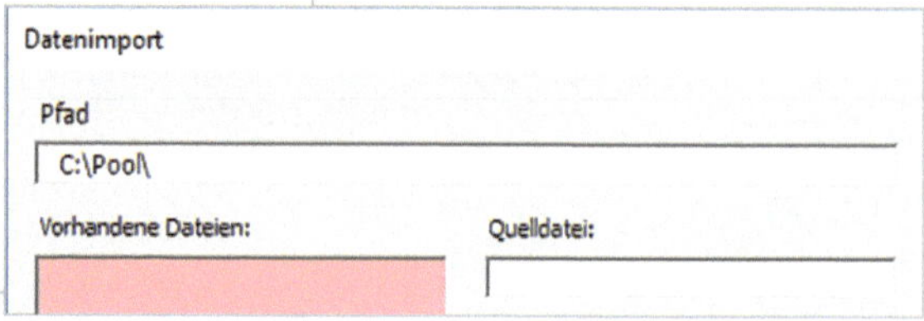

```
Public Const pfad As String = "C:\Pool\"    'Pfad anpassen!

Sub Dateiauswahl()

    'Wechsel in das gewünschte Verzeichnis
    ChDir pfad

    'Festlegen der Tabelle1 als aktuelles Arbeitsblatt
    Worksheets("Tabelle1").Activate
    ActiveSheet.Cells.ClearContents        'Tabelle1 Inhalte löschen
    Range("A1").Select                     'Cursor auf "A1"

    'Eintrag des aktuellen Ordnerpfads
    Eingabemaske.Pfadname.Value = pfad

    'Anzeigen der Maske
    Eingabemaske.Show

End Sub
```

Dateien auflisten

Die im angegebenen Ordner enthaltenen Dateien sollen in Form einer Liste in der Eingabemaske erscheinen. Im nächsten Schritt wird das Listenfeld (*ListBox*) mit dem Namen *Dateiliste* schrittweise – solange bestimmte Dateitypen im Importverzeichnis aufgespürt werden – mit deren Dateinamen gefüllt.

Dazu wird ein neues Makro mit dem Namen *Inhaltsverzeichnis* in einem neuen Modul *Dateien_listen* angelegt.

Bild 5.8 Das Makro Inhaltsverzeichnis

```
Sub Inhaltsverzeichnis()
Dim datei_ein As String

    Eingabemaske.Dateiliste.Clear                    'Löschen vor Neueintrag
    datei_ein = Dir(pfad & "*.*")                    'erste Datei zuweisen
    While datei_ein <> ""                            'solange Dateien existieren
        Eingabemaske.Dateiliste.AddItem datei_ein    'Inhaltsverzeichnis anlegen
        datei_ein = Dir                              'nächste Datei zuweisen
    Wend
End Sub
```

Erklärung

▶ Der Dateiname wird als String-Variable *datei_ein* deklariert. Mögliche Inhalte der Dateiliste werden gelöscht (*Clear*).

▶ Die erste gefundene Datei im angegebenen Ordner wird der Stringvariablen zugewiesen und über eine Schleife mit *.AddItem* in das Feld *Dateiliste* der Eingabemaske geschrieben und zwar so lange der Dateiname nicht leer (<> "") ist.

5 Mehr Übersicht durch eine Eingabemaske (UserForm)

Eine Festlegung auf einen bestimmten Dateityp erfolgt bewusst nicht. Durch die Angabe *.* wird nach allen Dateien gesucht.

▸ Die Anzeige der Dateien erfolgt mit *Dir*. „Die *Dir*-Funktion gibt eine Zeichenfolge (String) zurück, die den Namen einer Datei, eines Verzeichnisses oder eines Ordners darstellt, der mit einem bestimmten Suchmuster, einem Dateiattribut oder mit der angegebenen Datenträger- bzw. Laufwerksbezeichnung übereinstimmt" (Quelle: *F1*-Hilfe).

Der Aufruf des Makros *Inhaltsverzeichnis* muss anschließend in das Makro *Dateiauswahl* eingebunden werden, und zwar bevor die Eingabemaske aufgerufen wird. Das Schlüsselwort *Call* muss dabei dem Aufruf eines Makros nicht zwingend vorangestellt werden, der Name des Makros allein würde ebenfalls genügen. Das optionale *Call* macht jedoch deutlich, dass hier eine andere Prozedur aufgerufen wird.

```
Sub Dateiauswahl()

    'Wechsel in das gewünschte Verzeichnis
    ChDir pfad

    'Festlegen der Tabelle1 als aktuelles Arbeitsblatt
    Worksheets("Tabelle1").Activate
    ActiveSheet.Cells.ClearContents        'Tabelle1 Inhalte löschen
    Range("A1").Select                     'Cursor auf "A1"

    'Eintrag des aktuellen Ordnerpfads
    Eingabemaske.Pfadname.Value = pfad

    'Makro aufrufen (Modul Dateien_listen)
    Call Inhaltsverzeichnis                'Call = optional

    'Anzeigen der Maske
    Eingabemaske.Show

End Sub
```

Bild 5.9 Das Makro Inhaltsverzeichnis beim Anzeigen der Eingabemaske aufrufen

Der Testlauf, gestartet aus dem Arbeitsblatt heraus mit der Tastenkombination Strg+m, listet alle momentan in Ihrem Verzeichnis C:\Pool\ vorhandenen Dateien auf, wobei die Anzeige auf Ihrem PC von der Abbildung abweichen kann.

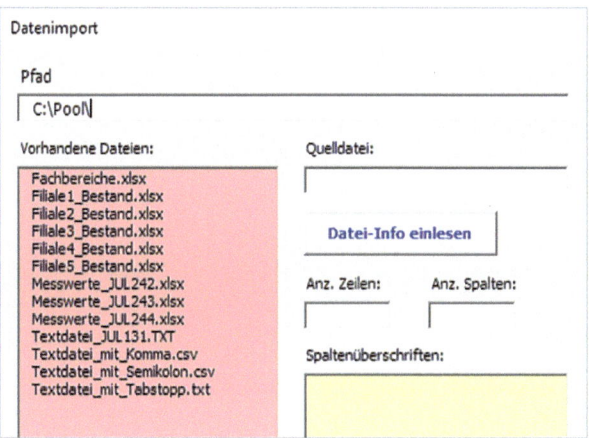

Bild 5.10 Dateien im vorgegebenen Verzeichnis (Anzeige kann abweichen)

5 Zugriff auf Excel-Arbeitsmappen

Nur bestimmte Dateitypen anzeigen

Oftmals werden für die weitere Bearbeitung nur ganz bestimmte Dateitypen gesucht oder benötigt. In den folgenden Übungen werden wir uns mit Excel-Dateien und Textdateien (.xls, .txt, .csv) befassen. Im Grunde genommen kann man auch vorab bereits dafür sorgen, dass die benötigten Textdateien, wie sie beispielsweise aus Analysesoftware exportiert werden, in Excel-Arbeitsmappen umgewandelt werden. Dazu bietet Excel eine Menge Möglichkeiten (z. B. *Daten* ▶ *Externe Daten abrufen* ▶ ...) und nicht zuletzt auch über VBA.

Das Herausfiltern zur Anzeige bestimmter Dateitypen ließe sich auch flexibel gestalten, ist aber in der Praxis eher unnötig, da der Dateityp in der Regel bereits vorgegeben ist.

In der nächsten Übung soll die Anzeige der Dateien auf Excel-Arbeitsmappen eingegrenzt werden. Zum Filtern dient die Angabe typischer Excel-Dateiendungen wie beispielsweise *.xls* oder *.xlsx* in der Anweisungszeile

```
datei_ein = Dir(pfad & "*.xls")    'oder xlsx
```

Wenn alle Excel-Arbeitsmappen angezeigt werden sollen, kann auch das Fragezeichen als Stellvertreter an vierter Stelle der Dateinamenerweiterung verwendet werden.

Hier eine praktische Vorgehensweise zum Erstellen des neuen Makros – ohne eine bestehende Funktionalität aufzugeben.

1 Kopieren Sie das Makro *Inhaltsverzeichnis* und benennen Sie die Kopie um *Inhaltsverzeichnis_xls*.

2 Passen Sie die Dateierweiterung an Excel-Arbeitsmappen an (*.xls?*).

Bild 5.11 Dateinamenerweiterung anpassen

```
Sub Inhaltsverzeichnis_xls()
Dim datei_ein As String

    Eingabemaske.Dateiliste.Clear                'Löschen vor Neueintrag
    datei_ein = Dir(pfad & "*.xls?")             'erste EXCEL-Datei zuweisen
    While datei_ein <> ""                        'solange Dateien existieren
        Eingabemaske.Dateiliste.AddItem datei_ein  'Inhaltsverzeichnis anlegen
        datei_ein = Dir                          'nächste Datei zuweisen
    Wend
End Sub
```

3 Ändern Sie den Makroaufruf im Makro *Dateiauswahl* (Modul *Formularinhalte*) durch Hinzufügen von "*_xls*".

Bild 5.12 Ändern Sie das Makro Dateiauswahl entsprechend

```
'Eintrag des aktuellen Ordnerpfads
Eingabemaske.Pfadname.Value = pfad

'Makro aufrufen (Modul Dateien_listen)
Call Inhaltsverzeichnis_xls                  'Call = optional

'Anzeigen der Maske
Eingabemaske.Show
```

Mehr Übersicht durch eine Eingabemaske (UserForm) 5

Für den Testlauf wurden im Bild unten die Endungen der Dateien *Messwerte…* absichtlich verändert, um zu zeigen, dass alle Excel-Endungen berücksichtigt werden, falls dies so gewollt ist.

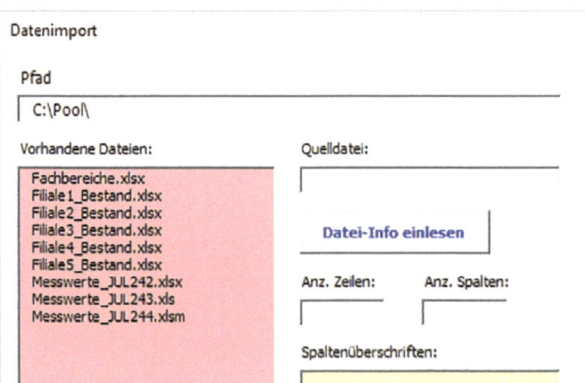

Bild 5.13 Die Eingabemaske zeigt alle Excel-Dateitypen an

Nun haben wir Einblick in den Ordner und können im nächsten Programmschritt eine der gelisteten Dateien auswählen.

Stand: Datenimport_09.xlsm

Importdatei auswählen und anzeigen

Im Listenfeld *Vorhandene Dateien* wird eine Datei durch Anklicken ausgewählt. Der Name der ausgewählten Datei soll in einem Textfeld (*TextBox*) mit dem Namen *Quelldatei* angezeigt werden. Dies ist zwar nicht unbedingt nötig, aber auf diese Weise lernen Sie, Steuerelemente und Ereignisse einzusetzen.

1. Aktivieren Sie die Eingabemaske im VBA-Editor. Mit einem Doppelklick in das Listenfeld landen Sie im Codefenster des Formulars und zwar direkt in der *Private Sub* Prozedur des Listenfeldes.

2. Der Prozedurrumpf ist bereits mit der Objektbezeichnung und dem Standardereignis (*Click*) angelegt. Das bedeutet, ein Mausklick in diese Liste genügt zum Ausführen der dazugehörigen Anweisungen.

   In unserem Fall soll dies die Übergabe des Dateinamens aus dem Listenfeld an das Textfeld *Quelldatei* sein. Wie beim Kopieren im Arbeitsblatt, wird auch hier das Zielobjekt zuerst genannt. Anstelle des Formularnamens *Eingabemaske* darf auch die Bezeichnung *Me* verwendet werden. Dieses vereinfachte Ansprechen des Formulars funktioniert allerdings nur innerhalb des Formularfensters. Es hat den Vorteil, dass auch bei Namensänderung des Formulars der Bezug erhalten bleibt. Aktionen aus einem normalen Modul heraus müssen dagegen immer das Formular beim Namen nennen.

```
Private Sub Dateiliste_Click()
    Me.Quelldatei.Value = Me.Dateiliste.Value
End Sub
```

Bild 5.14 Der Inhalt des Listenfeldes Dateiliste wird dem Textfeld Quelldatei zugewiesen

Das Ergebnis: Mit jedem Mausklick in das Listenfeld wird der jeweils markierte Dateiname im Textfeld *Quelldatei* angezeigt bzw. aktualisiert. Dieser Umweg dient als Einstiegsübung ebenso wie das nachfolgende Ermitteln des Dateiumfangs, um bereits Gelerntes in die Importprozeduren einzubinden. In der Praxis könnte man auch sofort mit dem Klick in die Dateiliste die Zahl der vorhandenen Zeilen und Spalten erfassen und alles oder bestimmte Bereiche daraus importieren.

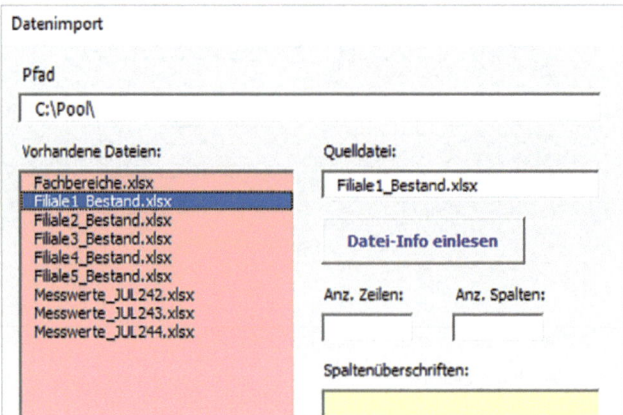

Bild 5.15 Anzeige der markierten Datei

In den folgenden Abschnitten wird schrittweise das Öffnen der Quelldatei beschrieben sowie das Auslesen der Tabellengröße (= Anzahl der Spalten und Zeilen des Arbeitsblattes).

Umfang der ausgewählten Tabelle ermitteln

Das Öffnen der ausgewählten Datei soll durch das *Click*-Ereignis der Befehlsschaltfläche *Quelldatei_lesen* ausgelöst und die Anzahl der benutzten Zeilen und Spalten in den Textfeldern darunter angezeigt werden.

▶ Mit einem Doppelklick auf die Befehlsschaltfläche erzeugen Sie wieder den Prozedurrumpf für das *Click*-Ereignis dieser Schaltfläche.

Hinweis: Wie in jedem Makro, könnten auch an dieser Stelle gleich mehrere Anweisungen geschrieben werden. Es empfiehlt sich jedoch, von hier aus lieber weitere Makros aufzurufen, die sich in normalen Modulen befinden. Auf diese Weise schaffen Sie mit nur wenigen Zeilen eine bessere Übersicht in Ihrer Schaltzentrale – gemeint ist das Codefenster des Formulars.

```
Private Sub Quelldatei_lesen_Click()
    Datei_Info_lesen
End Sub
```

Bild 5.16 Das Click-Ereignis der Schaltfläche soll die Ausführung des Makros Datei_Info_lesen veranlassen.

Im nächsten Schritt muss ein neues Modul *Quelldatei_einlesen* eingefügt und darin das Makro *Datei_Info_lesen* angelegt werden. Möglicherweise könnten Sie auf bereits erstellte Codezeilen aus vorherigen Übungen zurückgreifen und diese kopieren. Wir werden aber die Programmzeilen gemeinsam neu aufbauen, verbunden mit weiteren Erklärungen.

Übung: Tabellenumfang ermitteln

Die Anzahl der belegten Zeilen und Spalten der ausgewählten Excel-Arbeitsmappe soll in den beiden Textfeldern *AnzZeilen* und *AnzSpalten* angezeigt werden.

1. Als Variablen benötigen wir:
   - *letzte_zeile* und *letzte_spalte* vom Typ *Long*
   - die Variablen *Quelldatei* und *Arbeitsdatei* deklarieren wir vom Typ *String*.

2. *Arbeitsdatei* soll die gerade aktuelle Arbeitsmappe sein.

3. Auf die *Quelldatei* soll zugegriffen werden, ihr Dateiname kann aus dem Textfeld *Quelldatei* der Eingabemaske übernommen werden.

4. Durch die Methode *Workbooks.open* erfolgt der Zugriff auf die Quelldatei im vorgegebenen Pfad (*ChDir pfad* im Makro *Dateiauswahl*).

5. Ausgewählt wird das erste Tabellenblatt (*Sheets(1)*) der Quelldatei, da wir den genauen Namen des Blatts nicht kennen.

6. Die letzte belegte Zelle dieses Tabellenblatts bestimmt die maximale Anzahl der Zeilen (Zeilennummer) und Spalten (Spaltennummer). In dieser Prozedur wird die *SpecialCells*-Methode mit der Konstanten *xlCellTypeLastCell* angewendet. Die Ergebnisse werden im Formular angezeigt.

7. Am Ende wird die Quelldatei (ohne Änderungen) geschlossen.

Hinweis: Verschiedene Lösungswege zum Ermitteln des Tabellenumfangs wurden bereits besprochen (siehe Kapitel 3.9, Dynamisches Arbeiten in Tabellen). Sie seien an dieser Stelle nur nochmals kurz in Erinnerung gebracht:

Siehe Kapitel 3.9, Dynamisches Arbeiten in Tabellen.

▶ Verwendung der *UsedRange*-Eigenschaft – eine unsichere Methode!
```
letzte_zeile = ActiveSheet.UsedRange.Rows.Count
letzte_spalte = ActiveSheet.UsedRange.Columns.Count
```

▶ Die Rückwärtssuche nach der letzten belegten Zelle einer Spalte oder Zeile.

```
letzte_zeile = ActiveSheet.Range("A" & ActiveSheet.Rows.Count).End(xlUp).Row
letzte_spalte = ActiveSheet.Cells(1,ActiveSheet.Columns.Count).End(xlToLeft).Column
```

5 Zugriff auf Excel-Arbeitsmappen

Bild 5.17 Anzahl Zeilen und Spalten ermitteln

Stand: Datenimport_09_1.xlsm

```
Sub Datei_Info_lesen()

Dim Quelldatei As String
Dim Arbeitsdatei As String
Dim letzte_zeile As Long
Dim letzte_spalte As Long

    'die aktuell aktive Arbeitsmappe als Bezugsdatei festlegen
    Arbeitsdatei = ActiveWorkbook.Name

    'ausgewählte Datei öffnen
    Quelldatei = Eingabemaske.Quelldatei.Value
    Workbooks.Open Filename:=pfad & Quelldatei
    Windows(Quelldatei).Activate
    Sheets(1).Select

    'Suche letzte benutzte Zeile der Tabelle
    letzte_zeile = ActiveSheet.Cells.SpecialCells(xlCellTypeLastCell).Row
    Eingabemaske.AnzZeilen.Value = letzte_zeile

    'Suche letzte benutzte Spalte der Tabelle
    letzte_spalte = ActiveSheet.Cells.SpecialCells(xlCellTypeLastCell).Column
    Eingabemaske.AnzSpalten.Value = letzte_spalte

    'Quelldatei schließen ohne Änderungen zu speichern
    Workbooks(Quelldatei).Close SaveChanges:=False

End Sub
```

Ein *STOP* im Programmablauf kann einen länger dauernden Einblick ermöglichen oder das Auskommentieren (Deaktivieren) bzw. Weglassen der Anweisung *Workbooks (Quelldatei).Close*.

Hinweis: Für die kurze Zeit des Zugriffs wird die Quelldatei auf dem Monitor eingeblendet, was lediglich durch ein Flackern auffallen dürfte. Soll das Flackern beim Öffnen der Quelldatei(en) verhindert werden, kann die Aktualisierung des Bildschirms ausgeschaltet werden. Sie sollten aber nicht vergessen, solche Maßnahmen wieder einzuschalten – rechtzeitig vor Beendigung des Makros.

```
'Bildschirmaktualisierung ausschalten
    Application.ScreenUpdating = False
        [Anweisung(en)]....
'Bildschirmaktualisierung wieder einschalten
    Application.ScreenUpdating = True
```

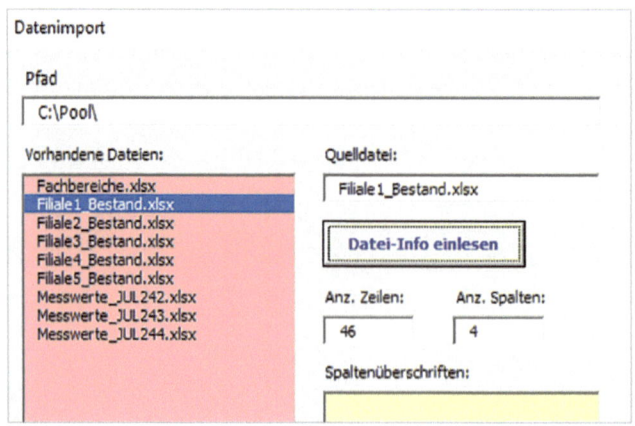

Bild 5.18 Eingabemaske nach Klick auf die Schaltfläche „Datei-Info einlesen"

Mehr Übersicht durch eine Eingabemaske (UserForm) 5

Spaltenüberschriften anzeigen

Für die folgenden Übungen greifen wir auf die Arbeitsmappe *Northwind_Produkte.xlsx* zu, die aus der bekannten Microsoft Access-Beispieldatenbank Nordwind (*Northwind Web Database*) stammt. Die Arbeitsmappe muss dazu aus den Übungsdateien in den Arbeitsordner C:\Pool\ kopiert werden. Sie enthält mehr Spaltenüberschriften und ist daher interessanter. Aber grundsätzlich muss der Zugriff auf alle Arbeitsblätter funktionieren - probieren Sie es im Rahmen dieser Übung einfach mal aus.

Bild 5.19 Auszug aus der Excel-Arbeitsmappe Northwind_Produkte.xlsx

A	B	C	D	E	F	G	H	I	J
Lieferantennummern	ID	Produktcode	Artikelname	Beschreibung	Standardkosten	Listenpreis	Mindestbestand	Ziel für Bestand	Liefereinheit
4	1	NWTB-1	Northwind Traders Chai		13,5	18	10	40	10 Kartons x 20 Beutel
10	3	NWTCO-3	Northwind Traders Syrup		7,5	10	25	100	12 x 550-ml-Flaschen
10	4	NWTCO-4	Northwind Traders Cajun Seasoning		16,5	22	10	40	48 x 6-oz-Gläser
10	5	NWTO-5	Northwind Traders Olive Oil		16,0125	21,35	10	40	36 Kartons
2;6	6	NWTJP-6	Northwind Traders Boysenberry Spread		18,75	25	25	100	12 x 8-oz-Gläser
2	7	NWTDFN-7	Northwind Traders Dried Pears		22,5	30	10	40	12 x 1-lb-Packungen
8	8	NWTS-8	Northwind Traders Curry Sauce		30	40	10	40	12 x 12-oz-Gläser
2;6	14	NWTDFN-14	Northwind Traders Walnuts		17,4375	23,25	10	40	40 x 100-g-Packungen
6	17	NWTCFV-17	Northwind Traders Fruit Cocktail		29,25	39	10	40	15,25 oz
1	19	NWTBGM-19	Northwind Traders Chocolate Biscuits Mix		6,9	9,2	5	20	10 Kartons x 12 Stück
2;6	20	NWTJP-6	Northwind Traders Marmalade		60,75	81	10	40	30 Geschenkpackungen
1	21	NWTBGM-21	Northwind Traders Scones		7,5	10	5	20	24 Packungen x 4 Stück
4	34	NWTB-34	Northwind Traders Beer		10,5	14	15	60	24 x 12-oz-Flaschen
7	40	NWTCM-40	Northwind Traders Crab Meat		13,8	18,4	30	120	24 x 4-oz-Dosen
6	41	NWTSO-41	Northwind Traders Clam Chowder		7,2375	9,65	10	40	12 x 12-oz-Dosen
3;4	43	NWTB-43	Northwind Traders Coffee		34,5	46	25	100	16 x 500-g-Dosen
10	48	NWTCA-48	Northwind Traders Chocolate		9,5625	12,75	25	100	10 Packungen
2	51	NWTDFN-51	Northwind Traders Dried Apples		39,75	53	10	40	50 x 300-g-Packungen
1	52	NWTG-52	Northwind Traders Long Grain Rice		5,25	7	25	100	16 x 2-kg-Kartons
1	56	NWTP-56	Northwind Traders Gnocchi		28,5	38	30	120	24 x 250-g-Packungen
1	57	NWTP-57	Northwind Traders Ravioli		14,625	19,5	20	80	24 x 250-g-Packungen
8	65	NWTS-65	Northwind Traders Hot Pepper Sauce		15,7875	21,05	10	40	32 x 8-oz-Flaschen

Übung: Spaltenüberschriften anzeigen

Die Spaltenüberschriften der ausgewählten Arbeitsmappe sollen im Listenfeld *Spaltenliste* zur Anzeige gebracht werden. Dazu wird das Makro *Datei_Info_lesen* (Modul *Quelldatei_einlesen*) um eine *For-Next*-Schleife ergänzt.

In der ausgewählten Tabelle wird die erste Zeile nach Inhalten (Spaltenüberschriften) durchsucht und diese im Listenfeld zeilenweise ausgegeben. Damit sich beim wiederholten Anklicken einer Datei die Liste mit Spaltenüberschriften nicht weiter verlängert, müssen jeweils vor dem ersten Eintrag alle bisherigen Einträge gelöscht werden.

Die Änderungen im Makro *Datei_Info_lesen* im Detail:

1. Deklarieren Sie die Variable *spalte* vom Typ *Long*.

2. Veranlassen Sie die Löschung der möglichen Einträge in der Spaltenliste mit der Methode *Clear:* `Eingabemaske.Spaltenliste.Clear`.

3. Fügen Sie eine *For-Next*-Schleife ein, die in der geöffneten Tabelle von der ersten bis zur letzten Spalte die Spaltenüberschriften auswählt und in der Listbox *Spaltenliste* zeilenweise ergänzt.

```
Eingabemaske.Spaltenliste.AddItem (Cells(1, spalte).Value)
```

Bild 5.20 Spaltenüberschriften einlesen

```vba
Sub Datei_Info_lesen()

Dim Quelldatei As String
Dim Arbeitsdatei As String
Dim letzte_zeile As Long
Dim letzte_spalte As Long
Dim spalte As Long

    'Bildschirmaktualisierung ausschalten
    Application.ScreenUpdating = False            'optional
    
    'die aktuell aktive Arbeitsmappe als Bezugsdatei festlegen
    Arbeitsdatei = ActiveWorkbook.Name
    
    'ausgewählte Datei öffnen
    Quelldatei = Eingabemaske.Quelldatei.Value
    Workbooks.Open Filename:=Eingabemaske.Pfadname & Quelldatei
    Windows(Quelldatei).Activate
    Sheets(1).Select
    
    'Suche letzte benutzte Zeile der Tabelle
    letzte_zeile = ActiveSheet.Cells.SpecialCells(xlCellTypeLastCell).Row
    Eingabemaske.AnzZeilen.Value = letzte_zeile
    
    'Suche letzte benutzte Spalte der Tabelle
    letzte_spalte = ActiveSheet.Cells.SpecialCells(xlCellTypeLastCell).Column
    Eingabemaske.AnzSpalten.Value = letzte_spalte
    
    'Lesen der Spaltenbezeichnungen (1.Zeile)
    Eingabemaske.Spaltenliste.Clear               'löscht vorhandene Einträge
    For spalte = 1 To letzte_spalte
        Eingabemaske.Spaltenliste.AddItem (Cells(1, spalte).Value)
    Next spalte
    
    'Quelldatei schließen ohne Änderungen zu speichern
    Workbooks(Quelldatei).Close SaveChanges:=False
    
    'Bildschirmaktualisierung ausschalten
    Application.ScreenUpdating = True             'optional

End Sub
```

Bild 5.21 Anzeige Spaltenüberschriften

Stand: Datenimport_09_2.xlsm

Das Ergebnis nach Auswahl einer Datei und Betätigen der Schaltfläche Datei-Info einlesen sehen Sie im Bild rechts.

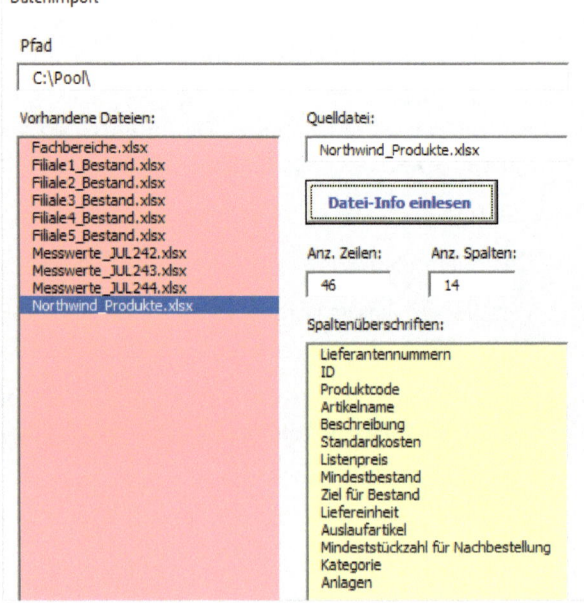

5.2 Eine Spalte auswählen und Inhalte einlesen

Die nächste Aufgabe lautet: Wenn eine der Spaltenüberschriften im Listenfeld durch Anklicken ausgewählt wird, sollen alle Werte dieser Spalte aus der Quelldatei in die Arbeitsdatei in das Tabellenblatt *Tabelle1* kopiert werden.

Das *Click*-Ereignis zur Ausführung von Anweisungen beim Anklicken einer beliebigen Zeile im Listenfeld haben wir bereits bei der Auswahl einer Datei eingesetzt. Es kommt auch hier zum Einsatz.

Bei aktiviertem Formular öffnet ein Doppelklick in das Listenfeld *Spaltenliste* das Codefenster und erstellt den Prozedurrumpf zum *Click*-Ereignis dieses Steuerelements. Hier soll das, noch zu erstellende, Makro *spalte_lesen* ausgeführt werden.

```
Private Sub Spaltenliste_Click()
    spalte_lesen
End Sub
```

Bild 5.22 Das Click-Ereignis zum Listenfeld

Listenwert und -index anzeigen

Die per Mausklick ausgewählte Zeile im Listenfeld gibt einen Wert (*Value*) und einen Listenfeldindex (*ListIndex*) zurück. Um diese Indexwerte erst einmal kennenzulernen und um sie zu überprüfen, lassen wir in einer Vorübung die Spaltenüberschrift (*Value*) und den Listenplatz im Direktbereich anzeigen.

1. Erstellen Sie im Modul *Quelldatei_einlesen* ein neues Makro mit dem Namen *spalte_lesen*, das vom Click-Ereignis des Listenfeldes aufgerufen wird, siehe oben.

2. Lassen Sie sich im Direktbereich *Value* und *ListIndex* der Spaltenliste (*ListBox*) anzeigen. Dies geschieht mit der Anweisung *Debug.Print*, wie im Bild unten.

Bild 5.23 Value und ListIndex anzeigen

```
Sub spalte_lesen()
    'Überprüfen der Übergabewerte bei Click in Spaltenliste: nullbasiert!
    Debug.Print Eingabemaske.Spaltenliste.Value; Eingabemaske.Spaltenliste.ListIndex

End Sub
```

Nach dem Aufruf der Eingabemaske bewirkt das fortschreitende Anklicken der Listeneinträge die (unbemerkte) Ausgabe im Direktbereich. Nach Abbruch der Eingabemaske findet sich im Direktbereich (ggf. Anzeigen mit Strg+G) das Abbild unserer Klick-Reihenfolge, wie im Bild rechts.

```
Lieferantennummern  0
ID                  1
Produktcode         2
Artikelname         3
Beschreibung        4
Standardkosten      5
Listenpreis         6
...
```

Bild 5.24 Ausgabe Value und ListIndex im Direktbereich

Hinweis: Der *ListIndex* beginnt mit *0*. Man spricht auch von nullbasiert. Spaltennummern beginnen aber mit 1; damit der *ListIndex* der Nummer der zu kopierenden Spalte entspricht, muss er um 1 erhöht werden. Eine Spaltennummer 0 würde einen Fehler verursachen.

5 Zugriff auf Excel-Arbeitsmappen

Gültigkeitsbereich der Variablen erweitern

Bevor wir wieder auf die Quelldatei zugreifen können, müssen wir einige wichtige Änderungen im bisherigen Programmablauf vornehmen. Das betrifft in erster Linie den Gültigkeitsbereich der Variablen, die wir für den Zugriff auf die Importdateien benötigen. Sie wurden im Makro *Datei_Info_lesen* als lokale Variablen, d. h. nur innerhalb des Makros geltend, deklariert. Wir benötigen diese Variablen aber im gesamten Modul *Quelldatei_einlesen*.

▶ Markieren Sie den gesamten Deklarationsteil und verschieben Sie ihn an den Modulbeginn unterhalb der Anweisung `Option Explicit` und **oberhalb** des Makros *Datei_info_lesen*. Entweder durch Ziehen mit der Maus oder über die Zwischenablage mit Strg+C und Strg+V. Dadurch wird der Gültigkeitsbereich global oder modulübergreifend.

Bild 5.25 Variablen werden modulübergreifend zur Verfügung gestellt

```
Option Explicit

Dim Quelldatei As String
Dim Arbeitsdatei As String
Dim letzte_zeile As Long
Dim letzte_spalte As Long
Dim spalte As Long

Sub Datei_Info_lesen()

    'Bildschirmaktualisierung ausschalten
    Application.ScreenUpdating = False          'optional

    'die aktuell aktive Arbeitsmappe als Bezugsdatei festlegen
    Arbeitsdatei = ActiveWorkbook.Name
```

Makro erweitern

Im nächsten Schritt wird das Makro *spalte_lesen* entsprechend erweitert:

1. Die Ausgabe des *Listindex* im Direktbereich wird nicht mehr benötigt und daher auskommentiert oder gelöscht.

2. Die Quelldatei wird (erneut) geöffnet und deren Anzeigefenster (*.Activate*) und das erste Tabellenblatt *Sheet(1)* ausgewählt. Dann kann direkt auf die Tabelle zugegriffen werden, nachdem Spaltennummer und Spaltenumfang bzw. Wertebereich festgelegt wurden.

3. Die ausgewählte Spalte ergibt sich aus dem *ListIndex* +1.

4. Der Bereich von der ersten bis zur letzten benutzen Zeile (*letzte_zeile*) wird ausgewählt und in die Zwischenablage kopiert.

5. Die Arbeitsdatei wird aktiviert und die Einfügeposition A1 im Arbeitsblatt *Tabelle1* ausgewählt.

6. Der Inhalt der Zwischenablage wird eingefügt.

Sollen ausschließlich Werte – also keine Zellformatierungen wie z. B. Hintergrundfarbe – aus der Quelldatei übertragen werden, gibt man den entsprechenden Parameter (*XlPasteType*) bei der *Range.PasteSpecial*-Methode an:

```
Selection.PasteSpecial (xlPasteValue) oder
Selection.PasteSpecial (xlPasteValuesAndNumberFormats)
```

7 Zum Schluss wird die Quelldatei geschlossen und die Maske verlassen.

Bild 5.26 Das ergänzte Makro

```
Sub spalte_lesen()

    'Überprüfen der Übergabewerte bei Click in Spaltenliste: nullbasiert!
    'Debug.Print Eingabemaske.Spaltenliste.Value; Eingabemaske.Spaltenliste.ListIndex

    'Quelldatei ist noch geöffnet? Dann entfallen folgende Zeilen
    Workbooks.Open Filename:=Eingabemaske.Pfadname.Value & Quelldatei
    Windows(Quelldatei).Activate
    Sheets(1).Select

    'Spaltenauswahl durch SpaltenIndex + 1 und Wertebereich
    spalte = Eingabemaske.Spaltenliste.ListIndex + 1
    Range(Cells(1, spalte), Cells(letzte_zeile, spalte)).Select

    'Spaltenwerte in Zwischenablage kopieren
    Selection.Copy

    'Spaltenwerte aus Zwischenablage in Arbeitsdatei "Tabelle1" kopieren
    Workbooks(Arbeitsdatei).Activate
    Worksheets("Tabelle1").Range("A1").Select
    'Selection.PasteSpecial
    Selection.PasteSpecial (xlPasteValuesAndNumberFormats)    'keine Zellformatierung

    'Quelldatei schließen, ohne Änderungen zu speichern
    Workbooks(Quelldatei).Close SaveChanges:=False

    'Maske schließen (aus dem Speicher entfernen)
    Unload Eingabemaske

End Sub
```

Hinweis: Sie haben bestimmt bemerkt, dass in diesem Makro viele Anweisungen zum Kopieren und Einfügen die (vermeidbaren) *Select* / *Selection* Befehle enthalten. Der Quellcode ähnelt daher den Aufzeichnungen des Makrorecorders. Mit Ihrem bisher angeeigneten Wissen sollte es jedoch ein leichtes sein, den Programmcode schlanker zu gestalten. Wenn Zellformatierungen nicht stören oder in der Datenquelle nicht vorhanden sind, kann auch die *Copy* / *Destination* Methode verwendet werden.

Stand: Datenimport_09_3.xlsm

Die Prozedur *spalte_lesen2* (Bild 5.27) kommt dagegen ohne *Select* / *Selection* aus und kopiert direkt - allerdings mit Zellenformaten.

```
Sub spalte_lesen2()

    Workbooks.Open Filename:=Eingabemaske.Pfadname.Value & Quelldatei

    'Spaltenauswahl durch SpaltenIndex + 1 und Wertebereich
    spalte = Eingabemaske.Spaltenliste.ListIndex + 1

    'Spaltenwerte in in Arbeitsdatei "Tabelle1" kopieren
    Range(Cells(1, spalte), Cells(letzte_zeile, spalte)).Copy _
        Destination:=Workbooks(Arbeitsdatei).Worksheets("Tabelle1").Range("A1")

    'Quelldatei schließen, ohne Änderungen zu speichern
    Workbooks(Quelldatei).Close SaveChanges:=False

    'Maske schließen (aus dem Speicher entfernen)
    Unload Eingabemaske

End Sub
```

Bild 5.27 Kopieren ohne Select

5 Zugriff auf Excel-Arbeitsmappen

5.3 Mehrere Spalten auswählen und einlesen

Anzeige ausgewählter Spalten

Möglicherweise werden aus einer externen Datenquelle auch mehrere Spalten benötigt, z. B. um ein Extrakt zu erzeugen oder als Grundlage für neue Berechnungen. Um das Geschehen nach außen hin übersichtlich zu gestalten, fügen wir der Eingabemaske ein weiteres Listenfeld zur Spaltenauswahl hinzu.

Übung: Listenfeld zur Spaltenauswahl hinzufügen

Dem Formular *Eingabemaske* soll ein weiteres Listenfeld mit dem Namen *Spaltenauswahl* hinzugefügt werden. Außerdem benötigen wir ein dazugehöriges Beschriftungsfeld mit dem Text (*Caption*) *Ausgewählte Spalten:*. Der Aufwand ist gering und sorgt vielleicht für einen Motivationsschub bei weniger versierten Formularentwicklern.

Bild 5.28 Eingabemaske ergänzen

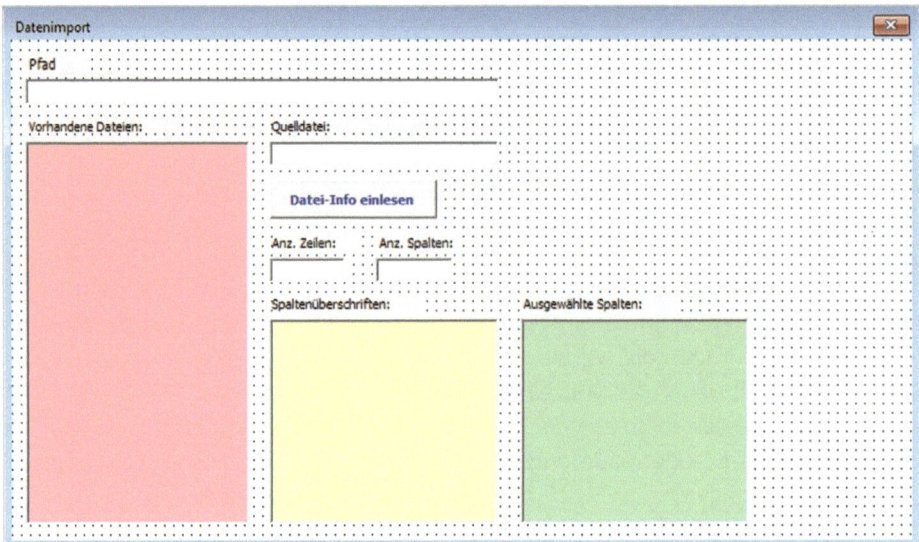

1   Wechseln Sie nach Backstage (Alt+F11). Im Ordner *Formulare* aktivieren Sie durch Doppelklick die *Eingabemaske*.

Bild 5.29 Die Werkzeugsammlung mit ausgewähltem Listenfeld-Symbol

Zusammen mit dem Formular sehen Sie die Werkzeugkiste *Toolsammlung* mit den verfügbaren Steuerelementen (Bild). Sollte dies nicht der Fall sein, blenden Sie diese über *Ansicht* ▶ *Werkzeugsammlung* ein oder klicken auf das Werkzeug-Symbol in der Menüleiste (neben dem Fragezeichen).

2   Aktivieren Sie in der *Toolsammlung* das Listenfeld-Symbol (einfacher Klick) und ziehen Sie im Formular einen rechteckigen Bereich neben dem gelben Listenfeld auf, der dessen Größe in etwa entspricht.

Mehrere Spalten auswählen und einlesen 5

3 Aktivieren Sie in der *Toolsammlung* das Bezeichnungsfeld-Symbol *A* und platzieren Sie durch Ziehen ein flaches kleines Rechteck oberhalb der neuen *ListBox*.

4 Die Eigenschaften der beiden Objekte können Sie einfach im Eigenschaftenfenster unterhalb des Projektfensters festlegen und mit den Vorgabewerten abgleichen. Übernehmen Sie die in der Tabelle unten aufgeführten Parameter.

Sollte das Eigenschaftenfenster nicht sichtbar sein, blenden Sie es über das Menü Ansicht oder direkt mit F4 ein.

- Wenn auf die Eigenschaft *Font* klicken, erscheint neben der Schriftart (Tahoma) eine so genannte Mäusespur in Form von drei Punkten (siehe Bild 5.30). Sie öffnet das Fenster *Schriftart* zur Auswahl von Schrift und Schriftgröße.

- Wenn Sie auf *BackColor* klicken, kann über einen Dropdown-Pfeil am rechten Rand des Feldes eine Liste geöffnet werden, die zwei Registerkarten zur Farbauswahl enthält. Die passende Farbe finden Sie auf der Registerkarte *Palette*.

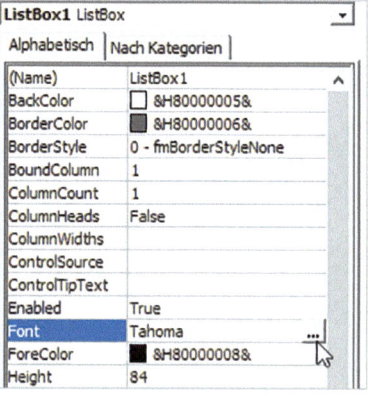 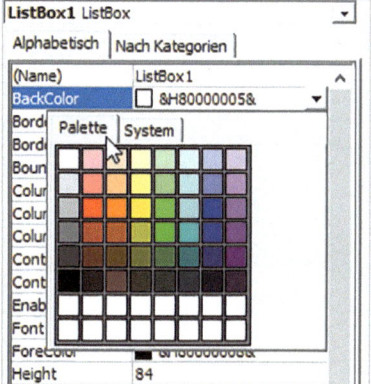

Bild 5.30 Auswahl der Schrift

Bild 5.31 Farbauswahl in der Registerkarte Palette

Eigenschaften des Listenfelds

(Name)	Spaltenauswahl
BackColor	helles Grün
Font	Tahoma 8
Height	185
Left	338
Top	180
Width	150

Eigenschaften des Bezeichnungsfelds

(Name)	Label7 (unverändert)
Caption	Ausgewählte Spalten:
Font	Tahoma 8
Height	10
Left	340
Top	165
Width	100

Übung: Ausgewählte Spaltenüberschrift dem Listenfeld hinzufügen
Durch Anklicken einer beliebigen Spaltenüberschrift im Listenfeld *Spaltenüberschrift* soll diese dem Auswahl-Listenfeld *Spaltenauswahl* hinzugefügt werden.

1 Mit Doppelklick auf das Listenfeld *Spaltenüberschriften* gelangen Sie unmittelbar in die dazugehörige *Private* Prozedur.

2 Fügen Sie anstelle des Makroaufrufs *spalte_lesen* (am besten auskommentieren) die Anweisung zum Hinzufügen mit der Methode *AddItem* ein.

Hier im Codefenster des Formulars kann das Formular bzw. die Eingabemaske durch *Me* unabhängig vom Namen angesprochen werden.

3 Ziel ist das Listenfeld *Spaltenauswahl*, Quelle ist das Listenfeld *Spaltenliste*.

Hinweis: Auf das Löschen des Listeninhalts *Ausgewählte Spalten* wird an dieser Stelle verzichtet. Beim Neustart der Eingabemaske sind die Listenfelder leer.

```
Private Sub Spaltenliste_Click()
    'spalte_lesen
    Me.Spaltenauswahl.AddItem Me.Spaltenliste.Value
End Sub
```

Bild 5.32 Me steht stellvertretend für den eigentlichen Namen des Formulars

Bild 5.33 Spaltenüberschriften wurden hinzugefügt

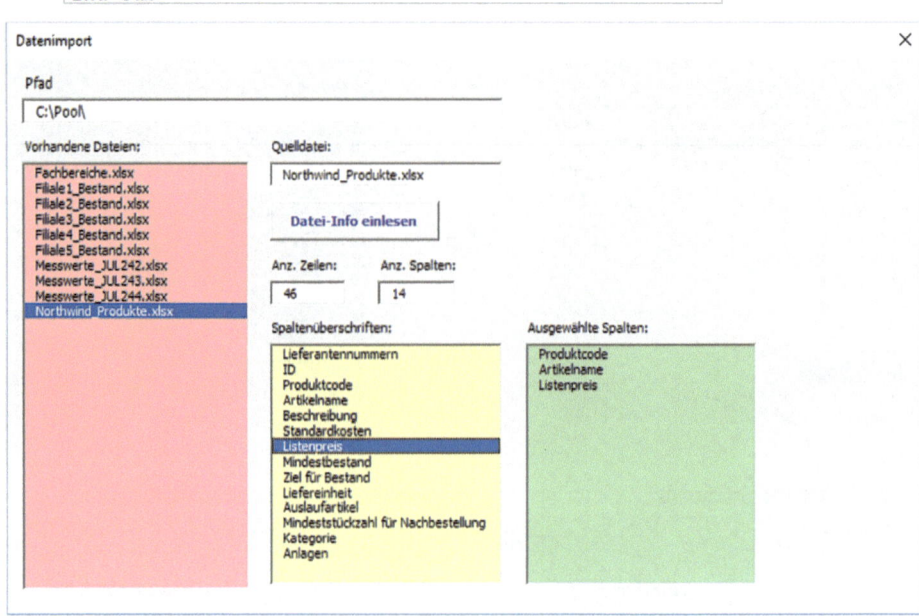

Stand: Datenimport_09_4.xlsm

Inhalte der ausgewählten Spalten übernehmen

Bis zu diesem Punkt erhalten wir durch unser Formular eine übersichtliche Darstellung der Arbeitsmappen im Importverzeichnis, können den Umfang der Tabelle mit den Quelldaten ermitteln und Spaltenüberschriften der Arbeitsblätter zur weiteren Auswahl anzeigen lassen. Alles in allem eine gute Basis für eine kontrollierte Ablaufsteuerung, wenn es darum geht, aus Quelldateien nur bestimmte Tabellenspalten auszuwählen. Entweder, um sie zu übernehmen oder neu geordnet als Arbeitsmappe zu speichern.

In den folgenden Übungen soll die Übernahme mehrerer ausgewählter Spalten verwirklicht werden. Zwei Möglichkeiten, ganze Spalten aus der Quelldatei zu übernehmen, bieten sich an:

Mehrere Spalten auswählen und einlesen

- Die direkte Übernahme mit jedem Klick im Listenfeld *Spaltenüberschriften*, siehe nächster Punkt unten, „Direktes Kopieren per Mausklick".
- Die indirekte Übernahme nach dem Erstellen einer Kopierliste, siehe Punkt „Indirektes Kopieren über Kopierliste" auf Seite 207.

Direktes Kopieren per Mausklick

Mit jedem *Click*-Ereignis im Listenfeld *Spaltenüberschriften* wird die gewählte Spalte direkt in das Blatt *Tabelle1* der Arbeitsdatei kopiert, und zwar neben eventuell vorhandene Spalten.

Im unten abgebildeten Makro wird in *Tabelle1* der Arbeitsdatei die nächste freie Spalte durch die Variable *spaltenzaehler* ermittelt. Diese Variable muss, da auf ihren Inhalt in unterschiedlichen Makros zugegriffen werden soll, modulübergreifend deklariert werden, also vor dem ersten Makro im Modul *Quelldatei_einlesen*. Außerdem muss im Makro *Datei_Info_lesen* die Variable *spaltenzaehler* auf *1* voreingestellt werden, da es eine Spalte 0 nicht gibt.

```vba
Option Explicit

Dim Quelldatei As String
Dim Arbeitsdatei As String
Dim letzte_zeile As Long
Dim letzte_spalte As Long
Dim spalte As Long
Dim spaltenzaehler As Long

Sub Datei_Info_lesen()

    'Bildschirmaktualisierung ausschalten
    'Application.ScreenUpdating = False          'optional
    
    'die aktuell aktive Arbeitsmappe als Bezugsdatei festlegen
    Arbeitsdatei = ActiveWorkbook.Name
    
    'ausgewählte Datei öffnen
    Quelldatei = Eingabemaske.Quelldatei.Value
    Workbooks.Open Filename:=Eingabemaske.Pfadname & Quelldatei
    Windows(Quelldatei).Activate
    Sheets(1).Select
    
    'Suche letzte benutzte Zeile der Tabelle
    letzte_zeile = ActiveSheet.Cells.SpecialCells(xlCellTypeLastCell).Row
    Eingabemaske.AnzZeilen.Value = letzte_zeile
    
    'Suche letzte benutzte Spalte der Tabelle
    letzte_spalte = ActiveSheet.Cells.SpecialCells(xlCellTypeLastCell).Column
    Eingabemaske.AnzSpalten.Value = letzte_spalte
    
    'Lesen der Spaltenbezeichnungen (1.Zeile)
    Eingabemaske.Spaltenliste.Clear              'löscht vorhandene Einträge
    For spalte = 1 To letzte_spalte
        Eingabemaske.Spaltenliste.AddItem (Cells(1, spalte).Value)
    Next spalte
    
    'Quelldatei schließen ohne Änderungen zu speichern
    Workbooks(Quelldatei).Close SaveChanges:=False
    
    'Reset Spaltenzähler
    spaltenzaehler = 1
    
    'Bildschirmaktualisierung ausschalten
    'Application.ScreenUpdating = True           'optional

End Sub
```

Bild 5.34 Die Deklaration der Variablen spaltenzaehler muss im Deklarationsbereich des Moduls erfolgen und die Variable erhält den Wert 1.

Übung: Mehrere Spalten lesen

Zur Übernahme mehrerer Spalten kopieren wir das Makro *spalte_lesen* und benennen es um in *mehrere_spalten_lesen*

Dieses Makro öffnet für jede angeklickte Spaltenüberschrift die Quelldatei, kopiert die ausgewählte Spalte in die Arbeitsdatei und schließt diese dann wieder, siehe Bild 5.35. Im Grunde genommen haben wir außer dem Spaltenversatz nichts geändert. Aus der festen Zielangabe *Range("A1")* wurde mit *Cells(1, spaltenzaehler)* eine flexible Adresse.

Bild 5.35 Ausgewählte Spalte kopieren

```vb
Sub mehrere_spalten_lesen()

    'Quelldatei ist noch geöffnet? Dann entfallen folgende Zeilen
    Workbooks.Open Filename:=Eingabemaske.Pfadname.Value & Quelldatei
    Windows(Quelldatei).Activate
    Sheets(1).Select

    'Spaltenauswahl durch SpaltenIndex + 1 und Wertebereich
    spalte = Eingabemaske.Spaltenliste.ListIndex + 1
    Range(Cells(1, spalte), Cells(letzte_zeile, spalte)).Select

    'Spaltenwerte in Zwischenablage kopieren
    Selection.Copy

    'Spaltenwerte aus Zwischenablage in Arbeitsdatei "Tabelle1" kopieren
    Workbooks(Arbeitsdatei).Activate

    'auf aktualisierte Spaltenzahl anpasssen
    Worksheets("Tabelle1").Cells(1, spaltenzaehler).Select

    'Selection.PasteSpecial
    Selection.PasteSpecial (xlPasteValuesAndNumberFormats)   'keine Zellformatierung

    'Quelldatei schließen, ohne Änderungen zu speichern
    Workbooks(Quelldatei).Close SaveChanges:=False

    'nächste Spalte zuweisen
    spaltenzaehler = spaltenzaehler + 1

End Sub
```

Die Ausführung des Makros *mehrere_spalten_lesen* muss anschließend noch in das *Click*-Ereignis des Listenfelds *Spaltenliste* eingebunden werden.

Bild 5.36 Aufruf des Makros beim Klick in das Listenfeld Spaltenliste

```vb
Private Sub Spaltenliste_Click()
    Me.Spaltenauswahl.AddItem Me.Spaltenliste.Value
    mehrere_spalten_lesen
End Sub
```

Ergebnis: Mit jedem Klick in der Liste mit den Spaltenüberschriften wird die entsprechende Spalte in Tabelle1 angefügt.

Mehrere Spalten auswählen und einlesen

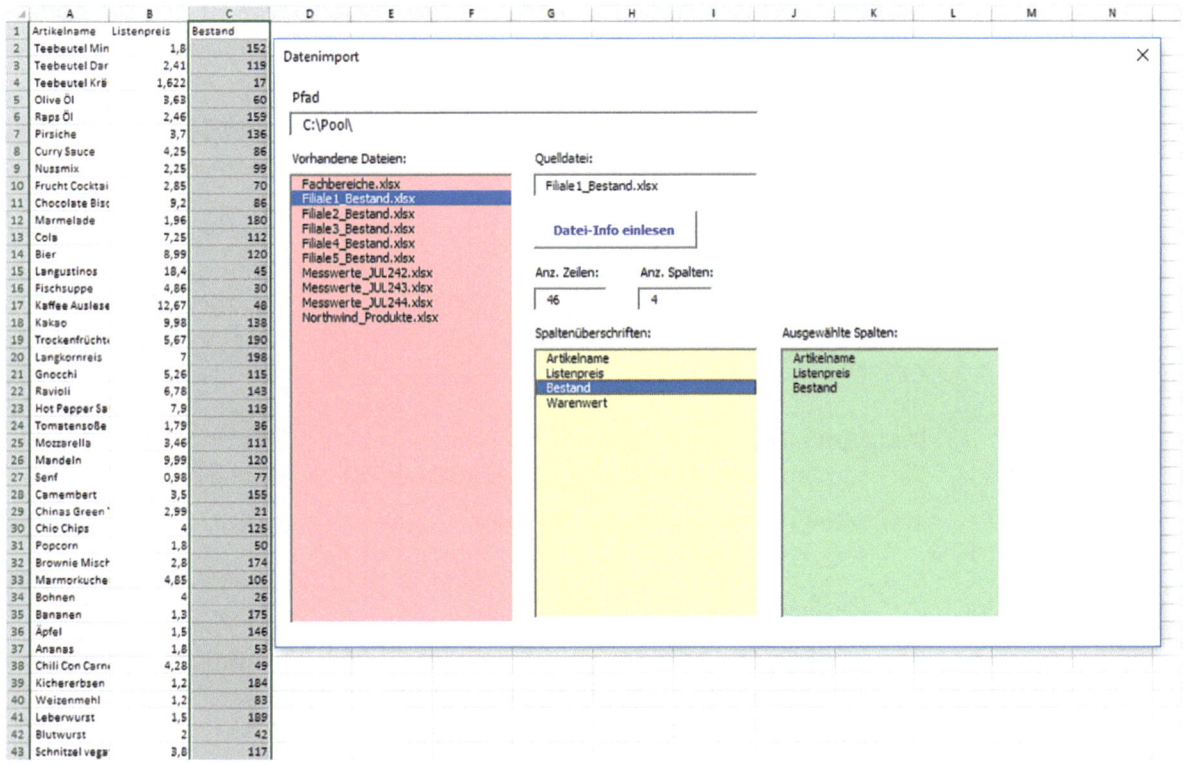

Bild 5.37 Drei Spalten wurden im Tabellenblatt eingefügt

Das Einlesen der Spalten lässt sich programmtechnisch vereinfachen: Es geht auch ohne die Methoden *Activate* und *Select*, wie im Makro *mehrere_spalten_lesen2* im Bild unten. Dazu gab es bereits am Ende von Punkt 5.2 auf Seite 199 eine kleine Übung.

Bild 5.38 Makro ohne Activate und Select

```
Sub mehrere_spalten_lesen2()

    'Bildschirmaktualisierung ausschalten
    Application.ScreenUpdating = False

    'Quelldatei-Zugriff
    Workbooks.Open (Quelldatei)

    'Spaltenauswahl durch SpaltenIndex + 1 und Wertebereich
    spalte = Eingabemaske.Spaltenliste.ListIndex + 1

    'Zeile 1 bis letzte_zeile in Zwischenablage kopieren
    Workbooks(Quelldatei).Worksheets(1).Range(Cells(1, spalte), _
        Cells(letzte_zeile, spalte)).Copy

    'Arbeitsdatei aktivieren
    Workbooks(Arbeitsdatei).Worksheets("Tabelle1").Cells(1, _
        spaltenzaehler).PasteSpecial

    'nächste Spaltennummer zuweisen
    spaltenzaehler = spaltenzaehler + 1

    'Quelldatei schließen, ohne Änderungen zu speichern
    Workbooks(Quelldatei).Close SaveChanges:=False

    'Bildschirmaktualisierung ausschalten
    Application.ScreenUpdating = True

End Sub
```

5 Zugriff auf Excel-Arbeitsmappen

Um dieses Vorgehen einzubinden, bitte die Anweisung im *Click*-Ereignis der Spaltenliste entsprechend anpassen.

Bild 5.39 Makroaufruf anpassen

```
Private Sub Spaltenliste_Click()
    Me.Spaltenauswahl.AddItem Me.Spaltenliste.Value
    'mehrere_spalten_lesen
    mehrere_spalten_lesen2
End Sub
```

Wie Sie bemerkt haben werden, richten sich die Breiten der importierten Spalten nicht nach dem Inhalt. Im Tabellenblatt lässt sich die Spaltenbreite über die Zellenformatierung einfach anpassen. Das können Sie aber auch mit einer einzelnen VBA-Anweisungszeile erledigen. Wie könnte man in der Praxis vorgehen? Das folgende Beispiel zeigt es.

Übung: Spaltenbreite beim Einfügen anpassen

Wir benutzen den Makrorecorder, um die korrekte VBA-Anweisung zu erfahren.

1. Starten Sie im Arbeitsblatt den Makrorecorder (*Entwicklertools* ▶ *Makro aufzeichnen*).
2. Markieren Sie eine komplette Spalte.
3. Wechseln Sie in das Register *Start*, klicken Sie dort in der Gruppe *Zellen* auf *Format* und hier auf *Spaltenbreite automatisch anpassen*.
4. Beenden Sie die Makrorecorder-Aufzeichnung.
5. Im *Modul1* (üblicherweise) sehen Sie die Anweisung, die Sie benötigen (Bild 5.40).
6. Ändern Sie die Anweisung in eine einzeilige Anweisung um (ohne *Select* und *Selection*) und fügen Sie die Zeile im Makro *mehrere_spalten-lesen2* oder einer Kopie dieses Makros an der Stelle ein, nachdem der Inhalt aus der Zwischenablage in die nächste freie Spalte eingefügt wurde, siehe Bild 5.41.

Bild 5.40 Das aufgezeichnete Makro

Bild 5.41 Erweiterung automatische Spaltenbreite nach Übernahme

```
Sub Makro1()
'
' Makro1 Makro
'

    Columns("A:A").Select
    Selection.Columns.AutoFit
End Sub
```

```
'Arbeitsdatei aktivieren
With Workbooks(Arbeitsdatei).Worksheets("Tabelle1")
    .Cells(1, spaltenzaehler).PasteSpecial
    'Breitenanpassung
    .Columns(spaltenzaehler).Columns.AutoFit
End With
```

Hinweis: Da die Nummer der Einfügespalte durch die Variable *spaltenzaehler* definiert wird, kann diese auch direkt als Spaltennummer verwendet werden. So wird beispielsweise aus *Columns("A:A")* die Anweisung *Columns(spaltenzaehler)*, wenn *spaltenzaehler* = 1 ist. Da sich das Einfügen und die Breitenanpassung auf die gleiche Tabelle beziehen, empfiehlt sich die Verwendung einer *With*-Anweisung.

Stand: Datenimport_09_5.xlsm

In der Sicherungsdatei wurde dazu das Makro *mehrere_spalten_lesen3* hinzugefügt und der Aufruf in das Ereignis *Spaltenliste_Click* eingefügt.

Indirektes Kopieren über Kopierliste

Die zweite Variante der Datenübernahme aus Tabellenspalten ist das Erstellen einer Kopierliste. Dafür werden zunächst alle benötigten Spalten in der gewünschten (neuen) Reihenfolge ausgewählt und in einem weiteren Listenfeld oder in einer Tabelle gesammelt. Ist die Kopierliste vollständig, soll die Datenübernahme über eine Befehlsschaltfläche mit der Beschriftung *ausgewählte Spalten kopieren* veranlasst werden. Der Vorteil dieser Vorgehensweise liegt darin, dass man aus der erstellten Auswahlliste ggf. einzelne Spalten auch wieder entfernen kann und nicht mit jedem Mausklick sofort einen Kopiervorgang durchführt.

Aus der vorangegangenen Übung ist bekannt, dass sich aus dem *ListIndex* des Listenfeldes *Spaltenüberschriften* durch Addition von 1 die Spaltennummer generieren lässt. Da nun die Liste *Ausgewählte Spalten* einen eigenen fortlaufenden Index erzeugt, ist die ursprüngliche Spaltennummer der jeweiligen Überschrift in dieser Auflistung nicht mehr vorhanden. Man könnte nun über einen Vergleich der Einträge in den beiden Listenfeldern zurück zur gesuchten Spaltennummer gelangen oder über ein zweispaltiges Listenfeld die Spaltenbezeichnung und die Spaltennummer (verdeckt oder sichtbar) übergeben.

Es bieten sich aber noch weitere interessante Vorgehensweisen an, wie beispielsweise das Zuweisen der Spaltennummern an ein dynamisches Variablenfeld bei jedem Anklicken bzw. Hinzufügen. Auf diese Weise wird quasi im Hintergrund eine Kopierliste erstellt, die anschließend abgearbeitet werden kann. Dieses Vorgehen ist auch dann praktikabel, wenn die Datenübernahme ohne Formular/Eingabemaske erfolgen soll.

Der Umfang der Datenfeldvariablen (Array) *spaltennummer()* wird zu Beginn nicht festgelegt; die Klammer bleibt leer. Man spricht von einem dynamischen Datenfeld. Eine genaue Zuweisung der Feldgröße erfolgt während des Programmablaufs durch die Anweisung *ReDim* und bleibt veränderbar – dynamisch eben. Wir orientieren uns an der Anzahl ausgewählter Spalten (*spaltenzaehler*) und passen die Größe des Datenfeldes bei jedem Durchlauf an. Damit der, im vorhergehenden Durchlauf zugewiesene, Wert im dynamischen Datenfeld erhalten bleibt, muss *ReDim* zusammen mit dem Schlüsselwort *Preserve* verwendet werden.

Damit die Datenfeldvariable *spaltennummer()* auch aus einem anderen Makro heraus verwendet werden kann, muss sie modulübergreifend, also vor dem ersten Makro im Deklarationsbereich des Moduls *Quelldatei_einlesen* als globale Variable deklariert werden.

```
Option Explicit

Dim Quelldatei As String
Dim Arbeitsdatei As String
Dim letzte_zeile As Long
Dim letzte_spalte As Long
Dim spalte As Long
Dim spaltenzaehler As Long

Dim spaltennummer() As Integer    'dynamisches Datenfeld (Kopierliste)

Sub Datei_Info_lesen()
```

Bild 5.42 Dynamisches Datenfeld als globale Variable deklarieren

5 Zugriff auf Excel-Arbeitsmappen

Übung: Kopierliste als Datenfeld erstellen

Im selben Modul *Quelldatei_einlesen* wird zu diesem Zweck das Makro *kopierliste_erstellen* angelegt. Es wird mit jeder Auswahl einer Spalte bzw. jedem Mausklick in das Listenfeld *Spaltenauswahl* durchlaufen. Die Aufgaben im Einzelnen:

1. Festlegen der Größe des Datenfeldes *spaltennummer* (*ReDim*) von 1 bis zur aktuellen Spaltenanzahl mit Erhalt der bisherigen Daten (*Preserve*)

2. Die aktuelle Datenfeldvariable erhält die tatsächliche Spaltennummer der Quelldatei über *ListIndex* + 1.

3. Probehalber erfolgt eine Ausgabe im Direktbereich (dies kann nach erfolgreichem Probelauf auskommentiert werden).

4. Inkrementierung der Variable *spaltenzaehler* (für den nächsten Durchlauf).

Bild 5.43 Das Makro kopierliste_erstellen

```vb
Sub kopierliste_erstellen()

    'Festlegen des dynamischen Datenfeldes
    ReDim Preserve spaltennummer(1 To spaltenzaehler)
    
    'Zuweisen der Spaltennummer
    spaltennummer(spaltenzaehler) = Eingabemaske.Spaltenliste.ListIndex + 1
    
    'Überprüfen der Spaltennummer-Variablen
    Debug.Print spaltenzaehler; "Spalte"; spaltennummer(spaltenzaehler)
    
    'nächste Spaltennummer zuweisen
    spaltenzaehler = spaltenzaehler + 1

End Sub
```

Das Makro *kopierliste_erstellen* muss noch aus dem Ereignis *Spaltenliste_Click* heraus aufgerufen werden. Außerdem muss die Zeile *mehrere_spalten_lesen2* deaktiviert oder gelöscht werden, siehe Bild unten. Vor dem Testlauf das Speichern nicht vergessen!

Bild 5.44 Das Makro beim Klick in die Spaltenliste aufrufen

```vb
Private Sub Spaltenliste_Click()
    Me.Spaltenauswahl.AddItem Me.Spaltenliste.Value
    'mehrere_spalten_lesen
    'mehrere_spalten_lesen2
    kopierliste_erstellen
End Sub
```

Bild 5.45 Spaltenauswahl im Formular...

Bild 5.46 ... und die dazugehörige Ausgabe im Direktbereich

Spaltenüberschriften:	Ausgewählte Spalten:	Direktbereich
Lieferantennummern	Lieferantennummern	1 Spalte 1
ID	Produktcode	2 Spalte 3
Produktcode	Artikelname	3 Spalte 4
Artikelname	Listenpreis	4 Spalte 7
Beschreibung		
Standardkosten		
Listenpreis		
Mindestbestand		
Ziel für Bestand		
Liefereinheit		
Auslaufartikel		
Mindeststückzahl für Nachbestellung		
Kategorie		
Anlagen		

Mehrere Spalten auswählen und einlesen 5

Da die ausgewählten Spalten einem Variablenfeld zugewiesen wurden und somit nicht direkt sichtbar sind, werden *spaltenzaehler*, also die Anzahl der ausgewählten Spalten, und *spaltennummer()* mit der tatsächlichen Spaltennummer in der Quelldatei zur Kontrolle im Direktbereich ausgegeben, siehe Bild 5.45 und Bild 5.46 oben. Nach dem Testlauf kann die *Debug.Print*-Zeile deaktiviert oder entfernt werden.

Übung: Befehlsschaltfläche zur Datenübernahme hinzufügen

Eine Befehlsschaltfläche in der Eingabemaske soll das Makro zur Datenübernahme der aller ausgewählten Spalten starten. Es soll *auswahl_kopieren* heißen.

1. Lassen Sie sich im VBA-Editor mit Doppelklick die Eingabemaske anzeigen.

2. Fügen Sie aus der *Toolsammlung* eine Befehlsschaltfläche ein: Markieren und im Formular rechteckförmig aufziehen oder einfach nur klicken. Die Größe der Schaltfläche kann durch die Anfasser oder über das Eigenschaftenfenster verändert und positioniert werden.

3. Beschriften Sie die Schaltfläche mit „ausgewählte Spalten einlesen" in grüner Schriftfarbe:
   Font: Tahoma 8, Fett
   ForeColor: Palette, grün

4. Benennen Sie die Schaltfläche im Eigenschaftenfenster um in *Auswahl_einlesen* (*Name*).

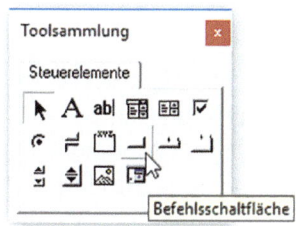

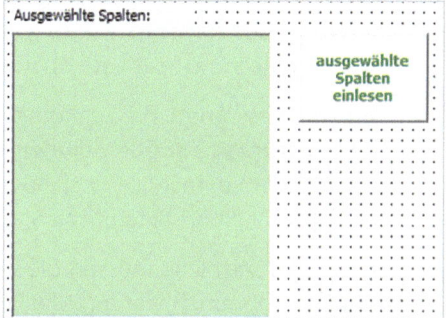

Bild 5.47 Befehlsschaltfläche einfügen

Bild 5.48 Die Schaltfläche im Formular

5. Mit Doppelklick auf die Befehlsschaltfläche landen Sie direkt in der richtigen *Click*-Ereignis Prozedur, die das Makro *auswahl_kopieren* aufrufen soll.

Bild 5.49 Makro beim Klicken aufrufen

```
Private Sub Auswahl_einlesen_Click()
    auswahl_kopieren
End Sub
```

Übung: Kopieren der ausgewählten Spalten

Als nächstes müssen wir das Makro *auswahl_kopieren* zum Kopieren der ausgewählten Spalten erstellen.

1 Beginnen wir mit einer *For-Next*-Schleife, die uns bei Zielspalte 1 beginnend, nacheinander bis zur Anzahl der ausgewählten Spalten die zu übernehmenden Nummern der Spalten in der Quelldatei anzeigen soll (Direktbereich).

Bild 5.50 Die zu übernehmenden Spaltennummern anzeigen

2 Da im Makro *kopierliste_erstellen* die Spaltenzähler-Variable inkrementiert wurde, muss die obere Begrenzung der Zählerschleife um den Wert 1 reduziert werden.

Bild 5.51 Das Ergebnis im Direktbereich

Nach dem Testlauf sollte die Ausgabe im Direktbereich (*Debug.Print*) auskommentiert werden.

```
Sub auswahl_kopieren()

    For spalte = 1 To spaltenzaehler - 1

        'Überprüfen der zu kopierenden Spalten
        Debug.Print spalte; "KopierSpalte"; spaltennummer(spalte)

    Next spalte

End Sub
```

```
Direktbereich
 1 KopierSpalte 3
 2 KopierSpalte 4
 3 KopierSpalte 7
```

3 Aus dem Makro *mehrere_spalten_lesen2* (Bild 5.38 auf Seite 205) können die Programmzeilen zum Kopieren übernommen werden – mit kleinen Änderungen natürlich.

Hinweis: In der vorherigen Übung wurde jeweils eine ausgewählte Spalte direkt übernommen und Spalte für Spalte nebeneinandergereiht.

Jetzt geht es darum, die Spalten aus der Quelldatei in der neuen Reihenfolge in die Arbeitsmappe zu übernehmen. Die Reihenfolge bestimmt die Variable *spalte*. Sie entspricht dem Index der Feldvariablen *spaltennummer()*. Die indizierte Feldvariable enthält die eigentliche Spaltennummer in der Quelldatei.

4 In der Zählerschleife müssen die Übernahmespalten in der indizierten Reihenfolge übernommen werden. Die fortlaufende Spaltennummer der Arbeitsdatei *spalte* muss innerhalb der Schleife als Index für die ausgewählten Spalten eingebunden werden, damit der Bezug zur Quelldatei hergestellt wird. Ändern Sie die Spaltennummern in den Bereichsangaben für den Zugriff auf die Quelldatei:

aus

```
Range(Cells(1, spalte), Cells(letzte_zeile, spalte))
```

muss werden

```
Range(Cells(1, spaltennummer(spalte)), _
    Cells(letzte_zeile, spaltennummer(spalte)))
```

5 In der Arbeitsdatei wird die Zieladresse von der Laufvariablen *spalte* bestimmt.

6 Die Einstellungen zur Bildschirmaktualisierung können entfallen. Optional kann auch nach Abschluss die Eingabemaske abgeschaltet werden.

Mehrere Spalten auswählen und einlesen

Bild 5.52 Das fertige Makro

```
Sub auswahl_kopieren()

    'Quelldatei-Zugriff
    Workbooks.Open Filename:=Eingabemaske.Pfadname.Value & Quelldatei

    For spalte = 1 To spaltenzaehler - 1

        'Überprüfen der zu kopierenden Spalten
        'Debug.Print spalte; "KopierSpalte"; spaltennummer(spalte)

        Workbooks(Quelldatei).Worksheets(1).Range(Cells(1, _
            spaltennummer(spalte)), Cells(letzte_zeile, _
            spaltennummer(spalte))).Copy

        'Arbeitsdatei aktivieren
        Workbooks(Arbeitsdatei).Worksheets("Tabelle1").Cells(1, _
            spalte).PasteSpecial

    Next spalte

    'Quelldatei schließen, ohne Änderungen zu speichern
    Workbooks(Quelldatei).Close SaveChanges:=False

    'Maske schließen (aus dem Speicher entfernen)
    'Unload Eingabemaske

End Sub
```

7 Wenn Sie wollen, binden Sie noch die automatische Spaltenbreite in den Quellcode ein – eine mögliche Lösung für jede übernommene Spalte wurde ja bereits besprochen. In dieser Übung könnten doch nach abgeschlossener Übernahme alle Spalten in ihrer Breite angepasst werden. Versuchen Sie es einfach mal mit

Stand: Datenimport_09_6.xlsm

```
ActiveSheet.Columns.AutoFit
```

8 Ansonsten steht dem Testlauf nichts im Wege – wenn zuvor gespeichert wurde, um Ihre wertvolle Programmierarbeit zu sichern.

Bild 5.53 Formular und Ergebnis (in der Tabelle)

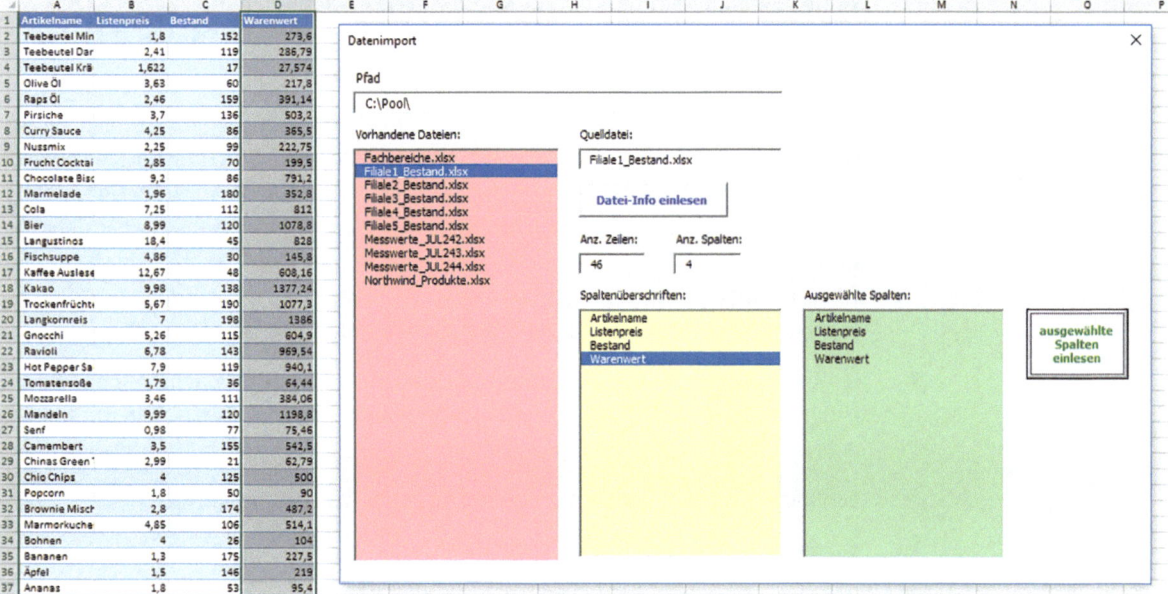

5.4 Ausgewählte Spalten in eine neue Arbeitsmappe kopieren

Neben dem Einlesen bestimmter Spalten aus einer Quelldatei in eine Tabelle eines bestehenden Arbeitsblattes und dem anschließenden manuellen Speichern besteht auch die Möglichkeit, die selektierten Werte direkt in einer neuen Excel-Arbeitsmappe abzulegen – auf Knopfdruck – eine durchaus interessantere Option.

Die selektierten Spalten werden der Kopierliste entnommen und in eine neue Arbeitsmappe geschrieben. Deren Name bezieht den Namen der Quelldatei mit ein und bekommt das Präfix *Sel_*. Die Speicherung erfolgt im aktuellen Verzeichnis, ggf. können Sie einen Exportpfad festlegen.

Übung Spalten kopieren

Das Kopieren der selektierten Spalten geschieht nach bekanntem Verfahren, jedoch mit dem Ziel *exportdatei* anstelle von *Arbeitsdatei*, der Ablauf:

1. Kopieren Sie das Makro *auswahl_kopieren* (Modul *Quelldatei_einlesen*) und speichern Sie es unter dem Namen *auswahl_speichern* im selben Modul.

2. Deklarieren Sie die Variable *exportdatei* als lokale Variable von Typ *String*.

3. Erzeugen Sie den Dateinamen für die Exportdatei aus dem Namen der Quelldatei und fügen Sie den Präfix *Sel_* hinzu *(&)*.

4. Öffnen Sie die *Quelldatei* im vorgegeben Pfad.

5. Erstellen Sie eine neue Arbeitsmappe mit der Methode *Add* und speichern Sie diese unter dem Namen *exportdatei*. In Kapitel 3.11, Arbeitsmappen finden Sie einen entsprechenden Hinweis. Wenn Sie außer dem Dateinamen (*Filename*) keine weiteren Parameter übergeben, wird die Datei im Standardformat der verwendeten Excel-Version gespeichert beispielsweise mit der Erweiterung xlsx.

   Hinweis: Weitere Optionen für das Dateiformat (*FileFormat*) der zu speichernden Datei sind in der umfangreichen *XlFileFormat-Enumeration* gelistet, falls Sie abweichend von der aktuellen Excel-Version ein anderes Format festlegen müssen. Die Bandbreite ist groß und vergleichbar dem Angebot, wenn Sie in der Arbeitsmappe den Weg über das Register *Datei* ▶ *Speichern unter* wählen. Standardvorgabe ist *xlOpenXMLWorkbook* für .xlsx- und *xlOpenXMLWorkbookMacroEnabled* für xlsm-Arbeitsmappen. Die Parameter *FileFormat* und *CreateBackup* sind in der Sicherungsdatei zu dieser Übung nicht mehr enthalten, da entbehrlich.

6. In einer Zählerschleife werden die ausgewählten Spalten nacheinander in die Arbeitsmappe *exportdatei* kopiert – nicht wie in der Übung zuvor in die Mappe *Arbeitsdatei*.

7. Schließen Sie die Quelldatei ohne Änderungen zu berücksichtigen.

8. Schließen Sie die *exportdatei* mit Änderungen.

9. Die *Eingabemaske* ausschalten und aus dem Speicher entfernen ist optional.

Ausgewählte Spalten in eine neue Arbeitsmappe kopieren 5

```vb
Sub auswahl_speichern()

Dim exportdatei As String

    'Ausgabe-Datei: Bezeichnung festlegen
    exportdatei = "Sel_" & Quelldatei

    'Quelldatei-Zugriff
    Workbooks.Open Filename:=Eingabemaske.Pfadname.Value & Quelldatei

    'neues Arbeitsblatt erstellen und speichern (überschreibt, wenn vorhanden)
    Workbooks.Add
    ActiveWorkbook.SaveAs Filename:=exportdatei, _
        FileFormat:=xlOpenXMLWorkbook, CreateBackup:=False

    For spalte = 1 To spaltenzaehler - 1

        Workbooks(Quelldatei).Activate
        Worksheets(1).Range(Cells(1, _
            spaltennummer(spalte)), Cells(letzte_zeile, _
            spaltennummer(spalte))).Copy

        'Exportdatei aktivieren
        Workbooks(exportdatei).Worksheets("Tabelle1").Cells(1, _
            spalte).PasteSpecial

    Next spalte

    'Quelldatei schließen, ohne Änderungen zu speichern
    Workbooks(Quelldatei).Close SaveChanges:=False

    'Exportdatei schließen, ohne Änderungen zu speichern
    Workbooks(exportdatei).Close SaveChanges:=True

    'Maske schließen (aus dem Speicher entfernen)
    'Unload Eingabemaske

End Sub
```

Bild 5.54 Das Makro auswahl_speichern

Der Aufruf des Makros *auswahl_speichern* soll über eine zweite Befehlsschaltfläche in der Eingabemaske erfolgen. Dieses Steuerelement müssen wir noch in das Formular einbauen. Die Vorgehensweise wurde in der vorherigen Übung beschrieben. Daher hier nur kurz die Vorgehensweise in Stichworten:

1 Doppelklick auf die Eingabemaske.

2 Befehlsschaltfläche aus der *Toolsammlung* einfügen, anpassen und positionieren.

3 Beschriftung *ausgewählte Spalten exportieren* in roter Fett-Schrift.

4 Den Namen *Auswahl_exportieren* im Eigenschaftenfenster zuweisen.

5 Ein Doppelklick auf die neue Schaltfläche führt direkt in die Prozedur *Click*-Ereignis. Veranlassen Sie dort die Ausführung des Makros *auswahl_speichern*.

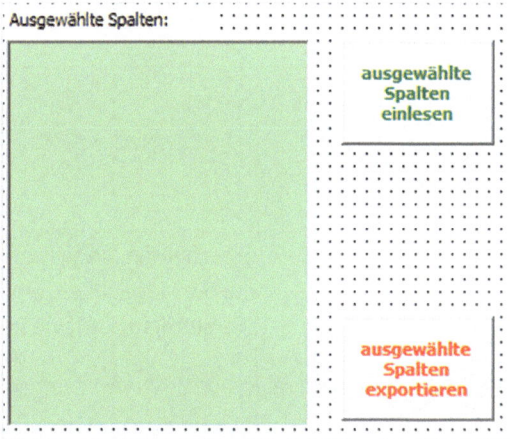

Bild 5.55 Die neue Schaltfläche im Formular...

Bild 5.56 ...und das dazugehörige Click-Ereignis

```vb
Private Sub Auswahl_exportieren_Click()
    auswahl_speichern
End Sub
```

5.5 Sicherheitsabfragen

Zur Sicherheit und um Fehlermeldungen bzw. Fehler, die zu Programmabstürzen führen könnten, zu vermeiden, sollen zwei Abfragen mit entsprechenden Hinweisen in unseren Quellcode eingefügt werden.

- Wurde (k)eine Auswahl von Spalten getroffen?
- Sollen die selektierten Daten exportiert werden?

Als Ausgabemedium für eine Warnmeldung oder ein Ereignis soll das Standard-Dialogfenster *MsgBox* (Meldungsfenster) den Anwender auf Unstimmigkeiten aufmerksam machen und ihm die Möglichkeit des (kontrollierten) Abbruchs geben. Sie lernen auf diese Weise die *MsgBox* in zweierlei Hinsicht kennen: als Funktion und als Methode.

Am besten, Sie machen sich mit ein paar einfachen Übungen mit der *MsgBox* vertraut. Fügen Sie als Experimentierfeld ein neues Modul mit dem Namen *Dialogbox* hinzu. Anregungen zum Selbststudium mit Erklärungen folgen.

Die MsgBox als Methode (ohne Rückgabewert)

Wenn lediglich ein Hinweis gegeben werden soll, kann *MsgBox* als Methode eingesetzt werden. In diesem Fall erfolgt keine Auswertung der Schaltflächen auf dem Dialogfeld, weiter geht es über die Schaltfläche *OK* oder das *Schließen*-Symbol in der oberen rechten Ecke. Hier ein einfaches Beispiel:

```
MsgBox = "Bitte treffen Sie eine Auswahl"
```

Sie können die Dialogbox mit einem markanten Symbol versehen, um beispielsweise die Frage oder Dringlichkeit zum Ausdruck zu bringen. Sobald Sie nach dem Ausgabetext (*Prompt*) ein Komma setzen, werden Ihnen mögliche VB-Konstanten für Schaltflächen oder Symbole angezeigt, die an dieser Stelle eingefügt werden können.

Bild 5.57 Auswahl eines Symbols

Bild 5.58 Überschrift/Titel hinzufügen

Entscheiden Sie sich beispielsweise für *vbCritical*, haben Sie nach dem nächsten Komma die Möglichkeit, eine Überschrift bzw. einen Titel (*Title*) mitzugeben, beispielsweise "Fehlermeldung" wie im Bild unten.

```
MsgBox "Bitte treffen Sie eine Auswahl", vbCritical, "Fehlermeldung"
```

Vier Hinweis-Symbole stehen Ihnen als Konstanten zur Verfügung:

- ❌ *vbCritical*
- ⚠ *vbExclamation*
- ℹ *vbInformation*
- ❓ *vbQuestion*

Mehrzeiliger Text

Für mehrzeiligen Hinweistext steht Ihnen u. a. die VB-Konstante *vbLf* (LineFeed = Zeilenvorschub) zur Verfügung. Diese muss mit den aufgeteilten Textstrings verkettet werden (Verkettungsoperator).

```
MsgBox "Bitte" & vbLf & "treffen Sie eine Auswahl"
```

Die MsgBox als Funktion

Schaltflächen hinzufügen

Wenn das Dialogfenster mit Schaltflächen versehen wurde, können Sie für weitere Programmschritte auswerten, welche Taste/Schaltfläche gedrückt wurde. Dazu müssen Sie zunächst nach Eingabe des Meldungstextes (*Prompt*) aus vorgegebenen Schaltflächenkombinationen eine geeignete wählen, z. B.

- *vbOKOnly*
- *vbOKCancel*
- *vbYesNo*
- *vbYesNoCancel*
- *vbRetryCancel*

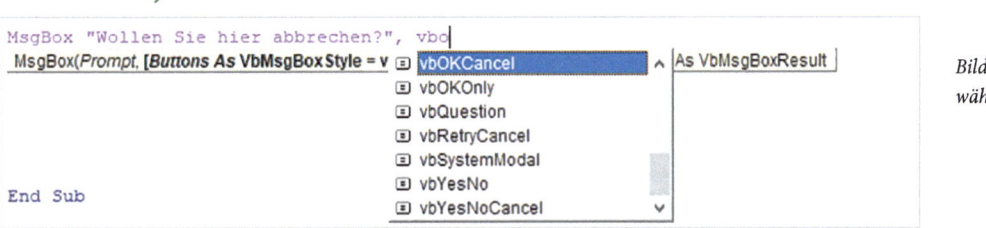

Bild 5.59 Schaltflächen wählen

Hinweis: Wenn Sie zusätzlich ein Symbol einfügen wollen (siehe oben), müssen beide VB-Konstanten durch ein +-Zeichen verknüpft werden.

```
MsgBox "Wollen Sie abbrechen", vbQuestion + vbYesNo, "Rückfrage"
```

Rückgabewerte

Damit wurde aber erst das Erscheinungsbild festgelegt. Jede Schaltfläche liefert einen bestimmten Rückgabewert, dieser kann anschließend ausgewertet werden. Wenn man den Rückgabewert einer Variablen zuweist, lassen sich Abfragen übersichtlicher gestalten. Sie können den Rückgabewert als Zahl der Tabelle unten entnehmen, über die Hilfe mit F1 auflisten lassen oder im Direktbereich ausgeben lassen.

VB-Konstante	Rückgabewert
vbOK	1
vbCancel	2
vbAbort	3
vbRetry	4
vbIgnore	5
vbYes	6
vbNo	7

Eine Auswertung anhand der Rückgabekonstanten vorzunehmen, ist ebenfalls möglich und wesentlich eindeutiger.

Bild 5.60 Auswertung der Rückgabekonstanten

```vb
Sub MsgBox_Funktion()
'Rückgabewert auswerten
Dim antwort As Integer

    antwort = MsgBox("Wollen Sie hier abbrechen", vbQuestion + vbYesNo, "Rückfrage")
    'Debug.Print antwort
    If antwort = vbYes Then
        MsgBox "JA wurde gewählt"
    Else
        MsgBox "NEIN wurde gewählt"
    End If

End Sub
```

Hinweis: Wenn Sie *MsgBox* als Funktion mit Rückgabewert verwenden, müssen die Parameter in runden Klammern übergeben werden. Wird kein Rückgabewert benötigt, also *MsgBox* lediglich als Hinweis-Fenster verwendet, sind dagegen keine Klammern erforderlich.

Abfragen einbauen

Kommen wir nun zum eigentlichen Zweck unseres Exkurses. Wir haben gelernt, Dialogfenster an verschiedenen kritischen Stellen im Programmcode einzubauen, um auf möglicher Fehlerquellen einwirken zu können.

Als erstes wollen wir sicherstellen, dass mindestens eine Spalte ausgewählt wurde und die Schaltfläche „*ausgewählte Spalten exportieren*" nicht aus Versehen betätigt wurde. Die Variable *spaltenzaehler* wird erst nach dem Erstellen der Kopierliste inkrementiert. Folglich kann sie nicht größer 1 sein, wenn keine Spalte ausgewählt wurde. Wurde mindestens eine Spalte ausgewählt (*spaltenzaehler > 1*), wird der Rückgabewert der *MsgBox*-Funktion ausgewertet.

▶ Ist die Variable *spaltenzaehler* nicht größer 1, erfolgt ein einfacher Hinweis „keine Auswahl getroffen" mittels *MsgBox* (Methode).

Sicherheitsabfragen

▶ Ist eine Spaltenauswahl erfolgt, hat der Anwender die Möglichkeit, über die Schaltflächen *Ja* oder *Nein* der *MsgBox*-Funktion, den Export zu erlauben. Entspricht der Rückgabewert der Konstanten *vbNo*, dann wird die Prozedur an dieser Stelle mit *Exit Sub* verlassen. Mit Klick auf *Ja* als Alternative wird das Programm fortgesetzt.

```vba
Sub auswahl_speichern_Abfragen()
Dim exportdatei As String

    'Ausgabe-Datei: Bezeichnung festlegen
    exportdatei = "Sel_" & Quelldatei
    
    'Klären, ob eine Auswahl getroffen wurde
    If spaltenzaehler > 1 Then
        'Hinweis und Möglichkeit zum Abbruch
        If MsgBox("Exportdatei: " & exportdatei, _
          vbYesNo, "Daten exportieren?") = vbNo Then Exit Sub
    Else
        'Hinweis und Abbruch
        MsgBox "keine Auswahl getroffen", vbCritical
        Exit Sub
    End If
    
    'Quelldatei-Zugriff
    Workbooks.Open Filename:=Eingabemaske.Pfadname.Value & Quelldatei
    
    'neues Arbeitsblatt erstellen und speichern (überschreibt, wenn vorhanden)
    Workbooks.Add
    ActiveWorkbook.SaveAs Filename:=exportdatei
    
    For spalte = 1 To spaltenzaehler - 1
        Workbooks(Quelldatei).Activate
        Worksheets(1).Range(Cells(1, _
          spaltennummer(spalte)), Cells(letzte_zeile, _
          spaltennummer(spalte))).Copy
        'Exportdatei aktivieren
        Workbooks(exportdatei).Worksheets("Tabelle1").Cells(1, _
          spalte).PasteSpecial
    Next spalte
    
    'Quelldatei schließen, ohne Änderungen zu speichern
    Workbooks(Quelldatei).Close SaveChanges:=False
    
    'Exportdatei schließen, ohne Änderungen zu speichern
    Workbooks(exportdatei).Close SaveChanges:=True
    
    'Maske schließen (aus dem Speicher entfernen)
    'Unload Eingabemaske

End Sub
```

Bild 5.61 Das Makro auswahl_speichern wurde un Abfragen erweitert

Datenimport_09_7.xlsm

Bild 5.62 Keine Auswahl

Bild 5.63 Hinweis auf Exportdatei

Bild 5.64 Click-Ereignis der Schaltfläche anpassen

Die beiden folgenden Hinweise erscheinen vor der Eingabemaske. Vergessen Sie auch nicht, das *Click*-Ereignis der Schaltfläche entsprechend anzupassen.

```vba
Private Sub Auswahl_exportieren_Click()
    'auswahl_speichern
    auswahl_speichern_Abfragen
End Sub
```

5.6 Zugriff auf mehrere Excel-Arbeitsmappen

In der folgenden Übung sollen aus mehreren Excel-Arbeitsmappen mit gleicher Datenstruktur ausgewählte Spalten übernommen, in einer neuen Arbeitsmappe gesammelt und abschließend gespeichert werden. Als Vorlage dient der überschaubare fiktive Lagerbestand an Lebensmitteln in fünf Filialen: *Filiale1_Bestand.xlsx* bis *Filiale5_Bestand.xlsx*, im Bild unten ein Auszug.

Bild 5.65 Lagerbestand der Filialen (Auszug)

Übungsdateien_Pool\Dateien_aus_Ordner_Filialen

	A	B	C	D
1	Artikelname	Listenpreis	Bestand	Warenwert
2	Teebeutel Minze	1,8	152	273,6
3	Teebeutel Darjeeling	2,41	119	286,79
4	Teebeutel Kräutermix	1,622	17	27,574
5	Olive Öl	3,63	60	217,8
6	Raps Öl	2,46	159	391,14
7	Pirsiche	3,7	136	503,2
8	Curry Sauce	4,25	86	365,5
9	Nussmix	2,25	99	222,75
10	Frucht Cocktail	2,85	70	199,5

Die Aufgabe: Aus jeder dieser Dateien...

- sollen eine oder mehrere ausgewählte Spalten in eine Sammeltabelle (*Tabelle1* der Arbeitsmappe) übernommen werden,
- sollen die ausgewählten Spalten in eine Sammeldatei exportiert werden.

Der VBA-Programmcode wird neu erstellt. Einige Makros sind schon aus den vorherigen Übungen vorhanden und erprobt. Sie können nacheinander in die neue Arbeitsmappe übernommen und den neuen Erfordernissen entsprechend angepasst werden. Auch die Eingabemaske (*UserForm*) kann übernommen und angepasst werden, denn sie kann uns als Kontrollpanel wichtige Inhalte anzeigen und über Steuerelemente weitere Programmschritte veranlassen.

Im Allgemeinen geht es bei solchen Importaufgaben darum:

- Bestimmte Spalte(n) aus mehreren gleichartigen Dateien in einer Tabelle zusammenzuführen, Näheres hierzu weiter unten.
- Bestimmte Zellen / Zellbereiche aus mehreren gleichstrukturierten Dateien zu extrahieren und in einer Tabelle zeilenweise zu sammeln. Details in Punkt 5.7, Zellbereiche auswählen und zeilenweise sammeln ab Seite 236.

Dateien gleicher Spaltenstruktur zusammenstellen

Die einfachste Methode des Zugriffs auf gleichartige Dateien, ist das Zusammentragen aller benötigten Dateien aus einem bestimmten Ordner (Importverzeichnis). Dadurch kann die Suche über den Verzeichnisbaum entfallen und es muss nicht zwischen unterschiedlichen Ordnern gewechselt werden.

Zugriff auf mehrere Excel-Arbeitsmappen

Import vorhandener Module

Beginnen wir mit dem Öffnen einer leeren Excel-Arbeitsmappe (*Mappe1*). Aus der vorherigen Übungsdatei *Datenimport_09_7.xlsm* (siehe Seite 217) verwenden wir die fertige Eingabemaske und die Module.

Stellen Sie sicher, dass die benötigten Beispiel-Arbeitsmappen im Verzeichnis C:\Pool\ vorhanden sind. Für die Übernahme von vorhandenen Modulen aus anderen Arbeitsmappen bieten sich drei Wege an:

▶ **Copy & Paste der Programmzeilen über die Zwischenablage**
   Schrittweises Kopieren der Module und des Formulars, wenn beide Arbeitsmappen geöffnet sind. Ein sehr mühsamer Weg, der sich nur empfiehlt, wenn lediglich einzelne Programmzeilen in ein bereits vorhandenes/angelegtes Modul in der neuen Arbeitsmappe übertragen werden sollen. **Achtung**: Tastenkombinationen zum Starten der Makros werden dabei nicht übertragen.

▶ **Export von Modul und Formular**
   Exportieren der benötigten Module und des Formulars aus *Datenimport_09_7.xlsm* über die rechte Maustaste im Projektfenster (oder das Menü *Datei*). Die exportierten Dateien mit dem VBA-Code erhalten automatisch die Endungen *.bas* für Module und *.frm* und *.frx* für die Formulare. Der besseren Übersicht im Projektfenster wegen sollte danach die nicht mehr benötigte Mappe geschlossen werden. In der neuen Arbeitsmappe können Sie analog zum oben genannten Verfahren die Module importieren. Die Modulbezeichnungen bleiben dabei erhalten. Auch Tastenkombinationen werden auf diese Weise weitergegeben.

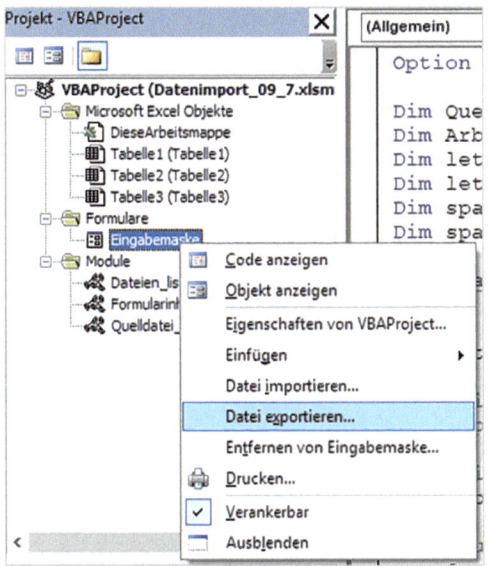

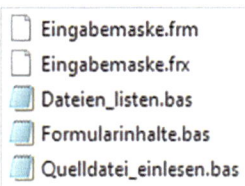

Bild 5.66 Modul/Form exportieren/importieren

Bild 5.67 Die exportierten Module/Formulare um Datei-Explorer

▶ **Kopieren durch Ziehen (linke Maustaste)**
   Dazu müssen beide Arbeitsmappen geöffnet sein. Markieren Sie im Projektfenster das erste Modul oder Formular, im Bild unten das Formular *Eingabemaske*, und ziehen Sie es mit gedrückter linker Maustaste auf das *VBAProjekt(Mappe1)*.

Sobald Sie das *VBAProject(Datenimport_09_7.xlsm)* verlassen, verwandelt sich der Mauszeiger in ein Plus-Zeichen. Über dem *VBAProjekt(Mappe1)* können Sie die Maustaste loslassen und das Formular bzw. die Module ordnen sich entsprechend ein.

Auf diese Weise lassen sich Schritt für Schritt einzelne Module übertragen – nicht aber ganze Modulordner.

Bild 5.68 Module und Formulare in die neue Arbeitsmappe ziehen

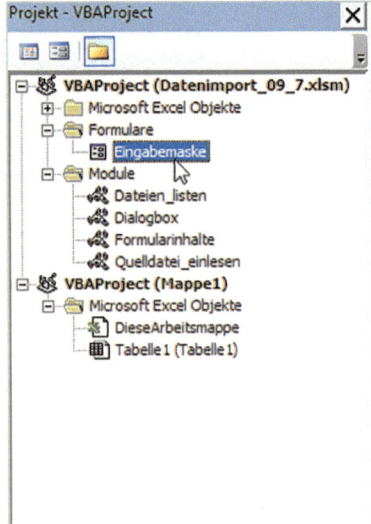
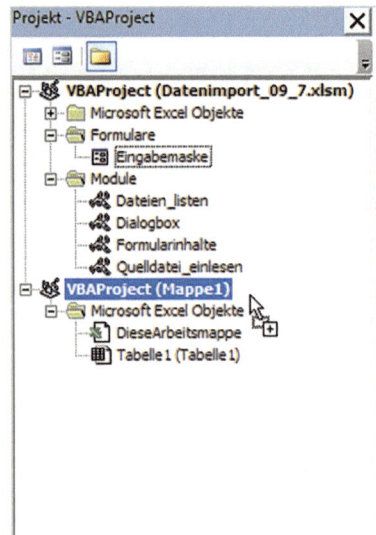
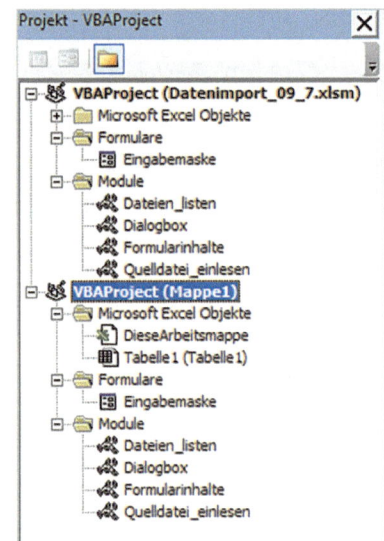

Achtung: Sobald Sie die benötigten Module übernommen haben, sollten Sie außer der neuen Arbeitsmappe keine weiteren Arbeitsmappen geöffnet haben. Insbesondere wenn alle Modulbezeichnungen identisch sind, besteht große Gefahr, dass man beim Weiterentwickeln des Programmcodes im falschen Modul-Fenster arbeitet. Außerdem ist es mehr als irritierend, wenn – wie in unserem Fall eine Tastenkombination zum Starten der Eingabemaske festgelegt wurde – und in der zufällig gerade aktiven Mappe das Makro ausgeführt wird.

Speichern Sie die neue Excel-Datei als Arbeitsmappe mit Makros unter einem beschreibenden Namen z. B. *Bestand_2018.xlsm* oder analog zu der, in diesem Skript verwendeten Bezeichnung, als *Datenimport_10.xlsm*.

Schließen Sie die Mappe *Datenimport_09_7.xlsm*, falls noch nicht geschehen, damit das Projektfenster im VBA-Editor übersichtlicher wird.

Importierte Module testen

Nachdem die *Eingabemaske* und die Module *Daten_listen*, *Formularinhalte* und *Quelldatei_einlesen* importiert wurden, sollte ein Probelauf die einwandfreie Funktion des bisherigen Ablaufs bestätigen: Mit Strg + m startet wie gehabt die Eingabemaske.

Eine Datei wird angeklickt bzw. markiert und ein Klick auf *Datei-Info lesen* listet die Spaltenüberschriften auf. Daraus werden die Spalten *Artikelname* und *Bestand* ausgewählt und über die Schaltfläche *ausgewählte Spalten einlesen* im Blatt *Tabelle1* der Arbeitsmappe abgelegt. Danach wird die Quelldatei geschlossen.

An dieser Stelle sind wir wieder auf dem Stand von Seite 217 – allerdings haben wir zwischenzeitlich das Übertragen fertiger Modulen kennengelernt. Betrachten wir kurz den bisherigen Workflow:

Aktion	Reaktion
Strg + m	• Inhalte in Tabelle1 werden gelöscht (nicht Formate), • die Eingabemaske wird angezeigt, • der Inhalt des vorgegebenen Ordners wird gelistet.
Datei auswählen (durch Klick)	• Quelldatei wird angezeigt.
Datei-Info lesen	• Die Quelldatei wird geöffnet, • die Anzahl von Zeilen und Spalten wird dargestellt, • Spaltenüberschriften werden gelistet.
Spalten auswählen (durch Klick)	• Auswahl wird angezeigt
Ausgewählte Spalten einlesen	• Die Spalten werden in Tabelle1 abgelegt, • die Quelldatei wird geschlossen.
Ausgewählte Spalten exportieren	• Die Spalten werden in eine Exportdatei geschrieben, • Quell- und Exportdatei werden geschlossen, • die Eingabemaske ausgeblendet.

Anpassen der Eingabemaske und des Programmcodes

Weiteres Beschriftungsfeld einfügen

Nun sollen nacheinander alle Dateien gleicher Struktur geöffnet und die gewünschte(n) Spalte(n) eingelesen werden. Auf diese Art der Verwendung bzw. Aufgabe sollten wir in unserer Eingabemaske auffällig hinweisen, indem wir ein Beschriftungsfeld (*Label*) mit dem Text *Sammeldatei erstellen* einfügen, siehe Bild unten.

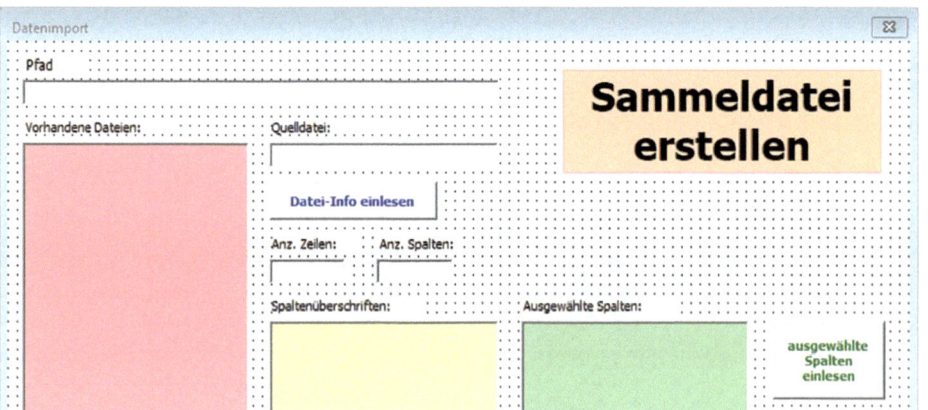

Bild 5.69 Ergänzen Sie die Eingabemaske um ein Beschriftungsfeld

Fügen Sie ein auffälliges Beschriftungsfeld (*Label*) auf dem Formular ein, das beispielsweise folgende Parameter haben könnte:

Left:	366
Height:	67
Top:	18
Width:	210
Font:	Tahoma, 26, Fett
BackColor:	hellbraun/orange
BorderColor:	hellrot/pink

Aufräumen im Programmcode

▶ Im Modul *Quelldatei_einlesen* befinden sich Makros, die nicht benötigt werden. Bitte entfernen Sie die folgenden drei Makros: *spalte_lesen*, *mehrere_spalten_lesen* und *mehrere_spalten_lesen2*.

▶ Im Codefenster der Eingabemaske entfernen Sie die auskommentierten Anweisungen bei *Spaltenliste_Click* und bei *Auswahl_exportieren_Click*.

▶ Im Modul *Dateien_listen* kann das Makro *Inhaltsverzeichnis* mit *.* als Dateierweiterung gelöscht werden, da wir gezielt nur auf .xlsx-Dateien zugreifen wollen.

▶ Bitte außerdem das Makro *Inhaltsverzeichnis_xls* umbenennen in *Inhaltsverzeichnis_xlsx* und im Code das Fragezeichen (Dir(pfad & "*.xls?") durch ein x ersetzen: (Dir(pfad & "*.xlsx")

▶ Beim Aufruf der Maske (Modul *Formularinhalte*, Makro *Dateiauswahl*) muss auf Call Inhaltsverzeichnis_xls**x** verwiesen werden.

▶ Sichern Sie den geänderten Quellcode und überprüfen Sie die einwandfreie Funktion Ihrer (gesäuberten) Makros.

Programmcode erweitern: Dateinamen ermitteln

Für das automatische Zusammenführen von Daten aus verschiedenen Arbeitsmappen benötigen wir die Dateinamen aller infrage kommenden Arbeitsmappen. Ein dynamisches Variablenfeld (*Quelldatei(i)*) kann die Namen aller im Verzeichnis befindlichen Dateien aufnehmen. Zu diesem Zweck erweitern wir das Makro *Inhaltsverzeichnis_xlsx* so, dass innerhalb der Abfrageschleife die Zuordnung der Dateinamen erfolgt. Da wir keine festgelegte Zählerschleife benutzen, muss eine Indexvariable (*i*) eingeführt werden, die mit 1 beginnt und bei jedem Durchlauf erhöht wird.

Hinweis: Die Verwendung von *ReDim* wurde in diesem Kapitel im Punkt „Indirektes Kopieren über Kopierliste" auf Seite 207 beschrieben.

Die *Stop*-Anweisung nach der Abfrageschleife unterbricht die Programmausführung, damit Sie die zugewiesenen Dateibezeichnungen im Direktbereich kontrollieren können.

Zugriff auf mehrere Excel-Arbeitsmappen

```vb
Sub Inhaltsverzeichnis_xlsx()
Dim datei_ein As String
Dim i As Integer                              'NEU: Laufvariable

    Eingabemaske.Dateiliste.Clear             'Löschen vor Neueintrag
    i = 1                                     'NEU
    ReDim Quelldatei(i)                       'NEU: public Quelldatei (dyn. Feld)
    datei_ein = Dir(pfad & "*.xlsx")          'erste Datei zuweisen
    While datei_ein <> ""                     'solange Dateien existieren ...
        Eingabemaske.Dateiliste.AddItem datei_ein   'Inhaltsverzeichnis anlegen
        Quelldatei(i) = datei_ein             'NEU: Zuweisen aktuelle Bezeichnung
        datei_ein = Dir                       'nächste Datei zuweisen
        Debug.Print i, Quelldatei(i)          'NEU: nur zur Überprüfung
        i = i + 1                             'NEU: Inkrement Laufvariable
        ReDim Preserve Quelldatei(i)          'NEU: neue Festleg. Länge Var.feldes
    Wend
Stop                                          'NEU: nur zur Überprüfung
    'Datei_Info_lesen

End Sub
```

Bild 5.70 Dynamisches Variablenfeld für alle Arbeitsmappen im Importverzeichnis

Das dynamische Variablenfeld *Quelldatei()* muss unbedingt öffentlich (*Public*) angelegt werden – beispielsweise im Modul *Quelldatei_einlesen* (anstelle von `Dim Quelldatei`).

```vb
Option Explicit

Public Quelldatei() As String

Dim Arbeitsdatei As String
Dim letzte_zeile As Long
Dim letzte_spalte As Long
Dim spalte As Long
Dim spaltenzaehler As Long

Dim spaltennummer() As Integer    'dynamisches Datenfeld (Kopierliste)


Sub Datei_Info_lesen()
```

Bild 5.71 Die Importdateien werden programmöffentlich zugängig gemacht

Tipp: Insbesondere bei der Verwendung mehrerer Public-Variablen und/oder Konstanten ist es zumindest eine Überlegung wert, ein eigenes Modul als Container für programmöffentliche bzw. globale Variablen und Konstanten anzulegen.

Testlauf

Starten Sie aus dem Arbeitsblatt heraus mit Strg+m die Eingabemaske. Das Programm stoppt nach dem Einlesen aller im Pfad gefundenen Dateien. Im Direktbereich werden Index und Inhalte der Feldvariablen *Quelldatei(i)* angezeigt.

```
Direktbereich
    1           Filiale1_Bestand.xlsx
    2           Filiale2_Bestand.xlsx
    3           Filiale3_Bestand.xlsx
    4           Filiale4_Bestand.xlsx
    5           Filiale5_Bestand.xlsx
```

Bild 5.72 Überprüfung der Feldvariablen im Direktbereich

Die einzelnen Datenquellen zum Erzeugen der Sammeldatei sind nun dem Programm bekannt. Mit dem grünen Pfeil oder der Taste F5 wird nach der Unterbrechung durch *Stop* das Programm fortgesetzt und die Quelldateien werden in der Maske aufgelistet.

Bild 5.73 Die Dateinamen werden in die Eingabemaske eingelesen

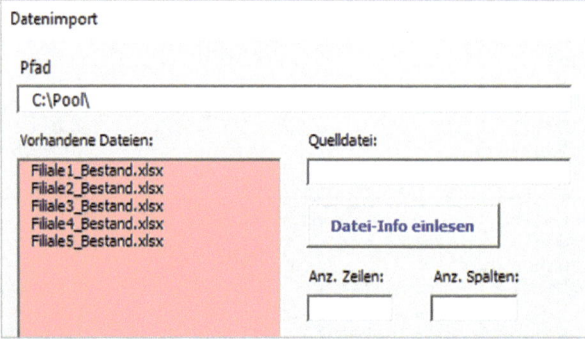

Stand: Datenimport_10_1.xlsm

Hinweis: Nach erfolgreichem Testlauf können die Anweisungszeilen *Debug.Print* und *Stop* entfernt bzw. auskommentiert werden.

Da wir von gleichstrukturierten Dateien ausgehen können (zumindest was die Spaltenreihenfolge anbelangt), die zu einer Sammeldatei zusammengefügt werden sollen, kann die Abfrage der Zeilen- und Spaltenanzahl automatisch erfolgen. Dazu wird das Makro *Datei_Info_lesen* am Ende des Makros *Inhaltsverzeichnis_xlsx* aufgerufen.

Bild 5.74 Makro Datei_Info-Lesen aufrufen

```
Sub Inhaltsverzeichnis_xlsx()
Dim datei_ein As String
Dim i As Integer                                'NEU: Laufvariable

    Eingabemaske.Dateiliste.Clear               'Löschen vor Neueintrag
    i = 1                                       'NEU
    ReDim Quelldatei(i)                         'NEU: public Quelldatei (dyn. Feld)
    datei_ein = Dir(pfad & "*.xlsx")            'erste Datei zuweisen
    While datei_ein <> ""                       'solange Dateien existieren ...
        Eingabemaske.Dateiliste.AddItem datei_ein  'Inhaltsverzeichnis anlegen
        Quelldatei(i) = datei_ein               'NEU: Zuweisen aktuelle Bezeichnung
        datei_ein = Dir                         'nächste Datei zuweisen
        'Debug.Print i, Quelldatei(i)           'NEU: nur zur Überprüfung
        i = i + 1                               'NEU: Inkrement Laufvariable
        ReDim Preserve Quelldatei(i)            'NEU: neue Festleg. Länge Var.feldes
    Wend
    'Stop                                       'NEU: zur Überprüfung
    Datei_Info_lesen
End Sub
```

Die erste Quelldatei festlegen

Im Makro *Datei_Info_lesen* (Modul *Quelldatei_einlesen*) wird nur die erste Quelldatei zur Anzeige der Datei-Info abgefragt. Dazu muss die Arbeitsmappe Nummer (1) des Variablenfeldes *Quelldatei()* über den Programmcode aktiviert werden.

In den bisherigen Anweisungen des Makros zum Öffnen ausgewählter Dateien wurde der Dateiname der Quelldatei aus dem Textfeld *Quelldatei* übernommen, ebenso die komplette Pfadangabe. Diese Zeilen müssen entfernt bzw. geändert werden.

Bild 5.75 Die bisherigen Programmanweisungen

```
'ausgewählte Datei öffnen
Quelldatei = Eingabemaske.Quelldatei.Value
Workbooks.Open Filename:=Eingabemaske.Pfadname & Quelldatei
Windows(Quelldatei).Activate
Sheets(1).Select
```

Die neuen Anweisungen müssen an *Quelldatei(1)* angepasst werden:

```
'ausgewählte Datei öffnen NEU
Eingabemaske.Quelldatei.Value = Quelldatei(1)
Workbooks.Open Filename:=pfad & Quelldatei(1)
Windows(Quelldatei(1)).Activate
Sheets(1).Select
```

Bild 5.76 Die neuen geänderten Anweisungen

Hinweis: Da keine Quelldatei durch Anklicken aus der Liste vorhandener Dateien ausgewählt wird, bliebe das Textfeld *Quelldatei* leer. Wir können aber den Namen der ersten Quelldatei darin unterbringen mit *Eingabemaske.Quelldatei.value = Quelldatei(1)*.

Das automatische Schließen nach erfolgtem Zugriff auf die jeweilige Quelldatei sollte nicht vergessen werden. Nehmen Sie diese kleine Änderung im selben Makro weiter unten vor.

```
'Quelldatei schließen ohne Änderungen zu speichern NEU
Workbooks(Quelldatei(1)).Close savechanges:=False
```

Bild 5.77 Quelldatei schließen

Testlauf: Starten Sie mit Strg + m die Eingabemaske und wählen Sie einige Spaltenüberschriften aus. Soweit müsste nun alles laufen.

Bild 5.78 Ergebnis Testlauf

Achtung: Die Schaltflächen zum Einlesen und Speichern führen zu Fehlermeldungen in den Prozeduren *auswahl_kopieren* bzw. *auswahl_speichern*. Daher sind weitere Änderungen erforderlich:

▸ Einführung der dynamischen Feldvariablen *Quelldatei(i)* und Abfrage dieser Feldvariablen durch eine zweite *For-Next* Schleife.

Spalten kopieren - Anpassungen des Makros auswahl_kopieren

Das bereits vorhandene Makro *auswahl_kopieren* kann als Vorlage für das neue Makro mit dem Namen *auswahl_alle_kopieren* dienen. Kopieren Sie daher das alte Makro oder benennen Sie es um und passen die Anweisungen wie folgt an.

1. Die Variable *i* ist für die Zählerschleife eingeplant als Indexwert der Quelldateien

2. Die Variable *spaltenversatz* wird benötigt, um die nächste freie Spalte in der Sammel- bzw. Zieltabelle anzusteuern. Sie startet mit dem Wert 0.

3. Das Flackern des Bildschirms durch das kurzzeitige Anzeigen der geöffneten Dateien lässt sich durch Ausschalten der *ScreenUpdating*–Funktion während des Schleifendurchlaufs verhindern. Auch der Datenimport wird durch diese Maßnahme erheblich beschleunigt.

4. Die *UBound*–Funktion der äußeren Zählerschleife gibt einen Wert vom Typ *Long* zurück, der den größten verfügbaren Index für das angegebene (nullbasierte) Datenfeld enthält; somit die Anzahl der Quelldateien -1.

5. Die Zählerschleife für die einzelnen ausgewählten Spalten wird in diese (äußere) Schleife integriert. Die Relation zur jeweils geöffneten Quelldatei muss eingepflegt werden.

Bild 5.79 Die Änderungen zur Anpassung an das dynamische Datenfeld sind gekennzeichnet

```
Sub auswahl_alle_kopieren()
Dim i As Integer                                          'NEU
Dim spaltenversatz As Integer                             'NEU

    'Bildschirmaktualisierung ausschalten
    Application.ScreenUpdating = False                    'optional

    spaltenversatz = 0                                    'NEU

    For i = 1 To UBound(Quelldatei) - 1                   'NEU
        For spalte = 1 To spaltenzaehler - 1
            'Quelldatei öffnen                            'NEU
            Workbooks.Open Filename:=Eingabemaske. _
                Pfadname.Value & Quelldatei(i)            'NEU
            'Spaltenwerte in Zwischenablage kopieren
            Workbooks(Quelldatei(i)).Worksheets(1).Range(Cells(1, _
                spaltennummer(spalte)), _
                Cells(letzte_zeile, spaltennummer(spalte))).Copy
            'Arbeitsdatei aktivieren
            Workbooks(Arbeitsdatei).Worksheets("Tabelle1").Cells(1, _
                spalte + spaltenversatz).PasteSpecial
        Next spalte
        spaltenversatz = spaltenversatz + spaltenzaehler - 1   'NEU
        'Quelldatei schließen, ohne Änderungen zu speichern
        Workbooks(Quelldatei(i)).Close savechanges:=False
    Next i                                                'NEU

    'Bildschirmaktualisierung ausschalten
    Application.ScreenUpdating = True                     'optional

End Sub
```

Zugriff auf mehrere Excel-Arbeitsmappen   5

6 Über die Zwischenablage werden die Spalten in die Arbeitsdatei kopiert

7 Der Spaltenversatz für *Tabelle1* der Arbeits- bzw. Zieldatei wird um die Anzahl der kopierten Spalten erhöht, damit dort keine Spalte überschrieben wird.

8 Falls Sie sich für das Abschalten des ScreenUpdatings entschieden haben, sollten Sie unbedingt diese Einstellung wieder einschalten.

9 Letztlich sollten Sie nicht vergessen, zur Befehlsschaltfläche *ausgewählte Spalten einlesen* den Aufruf des Makros *auswahl_alle_kopieren* einzupflegen.

Die Ergebnisse erster Testläufe
Testlauf mit einer ausgewählten Spalte (Listenpreis).

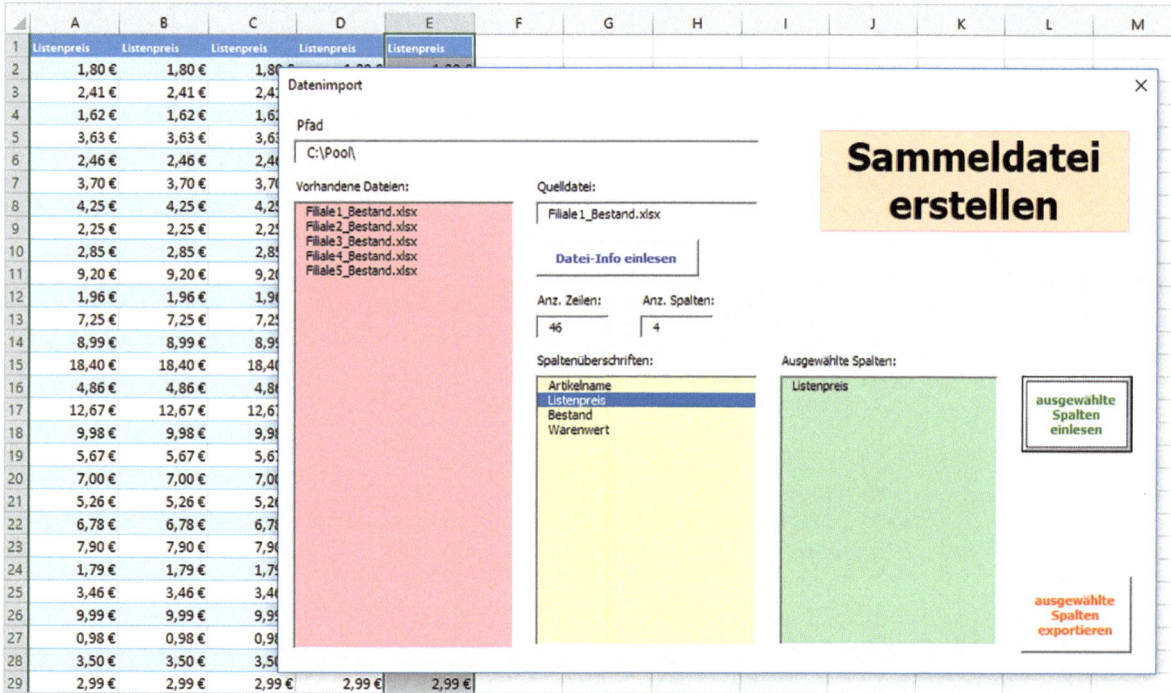

Bild 5.80 Aus jeder Quelldatei wurde 1 Spalte übernommen

Testlauf mit zwei ausgewählten Spalten (Artikelname und Listenpreis).

Bild 5.81 Jeweils 2 Spalten wurden übernommen (Tabellenausschnitt)

Variante 1: Kopieren ohne überflüssige Zeilenbeschriftungen

Beim Zugriff auf mehrere Spalten der Quelldateien werden unbesehen alle ausgewählten Spalten aus allen Dateien übernommen. Nehmen wir an, Sie möchten aus allen Dateien, die Ihnen von den Filialen vorliegen, jeweils den Artikelnamen und den Bestand übernehmen. Dann liefert unser jetziges Programm überflüssigerweise in Wiederholung die Spaltenfolge:

> Artikelname, Bestand, Artikelname, Bestand, … (siehe Bild 5.81)

In nahezu allen Tabellen dürfte in der ersten Spalte (im ersten Feld der Datenbank) die Datensatzbezeichnung, in diesem Fall die Artikelbezeichnung, stehen. Als Datensatz bezeichnet man eine ganze Tabellenzeile. Der Inhalt der ersten Spalte bzw. das erste Feld der Datenbank kennzeichnet in den meisten Fällen zusammengehörende Daten.

Wenn sichergestellt ist, dass die Werteangaben in den Spalten der Quelldateien in der selben vertikalen Reihenfolge vorliegen, wie das bei Messreihen beispielsweise der Fall ist, dann bietet sich eine praxisorientierte Abwandlung des bisherigen Kopierverfahrens an: Beim Erstellen einer Sammeldatei wird **die erste Spalte** mit den Zeilenbeschriftungen nur ein einziges Mal kopiert. Die anschließenden Spalten zeigen dann nur noch die dazugehörigen Werte aus den verschiedenen Quelldateien, wie im Bild unten.

Bild 5.82 Die erste Spalte wird nur einmal kopiert

	A	B	C	D	E	F
1	Artikelname	Bestand	Bestand	Bestand	Bestand	Bestand
2	Teebeutel Minze	152	184	98	58	160
3	Teebeutel Darjeeling	119	256	108	64	53
4	Teebeutel Kräutermix	17	233	161	411	1144
5	Olive Öl	60	101	116	145	173
6	Raps Öl	159	172	161	356	958
7	Pirsiche	136	236	87	144	392
8	Curry Sauce	86	251	117	60	22
9	Nussmix	99	95	163	104	10
10	Frucht Cocktail	70	233	46	72	24
11	Chocolate Biscuits Mix	86	74	84	16	15
12	Marmelade	180	157	76	43	34

Ein paar kleine Veränderungen in der Prozedur *auswahl_alle_kopieren* führen zur Lösung dieser Aufgabe. Das dazugehörige neue Makro heißt hier *auswahl_alle_kopieren_alternativ* (Bild 5.83).

```vb
Sub auswahl_alle_kopieren_alternativ()
' Die 1.ausgewählte Spalte wird nur aus der 1.Quelldatei
' als Zeilenbezeichnung in die erste Spalte übernommen
Dim i As Integer
Dim spaltenversatz As Integer

    'Bildschirmaktualisierung ausschalten
    Application.ScreenUpdating = False

    spaltenversatz = 0

    '1.ausgewählte Spalte der 1.Quelldatei als Zeilenbezeichnung
    Workbooks.Open Filename:=Eingabemaske.Pfadname.Value _
        & Quelldatei(1)
    'Spaltenwerte in Zwischenablage kopieren
    Workbooks(Quelldatei(1)).Worksheets(1).Range(Cells(1, _
        spaltennummer(1)), Cells(letzte_zeile, spaltennummer(1))).Copy
    'Arbeitsdatei aktivieren
    Workbooks(Arbeitsdatei).Worksheets("Tabelle1"). _
        Cells(1, 1).PasteSpecial

    For i = 1 To UBound(Quelldatei) - 1
        For spalte = 2 To spaltenzaehler - 1
            'Quelldatei öffnen
            Workbooks.Open Filename:=Eingabemaske.Pfadname.Value _
                & Quelldatei(i)
            'Spaltenwerte in Zwischenablage kopieren
            Workbooks(Quelldatei(i)).Worksheets(1).Range(Cells(1, _
                spaltennummer(spalte)), _
                Cells(letzte_zeile, spaltennummer(spalte))).Copy
            'Arbeitsdatei aktivieren
            Workbooks(Arbeitsdatei).Worksheets("Tabelle1").Cells(1, _
                spalte + spaltenversatz).PasteSpecial
        Next spalte
        spaltenversatz = spaltenversatz + spaltenzaehler - 2
        'Quelldatei schließen, ohne Änderungen zu speichern
        Workbooks(Quelldatei(i)).Close savechanges:=False
    Next i

    'Bildschirmaktualisierung ausschalten
    Application.ScreenUpdating = True

End Sub
```

Bild 5.83 Das Makro auswahl_alle_kopieren_alternativ

Variante 2: Dateinamen einfügen

Einen kleinen Schönheitsfehler hat die neue Sammeltabelle noch: Die Spalten lassen sich nicht eindeutig den Quelldateien zuordnen, insbesondere dann, wenn sie nicht chronologisch bezeichnet sind. Um die Zuordnung zur Quelldatei kenntlich zu machen, können beispielsweise...

▶ die Spaltenwerte ab Zeile 2 eingefügt werden und die Dateinamen in Zeile 1 darüber,

▶ oder die erste Zeile ab Spalte 2 durch die Dateinamen überschrieben werden, Nachteil: Die Feldbezeichnung (Spaltenüberschrift) verschwindet.

5 Zugriff auf Excel-Arbeitsmappen

▶ oder die erste Zeile ab Spalte 2 wird um die Dateinamen (oder Kurzform) erweitert. Nachteil: Die Spaltenüberschriften benötigen sehr viel Platz.

Für den erstgenannten Lösungsansatz, das Einfügen der Dateinamen in Zeile 1 über den Spaltenüberschriften, steht das Makro *auswahl_alle_kopieren_alternativ2*, das Ergebnis sehen Sie in Bild 5.84 unten.

Bild 5.84 Dateinamen anzeigen

Stand: Datenimport_10_3.xlsm

```
Sub auswahl_alle_kopieren_alternativ2()
Dim i As Integer
Dim spaltenversatz As Integer

    'Bildschirmaktualisierung ausschalten
    Application.ScreenUpdating = False
    
    spaltenversatz = 0
    
    '1.ausgewählte Spalte der 1.Quelldatei als Zeilenbezeichnung
    Workbooks.Open Filename:=Eingabemaske.Pfadname.Value _
        & Quelldatei(1)
    'Spaltenwerte in Zwischenablage kopieren
    Workbooks(Quelldatei(1)).Worksheets(1).Range(Cells(1, _
        spaltennummer(1)), Cells(letzte_zeile, spaltennummer(1))).Copy
    'Arbeitsdatei aktivieren
    Workbooks(Arbeitsdatei).Worksheets("Tabelle1"). _
        Cells(2, 1).PasteSpecial
    
    For i = 1 To UBound(Quelldatei) - 1
        For spalte = 2 To spaltenzaehler - 1
            'Quelldatei öffnen
            Workbooks.Open Filename:=Eingabemaske.Pfadname.Value _
                & Quelldatei(i)
            'Spaltenwerte in Zwischenablage kopieren
            Workbooks(Quelldatei(i)).Worksheets(1).Range(Cells(1, _
                spaltennummer(spalte)), _
                Cells(letzte_zeile, spaltennummer(spalte))).Copy
            'Arbeitsdatei aktivieren - Werte ab Zeile 2 einfügen
            Workbooks(Arbeitsdatei).Worksheets("Tabelle1").Cells(2, _
                spalte + spaltenversatz).PasteSpecial
            'Quelldateinamen in erste Zeile
            Workbooks(Arbeitsdatei).Worksheets("Tabelle1").Cells(1, _
                spalte + spaltenversatz).Value = Quelldatei(i)
        Next spalte
        spaltenversatz = spaltenversatz + spaltenzaehler - 2
        'Quelldatei schließen, ohne Änderungen zu speichern
        Workbooks(Quelldatei(i)).Close savechanges:=False
    Next i
    
    'Bildschirmaktualisierung ausschalten
    Application.ScreenUpdating = True
End Sub
```

Bild 5.85 Zusätzlich eingefügte Dateinamen in Zeile 1

	A	B	C	D	E	F
1		Filiale1_Best	Filiale2_Best	Filiale3_Best	Filiale4_Best	Filiale5_Best
2	Artikelname	Bestand	Bestand	Bestand	Bestand	Bestand
3	Teebeutel Minze	152	184	98	58	160
4	Teebeutel Darjeeling	119	256	108	64	53
5	Teebeutel Kräutermix	17	233	161	411	1144

Weitere Verbesserungsvorschläge/Zusatzübungen

▷ Optimieren Sie die Spaltenbreite in der Sammeltabelle (automatische Spaltenbreite), siehe auch Seite 206.
```
Worksheets("Tabelle1").Columns.AutoFit
```

▷ Kürzen Sie die Namen der Quelldateien so, dass nur die Filialen erkennbar sind (siehe Kapitel 3.13, Zeichenketten zerlegen). In unserem Fall genügt es, nur die ersten 8 Zeichen auszugeben.
```
Left("Filiale1_Bestand.xlsx", 8)  -> Filiale1
```

Gäbe es mehr als 9 Filialen, könnte das über eine Abfrage und den Wechsel auf 9 Zeichen erledigt werden oder durch die Suche des Trennzeichens „_".

Identische Spalten in eine neue Datei exportieren

Ähnlich wie in den vorherigen Übungen, können wir auch beim Speichern in eine neue Sammeldatei verfahren. Die Vorgehensweise wird in der folgenden Übung schrittweise erklärt.

Übung: Makro auswahl_speichern_Abfragen ändern

Kopieren Sie das vorhandene Makro *auswahl_speichern_Abfragen* oder ändern Sie dieses Makro ab. Als neuer Name des Makros bietet sich *auswahl_alle_speichern* an, die Aufgaben des Makros im Einzelnen:

1. Die Variablen *i* und *spaltenversatz* müssen lokal deklariert werden.

2. Der Name der Exportdatei wird generiert aus einem Präfix, der Bezeichnung der ausgewählten Spalte und der Endung für Excel-Arbeitsmappe:
    ```
    "Col_" & Spaltenüberschrift & ".xlsx"
    ```

3. Die Sicherheitsabfrage bleibt unverändert.

4. Das neue Arbeitsblatt (Exportdatei) wird angelegt (unverändert) und bleibt aktiv.

5. Innerhalb der verschachtelten *For-Next* Schleife werden nacheinander die verschiedenen Quelldateien eingelesen und daraus jeweils die ausgewählten Spalten.

6. An die Stelle der *Arbeitsdatei* tritt die Bezeichnung *exportdatei*.

7. Nach erledigter Aufgabe wird die Exportdatei geschlossen und die Eingabemaske verlassen.

8. Optional können auch nur Werte und Zahlenformat übergeben werden (*XlPasteType-Enumeration,* siehe Bild 5.85).

9. Das neue Makro *auswahl_alle_speichern* soll über das *Click*-Ereignis der Befehlsschaltfläche *ausgewählte Spalten exportieren* ausgeführt werden.

5 Zugriff auf Excel-Arbeitsmappen

Bild 5.86 Das geänderte Makro

```
Sub auswahl_alle_speichern()
Dim exportdatei As String
Dim i As Integer                                              'NEU
Dim spaltenversatz As Integer                                 'NEU

    'Bildschirmaktualisierung ausschalten
    Application.ScreenUpdating = False                        'optional
    'Ausgabe-Datei: Bezeichnung festlegen (Col = Collection)
    exportdatei = "Col_" & Eingabemaske.Spaltenliste.Value _
        & ".xlsx"                                             'NEU
    'Klären, ob überhaupt eine Auswahl vorliegt
    If spaltenzaehler > 1 Then
        'Hinweis und Möglichkeit zum Abbruch
        If Not MsgBox("Exportdatei: " & exportdatei, vbYesNo, _
            "Daten exportieren?") = vbYes Then Exit Sub
    Else
        'Hinweis und Abbruch
        MsgBox "keine Auswahl getroffen", vbCritical
        Exit Sub
    End If

    'neues Arbeitsblatt erstellen/speichern (überschreibt, wenn vorhanden)
    Workbooks.Add
    ActiveWorkbook.SaveAs Filename:="C:\Pool\" & exportdatei, _
        FileFormat:=xlOpenXMLWorkbook, CreateBackup:=False

    'Wertegruppen aus der Kopierliste
    spaltenversatz = 0                                        'NEU
    For i = 1 To UBound(Quelldatei) - 1                       'NEU
        For spalte = 1 To spaltenzaehler - 1                  'NEU
            'Quelldatei öffnen
            Workbooks.Open Filename:=Eingabemaske.Pfadname.Value _
                & Quelldatei(i)                               'NEU
            'Spaltenwerte in Zwischenablage kopieren
            Workbooks(Quelldatei(i)).Worksheets(1).Range _
                (Cells(1, spaltennummer(spalte)), _
                Cells(letzte_zeile, spaltennummer(spalte))).Copy    'NEU
            'Exportdatei aktivieren
            Workbooks(exportdatei).Worksheets("Tabelle1"). _
                Cells(1, spalte + spaltenversatz).PasteSpecial _
                (xlPasteValuesAndNumberFormats)
        Next spalte
        spaltenversatz = spaltenversatz + spaltenzaehler - 1  'NEU
        'Quelldatei schließen, ohne Änderungen zu speichern
        Workbooks(Quelldatei(i)).Close savechanges:=False
    Next i                                                    'NEU

    'Exportdatei schließen und Änderungen speichern
    Workbooks(exportdatei).Close savechanges:=True

    'Maske schließen (aus dem Speicher entfernen)
    Unload Eingabemaske

    'Bildschirmaktualisierung ausschalten
    Application.ScreenUpdating = True                         'optional
End Sub
```

Nur Werte und Zahlenformate einfügen

Achtung: Achten Sie beim Testlauf darauf, dass sich nur die Dateien der Filialen im Importverzeichnis (hier C:\Pool) befinden, da sonst Spaltenbezeichnungen angezeigt werden, die nicht identisch sind mit den Filialen-Dateien. Löschen Sie eventuell vorhandene Sammeldateien!

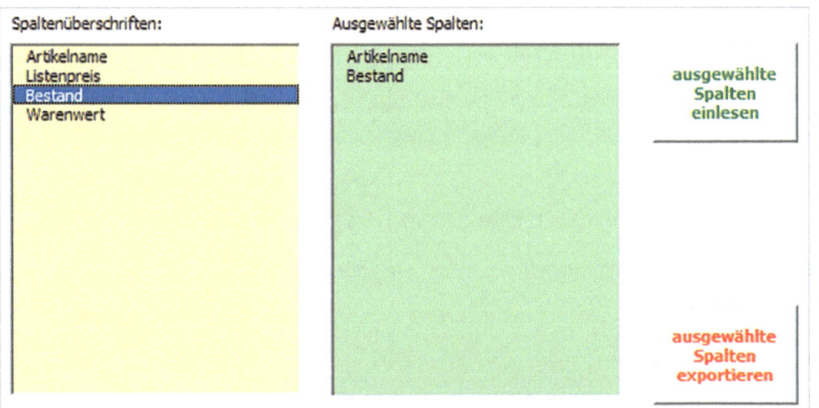

Bild 5.87 Sie haben die Wahl zwischen Einlesen und Exportieren

Vor dem Speichern erfolgt eine Bestätigungsabfrage (*MsgBox*), Bild 5.88. Das Arbeitsverzeichnis (hier: C:\Pool) enthält anschließend die Sammeldatei *Col_Bestand.xlsx*.

 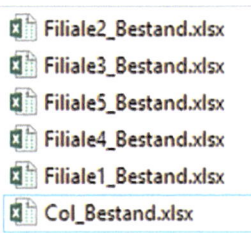

Bild 5.88 Bestätigungsabfrage

Bild 5.89 Das Ergebnis im Arbeitsverzeichnis

Hinweis: Da die Datenstruktur der Sammeldatei nicht den Quelldateien entspricht, sollte sie möglichst in einem separaten Verzeichnis (z. B. C:\Pool\Ergebnis\) abgelegt werden. Eine Maßnahme, die besonders dann notwendig ist, wenn auf die Quelldateien mehrfach selektierend zugegriffen werden soll.

Bild 5.90 Die Sammeldatei Col_Bestand.xlsx (Ausschnitt) im Verzeichnis C:\Pool

	A	B	C	D	E	F
1	Artikelname	Bestand	Artikelname	Bestand	Artikelname	Bestand
2	Teebeutel Minze	152	Teebeutel Minze	184	Teebeutel Minze	98
3	Teebeutel Darjeeling	119	Teebeutel Darjeeling	256	Teebeutel Darjeeling	108
4	Teebeutel Kräutermix	17	Teebeutel Kräutermix	233	Teebeutel Kräutermix	161
5	Olive Öl	60	Olive Öl	101	Olive Öl	116
6	Raps Öl	159	Raps Öl	172	Raps Öl	161
7	Pirsiche	136	Pirsiche	236	Pirsiche	87

Das Ergebnis ähnelt der Tabellenausgabe (siehe Bild 5.81 auf Seite 227) wenn zwei Spalten ausgewählt wurden, da dieses Makro auf der Grundversion basiert. Diese haben wir dahingehend verbessert, dass die Namen der Quelldateien in der ersten Zeile über den Spaltenbezeichnungen der Auswahl stehen.

Stand: Datenimport_10_4.xlsm

Übung: Dateinamen über den Spaltenüberschriften anzeigen
Sorgen Sie dafür, dass beim Speichern in der Sammeldatei die Dateinamen zusätzlich in Zeile 1 über den Spaltenüberschriften erscheinen.

5 Zugriff auf Excel-Arbeitsmappen

1. Kopieren Sie das Makro *auswahl_alle_speichern* und benennen Sie die Kopie um in *auswahl_alle_speichern2*.

2. Fügen Sie die notwendigen Anweisungen ein. Orientieren Sie sich beispielsweise am Makro *auswahl_alle_kopieren_alternativ2*, was den Zeilen- und Spaltenversatz betrifft.

3. Ändern Sie das Ziel durch Ersetzen von *Arbeitsdatei* durch *exportdatei*.

Hier alle Änderungen im Modul *auswahl_alle_speichern2*.

Bild 5.91 Die Änderungen im Modul auswahl_alle_speichern2

```
'neues Arbeitsblatt erstellen/speichern (überschreibt, wenn vorhanden)
Workbooks.Add
ActiveWorkbook.SaveAs Filename:="C:\Pool\" & exportdatei, _
    FileFormat:=xlOpenXMLWorkbook, CreateBackup:=False

'1.ausgewählte Spalte der 1.Quelldatei als Zeilenbezeichung
Workbooks.Open Filename:=Eingabemaske.Pfadname.Value _
    & Quelldatei(1)
'Spaltenwerte in Zwischenablage kopieren
Workbooks(Quelldatei(1)).Worksheets(1).Range(Cells(1, _
    spaltennummer(1)), Cells(letzte_zeile, spaltennummer(1))).Copy
'Arbeitsdatei aktivieren
Workbooks(exportdatei).Worksheets("Tabelle1"). _
    Cells(2, 1).PasteSpecial (xlPasteValuesAndNumberFormats)

'Wertegruppen aus der Kopierliste
spaltenversatz = 0
For i = 1 To UBound(Quelldatei) - 1
    For spalte = 2 To spaltenzaehler - 1
        'Quelldatei öffnen
        Workbooks.Open Filename:=Eingabemaske.Pfadname.Value _
            & Quelldatei(i)
        'Spaltenwerte in Zwischenablage kopieren
        Workbooks(Quelldatei(i)).Worksheets(1).Range(Cells(1, _
            spaltennummer(spalte)), _
            Cells(letzte_zeile, spaltennummer(spalte))).Copy
        'Arbeitsdatei aktivieren - Werte ab Zeile 2 einfügen
        Workbooks(exportdatei).Worksheets("Tabelle1"). _
            Cells(2, spalte + spaltenversatz).PasteSpecial _
            (xlPasteValuesAndNumberFormats)
        'Quelldateinamen in erste Zeile
        Workbooks(exportdatei).Worksheets("Tabelle1").Cells(1, _
            spalte + spaltenversatz).Value = Quelldatei(i)
    Next spalte
    spaltenversatz = spaltenversatz + spaltenzaehler - 2
    'Quelldatei schließen, ohne Änderungen zu speichern
    Workbooks(Quelldatei(i)).Close savechanges:=False
Next i
```

Stand: Datenimport_10_5.xlsm

Alternative Überlegungen

Eine Alternative zum direkten Speichern der ausgewählten Spalten in einer Sammeldatei wäre, diese zunächst in einer Sammeltabelle zu erfassen und die Tabelle dann manuell oder via VBA-Code als neue Datei zu speichern. Der Vorteil: Man sieht die Tabelle und kann ggf. Änderungen oder Formatierungen vornehmen, bevor man sich zum Speichern entschließt.

Die hier beschriebenen Vorgehensweisen können in der Praxis von Bedeutung sein. Man kann dabei auch auf eine Eingabemaske verzichten und im Quellcode noch individuelle Anpassungen unterbringen; die automatische Spaltenbreite beispielsweise oder die Art der Formatübergabe als Parameter der *PasteSpecial*-Methode.

Übungsbeispiele: Eingabemaske und Programmcode optimieren
Sowohl in der Eingabemaske als auch im Programmcode lassen sich einige Stellen optimieren.

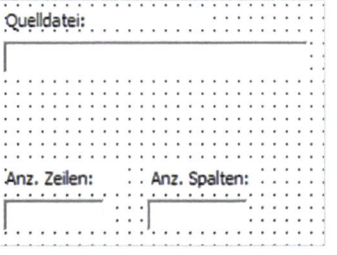

Bild 5.92 Befehlsschaltfläche entfernen

▸ Die Befehlsschaltfläche *Datei-Info einlesen* kann aus der Eingabemaske entfernt werden.

▸ **Export-Verzeichnispfad für Sammeldatei(en) als Konstante anlegen**
- Dazu wird im Modul *Quelldatei_einlesen* die modulübergreifende (globale) Konstante *exportpfad* vom Typ *String* deklariert.

```
Public Quelldatei() As String

Dim Arbeitsdatei As String
Dim letzte_zeile As Long
Dim letzte_spalte As Long
Dim spalte As Long
Dim spaltenzaehler As Long

Dim spaltennummer() As Integer   'dynamisches Datenfeld (Kopierliste)
Const exportpfad As String = "C:\Pool\Export\"
```

Bild 5.93 Dateipfad für Exportdatei als Konstante anlegen

- Diese Konstante wird dem Parameter *Filename* übergeben (Makro *auswahl_alle_speichern2*).

```
'neues Arbeitsblatt erstellen/speichern (überschreibt, wenn vorhanden)
Workbooks.Add
ActiveWorkbook.SaveAs Filename:=exportpfad & exportdatei, _
    FileFormat:=xlOpenXMLWorkbook, CreateBackup:=False
```

Bild 5.94 Dateipfad beim Speichern übergeben

- Erstellen Sie das Exportverzeichnis manuell als Unterordner im Ordner C:\Pool.

▸ Modifizieren Sie die Spaltenüberschriften: Statt einheitlicher Spaltenüberschriften (z. B. Filiale1, usw.) sollen darüber die Namen der jeweiligen Quelldatei erscheinen, wie im vorherigen Abschnitt beschrieben.

```
'Quelldateinamen in erste Zeile
Workbooks(exportdatei).Worksheets("Tabelle1").Cells(1, _
    spalte + spaltenversatz).Value = Left(Quelldatei(i), 8)
```

Bild 5.95 Dateinamen in 1. Zeile

▸ Veranlassen Sie automatische Spaltenbreite in der Exporttabelle, bevor diese geschlossen wird.

```
'automatische Spaltenbreite in Exportdatei
Workbooks(exportdatei).Worksheets(1).Columns.AutoFit

'Exportdatei schließen und Änderungen speichern
Workbooks(exportdatei).Close savechanges:=True
```

Bild 5.96 Automatische Spaltenbreite

Das Ergebnis: Die Exportdatei *Col_Bestand.xlsx* im Verzeichnis C:\Pool\Export

	A	B	C	D	E	F
1		Filiale1	Filiale2	Filiale3	Filiale4	Filiale5
2	Artikelname	Bestand	Bestand	Bestand	Bestand	Bestand
3	Teebeutel Minze	152	184	98	58	160
4	Teebeutel Darjeeling	119	256	108	64	53
5	Teebeutel Kräutermix	17	233	161	411	1144
6	Olive Öl	60	101	116	145	173
7	Raps Öl	159	172	161	356	958

Stand: Datenimport_10_6.xlsm

Hinweis: Nach dem gleichen Schema kann auch in den Makros zum Kopieren ausgewählter Spalten in die Arbeitsdatei verfahren werden, beispielsweise im Makro *auswahl_alle_kopieren_alternativ2*.

In diesen Übungen haben Sie gelernt, auf einzelne Spalten in Excel-Arbeitsmappen zuzugreifen und aus verschiedenen Datenquellen eine Sammeltabelle sowie eine neue Arbeitsmappe zu erstellen. In den folgenden Beispielen geht es darum, nicht ganze Spalten oder Zeilen aus Dateien zu entnehmen, sondern gezielt Zellen und Zellbereiche einzulesen und diese anschließend zeilenweise neu zu organisieren.

5.7 Zellbereiche auswählen und zeilenweise sammeln

Aus mehreren gleichstrukturierten Dateien, wie sie beispielsweise aus Datenloggern oder Analysegeräten vorliegen, sollen nur bestimmte Zellen und/oder Zellbereiche extrahiert und nacheinander in einer Tabelle zeilenweise gesammelt werden.

Die Aufgabenstellung

Sie finden die Beispieldateien im Ordner Übungsdateien_Pool\SLK

Die Quelldateien für unser Beispiel liegen als Auswertungsprotokoll einer biomechanischen Drehwinkel- und Drehmoment-Analyse vor. Die Messergebnisse der jeweils acht Versuche wurden von der Auswertungssoftware um Spitzenwerte (Peak) und Mittelwerte mit Standardabweichung ergänzt. Aber diese Angaben sind Nebensache. Im Vordergrund steht eine tabellarische Struktur, aus der nur bestimmte Bereiche von Interesse und somit zu übernehmen sind. Im Grunde genommen kann - wie schon angemerkt – auf diese Weise auf **tabellarische Strukturen** (z. B. auch Excel-Arbeitsmappen) selektiv zugegriffen werden.

Die Endung der vorliegenden Dateien *.slk* weist darauf hin, dass diese im Symbolic Link Format gespeichert sind, einem von Microsoft entwickelten Transferformat, um Daten zwischen Tabellenkalkulationen und Datenbankanwendungen austauschen zu können. Diese Dateien enthalten durch Semikolon getrennten Text und Informationen zu Zellinhalten (Spalte, Zeile, Format). Alle Dateien sollten sich im Ordner C:\Pool\SLK befinden.

Eine der exportierten SLK-Dateien, mit Excel geöffnet, macht die Struktur deutlich:

Zellbereiche auswählen und zeilenweise sammeln 5

	1	2	3	4	5	6	7	8
1	Person Info	Projekt	Winkel&Moment					
2		Nachnahme	Test					
3		Vorname	01					
4		Geschlecht	männlich					
5		Geburtstag						
6		Weight						
7		Height						
8								
9	Mess-Infos	Name	Lars li					
10		Messdatum	27.06.2012 11:50					
11		Anzahl der Perioden	8					
12								
13	Statistik: Tabelle	Zeit, Perioden	LT Winkel, Grad	Abweichung	LT Moment, Nm	Abweichung	Lars li, Phasen	
14			1	104,008		4,02181		1
15			2	101,811		3,8021		1
16			3	101,811		3,87534		1
17			4	101,811		4,09504		1
18			5	102,69		3,87534		1
19			6	102,249		3,94857		1
20			7	102,249		4,09504		1
21			8	102,69		3,87534		1
22		Peak, Einheiten	104,008		4,09504			
23		Mittelwert, Einheiten	102,415	0,692564	3,94857	0,10357		
24								
25								

Bild 5.97 Struktur der Beispieldateien im SLK-Format

Für unsere Zusammenstellung benötigen wir lediglich die, in Bild 5.97 mit rotem Hintergrund hervorgehobenen, folgenden Angaben:

- Versuchsperson (Name)
- Messdatum
- zusammengefasste Ergebnisse der Einzelmessungen (Peak, Mittelwert, Abweichung)

Die Daten aus allen Versuchen sollen zeilenweise in eine Tabelle eingelesen werden, wie im Bild unten. Die Spaltenüberschriften werden später mit einem Makro erstellt.

	A	B	C	D	E	F	G	H	I
1	Name	Messdatum	Winkel:Peak	Winkel:MW	Winkel:SD	Moment:Peak	Moment:MW	Moment:SD	
2									
3									

Bild 5.98 Ausgewählte Daten werden in einer Tabelle zeilenweise neu organisiert

Die Lösung mit Eingabemaske

Ausgehend von einer der letzten Sicherungsdateien (z. B. *Datenimport_10_4.xlsm*) sind im Makro *Inhaltsverzeichnis_xlsx* (Modul *Dateien_listen*) die Dateinamen und die Dateisuche komplett auf **.slk* zu ändern. Im Modul *Formularinhalte* kann beispielsweise die Konstante *pfad* in *C:\Pool\SLK* geändert werden, wenn die SLK-Dateien zuvor dort abgelegt wurden.

Die ansonsten unveränderte Eingabemaske zeigt die korrekte Anzahl von Zeilen und Spalten der zuerst gefundenen Datei sowie die drei Spaltenüberschriften.

Bild 5.99 Anzeige in der Eingabemaske

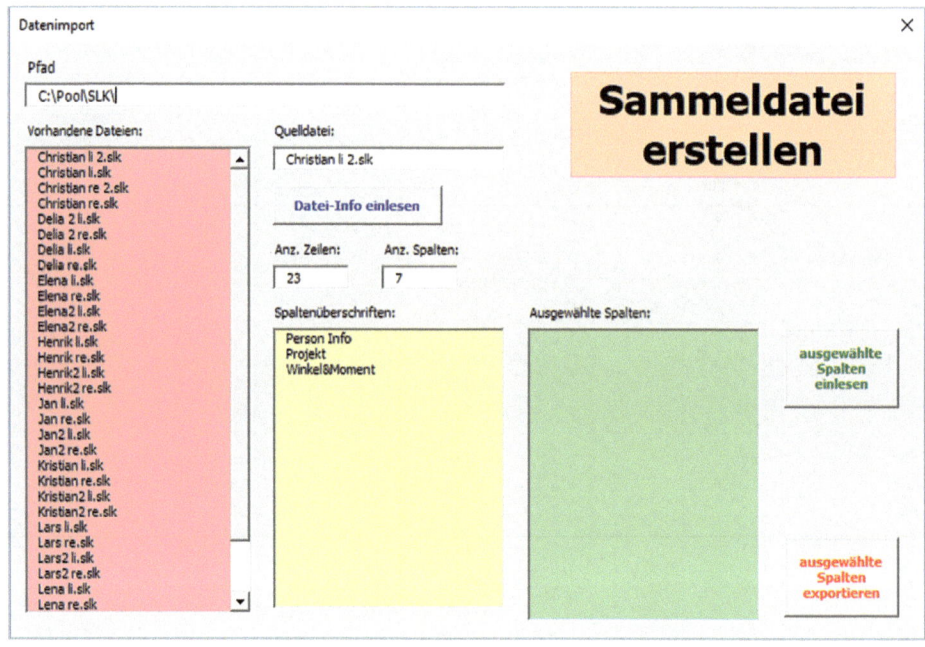

Wenn Sie im neuen, umbenannten Makro *Inhaltsverzeichnis_slk* die Zeilen mit *Debug.Print* und *Stop* wieder aktivieren bzw. die Auskommentierung aufheben, können Sie im Direktbereich sehen, dass das dynamische Variablenfeld insgesamt 34 Dateinamen umfasst. Ein weiteres Beispiel zu den *ReDim*-Anweisungen, die zur Neuzuordnung von Speicherplatz für die Variablen dynamischer Arrays verwendet werden.

Bild 5.100 Das auf slk-Dateien angepasste Makro

Bild 5.101 Index und Inhalt der Array-Variablen (Ausschnitt)

```
Sub Inhaltsverzeichnis_slk()
Dim datei_ein As String
Dim i As Integer

    Eingabemaske.Dateiliste.Clear
    i = 1
    ReDim Quelldatei(i)
    datei_ein = Dir(pfad & "*.slk")
    While datei_ein <> ""
        Eingabemaske.Dateiliste.AddItem datei_ein
        Quelldatei(i) = datei_ein
        datei_ein = Dir
        Debug.Print i, Quelldatei(i)
        i = i + 1
        ReDim Preserve Quelldatei(i)
    Wend
    Stop
    Datei_Info_lesen

End Sub
```

Direktbereich	
31	Lena2 li.slk
32	Lena2 re.slk
33	Peter li.slk
34	Peter re.slk

Stand: Datenimport_10_7.xlsm

In wieweit es sich lohnt, die Eingabemaske an die neue Situation anzupassen, sei jedem Nutzer selbst überlassen. Prinzipiell könnten wir unser Vorhaben auch ohne Eingabemaske durchführen, da es sich hier um eine praktische Arbeitserleichterung handelt und nicht um Datenüberprüfung oder eine variable Auswahl von bestimmten Zellen.

Die Lösung ohne Eingabemaske

Davon ausgehend, dass wir eine möglichst effiziente Lösung zur Datenübernahme aus sehr vielen Dateien haben wollen, verzichten wir im nächsten Beispiel auf eine Formularoberfläche.

Übung: Dateinamen einlesen
Legen Sie zunächst eine neue Excel-Arbeitsmappe an und speichern Sie diese unter dem Namen *Datenimport_11_1.xlsm*.

Zwar könnten Sie aus vorhandenen Modulen in den Sicherungsdateien geeignete Anweisungen in die neue Mappe kopieren, aber lassen Sie uns lieber die Prozeduren schrittweise neu anlegen (siehe Bild 5.102 auf Seite 240).

1. Beginnen wir unsere Arbeit mit dem Einfügen eines neuen Moduls, dem wir den Namen *Auswerttabelle* geben.

2. Der Ordner, in dem sich die Quelldateien befinden, wird als globale Konstante vorgegeben. Spätere individuelle Anpassungen sind an dieser zentralen Stelle zu Beginn des Moduls leicht möglich.
   ```
   Const pfad As String = "C:\Pool\SLK\"
   ```

3. Das erste Makro mit dem Namen *Daten_einlesen* bildet den Ausgangspunkt für das automatische Übernehmen der selektierten Daten aus allen SLK-Dateien.

4. Deklarieren müssen wir die Variable für die Quelldatei und eine Laufvariable als Zeilenindex für den Ablageort der eingelesenen Daten in der Sammeltabelle.
   ```
   Dim datei_ein As String, Dim i As Integer
   ```

5. Als erster Schritt erfolgt der Wechsel in das vorgegebene Verzeichnis:
   ```
   ChDir pfad
   ```

6. *Tabelle1* wird (vorsorglich, falls die Arbeitsmappe mehrere Tabellen enthalten sollte) als aktuelles Arbeitsblatt aktiviert:
   ```
   Worksheets("Tabelle1").Activate
   ```

7. Mögliche alte Inhalte im Blatt *Tabelle1* werden gelöscht:
   ```
   Worksheets("Tabelle1").Cells.Clear
   ```

8. Die Zelle A1 wird markiert, was allerdings nicht zwingend notwendig ist:
   ```
   Range("A1").Select
   ```

9. Nun müssen die SLK-Quelldateien nacheinander angesprochen werden. Diese Aufgabe übernimmt eine Bedingungsschleife, solange Dateinamen existieren. Zur Überprüfung der korrekten Funktion lassen wir uns den Schleifenindex und die Dateibezeichnungen im Direktbereich anzeigen.

10. Speichern Sie sicherheitshalber Ihre Arbeitsmappe, bevor Sie den ersten Testlauf starten.

Bild 5.102 Prozedur zur Anzeige der SLK-Dateien

```vba
Const pfad As String = "C:\Pool\SLK\"        'Pfad anpassen!

Sub Daten_einlesen()
Dim datei_ein As String
Dim i As Integer

    'Wechsel in das Verzeichnis
    ChDir pfad
    'Festlegen der Tabelle1 als aktuelles Arbeitsblatt
    Worksheets("Tabelle1").Activate
    'Tabelle1 Inhalte löschen und Cursor auf A1
    Worksheets("Tabelle1").Cells.Clear
    Range("A1").Select
    
    'Quelldateien einlesen
    i = 1
    datei_ein = Dir(pfad & "*.slk")         'erste Datei zuweisen
    While datei_ein <> ""                    'solange Dateien existieren
        Debug.Print i, datei_ein
        datei_ein = Dir                      'nächste Datei zuweisen
        i = i + 1                            'Inkrement Laufvariable
    Wend

End Sub
```

Im Direktbereich (Anzeigen mit Strg + G) werden die, im vorgegebenen Verzeichnis gefundenen Dateien, mit Tab-Abstand nach dem Schleifenindex gelistet.

Bild 5.103 Gefundene Dateien (Ausschnitt)

```
Direktbereich
1            Christian li 2.slk
2            Christian li.slk
3            Christian re 2.slk
4            Christian re.slk
5            Delia 2 li.slk
6            Delia 2 re.slk
7            Delia li.slk
8            Delia re.slk
9            Elena li.slk
```

Wenn der Testlauf erfolgreich war, kann die *Debug.Print* Zeile auskommentiert oder gelöscht werden.

Zugriff auf Dateiinhalte

Im nächsten Schritt wollen wir probehalber aus jeder Datei nur die Namen der Probanden im Direktbereich ausgeben lassen. Dazu müssen wir jeweils den Inhalt von Zelle C9 auslesen.

In der folgenden Übung werden wir zum ersten Mal Parameter an eine andere Prozedur übergeben, nämlich den Namen der zu öffnenden Datei.

Übung: Makroaufruf mit Parameterübergabe

Das verantwortliche Makro dieser Übung soll *Bereich_auswaehlen* heißen und von außerhalb der Prozedur einen Wert zur weiteren Anwendung erhalten. Die Deklaration der Variablen mit dem Übergabewert, erfolgt in den bisher leeren Klammern nach dem Prozedurnamen.

Zellbereiche auswählen und zeilenweise sammeln 5

1 Fügen Sie nach dem Namen des Makros in die Klammern die Variable *Quelldatei* vom Typ *String* ein.

```
Bereich_auswaehlen(Quelldatei As String)
```

2 Der Variablen *Arbeitsdatei* (Typ *String*) wird die aktuelle Arbeitsmappe zugewiesen, denn hier wird die Sammeltabelle erstellt.

3 Der aus dem aufrufenden Makro an die Variable *Quelldatei* übergebene Dateiname (*datei_ein*) wird mit der Pfadangabe verkettet und aufgerufen:

```
Workbooks.Open Filename:=pfad & Quelldatei
```

4 Diese Datei wird mit dem ersten Tabellenblatt *Sheets(1)*, d. h. unabhängig dessen Namen geöffnet.

5 Der Name in Zelle C9 wird ausgelesen und im Direktbereich angezeigt.

6 Die Quelldatei wird wieder geschlossen.

Hinweis: Die Bildschirmaktualisierung sollte bei der Vielzahl von Einzeldateien abgeschaltet werden, um auch den Programmablauf erheblich zu beschleunigen.

```vba
Sub Bereich_auswaehlen(Quelldatei As String)
Dim Arbeitsdatei As String

    'Bildschirmaktualisierung ausschalten
    Application.ScreenUpdating = False          'optional
    
    'die aktuell aktive Arbeitsmappe als Bezugsdatei festlegen
    Arbeitsdatei = ActiveWorkbook.Name
    
    'ausgewählte Datei öffnen
    Workbooks.Open Filename:=pfad & Quelldatei
    Windows(Quelldatei).Activate
    Sheets(1).Select
    
    'Lesen des Namens
    Debug.Print Range("C9").Value
    
    'Quelldatei schließen ohne Änderungen zu speichern
    Workbooks(Quelldatei).Close savechanges:=False
    
    'Bildschirmaktualisierung ausschalten
    Application.ScreenUpdating = True           'optional
End Sub
```

Bild 5.104 Erster Testlauf mit Übernahme der Namen aus allen Dateien

7 Der Aufruf des Makros *Bereich_auswaehlen* zusammen mit der Übergabe des Dateinamens (*datei_ein*) als Parameter muss noch im Makro *Daten_einlesen* eingerichtet werden.

```vba
'Quelldateien einlesen
i = 1
datei_ein = Dir(pfad & "*.slk")         'erste Datei zuweisen
While datei_ein <> ""                   'solange Dateien existieren
    'Debug.Print i, datei_ein
    Bereich_auswaehlen datei_ein        'Quelldatei übergeben
    datei_ein = Dir                     'nächste Datei zuweisen
    i = i + 1                           'Inkrement Laufvariable
Wend
```

Bild 5.105 Prozeduraufruf mit Parameterübergabe

Bild 5.106 Inhalt von C9 (Namen) aus allen Dateien

Stand: Datenimport_11_1.xlsm

Hinweis: Der Aufruf einer Prozedur aus einem Makro heraus kann auch direkt, ohne Verwendung des Schlüsselworts *Call*, erfolgen. Die zu übergebenden Werte werden dann ohne Klammer und durch Komma getrennt übergeben. Bei der Verwendung von *Call* müssen die Parameter in Klammern gesetzt werden.

8 Starten Sie das Makro *Daten_einlesen*. Im Direktbereich werden die Namen (Inhalte der Zelle C9) angezeigt.

```
Direktbereich
Christian2 L
Christian Links
Christian2 R
Christian
Delia2 li
Delia 2 re
Delia links
Delia rechts
Elena links
Elena rechts
```

Nach erfolgtem Testlauf mit der Ausgabe der Probandennamen kann die Anweisungszeile *Debug.Print Range("C9").Value* auskommentiert werden.

Auswahl der Kopierbereiche

Nachdem der Zugriff auf alle SLK-Dateien uns zuverlässig die darin erhaltenen Namen liefert, können wir uns den restlichen interessierenden Zellinhalten widmen. In den folgenden Übungen möchten wir auf die Verwendung von Datenfeldern (Arrays) zurückkommen. Es bieten sich zwei Lösungswege zur Übernahme der Werte an:

- Die Variablen eines Datenfelds mit fester Größe übernehmen die acht Werte aus jeder Quelldatei.
- Ein definierter Bereich umfasst die Adressen der acht einzelnen Zellen

Übung: Variablen eines Datenfelds mit fester Größe

Die interessierenden acht Werte aus jeder Datei sollen einem Datenfeld zugewiesen und im Direktbereich angezeigt werden. Nehmen Sie die nachfolgenden Anpassungen im Makro *Bereich_auswaehlen* vor.

1 Deklarieren Sie das (eindimensionale) Datenfeld *Inhalt* mit 8 Feldvariablen, in unserem speziellen Fall vom Typ *Variant*, da sowohl Text als auch Zahlenwerte übernommen werden sollen.

```
Dim Inhalt(7) As Variant
```

Da ein Array nullbasiert ist, umfasst es die Indexwerte 0 bis 7. Sie können aber auch die Indexzahlen festlegen durch die Angabe

```
Dim Inhalt(1 to 8) As Variant
```

2 Weisen Sie dem Datenfeld die benötigten Zellinhalte zu:

```
Inhalt(1) = Range("C9").Value
Inhalt(2) = Range("C10").Value
Inhalt(3) = Range("C22").Value
Inhalt(4) = Range("C23").Value
Inhalt(5) = Range("D23").Value
Inhalt(6) = Range("E22").Value
Inhalt(7) = Range("E23").Value
Inhalt(8) = Range("F23").Value
```

3 Die Ausgabe im Direktbereich erledigt eine Zählerschleife, für die eine Laufvariable *i* deklariert werden muss.

Zellbereiche auswählen und zeilenweise sammeln 5

```
For i = 1 To 8
    Debug.Print Inhalt(i)
Next i
```

4   Vor dem Testlauf sollten Sie Ihren Quellcode sichern. Außerdem ist eine schrittweise Programmausführung zu empfehlen. Setzen Sie dazu einen Haltepunkt oder eine *Stop*-Anweisung in die *While-Wend*-Schleife, sodass Sie bei jedem Durchlauf die Werte einzelner Quelldateien überprüfen können.

```
    'Quelldateien einlesen
    i = 1
    datei_ein = Dir(pfad & "*.slk")     'erste Datei zuweisen
    While datei_ein <> ""               'solange Dateien existieren
        'Debug.Print i, datei_ein
        Bereich_auswaehlen datei_ein    'Quelldatei übergeben
        datei_ein = Dir                 'nächste Datei zuweisen
        i = i + 1                       'Inkrement Laufvariable
    Wend
```

Bild 5.107 Haltepunkt in der Bedingungsschleife

Das veränderte Makro *Bereich_auswaehlen*:

```
Sub Bereich_auswaehlen(Quelldatei As String)
Dim Arbeitsdatei As String
Dim Inhalt(1 To 8) As Variant
Dim i As Integer

    'Bildschirmaktualisierung ausschalten
    Application.ScreenUpdating = False              'optional

    'die aktuell aktive Arbeitsmappe als Bezugsdatei festlegen
    Arbeitsdatei = ActiveWorkbook.Name

    'ausgewählte Datei öffnen
    Workbooks.Open Filename:=pfad & Quelldatei
    Windows(Quelldatei).Activate
    Sheets(1).Select

    'Einlesen der Werte
    Inhalt(1) = Range("C9").Value
    Inhalt(2) = Range("C10").Value
    Inhalt(3) = Range("C22").Value
    Inhalt(4) = Range("C23").Value
    Inhalt(5) = Range("D23").Value
    Inhalt(6) = Range("E22").Value
    Inhalt(7) = Range("E23").Value
    Inhalt(8) = Range("F23").Value

    'Anzeige in Tabelle1
    For i = 1 To 8
        Debug.Print Inhalt(i)
    Next i

    'Quelldatei schließen ohne Änderungen zu speichern
    Workbooks(Quelldatei).Close savechanges:=False

    'Bildschirmaktualisierung ausschalten
    Application.ScreenUpdating = True               'optional

End Sub
```

Bild 5.108 Das veränderte Makro Bereich_auswählen

Stand: Datenimport_11_2.xlsm

Hinweis: Datenfelder beginnen standardmäßig mit dem Index 0 (nullbasiert). Wenn Sie generell mit der Indexzahl 1 beginnen wollen, könnten Sie das durch die Anweisung `Option Base 1` im Deklarationsbereich des Moduls vorgeben.

Übung: Zellbereich definieren

In der zweiten Variante des Datenzugriffs muss eine Liste der Zellen erstellt werden, die aus den Quelldateien zu übernehmen sind.

1 Dazu deklarieren Sie die Variable *bereich* als *Variant* und weisen ihr ein Datenfeld (Array) zu, das alle benötigten Zelladressen in der Quelldatei beinhaltet:

```
bereich = Array("C9", "C10", "C22", "C23", "D23", "E22", "E23", "F23")
```

2 Die Übernahme der Zellinhalte und die Ausgabe der indizierten Feldvariablen im Direktbereich steuert eine Zählerschleife, deren obere Begrenzung festgelegt wird durch *UBound(bereich)*.

```
For i = 0 To UBound(bereich)
    inhalt = Range(bereich(i)).Value
    Debug.Print i; inhalt
Next i
```

Bild 5.109 Indexwerte und übernommene Zellinhalte

Hinweis: Die Schleife ließe sich auf die Indexwerte 0 bis 7 festlegen, um ihre Aufgabe vollumfänglich zu erledigen, aber mit *UBound* bleibt sie nach oben variabel, wenn sich der Umfang des Datenfeldes erweitern oder verringern sollte.

Die Ausgabe im Direktbereich zeigt Indexwert und Zellinhalte in der, im Array vorgegebenen Reihenfolge.

```
Direktbereich
0 Christian2 L
1 18.06.2012 11:47
2  106,361
3  104,681
4  1,13564
5  4,30311
6  3,91847
7  0,263846
```

Im Bild auf der nächsten Seite das Makro *Bereich_auswaehlen* mit Angaben der Zelladressen als Array.

Zellbereiche auswählen und zeilenweise sammeln

```vba
Sub Bereich_auswaehlen(Quelldatei As String)
Dim Arbeitsdatei As String
Dim bereich As Variant
Dim inhalt As Variant
Dim i As Integer

    'Zellen festlegen
    bereich = Array("C9", "C10", "C22", "C23", "D23", "E22", "E23", "F23")
    
    'Bildschirmaktualisierung ausschalten
    Application.ScreenUpdating = False              'optional
    
    'die aktuell aktive Arbeitsmappe als Bezugsdatei festlegen
    Arbeitsdatei = ActiveWorkbook.Name
    
    'ausgewählte Datei öffnen
    Workbooks.Open Filename:=pfad & Quelldatei
    Windows(Quelldatei).Activate
    Sheets(1).Select
    
    'Lesen des Bereichs in der Quelldatei
    For i = 0 To UBound(bereich)
        inhalt = Range(bereich(i)).Value
        Debug.Print i; inhalt
    Next i
    
    'Quelldatei schließen ohne Änderungen zu speichern
    Workbooks(Quelldatei).Close savechanges:=False
    
    'Bildschirmaktualisierung ausschalten
    Application.ScreenUpdating = True               'optional
    
End Sub
```

Bild 5.110 Zelladressen als Array

Stand: Datenimport_11_3.xlsm

Die Übernahme in eine Tabelle

Nach der Testphase mit Ausgabe im Direktbereich sollen die Werte im Blatt *Tabelle1* der Arbeitsdatei zusammengetragen werden. Daher muss anstelle der *Debug.Print* Zeile eine entsprechende Anweisung aktiv werden, die die übernommenen Inhalte aus den Zellen der Quelldateien in der Sammeltabelle spaltenweise anordnet und für jede eingelesene Datei die Tabelle zeilenweise erweitert. Die folgende Anweisung erfüllt prinzipiell diese Aufgabe:

```vba
Workbooks(Arbeitsdatei).Worksheets("Tabelle1"). _
    Cells(zeile, spalte).Value = inhalt
```

Die Variablen *zeile* und *spalte* sorgen beim Schleifendurchlauf für die korrekte Anordnung in der Sammeltabelle. Jede Zeile der Tabelle enthält den Inhalt der Zellen aus einer Quelldatei. Die Spalten entsprechen der Reihenfolge der Adressen im Bereichs-Array.

Bei der Ausführung des *Makros Daten_einlesen* werden in der Bedingungsschleife (solange Dateien vorliegen) beim aktuellen Stand die Dateinamen an das Makro *Bereich_auswaehlen* übergeben. Wenn wir auf gleichem Wege den Wert für die Zeile in der Sammeltabelle als zweiten Parameter übergeben, wird sich die Tabelle mit jedem Dateizugriff um eine Zeile erweitern.

Übung: Zeile als Parameter übergeben

1 Fügen Sie als zweiten Parameter, durch Komma getrennt, die Laufvariable *i* als Zeilennummer hinzu. Setzen Sie den Anfangswert der Zeilennummer auf 2, da die erste Zeile noch Spaltenüberschriften erhalten soll.

Bild 5.111 Zeilennummer übergeben

```
'Quelldateien einlesen
i = 2                                    'Zeilennummer für Tabelle
datei_ein = Dir(pfad & "*.slk")          'erste Datei zuweisen
While datei_ein <> ""                    'solange Dateien existieren ..
    'Debug.Print i, datei_ein
    Bereich_auswaehlen datei_ein, i      'Quelldatei und Nr. übergeben
    datei_ein = Dir                      'nächste Datei zuweisen
    i = i + 1                            'Inkrement Zeilennummer
Wend
```

2 Auf Empfängerseite muss eine Variable für die Zeilennummer in der Argumentliste innerhalb der Klammer deklariert werden. Die Bezeichnung *zeile* bietet sich an:

```
Bereich_auswaehlen(Quelldatei As String, zeile As Integer)
```

3 Die Spaltenabfolge ist durch das Array vorgegeben. Allerdings beginnt der Array-Index mit 0, was so nicht als Spaltenzähler verwendet werden kann. Folglich muss die Laufvariable *i* um den Wert 1 erhöht werden, damit eine verwertbare Spaltennummer entsteht.

Bild 5.112 Die Laufvariable muss um 1 erhöht werden

```
'Lesen des Bereichs in der Quelldatei
For i = 0 To UBound(bereich)
    inhalt = Range(bereich(i)).Value
    'Debug.Print i; inhalt
    'Ausgabe in Tabelle1 der Arbeitsmappe ab Zeile 2
    Workbooks(Arbeitsdatei).Worksheets("Tabelle1"). _
        Cells(zeile, i + 1).Value = inhalt
Next i
```

4 Sichern Sie Ihre Arbeitsdatei bevor Sie den Testlauf starten. Im Bild unten das Ergebnis. Im Bild auf der nächsten Seite das komplette Makro zur Datenübernahme aus allen SLK-Dateien.

Bild 5.113 Sammeltabelle (Ausschnitt)

	A	B	C	D	E	F	G	H
1								
2	Christian2 L	18.06.2012 11:47	106,361	104,681	1,13564	4,30311	3,91847	0,263846
3	Christian Links	06.06.2012 15:18	106,807	104,909	1,4521	5,17997	4,71277	0,231249
4	Christian2 R	18.06.2012 11:44	113,161			4,29242		
5	Christian	06.06.2012 15:13	100,679	99,5152	1,18814	3,96653	3,69709	0,193289
6	Delia2 li	25.06.2012 14:37						
7	Delia 2 re	25.06.2012 14:41						
8	Delia links	07.06.2012 15:29	114,974	113,217	1,03155	2,88385	2,52636	0,155539
9	Delia rechts	07.06.2012 15:23	112,894	107,53	4,96283	2,7491	2,54215	0,152495
10	Elena links	07.06.2012 16:48	78,0174	76,7269	1,5114	6,18104	4,87865	0,714954
11	Elena rechts	07.06.2012 16:43	126,237	125,198	1,22933	5,33178	4,80256	0,390357
12	Elena2 li	26.06.2012 15:15	135,055	130,771	3,20516	5,19946	4,76916	0,224074
13	Elena2 re	26.06.2012 15:12	131,09	129,057	0,930438	5,83154	5,06251	0,375253
14	Henrik links	14.06.2012 11:08	95,2986	91,3985	1,98493	7,12201	6,79114	0,252614

Zellbereiche auswählen und zeilenweise sammeln

```vba
Sub Bereich_auswaehlen(Quelldatei As String, zeile As Integer)
Dim Arbeitsdatei As String
Dim bereich As Variant
Dim inhalt As Variant
Dim i As Integer

    'Zellen festlegen
    bereich = Array("C9", "C10", "C22", "C23", "D23", "E22", "E23", "F23")
    
    'Bildschirmaktualisierung ausschalten
    Application.ScreenUpdating = False           'optional
    
    'die aktuell aktive Arbeitsmappe als Bezugsdatei festlegen
    Arbeitsdatei = ActiveWorkbook.Name
    
    'ausgewählte Datei öffnen
    Workbooks.Open Filename:=pfad & Quelldatei
    Windows(Quelldatei).Activate
    Sheets(1).Select
    
    'Lesen des Bereichs in der Quelldatei
    For i = 0 To UBound(bereich)
        inhalt = Range(bereich(i)).Value
        'Debug.Print i; inhalt
        'Ausgabe in Tabell der Arbeitsmappe ab Zeile 2
        Workbooks(Arbeitsdatei).Worksheets("Tabelle1"). _
            Cells(zeile, i + 1).Value = inhalt
    Next i
    
    'Quelldatei schließen ohne Änderungen zu speichern
    Workbooks(Quelldatei).Close savechanges:=False
    
    'Bildschirmaktualisierung ausschalten
    Application.ScreenUpdating = True            'optional
End Sub
```

Bild 5.114 Das vollständige Makro zur Datenübernahme

Übung: Spaltenüberschriften erzeugen

Die Überschriften der Spalten ließen sich manuell eintragen. Aber da wir gerade dabei sind, erledigen wir auch diese Aufgabe per Makro. Das Makro für die Spaltenüberschriften greift auf die Array-Variante zurück.

1. Erstellen Sie ein neues Makro mit dem Namen *spaltenueberschriften* (Umlaute sollten Sie vermeiden) mit den Variablen *titelzeile* (Typ *Variant*) für das Feld der Überschriften und *Index* (Typ *Integer*) als Laufvariable der Zählerschleife.

2. Das Feld der Spaltenüberschriften muss folgende acht Angaben als Strings enthalten: Name, Messdatum, Winkel:Peak, Winkel:MW, Winkel:SD, Moment:Peak, Moment:MW, Moment:SD).

5 Zugriff auf Excel-Arbeitsmappen

Bild 5.115 Datenfeld Überschriften

```vba
Sub spaltenueberschriften()
Dim titelzeile As Variant
Dim index As Integer

    titelzeile = Array("Name", "Messdatum", "Winkel:Peak", _
        "Winkel:MW", "Winkel:SD", "Moment:Peak", "Moment:MW", "Moment:SD")
    
    For index = 0 To UBound(titelzeile)
        ActiveWorkbook.Worksheets("Tabelle1"). _
            Cells(1, index + 1).Value = titelzeile(index)
    Next index

End Sub
```

Stand: Datenimport_11_4.xlsm

3 Die Zählerschleife über den gesamten Indexbereich des Arrays soll in *Tabelle1* der aktiven Arbeitsmappe die Überschriften in Zeile 1 einfügen.

Bild 5.116 Prozeduraufruf im Makro Daten_einlesen

4 Der Aufruf der Prozedur *spaltenueberschriften* soll im Makro *Daten_einlesen* vor dem ersten Zugriff auf die Quelldateien (einmalig) erfolgen. Das Ergebnis sehen Sie im Bild unten.

```
'Spaltenüberschriften erzeugen
spaltenueberschriften

'Quelldateien einlesen
i = 2
datei_ein = Dir(pfad & "*.slk")
```

Bild 5.117 Das Ergebnis

	A	B	C	D	E	F	G	H
1	Name	Messdatum	Winkel:Peak	Winkel:MW	Winkel:SD	Moment:Peak	Moment:MW	Moment:SD
2	Christian2 L	18.06.2012 11:47	106,361	104,681	1,13564	4,30311	3,91847	0,263846
3	Christian Links	06.06.2012 15:18	106,807	104,909	1,4521	5,17997	4,71277	0,231249
4	Christian2 R	18.06.2012 11:44	113,161			4,29242		
5	Christian	06.06.2012 15:13	100,679	99,5152	1,18814	3,96653	3,69709	0,193289
6	Delia2 li	25.06.2012 14:37						
7	Delia 2 re	25.06.2012 14:41						
8	Delia links	07.06.2012 15:29	114,974	113,217	1,03155	2,88385	2,52636	0,155539

Tipp: Wenn Sie von einem leeren Arbeitsblatt *Tabelle1* ausgehen und im Quellcode die Bildschirmaktualisierung eingeschaltet lassen, können Sie sehen, wie die Sammeltabelle Zeile für Zeile wächst.

Bleibt noch zu klären, warum einige Zellen unserer Sammeltabelle keine Werte enthalten. Der Blick in die Quelldateien zeigt, dass es sich in diesen Fällen um Messungen handelt, bei denen entweder weniger oder mehr als 8 vorgegebene Einzelmessungen dokumentiert wurden; in unseren Beispieldateien waren es 7, 4 bzw. 10 Einzelmessungen.

Eine solche Sammeltabelle kann somit auch schnell Auskunft geben über Unstimmigkeiten bei der Datenerhebung. Wenn unterschiedlich viele Einzelmessungen wie hier, letztlich zu Maximal- und Mittelwerten führen, könnte eine gezielte Abfrage z. B. nach einer Zelle mit bestimmtem Inhalt wie beispielsweise im vorliegenden Fall „Peak, Einheiten" erfolgen, um einen definierten Ausgangspunkt für die Datenübernahme zu haben. Damit wollen wir uns im nächsten Abschnitt befassen.

5.8 Datenquellen mit unterschiedlichem Umfang

Wie das vorherige Beispiel mit den Messdaten zeigt, kann es vorkommen, dass Dateien unterschiedlich viele Wertegruppen bzw. Zeilen enthalten. Eine starre Abfrage der Zelladressen (Array) ist in solchen Fällen ungeeignet. Wenn, wie in unserem Fallbeispiel, neben dem Namen und dem Messdatum lediglich die Zusammenfassung in den letzten beiden Zeilen von Interesse ist oder eine markante Bezeichnung Hinweise auf die gesuchten Werte gibt, sollte die Abfrage flexibel gestaltet werden.

Greifen wir zwei Datensätze heraus, die von den eigentlich erwarteten acht Messungen abweichen, siehe Abbildungen unten.

Bild 5.118 von der Erwartung abweichende Messungen

Die Struktur der gezeigten Datensätze ist sehr ähnlich: Die Kopfzeilen (Header) sind identisch, lediglich die Anzahl der Zeilen mit den Messergebnissen variiert. Eigentlich kein großes Problem. Zur Lösung bieten sich mehrere Ansätze an:

- Die Suche in einer relevanten Spalte nach Schlüsselwörtern wie beispielsweise „Peak" ermittelt die Ausgangsposition bzw. Zelladresse zur Datenübernahme (siehe nächster Punkt unten).

- Da die Anzahl der Messungen (Perioden) an einer konkreten Stelle im Header (C11) angegeben wird, können von einer festen Position ausgehend, die Adressen der Ergebniszeilen bestimmt werden (siehe Punkt „Angaben zum Datenumfang suchen" auf Seite 255).

- Die Ergebniszeilen sind immer die letzten beiden Zeilen im benutzten Bereich der Tabelle. Sie lassen sich über die *UsedRange*-Eigenschaft ermitteln.

Die Suche nach Schlüsselwörtern

Auch wenn man von stark variierenden Tabellenstrukturen ausgeht, kann in den meisten Fällen von einer bereichs- oder spaltenbezogenen Suche nach Schlüsselwörtern ausgegangen werden. In unserem Fallbeispiel bietet sich Spalte B an, da sie alle benötigten Angaben zur Suche enthält.

Tabelle nach Schlüsselwörtern durchsuchen

1 Starten Sie mit der Arbeitsmappe *Datenimport_11_4.xlsm*.

2 Kopieren Sie die Tabelle einer SLK-Datei in *Tabelle1* dieser Arbeitsmappe, damit Sie die Einzelanweisungen zur Schlüsselwortsuche ohne externen Dateizugriff ausprobieren können (hier: Lena li.slk).

3 Fügen Sie ein neues Tabellenblatt *Tabelle2* ein.

4 Bevor Sie Änderungen im VBA-Code vornehmen, sollten Sie diese Arbeitsmappe mit dem neuen Dateinamen *Datenimport_11_5.xlsm* speichern.

5 Fügen Sie im Projektfenster ein neues Modul ein, es erhält den Namen *Modul1*.

6 Erstellen Sie hier ein neues Makro mit dem Namen *suchen*.

7 Die Suchbegriffe werden in ein Array eingebunden. Achten Sie auf die genaue Schreibweise, da diese bei einem 1:1-Vergleich wichtig ist – alternativ könnten Sie auch Teilstrings abfragen.
```
begriffe = Array("Name", "Messdatum", "Peak, Einheiten", _
    "Mittelwert, Einheiten")
```

8 Verweisen Sie auf den zu durchsuchenden Bereich Spalte B mit folgender *Set*-Anweisung:
```
Set Suchbereich = Worksheets("Tabelle1").Range("B:B")
```

9 In einer *For-Next*-Schleife werden alle vier Begriffe aus dem Array im angegebenen Bereich, nämlich der kompletten Spalte B gesucht. Da es sich bei den gefundenen Zellen um *Range*-Objekte handelt, deren Adresse wir benötigen, muss auf die Fundstelle im Variablenfeld *Position(3)* verwiesen werden.

Bild 5.119 Spalte B durchsuchen

```
Sub suchen()
Dim begriffe As Variant
Dim Suchbereich As Range
Dim Position(3) As Range      '0..3
Dim zelle(7) As Variant       '0..7
Dim i As Integer

    begriffe = Array("Name", "Messdatum", "Peak, Einheiten", "Mittelwert, Einheiten")

    Set Suchbereich = Worksheets("Tabelle1").Range("B:B")

    For i = 0 To UBound(begriffe)
        Set Position(i) = Suchbereich.Find(begriffe(i), lookat:=xlWhole)
        Debug.Print begriffe(i), Position(i).Address
    Next i
```

10 Die Ausgabe im Direktbereich dient zur Kontrolle und kann danach auskommentiert werden.

```
Direktbereich
Name                    $B$9
Messdatum               $B$10
Peak, Einheiten         $B$24
Mittelwert, Einheiten   $B$25
```

Bild 5.120 Adressen der Fundstellen in der Tabelle

Inhalte der gefundenen Zellen übernehmen

Insgesamt wollen wir acht Zellinhalte übernehmen. Für diese Zellen wurde das Feld *zelle(7)* angelegt. Es umfasst die indizierten Werte von 0 bis 7. Aus den gefundenen vier Namenspositionen lassen sich durch Versatz (*Offset*) die gesuchten Werte übergeben.

1 Beginnen wir mit der Zelle, die den Namen enthält. Der dazugehörige Wert ergibt sich aus der Adresse der ersten gefundenen Position(0) und zwar in der selben Zeile (*Offset = 0*) aber in der nächsten Spalte (*Offset = 1*). Verwenden Sie die *Offset*-Eigenschaft in Bezug auf die Fundstelle, um den gesuchten Zellinhalt zu übergeben: *Position(). Offset (Zeilenversatz, Spaltenversatz)*.

Somit ergibt sich für die Zelle mit dem Namen:
`zelle(0) = Position(0).Offset(0, 1).Value`

Bild 5.121 Inhalte aus den Fundstellen in das Feld zelle einlesen

2 Ergänzen Sie die weiteren Inhalte aus den Fundstellen, siehe Bild rechts.

```
'Name
zelle(0) = Position(0).Offset(0, 1).Value
'Messdatum
zelle(1) = Position(1).Offset(0, 1).Value
'Winkel Peak, Einheiten
zelle(2) = Position(2).Offset(0, 1).Value
'Winkel Mittelwert, Einheiten
zelle(3) = Position(3).Offset(0, 1).Value
'Winkel Abweichung
zelle(4) = Position(3).Offset(0, 2).Value
'Moment Peak, Einheiten
zelle(5) = Position(2).Offset(0, 3).Value
'Moment Mittelwert, Einheiten
zelle(6) = Position(3).Offset(0, 3).Value
'Moment Abweichung
zelle(7) = Position(3).Offset(0, 4).Value
```

3 Zur Überprüfung sollte die Ausgabe mittels Zählerschleife im Direktbereich erfolgen.

```
For i = 0 To UBound(zelle)
    Debug.Print zelle(i)
Next i
```

Tipp: Die Werte werden im Direktbereich untereinander angeordnet. Um sie dort mit Tab-Abständen in horizontaler Reihenfolge anzuzeigen, müssen Sie lediglich am Ende der *Debug.Print*-Zeile ein Komma setzen. Der Vorteil? Nicht wirklich aber das Ergebnis sieht schon einmal so aus, wie wir es in der Tabelle erwarten.

4 Nach der Überprüfung kann diese Zählerschleife zum Erstellen einer Tabellenzeile umfunktioniert werden. Die gefundenen 8 Werte sollen in horizontaler Abfolge im Blatt *Tabelle2* ab Zeile 2 abgelegt werden. Der Spaltenversatz ergibt sich aus der Laufvariablen. Da es die Spalte 0 nicht gibt (Fehlermeldung!) wird die Laufvariable um 1 erhöht und wird damit zur korrekten Spaltennummer.

```
Worksheets("Tabelle2").Cells(2, i + 1).Value = zelle(i)
```

Bild 5.122 Tabellenzeile mit Zählerschleife erstellen

```
For i = 0 To UBound(zelle)
    Debug.Print zelle(i)
    Worksheets("Tabelle2").Cells(2, i + 1).Value = zelle(i)
Next i
```

Bild 5.123 Das Ergebnis im Blatt Tabelle2

	A	B	C	D	E	F	G	H
1								
2	Lena links	07.06.2012 16:31	128,275	122,165	2,69631	6,61238	5,61991	0,604848
3								

Übung: Fundstellensuche statt starrer Einzelzellen

Nach erfolgreichem Test kann das Makro *Bereich_auswaehlen* im Modul *Auswerttabelle* an die neue Aufgabe angepasst bzw. entsprechend verändert und die Programmzeilen aus dem Makro *suchen* eingefügt werden.

Passen Sie das Makro zur Bereichsauswahl an, indem Sie die starre Festlegung auf Einzelzellen durch die Fundstellensuche ersetzen.

1 Entfernen Sie die Anweisung mit dem Array der Zelladressen:

2 Block *'Zellen festlegen* (2 Zeilen)

3 Entfernen Sie den Anweisungsblock *'Lesen des Bereichs in der Quelldatei*, in dem die Inhalte der vorgegebenen Zellen eingelesen wurden.

4 Entfernen Sie die nicht mehr benötigten Variablen *bereich*, *inhalt* und *i* aus dem Deklarationsbereich. Die Variable *Arbeitsdatei* muss weiterhin bekannt sein.

5 Fügen Sie den gesamten Deklarationsteil aus *Modul1* in das Makro *Bereich_auswaehlen* ein.

6 Fügen Sie den kompletten Anweisungsteil zwischen die Blöcke *'ausgewählte Datei öffnen* und *'Quelldatei schließen* ein.

Datenquellen mit unterschiedlichem Umfang

7 Nehmen Sie folgende Änderungen/Anpassungen vor:

- Da das Arbeitsblatt mit der Quelltabelle nicht den Namen *Tabelle1* hat, muss generell das erste Arbeitsblatt der Mappe angesprochen werden. Daher muss die Anweisung lauten:
  ```
  Set Suchbereich = Worksheets(1).Range("B:B")
  ```

- Die Zieltabelle *Tabelle1* für die gefundenen Werte befindet sich in der aktuellen Arbeitsmappe. Der Anweisung wurde hier die *With*-Anweisung vorangestellt, damit die Anweisungszeile nicht zu lang wird. Die Festlegung auf Zeile 2 durch die Eigenschaft *cells(2, i + 1)* muss durch den Übergabeparameter *zeile* ersetzt werden. Zur Erinnerung: die übergebene Zeilenzahl startet bei 2.

```
'Anpassung an Tabelle1 in der aktiven Mappe
With Workbooks(Arbeitsdatei).Worksheets("Tabelle1")
    For i = 0 To UBound(zelle)
        'Debug.Print zelle(i)
        .Cells(zeile, i + 1).Value = zelle(i)
    Next i
End With
```

Bild 5.124 Anpassung an die Speicherung der Werte in der Sammeltabelle

Das angepasste Makro *Bereich_auswaehlen* finden Sie auf der nächsten Seite.

Der Testlauf startet wie bekannt über das Makro *Daten_einlesen* und sollte folgendes Ergebnis im Blatt *Tabelle1* liefern, (vgl. Bild 5.117 auf Seite 248).

Bild 5.125 Die Sammeltabelle ohne Lücken

	A	B	C	D	E	F	G	H
1	Name	Messdatum	Winkel:Peak	Winkel:MW	Winkel:SD	Moment:Peak	Moment:MW	Moment:SD
2	Christian2 L	18.06.2012 11:47	106,361	104,681	1,13564	4,30311	3,91847	0,263846
3	Christian Links	06.06.2012 15:18	106,807	104,909	1,4521	5,17997	4,71277	0,231249
4	Christian2 R	18.06.2012 11:44	116,808	113,161	2,38235	4,71649	4,29242	0,219821
5	Christian	06.06.2012 15:13	100,679	99,5152	1,18814	3,96653	3,69709	0,193289
6	Delia2 li	25.06.2012 14:37	80,9786	79,14	2,1148	4,1237	3,5677	0,394512
7	Delia 2 re	25.06.2012 14:41	99,9937	98,7099	1,1529	2,73448	2,18303	0,333862
8	Delia links	07.06.2012 15:29	114,974	113,217	1,03155	2,88385	2,52636	0,155539
9	Delia rechts	07.06.2012 15:23	112,894	107,53	4,96283	2,7491	2,54215	0,152495
10	Elena links	07.06.2012 16:48	78,0174	76,7269	1,5114	6,18104	4,87865	0,714954
11	Elena rechts	07.06.2012 16:43	126,237	125,198	1,22933	5,33178	4,80256	0,390357
12	Elena2 li	26.06.2012 15:15	135,055	130,771	3,20516	5,19946	4,76916	0,224074
13	Elena2 re	26.06.2012 15:12	131,09	129,057	0,930438	5,83154	5,06251	0,375253
14	Henrik links	14.06.2012 11:08	95,2986	91,3985	1,98493	7,12201	6,79114	0,252614
15	Henrik rechts	14.06.2012 11:12	98,4283	95,6485	1,59647	7,34936	6,79006	0,371873
16	Henrik2 Links	19.06.2012 13:10	105,591	95,8213	4,72917	4,53121	4,24183	0,186763

5 Zugriff auf Excel-Arbeitsmappen

Bild 5.126 Das geänderte Makro bereich_auswählen

Stand: Datenimport_11_5.xlsm

```vba
Sub Bereich_auswaehlen(Quelldatei As String, zeile As Integer)
Dim Arbeitsdatei As String
Dim begriffe As Variant
Dim Suchbereich As Range
Dim Position(3) As Range        '0..3
Dim zelle(7) As Variant         '0..7
Dim i As Integer

    'Bildschirmaktualisierung ausschalten
    Application.ScreenUpdating = False              'optional
    'die aktuell aktive Arbeitsmappe als Bezugsdatei festlegen
    Arbeitsdatei = ActiveWorkbook.Name
    'ausgewählte Datei öffnen
    Workbooks.Open Filename:=pfad & Quelldatei
    Windows(Quelldatei).Activate
    Sheets(1).Select
    
    'Übernahme aus Modull
    begriffe = Array("Name", "Messdatum", "Peak, Einheiten", "Mittelwert, Einheiten")
    Set Suchbereich = Worksheets(1).Range("B:B")
    For i = 0 To UBound(begriffe)
        Set Position(i) = Suchbereich.Find(begriffe(i), lookat:=xlWhole)
        'Debug.Print begriffe(i), Position(i).Address
    Next i
    'Name
    zelle(0) = Position(0).Offset(0, 1).Value
    'Messdatum
    zelle(1) = Position(1).Offset(0, 1).Value
    'Winkel Peak, Einheiten
    zelle(2) = Position(2).Offset(0, 1).Value
    'Winkel Mittelwert, Einheiten
    zelle(3) = Position(3).Offset(0, 1).Value
    'Winkel Abweichung
    zelle(4) = Position(3).Offset(0, 2).Value
    'Moment Peak, Einheiten
    zelle(5) = Position(2).Offset(0, 3).Value
    'Moment Mittelwert, Einheiten
    zelle(6) = Position(3).Offset(0, 3).Value
    'Moment Abweichung
    zelle(7) = Position(3).Offset(0, 4).Value
    
    'Anpassung an Tabelle1 in der aktiven Mappe
    With Workbooks(Arbeitsdatei).Worksheets("Tabelle1")
        For i = 0 To UBound(zelle)
            'Debug.Print zelle(i)
            .Cells(zeile, i + 1).Value = zelle(i)
        Next i
    End With
    
    'Quelldatei schließen ohne Änderungen zu speichern
    Workbooks(Quelldatei).Close savechanges:=False
    'Bildschirmaktualisierung ausschalten
    Application.ScreenUpdating = True               'optional

End Sub
```

Angaben zum Datenumfang suchen

Bei vielen Exportdateien sind Angaben zum erfassten Datenumfang in strukturierten und klar definierten Zellen in den Kopfzeilen (Header) der Datei zu finden. Ist der Ablageort bekannt, kann mit dieser Information konkret weiter verfahren werden – ohne Suchschleifen.

In unserem Fallbeispiel befindet sich die Angabe der Anzahl von gespeicherten Einzelergebnissen in Zelle C11 (vgl. Bild 5.97 auf Seite 237 und Bild 5.118 auf Seite 249.

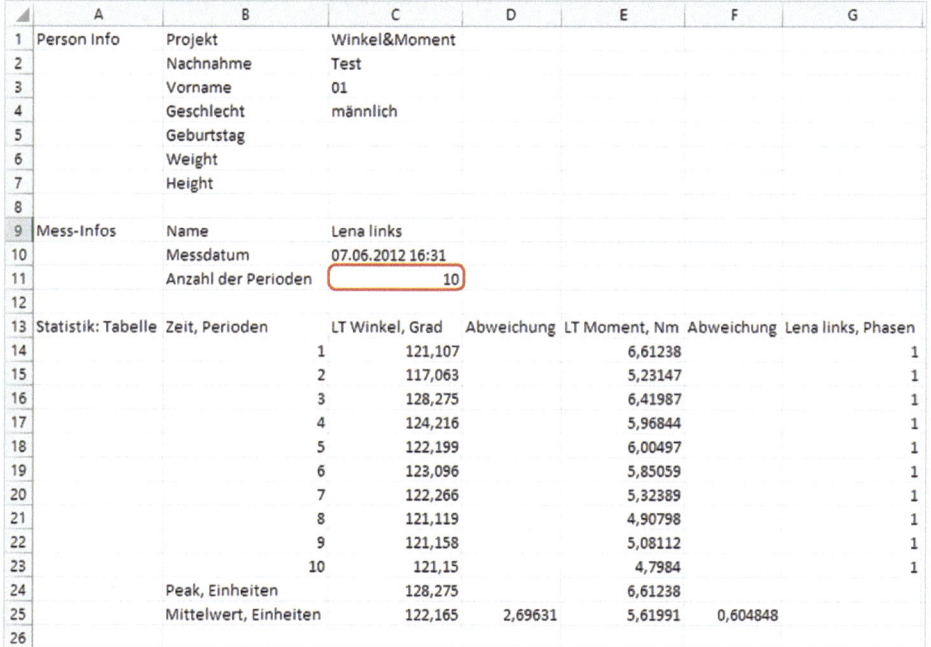

Bild 5.127 Die Anzahl der Messungen (Perioden) in C11

Anhand dieses Eintrags der Anzahl der registrierten Versuche lassen sich die Einzelergebnisse aus den verschiedenen Dateien übernehmen.

Übung: Messdaten anhand der vorgegebenen Anzahl übernehmen

Im folgenden Beispiel sollen jeweils alle vorliegenden Messdaten (hier: nur Winkelwerte) in einer Tabelle horizontal eingetragen werden. Spalte A enthält den Namen, Spalte B das Messdatum und ab Spalte C folgen die Einzelmessungen.

1. Beginnen Sie mit der zuletzt gespeicherten Datei *Datenimport_11_5.xlsm* und sichern Sie diese unter dem neuem Namen *Datenimport_11_6.xlsm* bevor Sie Änderungen im VBA-Editor vornehmen.

2. Fügen Sie ein neues Tabellenblatt ein, dieses erhält automatisch den Namen *Tabelle3*.

3. Fügen Sie ein neues Modul mit dem Namen *Einzelmessungen* ein.

5 Zugriff auf Excel-Arbeitsmappen

4 Kopieren Sie den gesamten Inhalt aus dem Modul *Auswerttabelle* in das neue Modul *Einzelmessungen*.

5 Verändern Sie die Namen der Makros, da identische Namen nicht zulässig sind. Beispielsweise in: *Einzelergebnisse_einlesen*, *Einzelergebnisse_auswaehlen*, *spaltenueberschriften_Einzelergebnisse*.

6 Passen Sie die Programmzeilen an die neue Aufgabe an. Das Ergebnis soll eine Sammeltabelle sein, die neben Namen und Datum alle erfassten Winkel enthält, wie im Bild unten. Bild 5.128 zeigt das dazugehörige Modul *Einzelmessungen* mit allen Anpassungen.

	A	B	C	D	E	F	G	H	I	J	K	L
1	Name	Messdatum	-1-	-2-	-3-	-4-	-5-	-6-	-7-	-8-	-9-	-10-
2	Christian2 L	18.06.2012 11:47	102,294	106,361	104,258	105,368	104,242	105,313	104,293	105,316		
3	Christian Links	06.06.2012 15:18	106,674	106,719	106,807	103,652	103,577	103,616	103,574	104,653		
4	Christian2 R	18.06.2012 11:44	108,641	111,707	112,63	114,88	113,757	113,703	116,808			
5	Christian	06.06.2012 15:13	100,645	97,523	99,6585	97,6644	99,6831	99,6585	100,611	100,679		
6	Delia2 li	25.06.2012 14:37	75,7938	80,9786	78,8508	80,9366						
7	Delia 2 re	25.06.2012 14:41	98,9734	96,8403	99,032	99,9937						
8	Delia links	07.06.2012 15:29	112,861	111,839	111,806	113,89	112,736	113,868	113,765	114,974		

Bild 5.128 Die Anpassungen in Modul Einzelmessungen

```
Const pfad As String = "C:\Pool\SLK\"          'Pfad anpassen

Sub Einzelergebnisse_einlesen()
Dim datei_ein As String
Dim i As Integer

    'Wechsel in das Verzeichnis
    ChDir pfad
    'Festlegen der Tabelle3 als aktuelles Arbeitsblatt
    Worksheets("Tabelle3").Activate
    'Tabelle3 Inhalte löschen und Cursor auf A1
    Worksheets("Tabelle3").Cells.Clear
    Range("A1").Select
    
    'Spaltenüberschriften erzeugen
    spaltenueberschriften_Einzelergebnisse
    
    'Quelldateien einlesen
    i = 2
    datei_ein = Dir(pfad & "*.slk")
    While datei_ein <> ""
        'Quelldatei und Zeilennummer übergeben
        Einzelergebnisse_auswaehlen datei_ein, i    'NEU!!
        datei_ein = Dir
        i = i + 1
    Wend

End Sub
```

7 Die Spaltenüberschriften werden analog zur vorherigen Übung als Array festgelegt und über eine Zählerschleife in die erste Zeile des Blatts *Tabelle3* geschrieben.

```
Sub spaltenueberschriften_Einzelergebnisse()
Dim titelzeile As Variant
Dim index As Integer

    titelzeile = Array("Name", "Messdatum", "-1-", "-2-", "-3-", "-4-", _
        "-5-", "-6-", "-7-", "-8-", "-9-", "-10-")
    For index = 0 To UBound(titelzeile)
        ActiveWorkbook.Worksheets("Tabelle3").Cells(1, index + 1).Value _
            = titelzeile(index)
    Next index

End Sub
```

Bild 5.129 Spaltenüberschriften in die erste Zeile schreiben

8 Im Makro *Einzelergebnisse_auswaehlen*, werden – davon ausgehend, dass sich in diesem Teil des Datensatzes strukturell nichts ändert – aus der Quelldatei die Zellen für den kennzeichnenden Namen, das Messdatum und die Anzahl der Messungen (Perioden) einzeln ausgelesen und folgenden Variablen zugeordnet:

Bezeichnung (Typ *String*)		C9
Datum (Typ *Date*)		C10
Anzahl (Typ *Integer*)		C11

Die Einzelmesswerte werden über eine Zählerschleife, deren obere Grenze durch die Anzahl der Perioden festgelegt wird, ab der 14. Zeile in Feldvariablen eingelesen *Messung(1 To 10) As Double* und temporär zur Überprüfung im Direktbereich ausgegeben.

```
For i = 1 To Anzahl
    Messung(i) = Range("C" & i + 13).Value
Next i
```

9 Wenn soweit alles ok ist, können wir die Sammeltabelle anlegen. Aus jeder SLK-Datei werden die Bezeichnung, das Datum und die Messwerte in horizontaler Reihenfolge abgelegt.

```
'Eintrag in Tabelle3
With Workbooks(Arbeitsdatei).Worksheets("Tabelle3")
    .Cells(zeile, 1).Value = Bezeichnung
    .Cells(zeile, 2).Value = Datum
    For i = 1 To Anzahl
        .Cells(zeile, i + 2).Value = Messung(i)
    Next i
End With
```

Hinweis: Die Übertragung der Messwerte könnte auch direkt nach dem Zugriff in *Tabelle3* eingetragen werden – ohne den Umweg über die Feldvariable *Messung(i)*.

```
For i = 1 To Anzahl
    .Cells(zeile, i + 2).Value = Range („C" & i + 13).Value
Next i
```

5 Zugriff auf Excel-Arbeitsmappen

Das komplette Makro zum Erstellen einer Sammeltabelle aller Messwerte.

Bild 5.130 Das vollständige Makro

```vba
Sub Einzelergebnisse_auswaehlen(Quelldatei As String, zeile As Integer)
Dim Arbeitsdatei As String
Dim Bezeichnung As String        'Name
Dim Datum As Date                'Messdatum
Dim Anzahl As Integer            'Perioden/Mesungen
Dim Messung(1 To 10) As Double   '1..10
Dim i As Integer

    'Bildschirmaktualisierung ausschalten
    Application.ScreenUpdating = False              'optional
    'die aktuell aktive Arbeitsmappe als Bezugsdatei festlegen
    Arbeitsdatei = ActiveWorkbook.Name
    'ausgewählte Datei öffnen
    Workbooks.Open Filename:=pfad & Quelldatei
    Windows(Quelldatei).Activate
    Sheets(1).Select
    
    'Name
    Bezeichnung = Range("C9").Value
    'Messdatum
    Datum = Range("C10").Value
    'Anzahl der Perioden
    Anzahl = Range("C11").Value
    
    'Einzelmessungen übernehmen
    For i = 1 To Anzahl
        Messung(i) = Range("C" & i + 13).Value      'ab 14.Zeile
        'Debug.Print i, Messung(i)
    Next i
    
    'Eintrag in Tabelle3
    With Workbooks(Arbeitsdatei).Worksheets("Tabelle3")
        .Cells(zeile, 1).Value = Bezeichnung
        .Cells(zeile, 2).Value = Datum
        For i = 1 To Anzahl
            .Cells(zeile, i + 2).Value = Messung(i)
        Next i
    End With
    
    'Quelldatei schließen ohne Änderungen zu speichern
    Workbooks(Quelldatei).Close savechanges:=False
    'Bildschirmaktualisierung ausschalten
    Application.ScreenUpdating = True               'optional

End Sub
```

Stand: Datenimport_11_6.xlsm

6 Performance steigern und auf Fehler reagieren

Übersicht

6.1	Voreinstellungen ändern	260
6.2	Optimierungen im Programmcode	261
6.3	Geschwindigkeitsmessung	262
6.4	Datenfelder zur Bearbeitung großer Datentabellen	265
6.5	Fehlerbehandlung	271

6 Performance steigern und auf Fehler reagieren

Wie Sie beim Erstellen von Sammeltabellen bereits bemerkt haben, dauern die Zugriffe auf Dateien recht lange. Excel-VBA ist im Allgemeinen nicht besonders schnell. Während des Wechsels zwischen Tabellenblättern und Tabelleninhalten laufen im Hintergrund Prozesse ab, die Neuberechnungen oder Aktualisierungen anstoßen. Es sind aber nicht selten umständliche Anweisungen oder zu aufwendig gestaltete Prozeduren mit überflüssigen Variablen und Zuweisungen, die an langsamen Programmen Schuld sind. Auch wir haben zum Einstieg in die VBA-Programmierung die eine oder andere Anweisung nicht optimal im Sinne der Beschleunigung gestaltet, aber in der Hoffnung, Ihnen das Verstehen zu erleichtern. Mit fortschreitender Erfahrung in VBA werden Sie mehr und mehr Makros entwickeln und je umfangreicher die auszuführenden Berechnungen oder Zugriffe sind, werden Sie zunehmend nach Optimierungsmöglichkeiten suchen.

6.1 Voreinstellungen ändern

Bildschirmaktualisierung

Die lästige Bildschirmaktualisierung beim wechselnden Zugriff auf Dateien haben wir bereits als störend und zeitraubend erkannt und daher temporär deaktiviert mit:

```
Application.ScreenUpdating = False
```

Neuberechnung abschalten

Es gibt aber noch weitere Aktionen, die unsere Prozeduren verlangsamen. Nimmt man mit VBA in Arbeitsblättern Änderungen an Zellen vor, die Arbeitsblattfunktionen wie z. B. SUMMEWENN enthalten, dann wird mit jeder Aktion eine Neuberechnung durchgeführt. Während der Berechnungen ist der Programmablauf unterbrochen oder entsprechend dem Rechenaufwand langsamer. Insbesondere bei der Arbeit mit Matrixfunktionen macht sich das Abschalten der Neuberechnung positiv bemerkbar.

```
Application.Calculation = xlCalculationManual
```

Statusanzeige

Damit haben wir schon etwas mehr Speed in den Programmablauf gebracht. Ein weiterer Zeitfresser kann die Aktualisierung der Statusanzeige (*StatusBar*) sein. Sie zeigt den Fortschritt von Aktionen an, beispielsweise beim Kopieren und Einfügen. Oft ist der Fortschrittsbalken kaum zu sehen, aber er belegt trotzdem Ressourcen. Wenn schon nicht sichtbar oder zum Bewerten des Geschehens notwendig, dann schalten Sie die Aktualisierung während des Programmablaufs aus:

```
Application.DisplayStatusBar = False
```

Ereignisse in Tabellenblättern

Wenn Sie es so eingerichtet haben, dass Ihre Tabellenblätter auf Ereignisse reagieren wie beispielsweise auf *Worksheet_Change* oder *Worksheet_SelectionChange* (im Codefenster der Tabelle), dann wird bei Änderungen im Tabellenblatt eine damit verbundene Prozedur abgearbeitet. Wenn Sie darauf verzichten können oder wollen, deaktivieren Sie die Einstellung.

```
Application.EnableEvents = False
```

Hinweis: Wichtig bei den genannten Beschleunigungsverfahren ist, dass diese vor dem Beenden Ihres Programms wieder aktiviert werden.

```
'Bildschirmauffrischung einschalten
Application.ScreenUpdating = True

'Neuberechnung einschalten
Application.Calculation = xlCalculationAutomatic

'Statusleiste einschalten
Application.DisplayStatusBar = True

'Ereignisse beachten (Veränderungen in Tabellen)
Application.EnableEvents = True
```

Mit diesen Maßnahmen können Sie spürbar Ihre Programme beschleunigen. Wie eindeutig dieser Effekt ist, hängt natürlich von Arbeitsaufwand der Anweisungen ab.

6.2 Optimierungen im Programmcode

Eine klar durchdachte und übersichtliche Programmstruktur ist schon mal ein guter Ausgangspunkt, das Aufräumen und Optimieren innerhalb der Prozeduren eine Fortsetzung auf dem Weg zum schnelleren Programmablauf. Im Folgenden möchten wir Ihnen nützliche Tipps geben, wie Sie Ihren Programmcode beschleunigen können.

Kopieren

Im Zusammenhang mit dem Kopieren von Zellbereichen haben wir bereits angedeutet, dass das direkte Kopieren – d. h. ohne Umweg über die Zwischenablage – schneller ist als die Methode *Copy/Paste*.

```
Range("A1").Copy Destination:=Range("C10")
```

Vermeiden Sie außerdem den Luxus der *Select*-Methode, den sich der Makrorecorder beim Aufzeichnen von Abläufen erlaubt.

```
For i = 1 To 1000
    Range("A1").Select
    Selection.Copy
    Range("B1").Select
    ActiveSheet.Paste
Next i
```

Unterschiedliche Kopierverfahren werden wir in Verbindung mit Geschwindigkeitsmessungen anhand einiger Beispiele am Ende dieses Kapitels näher untersuchen, da sie ja zu den Schwerpunktthemen dieses Workshops gehören.

Eigenschaften ändern

Sehr oft werden Eigenschaften von Objekten (hier: das *Range*-Objekt) in Einzelschritten vergeben oder geändert, wie im Beispiel unten.

```
Range("A3").Font.Name = "Arial"
Range("A3").Font.Size = 10
Range("A3").Font.Bold = True
Range("A3").Font.Color = vbRed
```

Wenn Sie die *With*-Anweisung auf das Objekt anwenden, werden alle Eigenschaften sozusagen im Paket geändert.

```
With Range("B3").Font
    .Name = "Arial"
    .Size = 10
    .Bold = True
    .Color = vbRed
End With
```

Variablendeklaration

Letztlich sei noch auf die eindeutige Deklaration von Variablen hingewiesen. Vermeiden Sie, wenn möglich, die Verwendung von Variablen vom Typ *Variant*. Achtung: Keine Angabe des Variablentyps bei der Deklaration mit *Dim* ergibt automatisch den Typ *Variant*! Das kostet Speicherplatz und Zeit für Berechnungen.

`Dim zeile, spalte`	beide vom Typ *Variant*
`Dim zeile, spalte As Integer`	*zeile* ist Typ *Variant*
`Dim zeile As Long, spalte As Integer`	beide dimensioniert

6.3 Geschwindigkeitsmessung

Beispieldatei: Sicherungsdateien\Kapitel_6\Performance.xlsm

In der Arbeitsmappe *Performance.xlsm* finden Sie Beispiele, mit denen Sie unterschiedliche Programmiertechniken in Bezug auf ihre Ausführungsgeschwindigkeit in Ihrem System testen können.

Das Prinzip: Der Start-Zeitpunkt wird der Variablen *anfang* zugewiesen, das Programmende der Variablen *ende*. Beide Variablen sind von Type *Date*. Aus der Differenz ergibt sich die Dauer der Ausführung, die dann im Direktbereich angezeigt werden kann.

Um Kopiervorgänge zu beschleunigen, suchen wir nach der Prozedur mit der kürzesten Laufzeit. Je mehr Kopierzyklen durchlaufen werden, desto exakter lassen sich Laufzeitunterschiede messen. Wir haben die Zählerschleifen für die ersten Beispiele auf 2000 Durchläufe gesetzt. Gerne können Sie die Laufzeitmessung präzisieren.

Kopiervorgänge

Kopieren über die Zwischenablage mit der Select-Methode

Das Ergebnis wird durch *#01* gekennzeichnet und sei 100 Prozent.

```vba
Sub Kopieren1()
'über Zwischenspeicher
Dim anfang As Date
Dim ende As Date
Dim i As Long

    anfang = Time
    For i = 1 To 2000
        Range("A1").Select
        Selection.Copy
        Range("B1").Select
        ActiveSheet.Paste
    Next i
    ende = Time
    Debug.Print "#01: " & Format(ende - anfang, "hh:mm:ss")

End Sub
```

Bild 6.1 Kopieren über die Zwischenablage

Kopieren über die Zwischenablage ohne Select-Methode

Das Ergebnis wird durch *#02* gekennzeichnet und ist nicht erkennbar schneller als *#01*.

```vba
Sub Kopieren2()
'über Zwischenspeicher - ohne select
Dim anfang As Date
Dim ende As Date
Dim i As Long

    anfang = Time
    For i = 1 To 2000
        Range("A1").Copy
        Range("B1").PasteSpecial
    Next i
    ende = Time
    Debug.Print "#02: " & Format(ende - anfang, "hh:mm:ss")

End Sub
```

Bild 6.2 Kopieren ohne Select

Kopieren ohne Zwischenablage

Ohne Umweg über die Zwischenablage benötigt das Kopieren nur 25% der Laufzeit verglichen mit den ersten beiden Tests und ist somit viermal schneller!

```vba
Sub Kopieren3()
'ohne Zwischenspeicher
Dim anfang As Date
Dim ende As Date
Dim i As Long

    anfang = Time
    For i = 1 To 2000
        Range("A1").Copy Destination:=Range("B1")
    Next i
    ende = Time
    Debug.Print "#03: " & Format(ende - anfang, "hh:mm:ss")

End Sub
```

Bild 6.3 Kopieren ohne Zwischenablage

Direktes Zuweisen

Um überhaupt eine ablesbare Laufzeitangabe zu erhalten, musste hier die Zählerschleife auf 200.000 erhöht werden. Das Ergebnis zeigt die Hälfte der Laufzeit trotz 100-facher Aufgabe.

Wird anstelle eines Wertes eine Formel kopiert, benötigt das Programm etwa die dreifache Zeit.

Bild 6.4 Direktes Zuweisen

```vb
Sub Kopieren4()
'ohne Zwischenspeicher 100-fache Anzahl
Dim anfang As Date
Dim ende As Date
Dim i As Long

    anfang = Time
    For i = 1 To 200000
        Range("B1").Value = Range("A1").Value
    Next i
    ende = Time
    Debug.Print "#04: " & Format(ende - anfang, "hh:mm:ss")

End Sub
```

Ändern von Eigenschaften

Verwenden der With-Anweisung

Beim Ändern von Objekteigenschaften erreichen Sie mit der *With*-Anweisung eine zehnprozentige Geschwindigkeitssteigerung gegenüber separaten Anweisungen. Die *Select*-Methode würde sogar vier bis fünf Mal so viel Zeit beanspruchen. Die Übungen hierzu finden Sie ebenfalls in der angegebenen Datei.

Bild 6.5 Zuweisen von Objekteigenschaften

```vb
For i = 1 To 10000
    With Range("C" & i).Font
        .Bold = True
        .Italic = True
        .Underline = xlUnderlineStyleSingle
    End With
Next i
```

Performance.xlsm

Zeitmessungen mit der Timer-Funktion

Noch präziser lassen sich Zeitdifferenzen mit der Timer-Funktion berechnen. Der Rückgabewert ist vom Typ Single und gibt die seit 0:00 Uhr vergangenen Sekunden mit Dezimalstellen an.

11:41:45	42105,37
11:41:46	42106,37

Zur Präzisierung Ihrer Zeitmessung können Sie Makros mehrfach hintereinander aufrufen und die Ergebnisse mitteln.

```vb
Sub Laufzeitmessung()
'Über die Timer-Funktion: 1/100 Sekunden
Dim zeit As Single
```

```
Dim AnzWiederholungen As Long
Dim i As Long

    zeit = Timer
    AnzWiederholungen = 10
    For i = 1 To AnzWiederholungen
        ' Makro hier einbinden
    Next
    Debug.Print Timer - zeit

End Sub
```

Mit Hilfe der Timer- Funktion lassen sich auch Verzögerungen im Programmablauf verwirklichen. Das folgende Beispiel führt zu einer 5-Sekunden-Pause.

```
Sub verzoegerung()
'Verwendung der Funktion Timer -> Single
Dim zeit As Single

    zeit = Timer
    Debug.Print zeit
    While Timer < zeit + 5
        DoEvents
    Wend
    Debug.Print Timer

End Sub
```

Mit der Funktion *DoEvents* wird während des Schleifendurchlaufs die Kontrolle wieder an das Betriebssystem zurückgegeben.

Um die Steigerung der Performance geht es u. a. auch im nächsten Kapitel.

6.4 Datenfelder zur Bearbeitung großer Datentabellen

Ausgangsproblem: Zahlen werden beim Import nicht erkannt

Nehmen wir an, Sie haben eine umfangreiche Tabelle erhalten oder importiert. Leider werden die Werte in den Zellen nicht als Zahlen erkannt, weil das Dezimaltrennzeichen von Ihren Grundeinstellungen in Excel abweicht. Sie stehen nun vor der Aufgabe, sämtliche Trennzeichen zu ersetzen. Üblicherweise lässt sich das mit dem Befehl *Bearbeiten* ▶ *Suchen und Ersetzen* bzw. Strg + H erledigen. Dass es auch mit VBA funktioniert, wird niemand bezweifeln. Nutzen wir diese Aufgabe als umfassende Übung, um einige Grundlagen der Programmierung zu wiederholen und auch, um effiziente Lösungen im Sinne der Performance zu finden.

6 Performance steigern und auf Fehler reagieren

Sicherungsdateien\\Kapiotel6\\Grosses_Datenfeld.xlsx

Übung: Suchen und Ersetzen mit dem Makrorecorder aufzeichnen

Ihnen liegt die Arbeitsmappe *Grosses_Datenfeld.xlsx* vor. Das Arbeitsblatt *Datenquelle* umfasst 1429 Zeile und 252 Spalten (Bild 6.6). Wenn Sie in dieser Tabelle über die Textbearbeitungsmethode *Suchen und Ersetzen* das Dezimaltrennzeichen Punkt durch ein Komma ersetzen, werden 235394 Zeichen ersetzt.

1. Kopieren Sie zunächst das gesamte Arbeitsblatt *Datenquelle* in ein neues Blatt (rechte Maustaste auf das Blattregister und Befehl *Verschieben oder Kopieren*), um das Original für weitere Übungen zu erhalten.

Bild 6.6 Das Arbeitsblatt Datenquelle

Bild 6.7 Arbeitsblatt verschieben oder kopieren

2. Speichern Sie die Arbeitsmappe als Excel-Arbeitsmappe mit Makros, bevor Sie fortfahren.

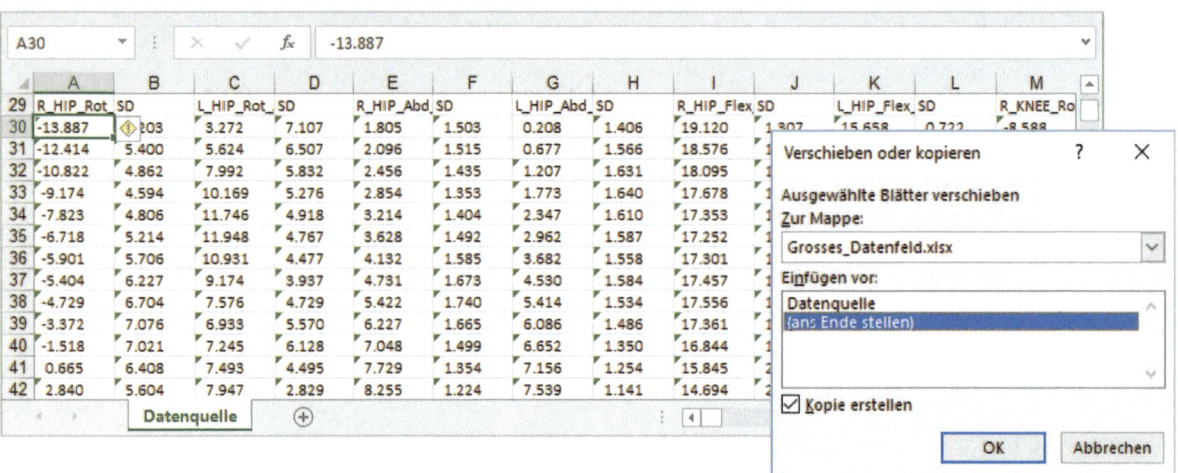

3. Zeichnen Sie das Geschehen mit dem Makrorecorder auf, wenn Sie mit *Suchen und Ersetzen* die Dezimaltrennzeichen im gesamten Blatt *Datenquelle* austauschen. Vergessen Sie nicht, den Makrorecorder sofort danach anzuhalten. Es hat einen Augenblick gedauert, aber die Tabelle wurde wie erwartet verändert. Der Recorder hat in etwa folgende Anweisungen aufgezeichnet:

```
Cells.Select
Selection.Replace What:=".", Replacement:=",", _
  LookAt:=xlPart, SearchOrder:=xlByRows, MatchCase:=False, _
  SearchFormat:=False, ReplaceFormat:=False
```

4. Stellen Sie die Originaltabelle wieder her – denn dafür haben wir die Kopie angelegt.

Wenn Sie das aufgezeichnete – und möglicherweise auch von Ihnen optimierte – Makro nun starten, erwarten Sie dasselbe Ergebnis. Leider weicht es vom vorherigen ab: alle Werte, die mit 0 beginnen, wurden nicht geändert und aus dem Dezimalpunkt wurde ein Tausender-Trennzeichen.

Hinweis: Ihr Ergebnis kann ebenfalls von dem hier gezeigten abweichen, je nachdem, welche Trennzeichen durch das Betriebssystem zugrunde gelegt wurden. Zumindest ist die, auf diese Weise generierte VBA-Lösung, hier nicht befriedigend.

Normale Kopiervorgänge

Übung: Tabelle kopieren

Unter der Verwendung der Copy-Methoden soll nun versucht werden, die gewünschten Zahlen zu bekommen. Da wir auch die Laufzeit bestimmen wollen, wiederholen wir das Kopieren 100-mal.

▸ Erster Ansatz mit *Copy Destination*

```
Sheets("Datenquelle").Cells.Copy _
    Destination:=Worksheets"Ergebnis").Range(„A1")
```

Als Ergebnis ist nur eine 1:1-Kopie der Datenquelle zu sehen; aber keine verwertbaren Zahlen.

▸ Zweiter Ansatz mit *Copy PasteSpecial*, um mit der Parameterübergabe Werte, also Zahlen zu übertragen.

```
Sheets("Datenquelle").Cells.Copy
Sheets("Ergebnis").Range("A1").PasteSpecial Paste:=xlPasteValues
```

Fazit: Beide Kopier-Methoden bringen nicht das gewünschte Ergebnis. Es wird zwar schnell kopiert, aber es besteht keine Möglichkeit der Einflussnahme.

Beim Kopieren in Zahlen umwandeln

Hier ein eigener Ansatz zum Lösen der Aufgabe, verbunden mit Laufzeitmessungen und Optimierungen durch Ändern der Voreinstellungen.

1. Fügen Sie manuell ein neues leeres Tabellenblatt hinzu. Dieses Blatt erhält den Namen *Ergebnis*.

2. Erstellen Sie das erste Makro, das Zelle für Zelle die als Text gespeicherten Ziffern in Zahlen umwandelt.

3. Für die Laufzeitmessung werden die Variablen *anfang* und *ende* von Typ *Date* global deklariert.

4. Sehen Sie für eventuelle Optimierungszwecke das temporäre Deaktivieren der Bildschirmaktualisierung und Neuberechnung vor (optional).

5. Vor dem eigentlichen Kopiervorgang wird der Inhalt des Tabellenblatt *Ergebnis* gelöscht.

6. Der Umfang der Tabelle *Datenquelle* wird über die *UsedRange*-Eigenschaft ermittelt.

7. In zwei verschachtelten Zählerschleifen werden die Zellen zeilen- und spaltenweise in das Blatt *Ergebnis* übertragen.

Bild 6.8 Zellenweises Kopieren

```
Sub Textzahlen_in_Zahlen_umwandeln_1()
Dim zeile As Long
Dim spalte As Long
Dim maxZeile As Long
Dim maxSpalte As Long

'    Application.ScreenUpdating = False
'    Application.Calculation = xlCalculationManual

    Worksheets("Ergebnis").Cells.Clear

anfang = Time

    With Worksheets("Datenquelle")
        'Max. Anzahl an Zeilen und Spalten ermitteln
        maxZeile = .UsedRange.Rows.Count
        maxSpalte = .UsedRange.Columns.Count

        'Jede Zelle der Tabelle bearbeiten
        For zeile = 1 To maxZeile
            For spalte = 1 To maxSpalte
                Worksheets("Ergebnis").Cells(zeile, spalte).Value = _
                    .Cells(zeile, spalte).Value
            Next spalte
        Next zeile
    End With

ende = Time

    Debug.Print Format(ende - anfang, "hh:mm:ss")

'    Application.ScreenUpdating = True
'    Application.Calculation = xlCalculationAutomatic

Stop    'anhalten, um die gemessene Lautzeit im Direktbereich anzusehen

End Sub
```

Die Laufzeitmessung ergibt, dass weder die Deaktivierung der Bildschirmaktualisierung noch der Neuberechnung einen merklichen Einfluss haben. Immerhin haben wir unsere Aufgabe gelöst: Im Tabellenblatt *Ergebnis* stehen Zahlen.

Kopiervorgang unter Verwendung eines Datenfelds (Array)

Nun geht es darum, eine Methode zu finden, die schnelleres Bearbeiten ermöglicht. Dazu benutzen wir einen Trick: Wir weisen die gesamte Tabelle einem Datenfeld (Array) zu. Das bedeutet, dass die Feldvariable mit allen Daten im Arbeitsspeicher verbleibt und in die Zieltabelle eingefügt wird.

1. Erstellen Sie ein neues Makro mit demselben Deklarationsteil wie zuvor und fügen Sie dort die Feldvariable *Daten* vom Typ *Variant* hinzu. Sie wird alle Werte aus der Tabelle aufnehmen.

    ```
    Daten = Worksheets("Datenquelle").UsedRange
    ```

2 Benutzen Sie die maximale Zeilen- und Spaltenzahl für die Zählerschleifen (wie zuvor) und kopieren Sie die Inhalte der Feldvariablen auf sich selbst. Diese Aktion erfolgt im Arbeitsspeicher und spart enorm Zeit!

3 Das (manipulierte) Datenfeld wird abschließend im Blatt *Ergebnis*, beginnend in Zelle A1 bis zur Zelle (*maxZeile, maxSpalte*) – umfangidentisch – abgelegt.

Das Ganze geschieht blitzschnell, da Arrays die Bearbeitung großer Datenfelder erheblich beschleunigen.

Bild 6.9 Kopieren unter Verwendung eines Arrays

```vba
Sub Textzahlen_in_Zahlen_umwandeln_2()
Dim Daten As Variant
Dim zeile As Long
Dim spalte As Long
Dim maxZeile As Long
Dim maxSpalte As Long

    Worksheets("Ergebnis").Cells.Clear

anfang = Time

        With Worksheets("Datenquelle")
            'Array im Arbeitsspeicher mit allen Daten aus der Tabelle füllen
            Daten = .UsedRange
            
            'Max. Anzahl an Zeilen und Spalten ermitteln
            maxZeile = .UsedRange.Rows.Count
            maxSpalte = .UsedRange.Columns.Count
            
            'Jede Zelle im Arbeitsspeicher-Array bearbeiten
            For zeile = 1 To maxZeile
                For spalte = 1 To maxSpalte
                    Daten(zeile, spalte) = Daten(zeile, spalte)
                Next spalte
            Next zeile
        End With
        
        With Worksheets("Ergebnis")
            .Range(.Cells(1, 1), .Cells(maxZeile, maxSpalte)) = Daten
        End With

ende = Time

    Debug.Print Format(ende - anfang, "hh:mm:ss")

Stop

End Sub
```

Zahlen und Text gesondert behandeln

Bei der nächsten Variante sollen beim Umwandeln der Zellinhalte Texte und Zahlenwerte getrennt behandelt werden. Dazu wählen wir nun zwei Wege:

Ziffern werden in Zahlen umgewandelt, wie oben bereits erledigt und Texte sollen mit einer Markierung bzw. dem Präfix „XX_" kenntlich gemacht werden.

1 Kopieren Sie das letzte Makro, nennen Sie es um und ersetzen Sie den Bereich, in dem die Kopie auf sich selbst erfolgte, durch eine Abfrage.

6 Performance steigern und auf Fehler reagieren

2 Mit der vordefinierten Funktion *IsNumeric* können Sie prüfen, ob eine Zeichenfolge als Zahl erkannt wird (Rückgabewert: *True*). Strings und Datumsangaben werden nicht als Zahl erkannt (*False*).

```
If IsNumeric(Daten(zeile, spalte)) Then
    Daten(zeile, spalte) = Daten(zeile, spalte)
Else
    Daten(zeile, spalte) = "XX_" & Daten(zeile, spalte)
End If
```

Bild 6.10 Text kennzeichnen

```
Sub Textzahlen_in_Zahlen_umwandeln_3()
'Beim Umwandeln Texte und Zahlen(numeric) getrennt behandeln
Dim Daten As Variant
Dim zeile As Long
Dim spalte As Long
Dim maxZeile As Long
Dim maxSpalte As Long

    Worksheets("Ergebnis").Cells.Clear

anfang = Time

    With Worksheets("Datenquelle")
        'Array im Arbeitsspeicher mit allen Daten aus der Tabelle füllen
        Daten = .UsedRange

        'Max. Anzahl an Zeilen und Spalten ermitteln
        maxZeile = .UsedRange.Rows.Count
        maxSpalte = .UsedRange.Columns.Count

        'Jede Zelle im Arbeitsspeicher-Array bearbeiten
        For zeile = 1 To maxZeile
            For spalte = 1 To maxSpalte
                If IsNumeric(Daten(zeile, spalte)) Then
                    Daten(zeile, spalte) = Daten(zeile, spalte)
                Else
                    Daten(zeile, spalte) = "XX_" & Daten(zeile, spalte)
                End If
            Next spalte
        Next zeile
    End With

    With Worksheets("Ergebnis")
        .Range(.Cells(1, 1), .Cells(maxZeile, maxSpalte)) = Daten
    End With

ende = Time

    Debug.Print Format(ende - anfang, "hh:mm:ss")

Stop

End Sub
```

Stand: Sicherungsdateien\Kapitel_6\Grosses_Datenfeld.xlsm

6.5 Fehlerbehandlung

In unseren Beispielen haben wir weitestgehend auf eine Fehlerbehandlung verzichtet, obwohl wir alle Fehler machen können. Fehler machen gehört irgendwie dazu. Wir können nicht alle Fehler verhindern, sondern nur versuchen, sie gezielt einzudämmen. Auch die Frustrationstoleranz wächst mit zunehmender Programmiererfahrung.

Variable nicht deklariert

Die ersten Fehler treten auf, wenn wir beim engagierten Schreiben von Codezeilen vergessen haben, eine benötigte Variable zu deklarieren. Mit der Vorgabe `Option Explicit` im Deklarationsbereich eines Moduls macht uns ein Dialogfeld auf diesen Fehler konkret aufmerksam – wirklich?

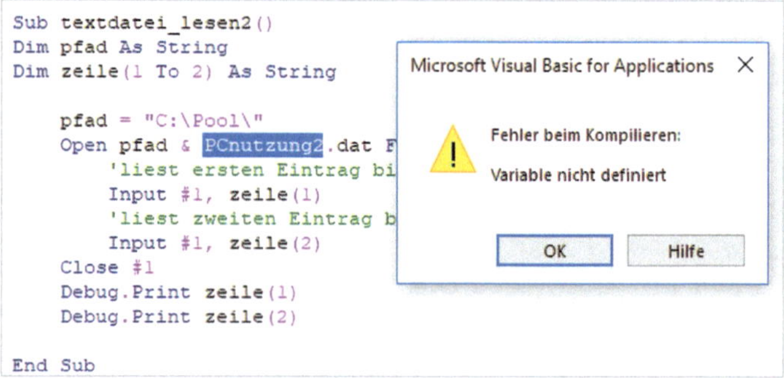

Bild 6.11 Variable nicht deklariert?

Die VBA-Fehlermeldungen sind nicht immer eindeutig und hilfreich. Nicht immer handelt es sich um eine nicht deklarierte Variable, in diesem Fall, in Bild 6.11, sind es vielmehr vergessene Anführungszeichen. Der Compiler, ein Programmübersetzer interpretiert die Dateibezeichnung als Variable und nicht als Zeichenfolge, wie es eigentlich an dieser Stelle sein sollte. Hier stimmt also die Syntax nicht: Es fehlen die Anführungszeichen vor und hinter der Dateibezeichnung.

Eine weitere Möglichkeit, Fehler und Verschwendung von Speicherressourcen von vorneherein einzudämmen, besteht in der korrekten Zuweisung von Variablentypen an den Erwartungswert ggf. durch Verwendung von Typumwandlungsfunktionen wie *CDbl*, *CStr* u.a. oder Prüffunktionen wie beispielsweise *IsNumeric*, *IsDate* oder *IsError*.

Syntaxfehler

Bei Syntaxfehlern – wenn z. B. die Abfolge der Parameterangaben nicht korrekt ist – werden wir beim Verlassen der Codezeile oder spätestens beim Start der Prozedur durch farbliche Markierungen aufmerksam gemacht werden.

```
'liest ersten Eintrag bis Trennzeichen
Input #1, zeile(1)
'liest zweiten Eintrag bis Trennzeichen
Input 1, zeile(2)
```

Bild 6.12 Syntaxfehler

6 Performance steigern und auf Fehler reagieren

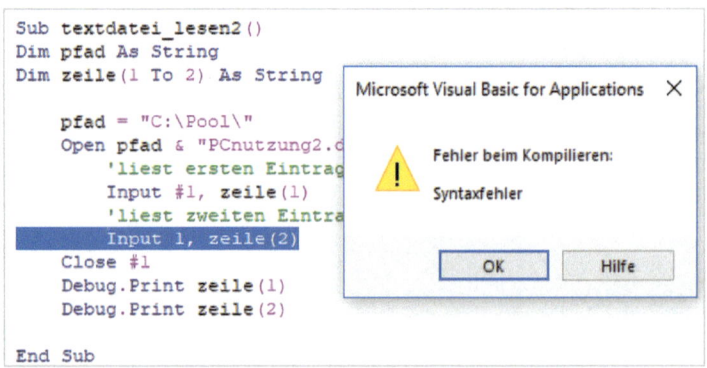

Bild 6.13 Beispiel Syntaxfehler

Laufzeitfehler

Wenn eine Prozedur abgearbeitet wird (zur Laufzeit), kann es zu Laufzeitfehlern kommen. Wenn beispielsweise eine Datei, auf die Sie zugreifen wollen, nicht im angegeben Ordner zu finden ist oder ein übergebener Wert nicht dem erwarteten Datentyp entspricht. Um auf der sicheren Seite zu programmieren, sollten Sie Routinen zur Reaktion auf Laufzeitfehler in Ihren Quellcode einbauen. Von den, zur Verfügung stehenden Möglichkeiten, wollen wir uns auf die beiden am meisten verwendeten Anweisungen beschränken. Damit haben Sie die Auswahl zwischen:

- **Ignorieren**
  Sie können den Fehler ignorieren und mit der nächsten Anweisung weitermachen durch:
  ```
  On Error Resume Next
  ```

- **Fehlerbehandlungsroutine einsetzen**
  Oder nutzen Sie den Fehler, um zu einer Fehlerbehandlungsroutine zu springen, die sich am Ende der Prozedur befindet und mit einer Sprungmarke versehen ist.
  ```
  On Error GoTo Sprungmarke
  ```

Neben der Absicherung des Programmablaufs durch Fehlerabfragen sind Hinweise auf die verursachenden Fehler sinnvoll. Sie können leicht über das Meldungsfenster *MsgBox* auf Fehleingaben des Anwenders aufmerksam machen oder auf nicht vorhandene Dateien oder Verzeichnisse, auf die zugegriffen werden soll. Wie Sie Fehler ignorieren oder überspringen können sei abschließend erwähnt, um auch diese Zweckmäßigkeit noch zu behandeln.

Fehler ignorieren

Die einfachste, aber nicht immer auch die beste Methode ist es, den Fehler einfach zu ignorieren. Dazu geben Sie innerhalb der Prozedur und vor der entsprechenden Befehlszeile einfach die folgende Anweisung ein:

```
On Error Resume Next
```

Fehlerbehandlung

Mit dieser Anweisung wird der Fehler ignoriert und mit der nachfolgenden Anweisung weitergearbeitet. Im folgenden Beispiel soll das Blatt *Tabelle1* gelöscht werden.

```
Sub Tabelle_loeschen
    Worksheets("Tabelle1").Delete
End Sub
```

Wenn *Tabelle1* existiert, ist das OK. Aber beim zweiten Versuch, diese Tabelle zu löschen, erscheint eine Fehlermeldung und die Anweisungszeile wird gelb markiert.

Bild 6.14 Tabelle existiert nicht, daher Laufzeitfehler

Um diese Fehlermeldung zu ignorieren, verwenden Sie die `On Error Resume Next` – Anweisung.

```
Sub Tabelle_loeschen
    On Error Resume Next
    Worksheets("Tabelle1").Delete
End Sub
```

Achtung: In vielen Fällen kann diese Anweisung auch logische Fehler und andere Folgefehler nach sich ziehen. Sie sollte daher nur in begründeten Ausnahmefällen zum Einsatz kommen.

Verweis auf Sprungmarke

Mit der Anweisung `On Error Goto` Sprungmarke wird der Programmlauf unterbrochen und zu einer Fehlerbehandlungsroutine am Ende der gleichen Prozedur gesprungen. Die Sprungmarke wird durch einen Namen oder eine Zahl definiert, der ein Doppelpunkt folgt. Sie wird automatisch ganz links angeordnet bzw. ausgerückt, sobald der Doppelpunkt gesetzt wird. Im Beispiel unten wird ein Meldungsfenster (*MsgBox*) aktiviert und weist auf den konkreten Fehler hin.

```
Sub Tabellen_loeschen2()
    On Error GoTo Fehlermeldung
    Worksheets("Tabelle1").Delete

Fehlermeldung:
    MsgBox "Tabelle1 ist nicht (mehr) vorhanden"
End Sub
```

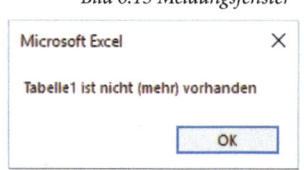

Bild 6.15 Meldungsfenster

Das Meldungsfenster der Fehlerbehandlung erscheint allerdings auch, wenn *Tabelle1* korrekt gelöscht wurde, was ja bekanntlich Ihre Absicht war und keinen Fehler darstellt. Als Abhilfe fügen Sie vor der Sprungmarke die Anweisung `Exit Sub` zum Verlassen der Prozedur ein, um zu verhindern, dass die Zeilen der Fehlerbehandlungsroutine abgearbeitet werden – auch dann, wenn kein Fehler auftrat.

```
Sub Tabellen_loeschen3()
    On Error GoTo Fehlermeldung
    Worksheets("Tabelle1").Delete
    Exit Sub

Fehlermeldung:
    MsgBox "Tabelle1 ist nicht (mehr) vorhanden"
End Sub
```

Wenn Sie sicher programmieren und den Programmfluss nicht von Fehlermeldungen unterbrechen lassen wollen, dann machen Sie an potentiellen Schwachstellen Gebrauch von den Methoden zur Fehlerbehandlung.

7 Automatische Abläufe

Übersicht

7.1 Ordner mit Unterordnern anlegen 276
7.2 Dateien in Ordnern anzeigen 277
7.3 Arbeitsmappen mit benannten Tabellen anlegen 279
7.4 Arbeitsmappen als Arbeitsblätter importieren 281
7.5 Arbeitsblätter als Arbeitsmappen speichern 288
7.6 Makros starten 289
7.7 Ereignisprozeduren (beim Öffnen der Arbeitsmappe) 293

7 Automatische Abläufe

Zum Abschluss des Buchs und damit des Workshops wollen wir Ihnen noch ein paar kleine Helfer für die Arbeit mit Dateien mit auf den Weg geben. Die Quellcodes greifen auf bisher gelernte Elemente zurück und bieten die Möglichkeit für ein paar sinnvolle Ergänzungen.

7.1 Ordner mit Unterordnern anlegen

Wenn Sie Ihre Dateien in separaten Ordnern ablegen wollen, können Sie diese Ordner mit VBA anlegen und auch benennen. Nehmen wir als Beispiel an, Sie benötigen einen Jahresordner mit Unterordnern für die zwölf Monate, um etwa Berichte oder Fotos geordnet abzulegen.

Übung: Jahresordner mit Monatsordnern anlegen

Ein Jahresordner mit 12 Unterordnern (für jeden Monat) soll automatisch angelegt werden. Der Pfad wird vorgegeben und der Name des Hauptordners (z. B. Berichte 2019) soll vom Nutzer über ein Dialogfeld (*InputBox*) erfragt werden. Die Namen der Unterordner werden aus dem Monat als Zahl und dem Monatsnamen generiert. Stichpunkte: *InputBox*, *MsgBox*, *Dir*, *If-Then-Else*, *For-Next*, *MkDir*, *MonthName*.

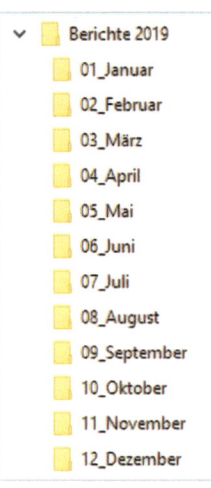

Bild 7.1 Jahresordner mit Monaten

1 Im Makro *Monatsverzeichnisse_anlegen* benötigen Sie drei Variablen vom Typ String: *Pfad*, *Ordner* und *Monatsname*. Die Variable *Monat* als Ganzzahl wird als Laufvariable und als Nummer des Monats verwendet.

2 Der Pfad für das neue Verzeichnis wird voreingestellt.

3 Das Dialogfeld *InputBox* erfragt den Namen des Hauptordners. Der Rückgabetext wird der Variablen *Ordner* zugewiesen. Die Dialogtexte werden durch die Konstante *vbLf* auf mehrere Zeilen umgebrochen.

4 In der Abfrage, ob unter der gewünschten Bezeichnung bereits ein Ordner existiert, werden entsprechende Hinweise als *MsgBox* ausgegeben.

Bild 7.2 Ordner neu anlegen

Bild 7.3 Ordner bereits vorhanden

Modul: a_Monatsverzeichnis_anlegen

Datei: Sicherungsdateien\Kapitel_7\Automatische_Ablaeufe.xlsm

5 Der Hauptordner wird im vorgegeben Pfad angelegt und darin zwölf Ordner mit der Nummer des Monats, gefolgt vom Monatsnamen. Der Name des Monats wird über die Funktion *MonthName(Nr)* bereitgestellt.

Das komplette Listing befindet sich in der Mappe *Automatische_Ablaeufe.xlsm*.

```vb
Sub Monatsverzeichnisse_anlegen()
Dim Pfad As String
Dim Ordner As String
Dim Monat As Integer
Dim Monatsname As String

    'Hauptpfad vorgeben/anpassen und Bezeichnung abfragen
    Pfad = "C:\Pool\"             'oder: ThisWorkbook.Path & " \ ""
    Ordner = InputBox("Bitte geben Sie die Bezeichnung" & vbLf & _
        "des Hauptordners vor." & vbLf & vbLf & "Die Unterteilung " & _
        "umfasst 12 Ordner mit Monatsbezeichnungen.", _
        "Jahresverzeichnis anlegen")

    'Abfrage, ob der Ordner bereits vorhanden ist
    If Dir(Pfad & Ordner, vbDirectory) <> "" Then
        MsgBox "Ordner bereits vorhanden - Abbruch"
        Exit Sub
    Else
        If MsgBox("In " & Pfad & vbLf & vbLf & _
            "wird der Ordner \" & Ordner & "  mit Monatsverzeichnissen" _
            & vbLf & vbLf & "neu angelegt", vbInformation + vbOKCancel, _
            "Bitte beachten!") = vbCancel Then Exit Sub

        'Jahresverzeichnis anlegen
        MkDir (Pfad & Ordner)

        '12 Unterverzeichnisse mit Nummer und Monatsname anlegen
        For Monat = 1 To 12
            Monatsname = Format(Monat, "00") & "_" & MonthName(Monat)
            MkDir (Pfad & Ordner & "\" & Monatsname)
        Next Monat

    End If

End Sub
```

Bild 7.4 Monatsverzeichnisse anlegen

7.2 Dateien in Ordnern anzeigen

Wenn Sie Ordnerinhalte anzeigen wollen oder nach speziellen Dateien in Ordnern suchen, kann eine Auflistung des Ordnerinhalts hilfreich sein. In den vorherigen Übungen haben wir im Kontext der Datenselektion vorhandene Dateien in einer Eingabemaske (*UserForm*) angezeigt. Auch haben wir bereits Dateityp-Filter kennengelernt. An dieser Stelle soll eine kurze Zusammenfassung der praktikabelsten Lösungen erfolgen.

Dateien eines vorgegebenen Ordners auflisten

Alle Dateien im fest vorgegebenen Ordner sollen in Spalte A des Arbeitsblatts *Tabelle1* angezeigt werden. Falls gewünscht, könnte eine Vorgabe des Dateityps anstelle von *.* erfolgen, siehe Bild 7.5.

7 Automatische Abläufe

Bild 7.5 Dateien_listen

```vba
Sub Dateien_listen()
'alle Dateien im vorgegebenen Verzeichnis
'in Spalte A auf Tabelle1 anzeigen

Dim Dateiname As String
Dim zeile As Long

    Pfad = "C:\Pool\"
    Dateiname = Dir(Pfad & "\*.*")
    
    With Worksheets("Tabelle1")
        .Cells.Clear
        .Range("A1").Value = Pfad
        zeile = 2
        Do While Dateiname <> ""
            .Range("A" & zeile).Value = Dateiname
            zeile = zeile + 1
            Dateiname = Dir
        Loop
        'Spaltenbreite anpassen
        .Columns(1).AutoFit
    End With

End Sub
```

Ordner im Dialogfeld auswählen

Das *FileDialog*-Objekt ermöglicht die freie Auswahl eines Ordners. **Wichtig**: Die Variable *Pfad* wurde global vom Typ *String* deklariert und im aufgerufenen Makro *Dateien_listen* (siehe oben) aktiviert.

Hinweis: Wenn Sie in einem Verzeichnis konkret nach Dateinamen suchen, bietet sich die Methode *GetOpenFileName* an (siehe Kapitel 4).

Bild 7.6 Ordner im Dialogfeld auswählen

```vba
Sub Verzeichnis_auswaehlen()
'EXCEL-Dialogfeld zur Verzeichnisauswahl verwenden

    With Application.FileDialog(msoFileDialogFolderPicker)
        'Startverzeichnis vorgeben
        .InitialFileName = "C:\"
        'Anzeigetext in der Titelzeile
        .Title = "Wählen Sie ein Verzeichnis aus"
        'Anzeigen
        .Show
        If .SelectedItems.Count = 0 Then
            MsgBox "Keine Auswahl: Abbruch"
        Else
            Pfad = .SelectedItems(1)
        End If
    End With
    
    'alle Dateien anzeigen - ohne Filter
    Dateien_listen

End Sub
```

7 Arbeitsmappen mit benannten Tabellen anlegen

Dateityp auswählen

In Verbindung mit einem eigenen Formular können Sie das *FileDialog*-Objekt komfortabel zur Auswahl des Dateityps (wie hier) oder bestimmter charakteristischer Namensteile z. B. „Filiale", die zur Selektion beitragen sollen, festlegen.

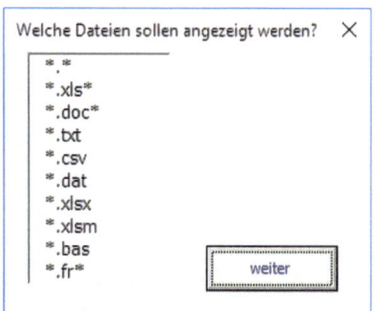

Bild 7.7 Das Formular frm_DateiTyp finden Sie in der u.g. Sicherungsdatei.

▶ Das Makro *Verzeichnis_auswaehlen_filtern* ist eine Kopie von *Verzeichnis_auswaehlen*. Anstelle des Aufrufs zum Anzeigen der Dateien im Blatt *Tabelle1* (*Dateien_listen*) wird das Formular *frm_DateiTyp* aufgerufen, das Selektionskriterien anbietet (hier: Dateitypen).

Modul: b_Dateien_anzeigen

Datei: Automatische_ Ablaeufe.xlsm

▶ Über die Schaltfläche *Weiter* wird das Makro *Dateien_listen2* mit der, im Listenfeld des Formulars *lst_Dateityp* ausgewählten Bezeichnung, als Parameter aufgerufen. Danach wird das Formular aus dem Arbeitsspeicher entfernt und das Blatt *Tabelle1* aktiviert.

7.3 Arbeitsmappen mit benannten Tabellen anlegen

Angenommen, Sie stehen vor der Aufgabe, aus mehreren Arbeitsmappen Daten zusammenzutragen und sie in unterschiedlichen Arbeitsblättern neu anzuordnen. In diesem Fall wäre es hilfreich, die benötigten Tabellen automatisch erstellen zu lassen. Beispielsweise könnten dies Blätter für 12 Monate, 52 Kalenderwochen oder x Kostenstellen sein. Lassen Sie VBA diese Arbeit erledigen.

Im Prinzip kann man diese Aufgabe durch eine entsprechend gestaltete Zählerschleife mit *Worksheets.add* lösen. Wir kommen in einer der nächsten Übungen darauf zurück.

Anzahl der Arbeitsblätter beim Öffnen vorgeben

Wie Sie wissen, kann aber auch beim Öffnen einer Arbeitsmappe die Anzahl der einzufügenden Arbeitsblätter vorgegeben werden (*Datei* ▶ *Optionen* ▶ *Allgemein*). Darauf basiert der Ansatz, der der folgenden Übung zugrunde liegt. VBA benutzt dazu die Excel-Eigenschaft *SheetsInNewWorkbook*.

Übung: Arbeitsmappe mit zwölf Blättern (Monate) anlegen

In dieser Übung passen Sie die Anzahl der benötigten Arbeitsblätter an Ihre jeweiligen Projektvorgaben an, bevor Sie eine neue Arbeitsmappe anlegen. Die ehemalige Vorgabe soll aber nach getaner Arbeit wiederhergestellt werden, denn wer benötigt schon jedes Mal eine größere Anzahl an Tabellen?

1 Sehen Sie die Pfadvorgabe als globale Konstante vor; hier: *C:\Pool*.

7 Automatische Abläufe

2 Wir benötige die Variablen
anzahlTabellen (*Integer*),
neueMappe (*Workbook*) und
neueTabelle (*Worksheet*)

3 Den aktuellen Wert für Anzahl neuer Tabellen in der Arbeitsmappe festhalten:
```
anzahlTabellen = Application.SheetsInNewWorkbook
```

4 Ändern Sie den Vorgabewert auf 12 Tabellen (vorübergehend) und legen Sie eine neue Arbeitsmappe mit dieser Vorgabe an.
```
Application.SheetsInNewWorkbook = 12
Set neueMappe = Workbooks.Add
```

5 Danach sollte das Zurücksetzen auf ursprüngliche Anzahl an Tabellen erfolgen.
```
Application.SheetsInNewWorkbook = anzahlTabellen
```

6 Die neue Arbeitsmappe ist aktiv und die 12 Tabellen können mit den Monatsname versehen werden.
```
For Each neueTabelle In neueMappe.Worksheets
    neueTabelle.Name = MonthName(neueTabelle.Index)
Next neueTabelle
```

7 Die neue Arbeitsmappe wird unter dem vorgegebenen Namen gespeichert und geschlossen.
```
neueMappe.SaveAs Filename:=pfad & "2019_Monatstabellen.xlsx"
neueMappe.Close
```

Bild 7.8 Monatstabellen erstellen

```
Sub Mappe_mit_Monatstabellen()
Dim anzahlTabellen As Integer
Dim neueMappe As Workbook
Dim neueTabelle As Worksheet

    'Aktuellen Wert für Anzahl neuer Tabellen (wenn neue Mappe) speichern
    anzahlTabellen = Application.SheetsInNewWorkbook
    'ändern auf 12 Tabellen (vorübergehend)
    Application.SheetsInNewWorkbook = 12
    Set neueMappe = Workbooks.Add
    'Zurücksetzen auf ursprüngliche Anzahl neuer Tabellen
    Application.SheetsInNewWorkbook = anzahlTabellen
    
    'Benennung der 12 Tabellen nach Monatsnamen
    For Each neueTabelle In neueMappe.Worksheets
        neueTabelle.Name = MonthName(neueTabelle.Index)
    Next neueTabelle
    
    neueMappe.SaveAs Filename:=pfad & "2019_Monatstabellen.xlsx"
    neueMappe.Close

End Sub
```

Bild 7.9 Das Ergebnis

| Januar | Februar | März | April | Mai | Juni | Juli | August | September | Oktober | November | Dezember |

7 Arbeitsmappen als Arbeitsblätter importieren

Hinweis: Auf dieselbe Weise lassen sich auch Arbeitsmappen mit Kalenderwochentabellen oder Wochentagen anlegen. Dabei lassen sich leicht auch Vorgaben für Spalten wie Zeiteinheiten und/oder Spaltenüberschriften integrieren. Beispiele dazu finden Sie in der angegebenen Sicherungsdatei.

Bild 7.10 Kalenderwochen

Bild 7.11 Wochentage

Modul: c_Mappe_mit_Tabellen_anlegen

Datei: Automatische_Ablaeufe.xlsm

Übung: Spalte mit Zeiteinteilung füllen

Für die Wochentagstabellen (siehe Bild 7.11) sollen Zeiteinteilungen in Spalte A eingetragen werden. In einer Zählerschleife wird die Uhrzeit in angegebenen Intervallen in Spalte A geschrieben. Die Variable *uhrzeit* muss als Typ *Date* deklariert werden, *zeile* als *Integer*.

```
For uhrzeit = "6:00" To "20:00" Step "0:30"
    Cells(zeile, 1).Value = Format(uhrzeit, "h:mm")
    zeile = zeile + 1
Next uhrzeit
```

7.4 Arbeitsmappen als Arbeitsblätter importieren

Gehen wir davon aus, dass Sie mehrere Arbeitsmappen in einem separaten Verzeichnis abgelegt haben. Alle Inhalte dieser Mappen sollen in getrennten Tabellen in einer einzigen Arbeitsmappe zusammengestellt werden, um sie dort zentral weiter bearbeiten zu können.

Ausgangssituation

Aus einem vorgegebenen Verzeichnis sollen alle Excel-Arbeitsmappen getrennt in Tabellenblätter einer Sammeldatei übertragen werden. Aus den Arbeitsmappen wird jeweils die erste Tabelle übernommen. Die Bezeichnungen der Tabellenblätter sollen den Bezug zur Datenquelle erkennen lassen (Dateinamen). Das erste Tabellenblatt der Sammeldatei soll die Dateinamen der eingelesenen Tabellen als Inhaltsverzeichnis enthalten. Als Übungsdateien bieten sich an *Filiale1_Bestand.xlsx* usw.

Zu finden im Ordner:

Übungsdateien_Pool\Dateien_aus_Ordner_Filialen

Arbeitsblätter in die aktuelle Arbeitsmappe übertragen

1 Beginnen Sie mit einer neuen Arbeitsmappe, die Sie unter dem Namen *Arbeitsblaetter_als_Tabelle.xlsm* speichern. Die Mappe sollte nur eine Tabelle enthalten. Alle übrigen Blätter werden mit jeder eingelesenen Datei hinzugefügt.

7 Automatische Abläufe

2   Benennen Sie die erste Tabelle (*Tabelle1*) um in *Inhalt*.

3   Fügen Sie ein Modul mit dem Namen *Arbeitsmappen_lesen* ein.

4   Das Makro erhält den Namen *alle_Arbeitsmappen_einlesen*.

5   Der Pfad kann als Konstante vorgegeben und entsprechend angepasst werden; hier: *C:\Pool*.

6   Nach dem vorsorglichen Leeren des Tabellenblatts *Inhalt*, soll in A1 der Text „Vorhandene Arbeitsmappen" geschrieben werden.

7   Nach der Vorgabe zur Suche der Dateien (*Pfad* und *Dateierweiterung*) durchsucht eine Bedingungsschleife den angegebenen Pfad nach vorhandenen Arbeitsmappen.

8   Aus den gefundenen Dateinamen werden markante Begriffe als Tabellennamen separiert; hier: die ersten 8 Zeichen.

9   Ein neues Tabellenblatt wird hinzugefügt, und zwar am Ende hinter allen vorhandenen (*Worksheets.Count*) sowie der aktuelle Blattname vergeben.

10 Die gefundene Arbeitsmappe wird geöffnet und die benutzten Zellen des ersten Arbeitsblattes in Richtung neue Arbeitsmappe (mit VBA-Code = *ThisWorkbook*) im neu angelegten Tabellenblatt abgelegt.

11 Die Quelldatei wird geschlossen, ohne Veränderungen vorzunehmen.

Sicherungsdateien\Kapitel_7\Arbeitsmappen_als_Tabellen_1.xlsm

Achtung: Für diese Übung sollten sich im angegebenen Ordner, hier C:\Pool\, ausschließlich Filiale-Dateien befinden, da dieses Makro alle, also auch nicht zu dieser Übung gehörenden, Arbeitsmappen in diesem Ordner einliest.

Arbeitsmappen als Arbeitsblätter importieren

```vba
Sub alle_Arbeitsmappen_einlesen()
Dim datei_ein As String
Dim Tabname As String
Dim i As Integer

Const pfad As String = "C:\Pool\"

    Application.ScreenUpdating = False
    
    Worksheets("Inhalt").Activate
    'Zeile für Inhaltsverzeichnis
    i = 2
    With ActiveSheet
        'Leeren vor Neueintrag
        .Cells.Clear
        .Range("A1").Value = "Vorhandene Arbeitsmappen"
        'erste EXCEL-Datei zuweisen
        datei_ein = Dir(pfad & "*.xls?")
        'solange Dateien existieren durchlaufen
        While datei_ein <> ""
            'ins Inhaltsverzeichnis schreiben
            .Range("A" & i).Value = datei_ein
            'Bezeichnung für Tabelle
            Tabname = Left(datei_ein, 8)
            'neue Tabelle am Ende einfühen
            Worksheets.Add after:=Sheets(Worksheets.Count)
            ActiveSheet.Name = Tabname
            'Arbeitsmappe einlesen
            Workbooks.Open Filename:=(pfad & datei_ein)
            ActiveWorkbook.Worksheets(1).UsedRange.Copy _
                Destination:=ThisWorkbook.Worksheets(Tabname).Range("A1")
            ActiveWorkbook.Close savechanges:=False
            'automat. Spaltenbreiten
            Worksheets(Tabname).Columns.AutoFit
            'nächste Zeile
            i = i + 1
            'nächste Datei zuweisen
            datei_ein = Dir
        Wend
        'automat. Spaltenbreite
        .Columns(1).AutoFit
    End With
    
    Application.ScreenUpdating = True
End Sub
```

Bild 7.12 Das komplette Listing zur Übung

Die Spaltenbreiten in der neu angelegten Tabelle werden automatisch angepasst.

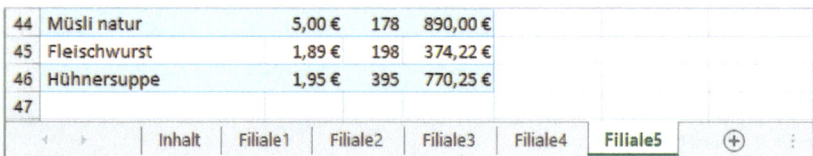

Bild 7.13 Das Ergebnis

Allerdings könnte es als störend empfunden werden, dass die Inhalte der zahlreichen Arbeitsmappen in der gerade aktiven Mappe abgelegt werden. Besser wäre es, eine eigens dazu angelegte Arbeitsmappe zu erzeugen. Dazu kann man zwei Wege gehen:

▸ Die aktuelle Arbeitsmappe mit den übernommenen Inhalten wird unter einem neuen Dateinamen als Arbeitsmappe ohne Makros gespeichert und die Tabellen in der aktuellen Mappe werden gelöscht.

▸ Oder es wird eine separate Zieldatei erstellt, in der die Tabellen aus den Quelldateien nacheinander angelegt werden.

Aktuelle Mappe unter neuem Namen speichern

Die nachfolgende Übung läuft in zwei Schritten ab:

1   Sie speichern die aktuelle Datei unter neuer Bezeichnung als Excel-Arbeitsmappe ohne Makros (*SaveAs*).

2   Anschließend löschen Sie alle Arbeitsblätter in der umbenannten, aber jetzt aktiven Arbeitsmappe und speichern diese dann wieder unter ihrem alten Namen als Excel-Arbeitsmappe mit Makros (*SaveAs*).

Löschen von Arbeitsblättern

▸ Erstellen Sie zunächst ein neues Modul *Tabellen_loeschen*, sozusagen als Testgelände für die Anweisungen zum Löschen der nicht benötigten Tabellen.

▸ Im Makro *test* wird die Objektvariable *Tabellenblatt* von Typ *Worksheet* deklariert.

▸ Um Rückfragen zur Löschbestätigung zu unterdrücken, deaktivieren wir diese Dialoge (*DisplayAlerts*) für die Dauer der Löschaktion.

▸ In einer Wiederholungsschleife löschen wir alle Arbeitsblätter, die nicht *Inhalt* heißen.

Bild 7.14 Arbeitsblätter löschen

```
Sub test()
Dim Tabellenblatt As Worksheet

    'Löschen ohne Rückfrage
    Application.DisplayAlerts = False
    For Each Tabellenblatt In ThisWorkbook.Worksheets
        If Tabellenblatt.Name <> "Inhalt" Then
            Tabellenblatt.Delete
        End If
    Next Tabellenblatt
    Application.DisplayAlerts = True

End Sub
```

▸ Zu Testzwecken fügen wir in unserer Arbeitsmappe mehrere Arbeitsblätter hinzu. Die Benennung spielt keine Rolle – einzig bei der Tabelle *Inhalt*.

Speichern als neue Arbeitsmappe

Nach erfolgreichem Löschen von Tabellen nehmen wir uns die Speicherung der Arbeitsmappen vor. Das Objekt *Workbook* bietet hierzu zwei Methoden an, von der die *SaveCopyAs*-Methode zunächst als die geeignetste erscheint.

In der folgenden Übung werden zwei Kopiermöglichkeiten gegenübergestellt und das Ansprechen unterschiedlicher Arbeitsmappen. Dabei bezieht sich *ThisWorkbook* auf die Mappe mit den gerade benutzten Makros und *ActiveWorkbook* bezieht sich auf die aktuell geöffnete Mappe.

- Mit der *SaveCopyAs*-Methode wird eine Kopie der Arbeitsmappe gespeichert, ohne die geöffnete Arbeitsmappe im Speicher zu verändern. **Nachteil**: Die Kopie kann zwar einen anderen Namen erhalten, sie bleibt aber eine Arbeitsmappe mit Makros.

- Mit der *SaveAs*-Methode wird die aktuelle Arbeitsmappe unter neuem Namen gespeichert. Die Methode bietet die vorteilhafte Option, das Dateiformat verändern zu können.

Der Ablauf im Detail:

- In unserem Hauptmodul wird das Makro *sammeltabelle_speichern* angelegt.
- Der Exportpfad kann als Konstante vorgegeben werden, hier: *C:\Pool\Export*.
- Sichern wir zunächst den aktuellen Dateinamen in der String-Variablen *dateiname* und den aktuellen Pfad in der String-Variablen *dateipfad*.
- Die Warnmeldungen werden vorübergehend deaktiviert (wie in unserem Testmakro).
- Die aktuelle Arbeitsmappe wird ohne Makros unter neuem Namen gespeichert. Dabei geben wir der Sammeldatei das aktuelle Datum in der Form Jahr_Monat_Tag zusätzlich mit in den Dateinamen:

```
ThisWorkbook.SaveAs Filename:=exportpfad & _
    Format(Date, „YYYY_MM_DD") & "_Sammeldatei", _
    FileFormat:=xlOpenXMLWorkbook
```

- Die aktuelle Arbeitsmappe hat nun zwar einen neuen Namen, enthält aber noch die Makros und alle Tabellen. Veranlassen wir nun die Löschung aller Tabellen mit Ausnahme der Tabelle *Inhalt*. Die Wiederholungsschleife kann aus der Vorübung *test* übernommen werden.

- Speichern wir nun die aktuelle Arbeitsmappe mit den Makros (aber ohne weitere Tabellen) unter dem ursprünglichen Namen im ursprünglichen Pfad. Die Informationen dazu haben wir zu Beginn festgehalten.

```
ThisWorkbook.SaveAs Filename:=dateipfad & "\" & dateiname, _
    FileFormat:=xlOpenXMLWorkbookMacroEnabled
```

7 Automatische Abläufe

Bild 7.15 Das komplette Listing zum Speichern der Arbeitsmappen

```vba
Sub sammeltabelle_speichern()
Dim dateiname As String
Dim dateipfad As String
Dim Tabellenblatt As Worksheet

Const exportpfad As String = "C:\Pool\Export\"

    dateiname = ThisWorkbook.Name
    dateipfad = ThisWorkbook.Path
    
    'Nachfragen deaktivieren
    Application.DisplayAlerts = False
    
    'aktuelle Arbeitsmappe ohne Makros unter neuem Namen speichern
    ThisWorkbook.SaveAs Filename:=exportpfad & Format(Date, "YYYY_MM_DD") _
        & "_Sammeldatei", FileFormat:=xlOpenXMLWorkbook
    
    'alle Tabellen löschen ausser "Inhalt"
    For Each Tabellenblatt In ThisWorkbook.Worksheets
        If Tabellenblatt.Name <> "Inhalt" Then
            Tabellenblatt.Delete
        End If
    Next Tabellenblatt
    
    'aktuelle Mappe mit Makros wieder unter dem alten Namen speichern
    ThisWorkbook.SaveAs Filename:=dateipfad & "\" & dateiname, _
        FileFormat:=xlOpenXMLWorkbookMacroEnabled
    
    'Nachfragen wieder aktivieren
    Application.DisplayAlerts = True
End Sub
```

Arbeitsmappen_als_Tabellen_2.xlsm

Speichern in einer separaten Arbeitsmappe

Vielleicht erscheint Ihnen die vorherige Lösung zu sehr um die Ecke gedacht und Sie bevorzugen die direkte Speicherung in einer separaten Sammeldatei. Entscheiden Sie sich nach der nächsten Übung.

Eine separate Zieldatei wird erstellt, in die nacheinander aus allen Quelldateien im vorgegebenen Ordner jeweils das erste Tabellenblatt übertragen wird. Der Dateiname der übertragenen Arbeitsmappe wird als Inhaltsangabe sowohl in der Sammeldatei (Zieldatei) als auch in der geöffneten Arbeitsmappe mit den Makros angezeigt. Die Details:

1. Das Makro *Arbeitsmappen_in_Sammelmappe* wird in einem neuen Modul mit dem Namen *Sammelmappe* erstellt. Die Anweisungen von *alle_Arbeitsmappen_einlesen* können als grobes Gerüst übernommen werden, da sich am Ablauf eigentlich nur das Ziel ändert.

2. Ergänzen Sie die Zeilen zu Beginn des Makros um die Objektvariable für die Sammeldatei und den Exportpfad (manuell anlegen oder via *MkDir*-Anweisung in VBA).

   ```vba
   Dim datei_aus As Workbook
   Const exportpfad As String = "C:\Pool\Export\"
   ```

Arbeitsmappen als Arbeitsblätter importieren

3 Die Arbeitsmappe *Sammeldatei* wird erstellt und gespeichert; bleibt aber als Mappe aktiv (*ActiveWorkbook*). Falls eine gleichnamige Datei existiert, erfolgt die Rückfrage zum Überschreiben. Mit der *Set*-Anweisung wird sie der Objektvariablen zugewiesen.

```
Workbooks.Add
ActiveWorkbook.SaveAs (exportpfad & "Sammeldatei.xlsx")
Set datei_aus = ActiveWorkbook
```

4 Das Blatt *Tabelle1* wird in *Inhalt* umbenannt und erhält eine Überschrift

```
datei_aus.Worksheets(1).Name = "Inhalt"
datei_aus.Worksheets("Inhalt").Range("A1").Value = _
    "Vorhandene Arbeitsmappen"
```

5 Kontrollieren Sie Zeile für Zeile im Quellcode, um die Anpassungen für das neue Ziel, die Sammeldatei (*datei_aus*) vorzunehmen.

```vba
With ThisWorkbook.Worksheets("Inhalt")
    'Leeren vor Neueintrag
    .Cells.Clear
    .Range("A1").Value = "Exportierte Arbeitsmappen"
    'erste EXCEL-Datei zuweisen
    datei_ein = Dir(pfad & "*.xls?")
    'solange Dateien existieren durchlaufen
    While datei_ein <> ""
        'in beide Inhaltsverzeichnisse schreiben
        .Range("A" & i).Value = datei_ein
        datei_aus.Worksheets("Inhalt").Range("A" & i).Value = datei_ein
        'Bezeichnung für Tabelle
        Tabname = Left(datei_ein, 8)
        'neue Tabelle am Ende einfühen
        datei_aus.Worksheets.Add after:=Sheets(Worksheets.Count)
        datei_aus.ActiveSheet.Name = Tabname
        'Arbeitsmappe einlesen
        Workbooks.Open Filename:=(pfad & datei_ein)
        ActiveWorkbook.Worksheets(1).UsedRange.Copy _
            Destination:=datei_aus.Worksheets(Tabname).Range("A1")
        ActiveWorkbook.Close savechanges:=False
        'automat. Spaltenbreiten in Sammeldatei
        datei_aus.Worksheets(Tabname).Columns.AutoFit
        'nächste Zeile
        i = i + 1
        'nächste Datei zuweisen
        datei_ein = Dir
    Wend
    'automat. Spaltenbreite für "Inhalt"
    .Columns(1).AutoFit
    datei_aus.Worksheets("Inhalt").Columns(1).AutoFit
    'damit diese Tabelle beim Öffnen aktiv ist:
    datei_aus.Worksheets("Inhalt").Activate
End With

'Sammeldatei schließen
datei_aus.Close True
```

Bild 7.16 Das komplette Listing finde Sie im Modul „Sammelmappe" in der angegebenen Sicherungsdatei

Arbeitsmappen_als_Tabellen_3.xlsm

7 Automatische Abläufe

7.5 Arbeitsblätter als Arbeitsmappen speichern

Angenommen, Ihr Excel-Projekt hat im Laufe der Bearbeitung einige Arbeitsblätter hinzubekommen, die Sie alle oder nur zum Teil als separate Arbeitsmappen speichern wollen. Beispielsweise könnte das die Arbeitsmappe mit den Monatstabellen, mit Tabellen einzelner Abrechnungsstellen oder unterschiedlichen Auswertungen sein.

Die lästige Arbeit des Kopierens der einzelnen Arbeitsblätter in neue Arbeitsmappen und das Speichern unter jeweils neuem Dateinamen kann ein Makro für Sie übernehmen.

Mustertabelle_Anmeldungen_Kurse.xlsx

In früheren Übungen haben wir aus einer (fiktiven) Anmeldeliste die Teilnehmer in drei Kurse aufgeteilt und in unterschiedlichen Tabellen gelistet. Nun wollen wir die einzelnen Kurslisten den jeweiligen Kursleitern zukommen lassen.

Übung

Alle Arbeitsblätter der Beispieldatei *Mustertabelle_Anmeldungen_Kurse.xlsx* sollen als separate Arbeitsmappen unter der Bezeichnung der Tabellen gespeichert werden.

1. Öffnen Sie die o.g. Beispieldatei und sichern sie diese als Excel-Arbeitsmappe mit Makros unter dem neuen Dateinamen *Tabellen_in_Arbeitsmappen.xlsm* oder kopieren Sie die vier Arbeitsblätter in eine neue Mappe.

2. Sie benötigen die Objektvariablen *Tabellenblatt* (*Worksheet*) und *Zieldatei* (*Workbook*) sowie die Pfadangabe *pfad* (*String*); hier *C:\Pool*.

3. Verhindern sie temporär das Bildschirmflackern und die Warnmeldungen beim Überschreiben von bereits vorhandenen Arbeitsmappen.

Bild 7.17 Tabellenblätter als Mappen speichern

```
Sub Tabellen_als_Mappen_speichern()
Dim Tabellenblatt As Worksheet
Dim Zieldatei As Workbook

Const pfad As String = "C:\Pool\"

    Application.ScreenUpdating = False   'Bildschirmaktualisierung aus
    Application.DisplayAlerts = False    'Meldungen aus

    For Each Tabellenblatt In ThisWorkbook.Worksheets
        'Tabelle in neue Arbeitsmappe kopieren
        Tabellenblatt.Copy
        'Objektvariable auf neue Arbeitsmappe verweisen
        Set Zieldatei = ActiveWorkbook
        'Speichern unter Tabellenbezeichng
        Zieldatei.SaveAs pfad & Tabellenblatt.Name & ".xlsx"
        'neue Arbeitsmappe schließen
        Zieldatei.Close
    Next Tabellenblatt

    Application.DisplayAlerts = True     'Meldungen ein
    Application.ScreenUpdating = True    'Bildschirmaktualisierung ein

End Sub
```

- Anmeldungen.xlsx
- Kurs1.xlsx
- Kurs2.xlsx
- Kurs3.xlsx

4 In einer *For Each ... Next* Schleife greifen Sie auf jede einzelne Tabelle der Arbeitsmappe zu und kopieren diese mit der Funktion *Copy* in eine neue Arbeitsmappe, die automatisch aktiviert und *Mappe1* benannt wird.

5 Die neue Arbeitsmappe wird unter dem Namen des Tabellenblatts (*SaveAs*) im vorgegebenen Pfad als normale Excel-Arbeitsmappe gespeichert und danach geschlossen. Das Ergebnis sehen Sie im Bild oben.

Hinweis: Auf den Verweis durch *Set Zieldatei* kann verzichtet werden, wenn man die aktive Arbeitsmappe (*ActiveWorkbook*) direkt unter Bezeichnungsänderung (*SaveAs*) speichert siehe Makro *Tabellen_als_Mappen_speichern2*.

Tabellen_in_Arbeitsmappen.xlsm

7.6 Makros starten

Startmöglichkeiten von Makros - ein Überblick

- Schaltflächen im Arbeitsblatt,
- beim Öffnen der Arbeitsmappe (*Workbook_open*),
- Aufruf über Tastenkombinationen,
- über eine gesonderte Registerkarte im Menüband,
- über die *Symbolleiste für den Schnellzugriff*,
- Ereignisse im Arbeitsblatt (Codeseite der Tabelle), z. B. bei Veränderungen:
  ```
  Private Sub Worksheet_Change(ByVal Target As Range)
      Anweisungen
  End Sub
  ```

Schaltflächen

In der Sicherungsdatei *Automatische_Ablaeufe.xlsm* finden Sie im Blatt *Tabelle1* Schaltflächen, über welche unterschiedliche Prozeduren gestartet werden können.

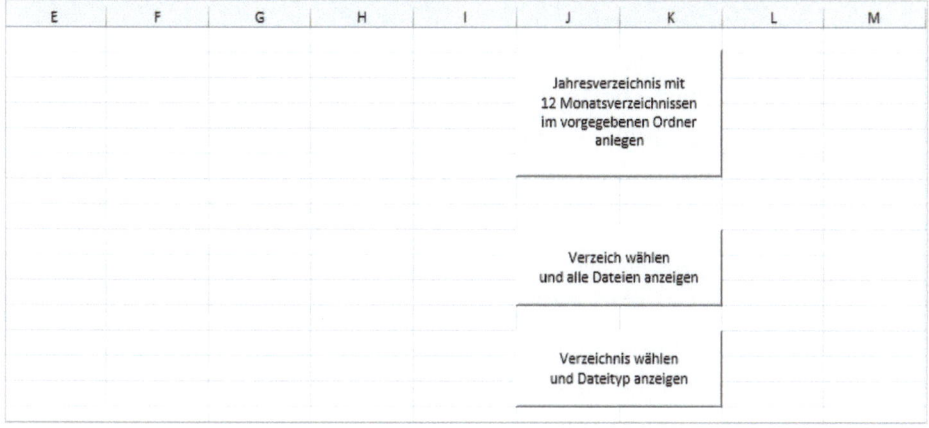

Bild 7.18 Schaltflächen im Tabellenblatt

Formularsteuerelement Schaltfläche einfügen und Makro zuweisen

In dieser Übung sollen Schaltflächen in ein Tabellenblatt zum Aufruf bestimmter Makros eingefügt werden.

1. Wählen Sie *Tabelle1* in Ihrer Übungsdatei, in der sich die o.g. Makros (oder ähnliche) befinden.

2. Fügen Sie aus der Registerkarte *Entwicklertools* Schaltflächen aus der Gruppe *Formularsteuerelemente* in das Tabellenblatt ein. Diese sind etwas einfacher zu handhaben als die ActiveX-Steueremente und für diese Übung völlig ausreichend.

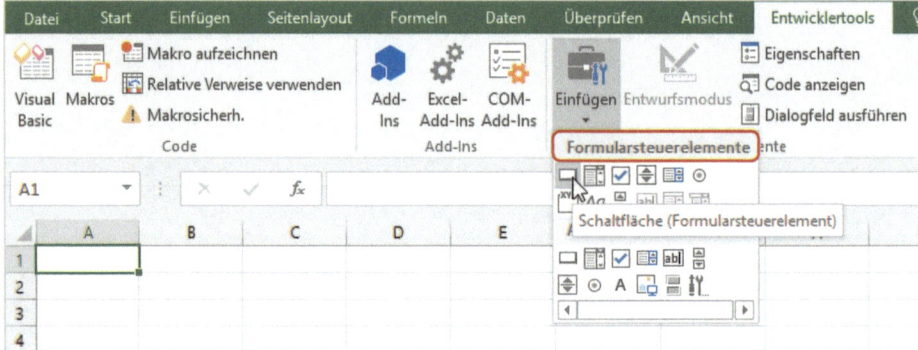

Bild 7.19 Formularsteuerelemente - Schaltfläche einfügen

Tipp: Wenn Sie beim Positionieren der Schaltfläche im Blatt die Alt-Taste gedrückt halten, rasten die Ecken der Schaltflächen an den Zellbegrenzungen ein.

3. Sobald Sie die Schaltfläche eingefügt haben, öffnet sich ein Dialogfenster, das Sie zur Auswahl eines Makros veranlasst. Wählen Sie das entsprechende Makro aus und bestätigen Sie mit *OK*. Von nun an ist die Schaltfläche mit dem Makro verbunden.

4. Den Text der Schaltfläche können Sie nach einem Klick mit der rechten Maustaste bearbeiten.

Das ActiveX-Steuerelement Schaltfläche

Ähnlich können Sie auch mit Schaltflächen der Gruppe *ActiveX*-Steuerelemente verfahren, um Ihre Makros zu starten. Die Zuweisung ist etwas aufwendiger, dafür bieten sie aber mehr Gestaltungsmöglichkeiten. Sie erfolgt im *Eigenschaftenfenster* (vgl. Formularerstellung), das über einen Rechtsklick auf die Schaltfläche geöffnet wird. Neben gestalterischen Möglichkeiten können hier beispielsweise auch die Eigenschaften *Visible* und *Enabled* (aktiviert) zur Freigabe verwendet werden. Das Makro wird im Codefenster der Tabelle angelegt. Über Doppelklick auf die Schaltfläche oder den Befehl *Code anzeigen* (rechte Maustaste) gelangen Sie direkt in die Click-Ereignis-Prozedur.

Tipp: Das Gleiche erreicht man auch mit Rechtsklick auf die Registerlasche der Tabelle oder in der Entwicklerumgebung durch Doppelklick auf die Tabelle im Projektfenster.

7 Makros starten

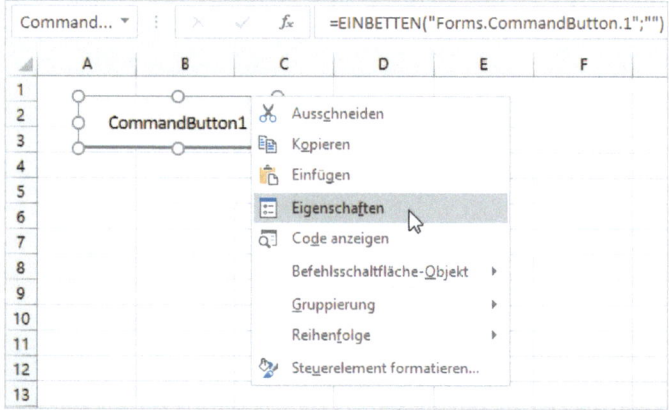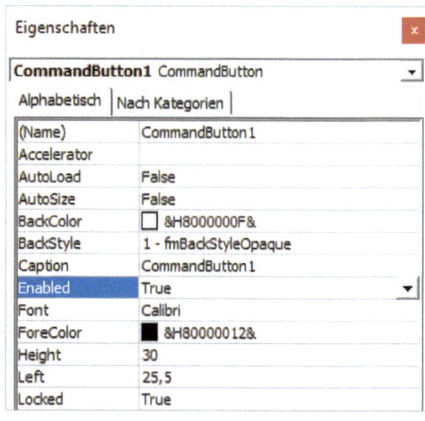

Bild 7.20 AcriveX-Steuerelement: Eigenschaften

Makros im Schnellzugriff

Wenn Sie eine Alternative zum Starten der Makros über Tastenkombinationen suchen, kann die Schnellzugriffsleiste ein Lösungsweg sein. Dieser können Sie die benötigten Makros hinzufügen.

Makro der Schnellzugriffsleiste hinzufügen

Sie haben verschiedene Prozeduren für Ihre tägliche Arbeit in Tabellen geschrieben und möchten diese schnell per Mausklick starten.

1   Klicken Sie auf das Pfeilsymbol am rechten Ende der Schnellzugriffsleiste. Es öffnet sich eine Dropdownliste. Wählen Sie *Weitere Befehle…*

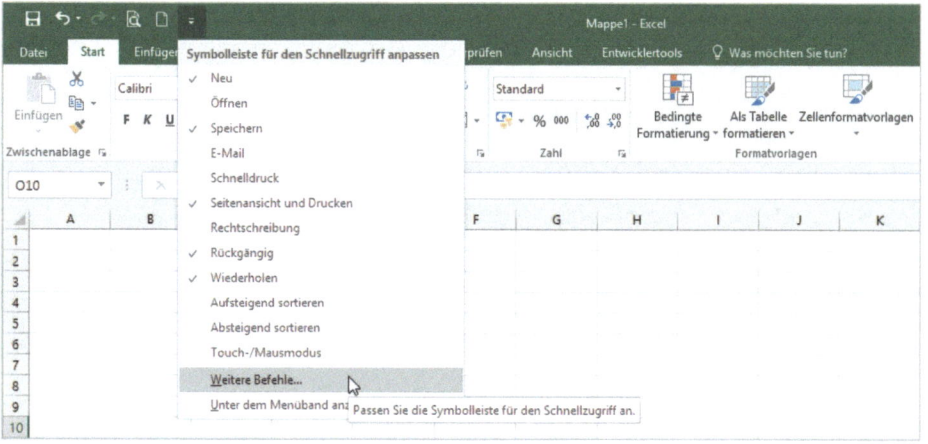

Bild 7.21 Symbolleiste für den Schnellzugriff anpassen

2   Sie kommen direkt zu den Excel-Optionen und zur Anpassung der Symbolleiste für den Schnellzugriff.

3   Wählen Sie unter *Befehle auswählen* zunächst *Makros*. Ihre Makros werden nun übersichtlich aufgelistet.

Bild 7.22 Makros der Schnellzugriffsleiste der aktuellen Arbeitsmappe hinzufügen

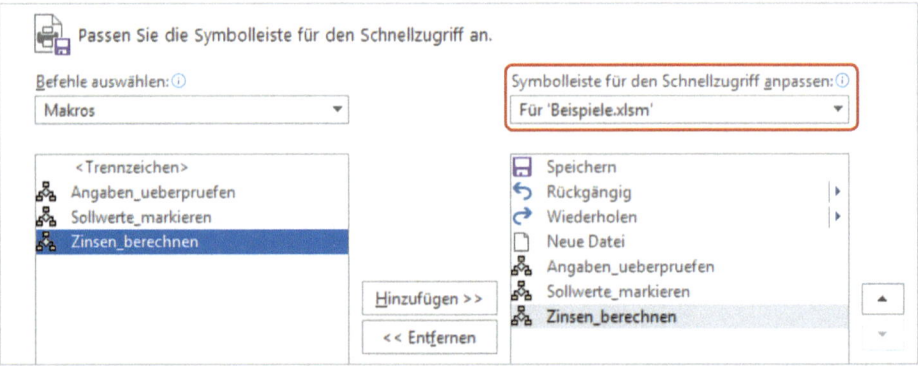

Achtung: Beachten Sie den Gültigkeitsbereich bzw. Ablageort der Prozeduraufrufe. Da sich Makros in der Regel ausschließlich auf die aktuelle Arbeitsmappe beziehen, sollten sie auch nur der Schnellzugriffsleiste der aktuellen Arbeitsmappe hinzugefügt werden. Dazu wählen Sie im ersten Schritt statt der Standardeinstellung *Für alle Dokumente (Standard)* die aktuelle Arbeitsmappe aus, siehe Bild oben.

Mit der Auswahl *Für alle Dokumente (Standard)* muss dagegen die Arbeitsmappe mit den Makros immer verfügbar sein; d. h. sie darf nicht umbenannt, verschoben oder gelöscht werden.

4   Wählen Sie nacheinander die benötigten Makros aus und klicken Sie auf *Hinzufügen*. Die Symbole können Sie über die Schaltfläche *Ändern...* noch Ihren Vorstellungen anpassen, allerdings werden die Symbole in der Schnellzugriffsleiste nicht bunt angezeigt. Übernehmen Sie abschließend Ihre Änderungen mit *OK*.

Bild 7.23 Symbole ändern

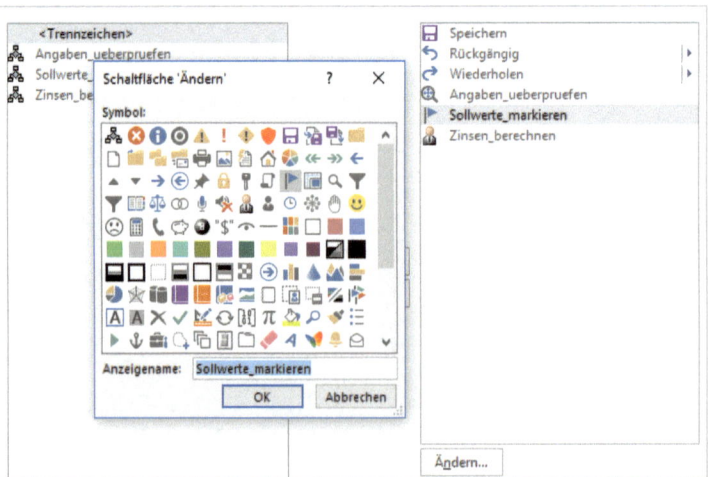

Zum Entfernen von Makros aus der Schnellzugriffsleiste gehen Sie den gleichen Weg: markieren Sie die nicht mehr benötigten Makros und wählen Sie *Entfernen*.

7.7 Ereignisprozeduren (beim Öffnen der Arbeitsmappe)

Mit jeder Arbeitsmappe sind fest definierte Ereignisse verbunden. Sie reagieren bei Veränderungen automatisch und müssen nicht manuell aufgerufen werden. Eines der wichtigsten Ereignisse tritt ein, wenn eine Arbeitsmappe geöffnet wird. Ereignisprozeduren befinden sich immer im Codefenster des betreffenden Objektes – in diesem Fall „hinter" *DieseArbeitsmappe* im Projektfenster. Zum dazugehörigen Code wechseln Sie per Doppelklick auf *Diese Arbeitsmappe* oder durch Markieren und Klick auf das kleine Symbol *Code anzeigen* links oberhalb des Projektfensters.

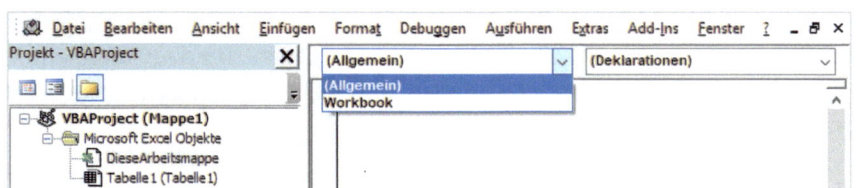

Bild 7.24 Objekt Workbook auswählen

Ereignisprozedur erstellen

In der Dropdown-Liste oberhalb des eigentlichen Codebereichs ist nur das Objekt *Workbook* zu finden, siehe Bild oben. Wenn Sie es auswählen, wird automatisch die Ereignisprozedur *Workbook_Open* angelegt. Weitere Ereignisse sind im zweiten Listenfeld (*Deklarationen*) aufgeführt. Die drei wichtigsten davon sind:

- *Open*   wird beim Öffnen der Mappe ausgeführt
- *BeforeClose*   wird kurz vor dem Schließen der Mappe ausgeführt
- *BeforeSave*   wird kurz vor dem Speichern der Mappe ausgeführt

Ergänzt man den Prozedurrumpf einer solchen Ereignisprozedur mit Einzelanweisungen oder Makroaufrufen, lassen sich mit dem Ereignis gewisse Grundeinstellungen, Hinweise oder Sicherungen und vieles mehr abarbeiten. Dahinter kann sich allerdings auch eine potenzielle Gefahr verbergen, wenn beispielsweise jemand in böswilliger Absicht Ihren Daten Schaden zufügen möchte, Stichwort Makroviren. Doch nutzen wir die Ereignisprozeduren für dienliche Zwecke.

Mit dem *Open*-Ereignis haben wir in früheren Übungen automatisch ein Willkommensfenster angezeigt oder die Eingabemaske zur Auswahl von Dateien gestartet. Mit dem Ereignis *Workbook_Open* lassen sich beispielsweise außerdem...

- Sicherungskopien der geöffneten Datei erstellen, an einem anderen Ort oder unter einer fortlaufenden Bezeichnung,
- Tabellenblätter verbergen/anzeigen/sperren,
- Grundeinstellungen (Menüs, Fenster, ...) vornehmen/verändern,
- Hinweise ausgeben (Willkommen, Anweisungen, Kennwortzugang, ...),
- Formulare (Eingabemasken, UserForm) anzeigen,
- Makros aufrufen.

Beispiel Sicherungsdatei erstellen

Wenn Sie an einem Excel-Projekt arbeiten – insbesondere mit Makroprogrammierung – ist es empfehlenswert und hoffentlich auch bei Ihnen schon längere Praxis, vor weiteren Änderungen an Tabellen und/oder im VBA-Code eine Sicherung der aktuellen Arbeitsmappe vorzunehmen. Wenn dies beim Öffnen der Mappe automatisch geschieht, sind Sie auf der sicheren Seite. Es ist dabei Ihre Entscheidung, ob die Sicherungsdatei durch die tagesaktuelle Version überschrieben werden soll oder ob Sie eher an einer Programmhistorie interessiert sind. Wenn man seine Dateien fortlaufend nummeriert, bieten sich Erweiterungen mit einfachen Zahlen an (siehe unsere Sicherungsdateien). Auch diese Vorgehensweise lässt sich mit VBA verwirklichen. Einfacher ist es aber, das Datum im Format JJJJMMTT ggf. mit Uhrzeit als Präfix dem Dateinamen voranzustellen. Damit erhält man auch automatisch Dateinamen, die sich aufsteigend oder absteigend sortieren lassen.

Hinweis: Das aktuelle Systemdatum erhalten Sie durch die Funktion *Date*, die Uhrzeit durch *Time* und beides zusammen mit der Funktion *Now*. Das Erscheinungsbild des Rückgabewerts lässt sich durch ein benutzerdefiniertes Format mit einer Zusammenstellung von Y (Jahr), M (Monat) und D (Tag) anpassen – beispielsweise *YYYY_MM_DD*. Die Pfadangabe der Arbeitsmappe erhält man mit *ThisWorkbook.Path*, den Dateinamen durch *ThisWorkbook.Name* und beides zusammen über *ThisWorkbook.FullName*. Die Konstruktion des Präfixcodes lässt viele Möglichkeiten offen.

Automatische Sicherungskopie beim Öffnen der Arbeitsmappe erstellen

Beim Öffnen der Arbeitsmappe soll automatisch eine Sicherungskopie der Datei erstellt werden, die durch Datum und Uhrzeit einen aktuellen und fortlaufenden Bezug erhält und vorhandene Sicherungsdateien nicht überschreibt. Die Sicherungskopie soll im selben Ordner abgelegt werden.

1. Beginnen Sie mit einer neuen Arbeitsmappe und erstellen Sie ein Makro mit dem Namen *Sicherheitskopie_erstellen*.

2. Die Anweisung kann vom Prinzip her lauten:

    ```
    ThisWorkbook.SaveCopyAs pfad &"\" & Datumscode & "_" & datei
    ```

3. Ersetzen Sie die Variablen `Datumscode` und `Datei` an Ort und Stelle durch die benötigten Eigenschaften von *ThisWorkbook* und den gewünschten Datumscode zu einem Einzeilen-Makro.

```
Private Sub Workbook_Open()
    ThisWorkbook.SaveCopyAs ThisWorkbook.Path & "\" _
        & Format(Now, "YYYYMMDD_hhmmss") & "_" & _
        ThisWorkbook.Name
End Sub
```

Bild 7.25 Anweisung direkt im Workbook_Open-Ereignis eingebettet.

oder weisen Sie den o.g. Variablen ihre Werte zu, wie im Makro der Beispieldatei.

```
Sub Sicherheitskopie_erstellen()
Dim Datumscode As String
Dim pfad As String
Dim datei As String

    pfad = ThisWorkbook.Path
    datei = ThisWorkbook.Name
    Datumscode = Format(Now, "YYYYMMDD_hhmmss")
    ThisWorkbook.SaveCopyAs pfad & "\" & Datumscode & "_" & datei

End Sub
```

Bild 7.26 Makro, das beim Öffnen der Arbeitsmappe aufgerufen werden muss.

Sicherungskopie.xlsm

4 Betten Sie den Aufruf dieses Makros in das Ereignis *Workbook_Open* (*DieseArbeitsmappe*) ein.

Ergebnis: Sie erhalten Sicherungskopien der Übungsmappe *Sicherungskopie.xlsm*.

- 20180717_102401_Sicherungskopie.xlsm
- 20180717_105228_Sicherungskopie.xlsm
- Sicherungskopie.xlsm

Bild 7.27 Sicherungskopieren im Datei-Explorer

Zugriffsdaten erfassen und speichern

Wenn eine Arbeitsmappe geöffnet wird, sollen der Anmeldename und der Zeitpunkt des Öffnens in einer verdeckten Tabelle festgehalten werden. Beim Schließen der Mappe reicht der Eintrag der Systemzeit. Den Anmeldenamen erfahren Sie über die Funktion *Environ*. Verkettet mit Datum und Uhrzeit (*Now*) lässt sich daraus die benötigte Information ableiten.

Mit den beiden unten abgebildeten Ereignisprozeduren testen Sie die Funktionen beim Öffnen und Schließen einer neuen Arbeitsmappe und lassen sich die Ergebnisse mittels *MsgBox* ausgeben.

```
Private Sub Workbook_Open()
    MsgBox "Programmaufruf durch " & Environ("Username") & " am " & Now
End Sub

Private Sub Workbook_BeforeClose(Cancel As Boolean)
    MsgBox "Programmende am " & Now
End Sub
```

Bild 7.28 Benutzername und Datum beim Öffnen und Schließen der Arbeitsmappe ausgeben

Werte in Tabelle schreiben

Anstelle einer Meldung sollen Anmeldenamen, Startzeit und Endzeit in einem (verdeckten) Tabellenblatt mit dem Namen *Zugriffe* festgehalten werden.

1 Dazu werden in einem Modul mit dem Namen *Ereignisse* zwei Makros angelegt, die anstelle der *MsgBox* beim Öffnen oder Verlassen aufgerufen werden.

2 In jedem Makro wird die aktuelle Zeilenzahl des Tabellenumfangs ermittelt, bevor Anmeldename, Beginn und Ende der Sitzung dokumentiert werden.

Bild 7.29 Die Makros startzeit und endezeit

```
Sub startzeit()
Dim zeile As Long

    With Worksheets("Zugriffe")
        zeile = .UsedRange.Rows.Count + 1
        .Cells(zeile, 1).Value = Environ("Username")
        .Cells(zeile, 2).Value = Now
    End With

End Sub

Sub endezeit()
Dim zeile As Long

    With Worksheets("Zugriffe")
        zeile = .UsedRange.Rows.Count
        .Cells(zeile, 3).Value = Now
    End With

End Sub
```

Ereignisprozeduren.xlsm

3 Fügen Sie manuell eine Tabelle hinzu und benennen Sie diese um in *Zugriffe*. Wenn Sie Benutzern keinen Einblick in die Tabelle geben möchten, setzen Sie im Eigenschaftenfenster dieser Tabelle die *Visible*-Eigenschaft auf *xlSheetVeryHidden*. Dann kann nur noch der VBA-Kundige diese Eigenschaft ändern; aus der Arbeitsmappe bzw. dem Arbeitsblatt heraus ist dies nicht möglich – nur über die Eigenschaft *xlSheetHidden*. Ein Beispiel für das Ergebnis sehen Sie im Bild unten:

Bild 7.30 Das Blatt Zugriffe

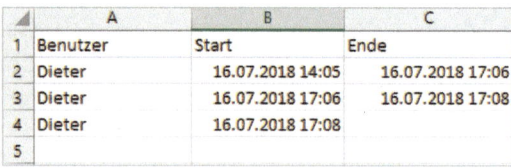

Tipp: Anzeige des Quellcodes sperren

Wenn Sie die Anzeige und damit den Zugang zu Ihrem Quellcode sperren wollen, dann versehen Sie das gesamte Projekt mit einem *Passwort*. Klicken Sie dazu im VBA-Editor auf das Menü *Extras* ▶ *Eigenschaften von VBAProject…* ▶ *Schutz*.

Bild 7.31 Projekt mit einem Kennwort sperren

8 Textdateien einlesen

Übersicht

8.1	Übersicht Zugriffsmethoden	298
8.2	Der sequentielle Zugriff	298
8.3	Daten in eine Textdatei schreiben	299
8.4	Daten aus Textdateien einlesen	300

8 Textdateien einlesen

Textdateien finden sich häufig beim Datenaustausch zwischen verschiedenen Anwendungen, beim Import aus Mess- und Registriergeräten, aus dem Internet oder aus unterschiedlichen Betriebssystemen. Nicht selten werden Textdateien auch als Sicherungsdateien für Einstellungsparameter (.ini) verwendet.

8.1 Übersicht Zugriffsmethoden

Als Alternative zu den üblichen Import- und Exportmöglichkeiten von Excel bietet sich der direkte Zugriff auf Textdateien per VBA an. Grundsätzlich gibt es drei Zugriffsverfahren für Lesen und Schreiben von Daten, von denen der sequenzielle Zugriff am häufigsten zum Einsatz kommt.

▶ **Sequenzieller Zugriff**
  Der sequentielle Zugriff erfolgt auf einzelne Zeichen oder ganze Zeilen. Dies ist die am häufigsten verwendete Methode.

▶ **Wahlfreier Zugriff**
  Der wahlfreie Zugriff erfolgt in Blöcken bestimmter Länge. Er wird in Datenbanken, seltener in VBA verwendet.

▶ **Binärer Zugriff**
  Der binäre Zugriff erfolgt byteweise auf eine beliebige (bekannte) Position in einer Datei.

8.2 Der sequentielle Zugriff

Der sequentielle Zugriff...

▶ liest die Daten beginnend vom Dateianfang nacheinander zeilenweise mit folgenden Anweisungen ein:
  - *Input*
  - *Input #*
  - *Line Input #*

▶ und schreibt Daten ans Ende der Datei mit:
  - *Write #*
  - *Print #*

Bevor ein Zugriff auf eine Datei erfolgt, muss diese geöffnet werden. Die Anweisung dazu lautet:

```
Open Dateiname For Modus As Dateinummer
```

Der Dateiname umfasst die gesamte Pfadangabe. Der Modus bestimmt die Zugriffsart (Schlüsselwörter: *Input*, *Output*, *Append*, *Random*, *Binary*). Die Dateinummer ist für die eindeutige Zuordnung wichtig. Die zugewiesene Datei wird in Verbindung mit dem Rautenzeichen # eindeutig angesprochen.

8.3 Daten in eine Textdatei schreiben

Beispiel: Datum, Uhrzeit und Benutzername in eine Textdatei schreiben

Mit der Prozedur *textdatei_schreiben* erzeugen Sie eine neue Textdatei, die Datum und aktuelle Zeit sowie den Namen des angemeldeten Nutzers speichert. Die Dateinamenerweiterung ist insoweit frei wählbar, wenn man dadurch das automatische Öffnen mit einer voreingestellten Anwendung, z. B. Editor verhindern möchte.

```
Sub textdatei_schreiben()
Dim pfad As String

    pfad = "C:\Pool\"
    Open pfad & "PCnutzung.dat" For Output As #1
        Write #1, Now, Environ("Username")
        Print #1, Now, Environ("Username")
    Close #1

End Sub
```

Vergleichen Sie die beiden gespeicherten Zeilen in der neuen Datei *PCnutzung.dat* und entscheiden Sie sich für eine geeignete Darstellung. Die mit *Write #* gespeicherten Daten werden üblicherweise via *Input #* gelesen, die mit *Print #* geschriebenen mit *Line Input #* oder *Input*.

```
(Write) #2018-07-20 16:02:14#,"DK3"
(Print) 20.07.2018 16:02:14         DK3
```

Wenn Sie dieses Makro mehrfach ausführen, werden Sie allerdings feststellen, dass die Datei überschrieben und nicht erweitert wird.

Textdatei beim Schreiben zeilenweise erweitern

Die Datei *PCnutzung2.dat* soll mit jedem (automatischen) Aufruf des Makros um einen Eintrag erweitert werden. Wenn wir die Datei im Modus *Append* öffnen, wird genau diese Bedingung erfüllt. Außerdem: Ist diese Datei noch nicht vorhanden, wird sie automatisch erstellt.

```
Sub textdatei_erweitern()
Dim pfad As String

    pfad = "C:\Pool\"
    Open pfad & "PCnutzung2.dat" For Append As #1
        Write #1, Now, Environ("Username")
    Close #1

End Sub
```

8 Textdateien einlesen

Die auf diese Weise erzeugten Textdateien können mit jedem Texteditor leicht eingesehen werden.

8.4 Daten aus Textdateien einlesen

Wenn wir aus Textdateien direkt in eine Excel-Tabelle importieren wollen, verwenden wir den *Input* Modus. Je nachdem, was und wie wir Daten übernehmen wollen, bieten sich viele Möglichkeiten. Nähern wir uns den weiteren Aufgaben schrittweise.

Übung: Werte in Excel-Tabellenspalten einlesen

Unser Ziel war es, die PC-Nutzer und Einschaltzeiten – simuliert durch manuellen Makroaufruf in einer Datei zu registrieren. Jetzt wollen wir die beiden, in einer Zeile abgelegten Werte, einlesen und in getrennten Spalten einer Tabelle auflisten. Am besten gehen wir dabei in Einzelschritten vor:

1. Schritt: Ersten Eintrag lesen

Bild 8.1 Ersten Eintrag lesen

```vba
Sub textdatei_lesen1()
Dim pfad As String
Dim zeile As String

    pfad = "C:\Pool\"
    Open pfad & "PCnutzung2.dat" For Input As #1
        'liest ersten Eintrag bis Trennzeichen
        Input #1, zeile
    Close #1
    Debug.Print zeile

End Sub
```

2. Schritt: Liest die ersten beiden Einträge in der ersten Zeile.

Bild 8.2 Erste Zeile lesen

```vba
Sub textdatei_lesen2()
Dim pfad As String
Dim zeile(1 To 2) As String

    pfad = "C:\Pool\"
    Open pfad & "PCnutzung2.dat" For Input As #1
        'liest ersten Eintrag bis Trennzeichen
        Input #1, zeile(1)
        'liest zweiten Eintrag bis Trennzeichen
        Input #1, zeile(2)
    Close #1
    Debug.Print zeile(1)
    Debug.Print zeile(2)

End Sub
```

Daten aus Textdateien einlesen

3. Schritt: Liest die ersten zwei Zeilen komplett.

```vb
Sub textdatei_lesen3()
Dim pfad As String
Dim zeile(1 To 2) As String

    pfad = "C:\Pool\"
    Open pfad & "PCnutzung2.dat" For Input As #1
        'liest erste Zeile der Datei
        Line Input #1, zeile(1)
        'liest zweite Zeile der Datei
        Line Input #1, zeile(2)
    Close #1
    Debug.Print zeile(1)
    Debug.Print zeile(2)

End Sub
```

Bild 8.3 Die ersten beiden Zeilen einlesen

4. Schritt: Alle Zeilen einer Datei lesen und im Direktbereich anzeigen.

```vb
Sub textdatei_lesen4()
Dim pfad As String
Dim zeile As String

    pfad = "C:\Pool\"
    Open pfad & "PCnutzung2.dat" For Input As #1
    While Not EOF(1)
        'liest alle Zeilen der Datei
        Line Input #1, zeile
        Debug.Print zeile
    Wend
    Close #1

End Sub
```

Bild 8.4 Alle Zeilen lesen

5. Schritt: Alle Zeilen einlesen und in *Tabelle1* in Spalte A ablegen.

```vb
Sub textdatei_lesen5()
Dim pfad As String
Dim zeile As String
Dim i As Integer

    Worksheets("Tabelle1").Activate
    pfad = "C:\Pool\"
    Open pfad & "PCnutzung2.dat" For Input As #1
    i = 1
    While Not EOF(1)
        'liest alle Zeilen der Datei in Tabelle
        Line Input #1, zeile
        Range("A" & i).Value = zeile
        i = i + 1
    Wend
    Close #1

End Sub
```

Bild 8.5 Zeilen einlesen und in Spalte A ablegen

8 Textdateien einlesen

Bild 8.6 Alle Werte einlesen und in Spalte A und B ablegen

6. Schritt: Alle Werte einlesen und getrennt in Spalte A und B ablegen.

```vba
Sub textdatei_lesen6()
Dim pfad As String
Dim zeile(1 To 2) As String
Dim i As Integer

    Worksheets("Tabelle1").Activate
    pfad = "C:\Pool\"
    Open pfad & "PCnutzung2.dat" For Input As #1
    i = 1
    While Not EOF(1)
        'liest jeweils zwei Werte in Tabelle
        Input #1, zeile(1)
        Input #1, zeile(2)
        Range("A" & i).Value = zeile(1)
        Range("B" & i).Value = zeile(2)
        i = i + 1
    Wend
    Close #1

End Sub
```

Sicherungsdateien\Kapitel_8\Zugriff_auf_Textdateien.xlsm

Da Excel die meisten Textdateitypen automatisch importieren kann und auch immer mehr Dialogfelder uns dabei unterstützen, wird es nur in selten Fällen notwendig werden, mit diesen Techniken auf Dateien zuzugreifen. Es bieten sich aber reichlich Variationen an, um in Dateien „herumzukramen". Letztlich gibt es noch eine *Seek*-Funktion und die Möglichkeit, byteweise oder blockweise auf Dateiinhalte zuzugreifen.

Übungsbeispiel: Dateizugriffe dokumentieren

Wenn Sie die PC-Nutzung beim Öffnen von Arbeitsmappen registrieren wollen, wäre die oben vorgestellte Vorgehensweise möglicherweise eine Alternative zu der, in Kapitel 7.7 ab Seite 295 vorgeschlagenen, Prozedur.

In dieser Übung soll der Zugriff auf eine Arbeitsmappe dokumentiert werden. Beim Öffnen sollen Datum mit Zeit und Benutzername übergeben werden. Beim Schließen der Mappe werden Datum und Zeit angehängt, so dass für jede Nutzung eine Zeile erstellt wird.

1. Kopieren Sie das Makro *Textdatei_erweitern* zwei Mal und benennen Sie die Kopien um in *textdatei_erweitern_open* bzw. *textdatei_erweitern_close*.

2. Fügen Sie in *textdatei_erweitern_open* hinter dem letzten Übergabewert ein Trennzeichen (hier: Komma) hinzu. Das bewirkt, dass die Zeile nicht mit (Wagenrücklauf und nächste Zeile abgeschlossen wird.

3. Übergeben Sie in *textdatei_erweitern_close* nur den aktuellen Zeitwert (*Now*).

4. Wenn Sie diese beiden Prozeduren mit dem Ereignis *Workbook_open* bzw. *Workbook_BeforeClose* assoziieren, erhalten Sie in der Dokumentationsdatei *PCnutzung2.dat* zeilenweise die Einträge in der Reihenfolge: Beginn, Nutzer, Ende.

```vb
Sub textdatei_erweitern_open()
Dim pfad As String

    pfad = "C:\Pool\"
    Open pfad & "PCnutzung2.dat" For Append As #1
        'Zeile schreiben ohne Zeilenrücklauf
        Write #1, Now, Environ("Username"),
    Close #1

End Sub

Sub textdatei_erweitern_close()
Dim pfad As String

    pfad = "C:\Pool\"
    Open pfad & "PCnutzung2.dat" For Append As #1
        'Eintrag am Ende der Zeile
        Write #1, Now
    Close #1

End Sub
```

Bild 8.7 Dateizugriffe dokumentieren

Ein Beispiel für die Ergebnisse in der Datei PCnutzung2.dat:

```
PCnutzung2.dat - Editor
Datei  Bearbeiten  Format  Ansicht  ?
#2018-11-07 18:13:15#,"DK2",#2018-11-07 18:13:20#
#2018-11-07 19:13:32#,"DK3",#2018-11-07 19:23:35#
#2018-11-08 10:10:41#,"Herrmann",#2018-11-08 12:13:47#
```

Bild 8.8 PCnutzung2.dat

Übung: Geänderte Werte in Tabelle einlesen

Passen Sie (nach Bedarf) das Einlesen der neuen Anordnung von drei Übergabewerten in eine Tabelle im Makro an.

```vb
Sub textdatei_lesen7()
Dim pfad As String
Dim zeile(1 To 3) As String
Dim i As Integer

    Worksheets("Tabelle1").Activate
    pfad = "C:\Pool\"
    Open pfad & "PCnutzung2.dat" For Input As #1
    i = 1
    While Not EOF(1)
        'liest jeweils zwei Werte in Tabelle
        Input #1, zeile(1)
        Input #1, zeile(2)
        Input #1, zeile(3)
        Range("A" & i).Value = zeile(1)
        Range("B" & i).Value = zeile(2)
        Range("C" & i).Value = zeile(3)
        i = i + 1
    Wend
    Close #1

End Sub
```

Bild 8.9 Werte in Tabelle einlesen

Sicherungsdateien\Kapitel_8\Zugriff auf Textdateien_2.xlsm

8 Textdateien einlesen

Anhang

Nachwort

Das Ziel ist erreicht. Sie sind mir auf einem wirklich kurvenreichen Weg durch die Welt der Umorganisation von Daten gefolgt. Ganz gewiss ist das eine oder andere Programmierbeispiel für Ihre weitere VBA-Praxis hilfreich und sei es auch nur, eine Lösung nicht mehr auszuschließen. Ich möchte Ihnen Mut machen, auch „verfranzte" Strukturen anzupacken, um Vereinfachungen und/oder Datenreduktionen vorzunehmen.

Auch wenn dieser Workshop grundlegende Problemlösungen behandelt hat, mussten doch einige interessante Programmiertechniken unbeachtet bleiben. Im Internet und in den zahlreichen Literaturquellen gibt es ein unerschöpfliches Maß an Hilfen und Lösungsmöglichkeiten. Überall werden Sie fündig – manchmal nimmt es viel Zeit in Anspruch, bis man die passenden Lösungsschritte gefunden oder zusammengetragen hat.

Mit diesem einführenden Workshop haben Sie „hinter die Kulissen" von Excel blicken können und eine solide Basis erhalten – davon bin ich überzeugt.

VBA-Kenntnisse zu erwerben ist eine Investition in die Zukunft. Alle Microsoft-Office Komponenten können durch die Anwendung dieser Programmiersprache leistungsstärker genutzt werden. VBA-Makros erledigen für Sie lästige Aufgaben und erhöhen die Arbeitsgeschwindigkeit.

Der Appetit kommt bekanntlich beim Essen. Vielleicht haben Sie nun Lust auf mehr bekommen. Es würde mich freuen, wenn Ihnen dieses VBA-Angebot neben Erfolg auch Spaß gebracht hat, denn dann ist auch mein persönlich gestecktes Ziel erreicht.

Weiterhin viel Erfolg! – Wir treffen uns Backstage …

Dieter Klein

Ich danke an dieser Stelle auch meiner Lektorin, Frau Inge Baumeister, für die kritische Durchsicht des vorgelegten Skriptes, die ergänzenden Hinweise und vor allem für die sehr gute Zusammenarbeit.

Hilfreiche Tastenkombinationen

Alt + F11	Wechsel in die Entwicklungsumgebung
Strg + Leertaste	*Autovervollständigen*, um sich viel Schreibarbeit zu ersparen. Sind in VBA Namen von Variablen, Tabellen, Makros usw. bekannt, wird der Name direkt ergänzt, wenn er nicht eindeutig zuzuordnen ist, erscheint eine Dropdown-Auswahlliste.
Tab (bei Auswahl)	Vorschlag/Auswahl übernehmen
Tab	Einzug vergrößern (Einrücken), um den Quellcode übersichtlich strukturieren
Umschalt + Tab	Einzug verkleinern (einen Tabulatorabstand nach links)
F1	Online-Hilfe über Internetverbindung
F2	Objektkatalog (*Object Browser*) anzeigen
Umschalt + F2	Definition zu markiertem Begriff im Objektkatalog nachschlagen/anzeigen
F7	Wechsel zum Codefenster von Formularen, Modulen, Tabellen (*Projektfenster*); kommt einem Doppelklick gleich.
Alt + F8	Zeigt eine Liste der verfügbaren Makros an (*Entwicklertools* ▶ *Makro*)
Strg + G	Direktbereich anzeigen
F5	Prozedur ausführen, Formular anzeigen
F8	Einzelschritt(e) bei Ausführung einer Prozedur
Strg + C	Kopieren in die Zwischenablage
Strg + V	Einfügen aus der Zwischenablage
Strg + X	Ausschneiden in die Zwischenablage
Strg + Y	ganze Codezeile löschen
Strg + F	Suchen im Codebereich über Dialogfenster
Strg + H	Suchen und Ersetzen im Codebereich über Dialogfenster
Strg + Pause	Prozedur abbrechen

Hilfreiche Tastenkombinationen

Tastenkombinationen sind auch neben den Menübefehlen zu finden.

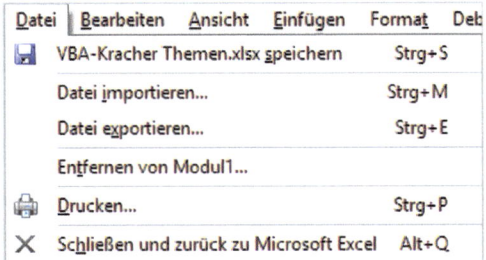

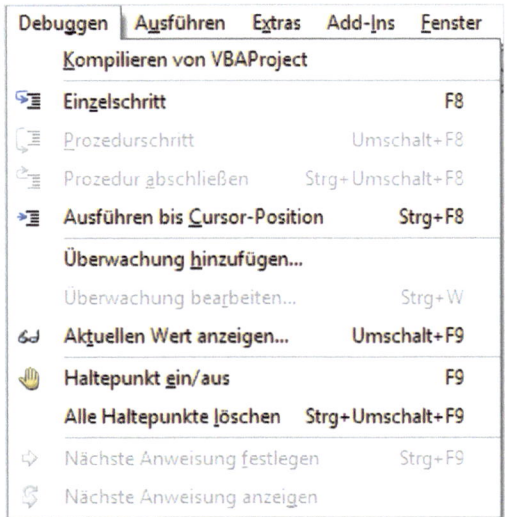

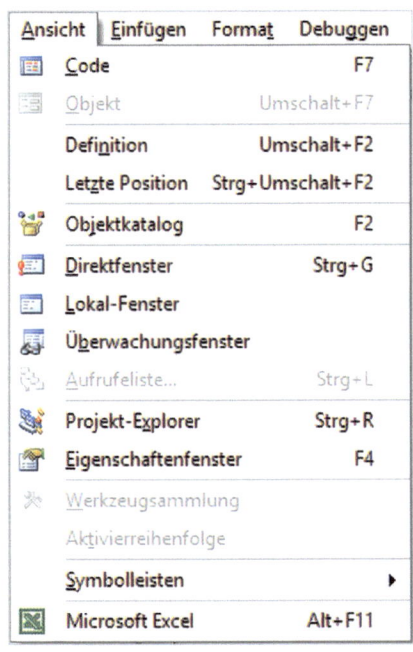

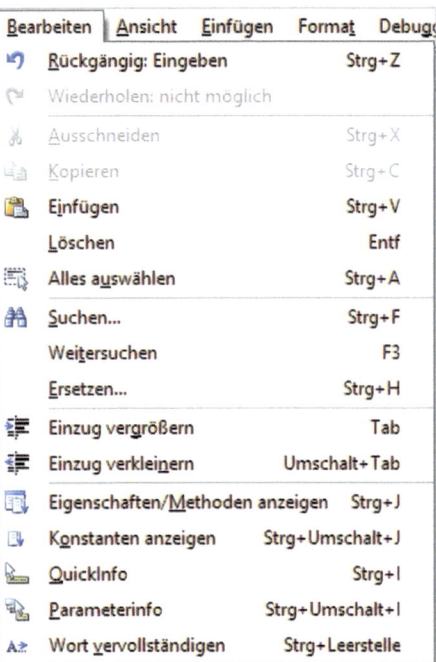

Stichwortverzeichnis

Symbole
? 49
* 139
& 57
.csv 162
.slk 236
.txt 162
.xlsm 40

A
A1-Bezüge 65
ABC-Analyse 102
Abfragen 90, 216
Abrufen und transformieren 12. *Siehe* Power Query
ActiveX-Steuerelemente 184
Add-In 20
AddItem 188, 202
Anführungszeichen 97
Anmeldename 295
Append 299
Application 47
 Calculation 260
 DecimalSeparator 173
 FileDialog 148
 Arbeitsblätter
 Adressierung 76
 Aktivieren 77, 129
 Anzahl 279
 Ausblenden 131, 296
 Codefenster 131
 Ereignisse 131, 260
 Hinzufügen 128
 Importieren 281
 Leeren 130
 Löschen 130
 Namen 281
 Schützen 131
 Umbenennen 130
Arbeitsmappen 48
 aktive 134
 Anlegen 279
 Anzahl Arbeitsblätter 279
 Dateipfad 163
 Ereignisse 133
 Erstellen 134, 286
 mit Makros 40
 Objektvariablen 155
 Öffnen 135, 293
 Speichern 134
 Speichern unter 284
Array. *Siehe* Datenfeld
Auflistungen 48
Auskommentieren 44, 58
Ausschneiden 106
AutoAusfüllen 14
Automatische Aktualisierung 16

B
BackColor 201
Backstage-Bereich 42
Beenden 104
Befehlsschaltfläche. *Siehe* Schaltflächen
Bezeichnungsfeld 200
Bildschirmaktualisierung 194, 260
Binärer Zugriff 298
Boolean 147

C
Call 189
Caption 200
Cells 48, 67, 69, 210
 Copy 163
ChDir 148
ChDrive 148
Clear 130
Close 158
Code
 Anzeige sperren 296
 Fenster 43
 Optimieren 261
collections 48
Columns 48
Compiler 271

Copy 106, 152
CountA 125
CountBlank 117
CountIf 115
CountIfs 117
CurrentRegion 82, 108, 111

D

Date 281, 294
Dateien
  Anlegen 277
  Auflisten 137, 191
  Auswählen 144
  Dateinamen 229
  Mehrfachauswahl 146
  Öffnen 192
  Ordner 148
  Zugriff 260
  Zusammenführen 176, 180
Dateiformat 212
Dateipfad 134
Dateityp 40, 277
  Filter 139, 145
Dateizugriff dokumentieren 302
Datenfeld
  Deklaration 53
  Dynamisch 207
  Feldgröße 207
  ReDim 207
Datenimport. *Siehe auch* Import
  Internet 23
  Ordner 27
Datenquelle
  CSV-Datei 162
  Dateityp 190
  Excel-Arbeitsmappe 152, 190
  mehrere Excel-Arbeitsmappen 218
  SLK-Dateien 236
Datentypen 52
Datum 294
Datum und Uhrzeit 299
Debuggen 45, 60, 154
DecimalSeparator 173
Destination 106
Dezimaltrennzeichen 170, 265
  Anpassen 173

Dialogfeld Dateiauswahl 144
Dim 52
Dir 138
Direktbereich. *Siehe* Direktfenster
Direktfenster 43
  Abfragen 176
  Ausgabe 58
  Tab-Abstände 252
DisplayAlerts 130, 284
Drucken 104

E

Eigenschaften 37, 49
  Fenster 43
Eingabemaske. *Siehe auch* UserForm
End 165
Entwicklertools 38
Entwicklungsumgebung 42
Environ 295, 299
Ereignisprozeduren 293
Ereignisse 37, 49
Excel
  Anwendung 47
Excel-Optionen 291
Externe Bezüge 13
Externe Daten 12

F

Farbe 82
Fehler
  Ignorieren 272
  Sprungmarke 273
Fehlerbehandlung 271
Fehlermeldung 59
Fernbezüge 13
FileDialog 148, 278
FileFormat 212
Find 101, 119
Font 201
For ... Each 89
Formate löschen 104, 130
Formeln 80, 96
  in Werte umwandeln 99
FormulaLocal 96
Formular. *Siehe* UserForm

FormulaR1C1 74
For-Next 85
   Verschachteln 87
Fragezeichen 190
Functions 49
Funktionen Arbeitsblatt 80
Funktionen VBA 115

G

GetOpenFileName 144, 278

H

Haltepunkte 120

I

If … Then 90
If..Then..Else 93
IIF 91
Import
   Dateien anzeigen 191
   Dateien öffnen 192
   Dateinamen 229
   Dezimaltrennzeichen 170, 265
   Excel-Arbeitsmappe 152
   Makrorecorder 171
   Mehrere Textdateien 176, 180
   Spaltenüberschriften 195
   Tabellenumfang Arbeitsmappe 193
   Textdatei 162
   Zählerschleife 181
   Zellbereiche 236
Import-Assistent 169
Inhalte löschen 104, 130
InitialFileName 149
Input 298
InputBox 276
InStr 139

K

Kommentare 57
Konstanten 55
   Deklaration 55
Kopieren 106, 152, 261
   Datenfeld 268
   Einfügen 106

   ohne Zwischenablage 152, 263
   PasteSpecial 154
   Spalte 197
   Spalten 203
   Tabelle 267
   Text in Zahlen umwandeln 267
Kopierliste 207

L

Label 221
Laufwerk 148
Laufzeitfehler 272
Laufzeitmessung 262
LBound 147
Leerzeichen entfernen 141
Left 140
Len 140
Line Input 298
Links 16
ListBox 200. *Siehe auch* Listenfeld
Listenfeld 188
   AddItem 188, 202
   Click-Ereignis 204
   Eigenschaften 201
   Einfügen 200
   ListIndex 197
   Value 197
Logische Operatoren 57
Löschbestätigung 130, 284
Löschen 104

M

Makro 64. *Siehe auch* Prozedur
   Aufrufen 189
   Begriff 36
   Deaktivieren 39
   Namen 68
   Sicherheit 39
   Speichern 40
   Starten 68, 289
   Tastenkombination 186
   Unterbrechen 120
Makrorecorder 36, 71, 109
   Aufzeichnen 71
   Import aus Textdatei 171
Max 118

Me 191
Mehrfachauswahl 146
Meldungsfenster 214. *Siehe* MsgBox
Methoden 37, 49, 104
Microsoft Office 37
Mid 140
Min 118
Mittelwert 118
MkDir 276
Modul 62
   Codefenster 76
   Einfügen 62
   Exportieren 161, 219
   Importieren 219
   Umbenennen 64
Monat 276
MonthName 276
MsgBox 214
   Funktion 215
   mit Rückgabewert 215
   ohne Rückgabewert 214
   Schaltflächen 215
msoFileDialogFolderPicker 149
MultiSelect 146

N

Namenskonventionen 56
Neuberechnung 260
Now 294, 299
Nullbasiert 53, 197

O

Objektbibliothek 40
Objekte 37, 47
   Eigenschaften 37, 49
   Eigenschaften ändern 262
   Ereignisse 49
   Hierarchie 47
   Methoden 49
   Objektkatalog 50
   Zugriff 47
Objektmodell 47
Objektvariablen 53, 122, 155
   Zuweisen 54

Offset 251
On Error 272
Online-Hilfe 51
Operatoren 56
Option Explicit 45
Ordner
   Anlegen 276
   Auswählen 148, 278
Ordnerinhalte 137

P

Palette 201
Parameterübergabe 240
Parent 153
Passwort 131
PasteSpecial 106, 154
PivotTable 32
Power Query 12
   Import aus Ordnern 27
   Installieren 20
Präfixe 56
Print 298
Projekt
   Fenster 43
   Formulare 185
   Passwort 296
Properties 49
Prozedur 37, 64
   Unterbrechen 120
   Verlassen 217, 273
   Zeilenumbruch 65
Public 55

R

Range 48, 66
   Cells 210
Rechenoperatoren 56
ReDim 207
Right 140
Rows 48
Rückwärtssuche 125, 165, 193

S

Sammeldatei 218, 228
Sammeltabelle 234
Sammlungen 48
Schaltflächen 289
   ActiveX-Steuerelemente 290
   Click-Ereignis 192, 209, 290
   Eigenschaften 209
   Formularsteuerelemente 290
Schleifen 85
Schnellzugriffsleiste 291
Schrift 82
Schriftart 201
ScreenUpdating 194, 260
Select 68
Select Case 94
Semikolon 162
Sequenzieller Zugriff 298
Set 54, 122
Sheets 49
SheetsInNewWorkbook 137, 279
Show 186
Sicherheitseinstellungen 39
Sicherheitswarnung 16
Sicherungsdatei erstellen 294
Spalte 70
Spalten
   Auswählen 200
   AutoFit 211
   Breite anpassen 206
   Kopieren 197, 203
Spaltenüberschriften 114, 195, 247
SpecialCells 125, 193
Split 141
Sprachsyntax 37
Sprungmarke 273
Standardabweichung 118
Standardtrennzeichen 163
Statusanzeige 260
StatusBar 260
Steuerelemente 184
   Befehlsschaltfläche 192
   Beschriftungsfeld 200
   Eigenschaften 201
   Label 221
   ListBox 188
   Namen 188
   TextBox 187
Stop 120
Subroutine 64
Suchen 119
   Schlüsselwörter 250
Suchen und Ersetzen 265
SVERWEIS-Funktion 100
Symbolic Link Format 236
Syntax 37, 59
Syntaxfehler 59, 271
Syntaxüberprüfung 45, 59
Systemdatum. *Siehe* Datum
Systemtrennzeichen 173
Systemzeit. *Siehe* Uhrzeit

T

Tabellenblatt. *Siehe* Arbeitsblätter
Tabellenumfang 123
   CountA 125
   Rückwärtssuche 125
   SpecialCells 125
   UsedRange 124
Tabstopp 168
Tastenkombination 186
Text 52
TextBox 187
Textdateien 298
   direkter Zugriff 298
   Erzeugen 299
   Import 162
   Import-Assistent 169
   Lesen 298, 300
   Modus 298
   Öffnen 174
   Schreiben 298
   Zusammenführen 176
Textfeld 191
ThousandsSeparator 173
Time 294
Timer 264
Toolsammlung 200
Transponieren 107

Trennzeichen
  Anpassen 174
  Komma 167
  Leerzeichen 168
  Semikolon 162
  Tabstopp 168
Trim 141

U

Überwachungsfenster 121
UBound 147, 226
Uhrzeit 281, 294
UsedRange 96, 108, 124, 193
UserForm 184
  Aktuelles Formular 191
  Aufrufen 186
  Click 186
  Code anzeigen 185
  Importieren 185
  Me 191
  Show 186
  Symbolleiste 44
UseSystemSeparators 173

V

Value 74
Variablen 51
  Datentypen 52
  Deklaration 262
  Deklaration erzwingen 45
  Gültigkeitsbereich 54
  Lokale 54
  Modulübergreifende 55
  Modulweite 54
  Objekte 122
  Überwachen 121
  Werte abfragen 120
Variant 262
VBA 37
VBA-Editor 37
  Öffnen 42
  Schrift 46
  Symbolleisten 44
vbLf 215, 276
vbTab 168
Vergleichsoperatoren 57

Verkettungsoperator 57, 97
Verknüpfungen 16
Versatz 251
Verzweigung 90

W

Wahlfreier Zugriff 298
WENN-Funktion 97
Werkzeugsammlung 200
While ... Wend 88
Wiederholungsschleifen. *Siehe* Schleifen
Willkommensfenster 133
With 116, 127
Workbook 48
  ActiveWorkbook 134, 287
  Add 134, 287
  BeforeClose 293, 302
  BeforeSave 133, 293
  Close 158
  Ereignisse 133, 293
  Objekte 48
  Objektvariablen 155
  Open 133, 293, 302
  Path 163
  SaveAs 285
  SaveCopyAs 284
  ThisWorkbook 134, 282
Worksheet
  Change 132, 260
  Ereignis 132
  SelectionChange 132, 260
Worksheets 48
  Activate 129
  Add 128
  Count 129, 282
  Indexwert 76
  Name 128
  Select 129
Write 298

Z

Z1S1-Bezüge 66
Zählervariable 87
Zeichen
  Anzahl 140
  Suchen 139

Zeichenketten 139
   Aufteilen 141
   InStr 139
   Leerzeichen entfernen 141
   Teil 140
Zeile 70
Zeile einrücken 46
Zeilenumbruch 215, 276
Zellbereiche 69
   Formeln eintragen 96
   Kopieren 106
   Löschen 104
   Namen 110
   Sammeln 236
   Umfang ermitteln 108, 124
   Zusammenhängend 82
Zellen
   Adressierung 48, 65
   Eigenschaften 81
   Formatieren 83
   Formula 81
   Inhalt 74
   leere zählen 117
   Markieren 68
   nicht leere 96
Zellinhalte zählen 115
Zugriffsdaten 295
Zwischenablage 37, 104, 107, 261